Baedeker
Allianz Reiseführer
Paris

Verlagsprogramm

Städte in aller Welt

Amsterdam
Athen
Bangkok
Barcelona
Berlin
Brüssel
Budapest
Dresden
Düsseldorf
Florenz
Frankfurt am Main
Hamburg
Hongkong
Istanbul
Jerusalem
Köln
Kopenhagen
Lissabon
London
Madrid
Moskau
München
New York
Paris
Potsdam
Prag
Rom
San Francisco
St. Petersburg
Singapur
Stuttgart
Tokio
Venedig
Wien

Reiseländer · Großräume

Ägypten
Asien
Baltikum
Belgien
China
Dänemark
Deutschland
Deutschland · Ost
Deutschland · West
Frankreich
Griechenland
Großbritannien
Irland
Israel
Italien
Italien (Motorradtouren)
Japan
Jugoslawien
Kanada
Karibik
Luxemburg
Marokko
Mexiko
Mittelmeer
Niederlande
Österreich
Polen
Portugal
Schweiz
Skandinavien (N · S · FIN)
Spanien
Thailand
Tschechische Republik · Slowakische Republik
Tunesien
Türkei
Ungarn
USA

Regionen · Inseln · Flüsse

Andalusien
Bali
Bodensee
Burgund
Capri
Costa Brava
Deutsche Weinstraße
Elbe
Florida
Gran Canaria
Griechische Inseln
Harz
Hawaii
Ibiza
Ischia
Italienische Riviera
Kalifornien
Korsika
Loire
Mallorca
Malta
Oberbayern
Provence · Côte d'Azur
Rhein
Ruhrgebiet
Sardinien
Schwäbische Alb
Seychellen
Sizilien
Südtirol
Teneriffa
Tessin
Toskana
Türkische Küsten
Zypern

Städte in Deutschland und der Schweiz

Augsburg
Bamberg
Basel
Berlin (gr. + kl.)
Bonn
Bremen · Bremerhaven
Darmstadt
Freiburg
Hannover
Heidelberg
Konstanz
Leipzig
Lübeck
Mainz
Mannheim
Nürnberg
Regensburg
Trier
Wiesbaden · Rheingau

Baedeker

Allianz Reiseführer

Paris

VERLAG KARL BAEDEKER

Impressum

Ausstattung:
139 Abbildungen (Bildnachweis am Ende des Buches)
10 Grundrisse, 5 Sonderpläne, 1 Innenstadtplan, 4 Übersichtskarten, 2 graphische Darstellungen, 1 Verkehrsplan, 1 großer Stadtplan (Kartenverzeichnis am Ende des Buches)

Text: Dr. Madeleine Cabos, mit Beiträgen von Helga Cabos, Mechthild Haas und Manfred Kottmann

Bearbeitung: Baedeker-Redaktion (Dr. Madeleine Cabos)

Kartographie: Gert Oberländer, München; Mairs Geographischer Verlag GmbH & Co., Ostfildern (Kemnat) (Stadtplan)

Gesamtleitung: Dr. Peter H. Baumgarten, Baedeker Stuttgart

7. Auflage 1994
Gänzlich überarbeitete, erweiterte und neugestaltete Ausgabe

Urheberschaft: Karl Baedeker GmbH, Ostfildern (Kemnat)
Nutzungsrecht: Mairs Geographischer Verlag GmbH & Co., Ostfildern (Kemnat)

Satz (Typotext): Baedeker-Redaktion
Textfilme: CB Fotosatz GmbH, Leinfelden-Echterdingen
Reproduktionen: Repro-Studio Lang, Ostfildern (Ruit)
Druck: Mairs Graphische Betriebe GmbH & Co. KG, Ostfildern (Kemnat)
Buchbinderische Verarbeitung: Wennberg GmbH, Leonberg-Eltingen

Printed in Germany
ISBN 3-87504-059-7

Gedruckt auf 100% chlorfreiem Papier

Inhalt

Hinweise zur Benutzung dieses Reiseführers

Sternchen (Asterisken) als typographisches Mittel zur Hervorhebung bedeutender Bau- und Kunstwerke, Naturschönheiten und Aussichten, aber auch guter Unterkunfts- und Gaststätten hat Karl Baedeker im Jahre 1844 eingeführt; sie werden auch in diesem Reiseführer verwendet: Besonders Beachtenswertes ist durch * einen vorangestellten 'Baedeker-Stern', einzigartige Sehenswürdigkeiten sind durch ** zwei Sternchen gekennzeichnet.

Zur raschen Lokalisierung der Sehenswürdigkeiten von A bis Z auf dem beigegebenen Stadtplan sind die entsprechenden Koordinaten der Kartennetzmaschen jeweils neben der Überschrift in Rotdruck hervorgehoben: **Louvre **H 5** .

Wenn aus der Fülle von Unterkunfts-, Gast- und Einkaufsstätten nur eine wohlüberlegte Auswahl getroffen ist, so sei damit gegen andere Häuser kein Vorurteil erweckt.

Da die Angaben eines solchen Reiseführers in der heute so schnellebigen Zeit fast ständig Veränderungen unterworfen sind, kann der Verlag weder Gewähr für die absolute Richtigkeit leisten noch die Haftung oder Verantwortung für eventuelle inhaltliche Fehler übernehmen. Auch lehrt die Erfahrung, daß sich Irrtümer kaum gänzlich vermeiden lassen.

Liebe Leserin, lieber Leser,

Baedeker ist ständig bemüht, die Qualität seiner Reiseführer noch zu steigern und ihren Inhalt weiter zu vervollkommnen. Hierbei können ganz besonders die Erfahrungen und Urteile aus dem Benutzerkreis als wertvolle Hilfe gar nicht hoch genug eingeschätzt werden. Vor allem **Ihre Kritik, Berichtigungen und Verbesserungsvorschläge sind uns stets willkommen.** Sie helfen damit, die nächste Auflage noch aktueller zu gestalten.
Bitte schreiben Sie in jedem Falle an die

Baedeker-Redaktion
Karl Baedeker GmbH
Marco-Polo-Zentrum
Postfach 3162
D-73751 Ostfildern.

Der Verlag dankt Ihnen im voraus bestens für Ihre Mitteilungen.
Jede Einsenderin und jeder Einsender nimmt an einer jeweils zum Jahresende unter Ausschluß des Rechtsweges stattfindenden Verlosung von drei JRO-LEUCHTGLOBEN teil. Falls Sie gewonnen haben, werden Sie benachrichtigt. Ihre Zuschrift sollte also neben der Angabe des Buchtitels und der Auflage, auf welche Sie sich beziehen, auch Ihren Namen und Ihre Anschrift enthalten. Die Informationen werden selbstredend vertraulich behandelt und die persönlichen Daten nicht gespeichert.

Vorwort

Dieser Reiseführer gehört zur neuen Baedeker-Generation.

In Zusammenarbeit mit der Allianz Versicherungs-AG erscheinen bei Baedeker durchgehend farbig illustrierte Reiseführer in handlichem Format. Die Gestaltung entspricht den Gewohnheiten modernen Reisens: Nützliche Hinweise werden in der Randspalte neben den Beschreibungen herausgestellt. Diese Anordnung gestattet eine einfache und rasche Handhabung.

Der vorliegende Band hat die französische Hauptstadt Paris und die wichtigsten von dort erreichbaren Ausflugsziele zum Thema.

Der Reiseführer gliedert sich in drei Hauptteile: Im ersten Teil wird über die Stadt im allgemeinen, Bevölkerung, Wirtschaft, Verkehr, Kunst und Kultur, berühmte Persönlichkeiten und Stadtgeschichte berichtet. Eine Sammlung von Literaturzitaten leitet über zum zweiten Teil, in dem die Sehenswürdigkeiten und Ausflugsziele beschrieben werden. Daran schließt ein dritter Teil mit reichhaltigen praktischen Informationen, die dem Besucher das Zurechtfinden vor Ort wesentlich erleichtern. Sowohl die Sehenswürdigkeiten als auch die Informationen sind in sich alphabetisch geordnet.

Baedeker Allianz Reiseführer zeichnen sich durch Konzentration auf das Wesentliche sowie Benutzerfreundlichkeit aus. Sie enthalten eine Vielzahl eigens entwickelter Pläne und zahlreiche farbige Abbildungen. Zu diesem Reiseführer gehört als integrierender Bestandteil ein großer Stadtplan, auf dem die im Text behandelten Sehenwürdigkeiten anhand der jeweils angegebenen Koordinaten zu lokalisieren sind.

Wir wünschen Ihnen mit dem Baedeker Allianz Reiseführer viel Freude und einen lohnenden Aufenthalt in Paris!

Baedeker
Verlag Karl Baedeker

Zahlen und Fakten

Wappen der französischen Hauptstadt Paris

Allgemeines

Hauptstadt

Paris ist die Hauptstadt der Französischen Republik, Sitz des Staatspräsidenten, der Regierung und der beiden Kammern des französischen Parlaments (Nationalversammlung und Senat).

Lage im Naturraum

Paris liegt auf etwa 48° 50′ nördlicher Breite und 2° 20′ östlicher Länge im Norden Frankreichs inmitten einer schüsselförmigen Schichtstufenlandschaft, dem sog. Pariser Becken, dessen Kernstück kulturhistorisch als Région Ile-de-France bezeichnet wird. Dieser offene, durch Ebenen und Hochflächen gegliederte Landschaftsraum wird von Seine, Marne und Oise durchflossen, die bis in die Gegenwart als Entwicklungsachsen bedeutsam sind. Die fruchtbaren Löß- und Lehmböden der agrarisch intensiv genutzten Ile-de-France ließen in Verbindung mit dem milden Klima bereits früh eine Kornkammer Frankreichs in diesem Raum entstehen, von dem Paris als Handelsplatz seit jeher profitiert hat. Die Stadt liegt zwischen 27 und 127 m ü. d. M. (höchste Erhebung: Montmartre, 129 m ü. d. M.) im Tal der hier stark mäandrierenden Seine, die flußabwärts den Zugang zum Meer herstellt. Ausschlaggebend für die ersten Besiedlungen waren die beiden Flußinseln Ile de la Cité und Ile St-Louis, die eine leichte Überquerung der Seine ermöglichten. Hinzu kam, daß das Gelände am Südufer der Seine zur Montagne Sainte Geneviève ansteigt (Quartier Latin), wodurch dieses Gebiet ebenso hochwasserfrei war wie das rechte Seine-Ufer. So entstand zunächst auf dem linken Flußufer der römische Siedlungskern, das mittelalterliche Paris entwickelte sich nördlich der Seine. Die günstige Verkehrslage bewirkte hernach, daß die wichtigste Nord-Süd-Verbindung im alten Frankreich von Flandern über Paris zum Mittelmeer führte und damit eine wesentliche Voraussetzung zur Stadtentwicklung lieferte.

Fläche und Einwohner

Der historische Kern von Paris – rive droite, rive gauche, das Gebiet Notre-Dame bis Etoile, von Montmartre bis Montparnasse – ist ca. 20 km² groß und wird von rund 500 000 Menschen bewohnt. Die Ausdehnung der Stadt führte zum Stadtgebiet Paris (ville-département), auf dessen 105,4 km² rund 2 155 000 Menschen leben. Aber Paris wuchs weiter, und heute umfaßt Groß-Paris (Agglomération Parisienne) mit seinen Vororten eine Fläche von etwa 1800 km² und zählt knapp 11 Mio. Einwohner. Damit gehört es zu den dichtestbesiedelten Städten der Welt.

Arrondissements

Die französische Hauptstadt gliedert sich in 20 Arrondissements (Bezirke), jedes davon wiederum in vier Quartiers (Viertel). Die Anordnung der Arrondissements gleicht einer Spirale, die ihren Ausgangspunkt am Louvre (1. Arr.) hat und in einer doppelten Windung um den historischen Stadtkern

◀ *Eisernes Wahrzeichen von Paris: der Eiffelturm*

Arrondissements, Quartiers, Faubourg, Banlieue (Fortsetzung)

Ile de la Cité zu ihrem Endpunkt (im 20. Arr.) bei der Place de la Nation führt. "Paris ... besteht aus einzelnen Städten und Dörfern." Mit dieser Äußerung spielte der Dichter Jean Cocteau auf die Stadtteile an, die auch Quartier oder Faubourg genannt werden, deren Namen aber nicht immer mit der Verwaltungsbezeichnung übereinstimmen. Die traditionellen Quartiers, die teilweise ihr eigenes Gepräge bewahrt haben, leiten ihren Namen von ehemaligen, jetzt eingegliederten Dörfern (Montmartre, Chaillot), von Kirchen (Saint-Germain-des-Prés), von städtischen Gebäuden (Halles, Opéra) oder historischen Besonderheiten (Quartier Latin) her. Die Stadtteilbezeichnung Faubourg (wörtlich übersetzt: außerhalb der Burg) bedeutet Vorstadt. Diese wurde in der Regel nach dem nächstgelegenen Dorf benannt (der Faubourg Montmartre war die Vorstadt in Richtung des Dorfes Montmartre). Die Vororte jenseits der heutigen Stadtgrenze werden als Banlieue bezeichnet.

Verwaltung

Paris bildet zusammen mit den Départements Hauts-de-Seine, Seine-St-Denis, Val-de-Marne, Yvelines, Essone und Val d'Oise die Région Ile-de-France. Seit 1977 ist die Stadt zugleich Kommune und Département. An der Spitze der Stadtverwaltung steht der gewählte Bürgermeister (Maire), an der Spitze des Départements ein von der Regierung eingesetzter Präfekt (Préfet) sowie ein Polizeipräfekt. Der 109köpfige Stadtrat (Conseil de Paris) ist zugleich als Conseil Général für das Département zuständig.
Der Präfekt von Paris ist gleichzeitig Präfekt der Région Ile-de-France und steht in dieser Funktion dem Regionalrat (Conseil Régional) vor, der den Haushaltsplan der Region beschließt.

Internationale Organisationen

Unter den vielen internationalen Institutionen, die in Paris ihren Sitz oder eine Vertretung haben, sind die drei bekanntesten: die seit 1946 hier ansässige UNESCO, das Sekretariat der Organisation für wirtschaftliche Zusammenarbeit und Entwicklung (OECD) sowie die europäische Zentrale der nationalen Kriminalpolizeien, INTERPOL.

Stadtsanierung

In den sechziger Jahren setzte die große Sanierungswelle in Paris ein, das hieß: alles, was alt war, wurde abgerissen – gleichgültig, ob notwendig oder nicht – und durch Betonklötze als Büro- und Wohnsilos ersetzt. Damit trat an die Stelle gewachsener Viertel vielerorts architektonische Gleichförmigkeit, verbunden mit einer tiefgreifenden Änderung der Bevölkerungsstruktur. Während das historische Zentrum glücklicherweise ausgespart wurde, eroberten moderne Hochhauskomplexe ganze Stadtviertel wie am Montparnasse, in La Défense, dem 13., 14., 15., 19. und 20. Arrondissement. Seit den siebziger Jahren wurde die radikale Abrißpolitik zunehmend in Frage gestellt. Inzwischen bedeutet Sanierung verstärkt Erneuerung unter Erhalt bzw. Restaurierung alter Bausubstanz.

Pariser Osten

Das ehrgeizigste Sanierungsprojekt, das 1985 in Angriff genommen wurde, betrifft den Pariser Osten. Unter der Ägide von Bürgermeister Chirac soll in diesem bis dato vernachlässigten Gebiet, in dem über 1 Mio. Menschen leben und sich etwa ein Drittel der Pariser Arbeitsplätze befindet, die soziale Lebensqualität und Wirtschaftstätigkeit durch gezielte Strukturmaßnahmen erhöht werden, ohne das charakteristische Umfeld zu zerstören. Ziel: den Pariser Osten aufzuwerten, ihn dem bislang bevorzugten Westen anzugleichen. Einige Zahlen geben eine Vorstellung von der Größe des Projektes: etwa 10000 Altbauwohnungen sollen restauriert, rund 20000 neue Wohnungen gebaut, über 45 ha Grünflächen angelegt, 30 Kinderkrippen und 50 Grundschulen eingerichtet werden. Für Bürokomplexe sind mehr als 300000 m^2, für Handwerk und Industrie rund 200000 m^2 Raum eingeplant. Die Vor- und Nachteile des Sanierungsprogramms zeigen sich in Vierteln wie um die Bastille, Bercy, Belleville und Ménilmontant.

Villes Nouvelles

Um das unkontrollierbar gewordene Wachstum im Pariser Ballungsraum einzudämmen, wurde von der französischen Regierung unter Georges

Villes Nouvelles (Fortsetzung)

Pompidou Mitte der sechziger Jahre eines der damals größten Urbanisierungsprojekte in Europa beschlossen: die Anlage von fünf Villes Nouvelles im Großraum Paris. In den 1964 geplanten 'Neuen Städten' sollten die nach Paris strömenden Provinzbewohner, Heimkehrer aus den Überseekolonien und südeuropäischen Gastarbeiter eine neue Lebens- und Wohnqualität finden, die durch ein breitgefächertes Angebot an Arbeitsplätzen und Freizeitmöglichkeiten den Bewohnern gerecht wird. Namhafte internationale Architekten wurden mit der Aufgabe betraut, das Ziel eines vermenschlichten, wohlüberlegten Urbanisierungsprozesses in die Realität umzusetzen. Die Sozialwohnungen in einer in überschaubaren Abmessungen gehaltenen, aber individuell gestalteten Architektur sollten Gemeinschaftsleben und Kommunikation fördern. So entstanden Marne-la-Vallée im Osten, Melun-Sénart im Südosten, Evry im Süden, St-Quentin-en-Yvelines im Südwesten und Cergy-Pontoise im Nordwesten. Resultat ihrer Stadtplaner waren ebenso gelungene wie heftig umstrittene und total mißratene Stadtkomponenten. Bis heute bilden die 'Neuen Städte' mit ihren rund 700000 Einwohnern Magneten sowohl für die Bevölkerungsströme aus der Kernstadt, wo die Mieten unbezahlbar geworden sind, als auch aus den strukturschwachen Regionen des Landes, deren Menschen in den Banlieues auf neue Arbeitsplätze hoffen.
Internationales Aufsehen erregten die architektonischen Experimente in den Retortenstädten, deren überdimensionale Arkadengänge, kolossale Riesentonnen und spektakuläre Betonquader von Architekten wie Manuel Nuñez-Yanowsky und Ricardo Bofill dem Besucher sofort ins Auge fallen. In Marne-la-Vallée, der ältesten Ville Nouvelle, schuf der Katalane Bofill den manieristischen Palacio d'Abraxas (1982), dessen etagenhohe Portale ihre Ergänzung in einschüchternden, querlaufende Treppenschluchten finden. Das Bild des übermächtigen Komplexes spiegelt sich im gegenüberliegenden Théâtre, einem 19-stöckigen gigantischen Appartementturm mit knapp 600 Sozialwohnungen. Daß Nuñez die Vorliebe seines Kollegen für surrealistisch anmutende Großbauten teilte, bestätigen seine Arènes

Bofills 'Theater' als Kulisse ...

... für Kinderspiele

Marne-la-Vallée: Place Pablo Picasso

Villes Nouvelles (Fortsetzung)

de Picasso. Überschaubar sind vielleicht noch die architektonischen Dimensionen der Gebäude, nicht aber mehr die flächenmäßige Ausbreitung der Retortenstädte: Das Gelände von Marne-la-Vallée allein umfaßt rund 18000 ha – Paris breitet sich auf 10500 ha aus! – mit 26 Gemeinden. So ist Marne-la-Vallée ein Gegenpol zum Pariser Westen geworden, wo sich seit jeher die Industrieansiedlungen konzentrierten. Kernbereich ist die westlichste Gemeinde, Noisy-le-Grand, dessen von Zubléna entworfenes Viertel Mont d'Est bereits vielen futuristischen Filmemachern als Kulisse diente.
Das an einer Schleife der Oise angelegte Cergy-Pontoise erinnert an ein Amphitheater oberhalb mehrerer Baggerseen, die im Sommer von Wassersportlern bevölkert werden. Im Verwaltungs- und Geschäftsviertel um die kegelförmige Präfektur gewährleistet ein verschachteltes Netz von Brücken und Unterführungen die Trennung von Verkehr und Fußgängerbereichen, ein Prinzip, das im später angelegten Cergy-St-Christoph aus Kostengründen wieder aufgegeben wurde. Das neo-klassische Ensemble an der Place des Colonnes, die Belvédère de St-Christophe (1985), bestätigt auch hier Bofills Hang zum Monumentalen und zu klassischen Formen.
Evry, heute Präfektur des Département Essonne, galt lange Zeit als Paradebeispiel für eine Schlafstadt. Inzwischen sind im modernen Kultur- und Geschäftskomplex Agora rund 40000 Menschen beschäftigt. Ein neuer Anziehungspunkt soll Mario Bottas gewaltige Kathedrale werden.
Melun-Sénart wurde als Ausdehnungsbereich des ehemaligen Provinzstädtchens Melun konzipiert mit weiten Grün- und Waldflächen, aber auch intensiv genutztem Ackerland.
Die einzige nicht aus einer historischen Ansiedlung hervorgegangene Ville Nouvelle ist St-Quentin-en-Yvelines. Hier versuchten die Architekten Ayguavives und Rodrigues in Les Trois Villages den Dorfcharakter der Ile-de-France nachzuempfinden. Die unvermeidlichen monumentalen Riesenbauten zeitgenössischer Künstler wie Bofill fehlen indessen auch hier leider nicht.

Strukturwandel

Die täglich wirksamen räumlichen Verflechtungen von Paris reichen weit über den genannten geographischen Rahmen hinaus. Als direkter bzw. stark abhängiger Verflechtungsbereich erscheint fast das gesamte Pariser Becken mit den Regionen Champagne-Ardenne und Burgund im Osten, der Region Centre im Süden, den Pays de la Loire im Südwesten, der Normandie im Nordwesten und der Picardie im Norden. Die jahrhundertealte, wenn auch immer wieder räumlich anders dimensionierte Ile-de-France ist heute administrativ in acht Départements untergliedert mit der Stadt Paris (Ville de Paris, Departement-Nr. 75) als Zentrum. Im Zuge der Verwaltungsgliederung der sechziger und siebziger Jahre entstanden die drei neuen Départements Hauts-de-Seine (Nr. 92), Seine-St.-Denis (Nr. 93) und Val-de-Marne (Nr. 94), die als 'Petite Couronne' einen Ring um die Kernstadt bilden. Diesen inneren Ring umschließen wiederum als 'Grande Couronne' die vier Départements Yvelines (Nr. 78), Val d'Oise (Nr. 95), Essonne (Nr. 91) und Seine-et-Marne (Nr. 77). Funktional wird diese Verwaltungsgliederung von Gebieten unterschiedlicher Entwicklungsdynamik und Flächennutzung überlagert. So reicht der expandierende Pariser Ballungsraum (Agglomération Parisienne) laut der I.N.S.E.E. (vergleichbar dem Statistischen Bundesamt) als Zone kontinuierlicher und flächendeckender Bebauung weit über die Petite Couronne hinaus und umfaßt rund 335 verstädterte Gemeinden mit knapp 9 Mio. Einwohnern. Danach folgt eine Zone, die zwar vom Funktionswandel durch Industrialisierungs- und Verstädterungsprozesse erfaßt wird, aber trotzdem noch stellenweise ländliche Züge aufweist, ZPIU (Zone de peuplement industriel et urbain) oder Zone semi-rurale genannt. Als 'rural profond', d. h. wirklich ländliches Umland mit wenig Verstädterungsanzeichen, kann heute nur noch der Ostteil des Département Seine-et-Marne eingestuft werden.
Die Bevölkerungsentwicklung zeigt gleichzeitig, wie in vielen anderen europäischen Städten auch, eine Verlagerung vom Zentrum zur Peripherie, obwohl sich der Bevölkerungsrückgang in der Ville de Paris inzwischen deutlich verlangsamt hat. Lebten 1881 im Raum der heutigen Ile-de-France rund 3,4 Mio. Menschen, davon 2,3 Mio. in der heutigen Kernstadt, so entfallen etwas mehr als 100 Jahre später auf die Innenstadt nur noch 20 % der Bevölkerung (2,1 Mio.), während die Außenbezirke, Randbereiche und Vororte eine kontinuierliche Zuwanderung erfahren haben. Gigantische Großwohnanlagen zeugen von den Umstrukturierungs- und Wandlungsprozessen nach dem Zweiten Weltkrieg, angefangen bei Sarcelles, dem 1954 im Norden entstandenen Prototyp des sozialen Wohnungsbaus (HLM). Die 'Sarcellisation' hat inzwischen fast die gesamte Peripherie von Paris erfaßt. Besonders starke Abwanderungsverluste werden dabei im 1. bis 10. Arrondissement verzeichnet, während die flächenmäßig deutlich größere und dichter bewohnte Außenzone vom 11. bis 20. Arrondissement unterschiedlich starke Abwanderungstendenzen aufweist. Mit Abstand die größten Zuwachsraten zeigen die Départements der Grande Couronne. Fast das gesamte Bevölkerungswachstum der Ile-de-France während der achtziger Jahre entfiel auf diesen Außenring, wobei rund ein Drittel den Villes Nouvelles zufiel.
Wenngleich sogar industrielle Großbetriebe (z. B. die erst 1992 geschlossenen Automobilwerke Renault in Boulogne-Billancourt) bis heute im Innenstadtbereich oder der Proche Banlieue liegen, ziehen Handwerk und Industrie innerregional zunehmend in die Pariser Randbereiche. Vor allem traditionelle kleinindustriell-gewerbliche Betriebe und Versorgungseinrichtungen (z. B. Les Hallen, La Villette und die Entrepots de Bercy) sind in den letzten Jahrzehnten aufgegeben bzw. umfunktioniert und zur Peripherie verlagert worden. In der Grande Couronne erfolgen indessen vermehrt Anlagen von funktional abgegrenzten Industrie-, Wohn-, Erholungs- und Freizeitzonen. Ein zunehmend wichtiger Aspekt angesichts der Tatsache, daß heute im Großraum Paris rund 1 Mio. Menschen täglich zwischen ihrem außerhalb gelegenen Wohnort und einem Arbeitsplatz in der Innenstadt pendeln. Auch wenn derzeitige Zukunftsprognosen insgesamt von einem eher gebremsten Wachstum ausgehen, scheint der Strukturwandel der französischen Metropole weit davon entfernt, abgeschlossen zu sein.

Bevölkerung

Bevölkerung

In Paris konzentriert sich Frankreich. Hier, auf 2,2 % des Staatsgebietes, lebt knapp ein Fünftel der französischen Bevölkerung. Die Einwohnerzahl des eigentlichen Stadtgebietes (Ville Département) geht indessen ständig zurück, weil vor allem im Stadtkern alte Gebäude abgerissen wurden und dort nur wenig und teurer neuer Wohnraum entstand. Dagegen steigt die Bevölkerungszahl in den angrenzenden Départements um 3–5 % jährlich.
Paris ist nicht Frankreich – aber die Stadt ist Anziehungspunkt für Arbeitnehmer aus ganz Frankreich, den Übersee-Départements und aus dem Ausland. Über 60 % der Pariser sind Zugezogene, mindestens 6 von 10 kommen aus der Provinz. Jede französische Region ist hier mit einer eigenen Bevölkerungsgruppe vertreten; manche Vororte sind 'fest in der Hand' der Zuwanderer aus dem Südwesten, aus der Auvergne, aus Ostfrankreich. Sie feiern ihre regionalen Feste und geben fast alle eine eigene Zeitung heraus.
Der Anteil der ausländischen Arbeitnehmer beträgt rund 17 %. An erster Stelle stehen Algerier, gefolgt von Portugiesen und Spaniern. In der Goutte d'Or, einem der heutigen Sanierungsgebiete im Pariser Osten, gehören die rund 20 000 Menschen, die hier wohnen, 40 unterschiedlichen Nationalitäten an, in der Hauptsache aber sind es Nordafrikaner.
Paris ist seit jeher eine Stadt der politischen Flüchtlinge gewesen. Ein Großteil der Asylanten kommt heute aus Südamerika und Indochina. Das 13. Arrondissement trägt sogar den Beinamen 'Chinatown', da hier viele Asiaten leben, v.a. aus Kambodscha (70 %), Vietnam (20 %) und Laos.

Religion

Paris ist Sitz eines Erzbischofs und zählt 119 katholische Gemeinden. Zudem gibt es 72 protestantische Kirchen, 24 griechisch- und russisch-orthodoxe Kirchen und sieben Synagogen (über 220 000 jüdische Gläubige). Den über 50 000 Muslimen stehen drei Moscheen zur Verfügung.

Buntes Völkergemisch auf den Champs-Elysées

Geschäftsviertel La Défense

Wirtschaft

Wirtschaftsstruktur

Über 4,6 Mio. Menschen arbeiten in der Region Paris, d.h. jeder fünfte Beschäftigte in Frankreich ist in diesem Großraum tätig. Allein aus den Vororten pendeln mehr als 1 Mio. Arbeitnehmer täglich in die Stadt. Seit Kriegsende verschiebt sich das Arbeitsplatzangebot allerdings kontinuierlich zugunsten der umliegenden Départements der Region Ile-de-France; 1954 zählte man in Paris 55 % der Beschäftigten der Region, 1992 waren es nur noch knapp 38 %. Der Rückgang der Beschäftigungszahlen ist auf die Abwanderung der Industrie- und größeren Handwerksbetriebe in die Außenbezirke zurückzuführen. Ihren Platz nimmt zunehmend das Dienstleistungsgewerbe ein: Über 74 % sind heute im tertiären Sektor tätig, knapp 20 % in der Industrie, ca. 6 % im Baugewerbe und kaum mehr 1 % in der Landwirtschaft.
Auch die moderne Architektur spiegelt die wachsende Bedeutung des tertiären Sektors wider. Beispiele hierfür liefern u.a. der Bürokomplex Le Grand Ponant (1989, Architekt Olivier Clément Cacoub), eine gewaltige Glas-Metall-Konstruktion auf einem ehemaligen Fabrikgelände von Citroën, die ebenfalls im Revolutionsjahr 1989 fertiggestellte La Grande Arche im expandierenden Geschäftsviertel La Défense und das von Chemtov und Huidobro in Bercy erbaute monumentale Finanzministerium.

Industrie und Handwerk

Die traditionell in Paris ansässigen Industriezweige sind elektronische, feinmechanische, Holz-, Textil-, pharmazeutische, chemische, Flugzeug- und Automobil-Industrie. Von der Abwanderung in die Banlieue betroffen sind besonders die Metall-, Maschinen-, Holz-, Textil- und chemische Industrie; ihr Unternehmenssitz verbleibt jedoch häufig in Paris. Gründe für den Abzug sind vor allem die gestiegenen Grundstückspreise bei notwendigen Erweiterungen, Umweltschutzauflagen sowie Dezentralisierungsmaßnahmen. Geblieben sind hauptsächlich große Unternehmensgruppen

Wirtschaft, Industrie und Handwerk (Fortsetzung)

sowie Klein- und Mittelbetriebe, oft an der Grenze zwischen handwerklicher und industrieller Produktion angesiedelt, die noch vielerorts das Gesicht ihres Quartiers bestimmen. Produzenten von Konfektionskleidung haben sich vor allem im 2. Arrondissement etabliert, Pressehäuser und Druckereien im 9. Arrondissement, Verlage im 6. Arrondissement, feinmechanische Betriebe im 10., 11. und 12. Arrondissement.
Die handwerkliche Produktion umfaßt traditionell die Möbelwerkstätten im Faubourg Saint-Antoine (11. und 12. Arr.), Lederwarenverarbeitung im Marais (3. Arr.) und Schmuckwaren im Marais und im Viertel zwischen der Garnier-Oper, der Rue Royale und Place Vendôme. Im Faubourg Saint-Honoré und um die Place des Victoires sind die renommierten Häuser der Haute-Couture beheimatet.

Dienstleistungssektor

Die großen Finanz- und Versicherungsinstitute haben sich im 2., 8. und 9. Arrondissement und in La Défense angesiedelt, öffentliche Verwaltungseinrichtungen und Botschaftsgebäude sind vor allem im 7., 8. und 16. Arrondissement zu finden. Ein neuer Pol des tertiären Sektors entwickelt sich in Tolbiac und Bercy, wo sich das neue Finanzministerium befindet.

Kongresse, Messen, Börsen

"Paris ist eine Messe wert!" sagte schon Heinrich IV. vor über 400 Jahren, wenngleich damit damals die Notre-Dame gemeint war. Heute veranstaltet die Geschäftswelt alljährlich über 100 Messen und mehr als 1000 Kongresse in der Seinemetropole. Für Messen, Seminare und Ausstellungen stehen mehrere Zentren zur Verfügung, darunter der Palais de Congrès an der Porte Maillot, der Parc des Expositions, der CNIT in La Défense, der Parc des Expositions Paris-Nord und der Parc des Expositions in Bourget. Neben der Wertpapierbörse gibt es noch die Handelsbörse.

Tourismus

Mit mehr als 13 Mio. Besuchern pro Jahr stellt der Tourismus eine wichtige Wirtschaftsgröße dar. Zahlenmäßig an erster Stelle der ausländischen Gäste rangieren die Vereinigten Staaten, gefolgt von Briten, Deutschen, und Japanern.

Rungis

Seit dem Abruch der Markthallen (1969) im Zentrum der Hauptstadt liegt der 'Bauch von Paris' außerhalb auf einem 600 ha großen Gelände im südlichen Vorort Rungis. Von hier aus werden Stadt und Großraum Paris täglich mit frischem Obst und Gemüse, Fleisch und anderen Lebensmitteln versorgt. Etwa 25 Mio. Hektoliter Wein, 6 Mio. davon für Paris, lagern in Rungis in Reserve. Über 12 000 Käufer finden sich hier jährlich ein, wo rund 2,5 Mio. t Ware für einen Umsatz von mehr als 45 Mrd. Francs pro Jahr sorgen.

Verkehr

Hafen

Die Bedeutung des Pariser Freihafens (Port Autonome) nimmt zwar ab, da die Industrie aus der Stadt abwandert und sich der Gütertransport in großem Umfang auf Schiene und Straße verlagert hat, er bleibt aber der wichtigste Binnenhafen Frankreichs. Die Hauptumschlagplätze liegen längst außerhalb der Stadt, die Hafenanlagen an der Seine und an den Kanälen spielen nur mehr eine untergeordnete Rolle.
Die Personenschiffahrt, die ganz auf den Tourismus ausgerichtet ist, hat ihre Anlegestellen hingegen in der Innenstadt, wo zahlreiche Bateaux-Mouches zu vergnüglichen Rundfahrten auf der Seine und ihren Seitenkanälen einladen.

Flughäfen

Die staatliche Fluggesellschaft Aéroports de Paris (ADP) verwaltet die drei Pariser Flughäfen Orly (im Süden) und Le Bourget und Roissy-Charles de Gaulle (im Norden). Zusammengenommen liegen sie mit jährlich über 35 Mio. Flugpassagieren und mehr als 800 000 t Luftfracht an dritter Stelle der europäischen Flughäfen hinter London und Frankfurt am Main.

Beliebte Entdeckungsreisen: Seinefahrten mit den Bateaux-Mouches

Flughäfen (Fortsetzung)

Der früher bedeutendste Passagierflughafen Orly erlitt nach Eröffnung des Flughafens Roissy-Charles de Gaulle im Jahre 1974 starke Einbußen. Der neue Flughafen Charles de Gaulle, der sich auch zum größten Umschlagplatz für Luftfracht entwickelt hat, während die Bedeutung von Le Bourget in diesem Bereich fast zum Erliegen kam, erhielt 1989 einen zweiten Aérogare. Für die neunziger Jahre sind ein dritter Aérogare und ein Bahnanschluß für den Hochgeschwindigkeitszug TGV (voraussichtlich 1994/1995 nach Eröffnung des Eurotunnels unter dem Ärmelkanal) geplant. Bis zum Jahre 2020 wird das Passagieraufkommen nach jüngsten Schätzungen auf über 80 Mio. pro Jahr anwachsen.

Eisenbahn, Métro, RER

Trotz seiner Lage am Westrand des europäischen Kontinents ist Paris ein internationaler Verkehrsknotenpunkt. Die Anlage von Kopfbahnhöfen und der Bau einer 'unterirdischen Eisenbahn', der Métro (Chemin de Fer Métropolitain), haben Paris vor dem Schicksal anderer Großstädte bewahrt, deren historische Zentren durch die Schienenstränge zerschnitten wurden. Zwei große Gesellschaften ermöglichen den Transport von über 10 Mio. Menschen, die täglich in öffentlichen Verkehrsmitteln von, nach und durch Paris fahren. Die staatliche Eisenbahngesellschaft SNCF (Société Nationale des Chemins de Fer) befördert jährlich über 83 Mio. Reisende im Fernverkehr und über 500 Mio. Personen im Vorortverkehr. Die halbstaatliche RATP (Régie Autonome des Transports Parisiens) verzeichnet jährlich über 1,9 Milliarden Benutzer der Métro und fast eine Milliarde Autobus-Fahrgäste. Ein jüngerer Transportzweig der RATP ist die 1969 konzipierte S-Bahn RER (Réseau Express Régional), die heute jährlich über 300 Mio. Benutzer zählt (vier Linien). Die Ost-West-Achse und die Nord-Süd-Achse des RER kreuzen sich mitten in der Stadt in der Mammutstation Châtelet – Les Halles. Das Métro-Netz (15 Linien) wurde in den letzten Jahren beständig erweitert, zuletzt 1992 mit dem Ausbau der Linie 1 nach La Défense. Die längste Strecke (Balard – Créteil) ist 22,1 km, die kürzeste (Gambetta – Porte des Lilas) 1,3 km lang. Der durchschnittliche Abstand

Verkehr, Eisenbahn, Métro, RER (Fortsetzung)

zwischen den Stationen beträgt 543 m; der zeitliche Abstand zwischen den Métro-Zügen liegt in den Stoßzeiten bei 90 Sekunden, sonst bei 2 bis 7 Minuten. Bis zum Jahre 2000 sollen drei weitere RER-Linien und zusätzliche Métro-Stationen die Anbindung der Pariser Vororte verbessern.

Gare de L'Est: Albert Herters Nostalgiebahn (1926)

Autobahnen

Fast alle französischen Autobahnen beginnen bzw. enden nach wie vor in Paris. Nach Deutschland führen die Autoroute de l'Est (A 4/E 50) über Reims – Metz – Strasbourg und die Autoroute du Nord (A 1/E 15), von der die A 2/E 19 bei Péronne nach Belgien (Charleroi – Liège – Aachen) abzweigt. Richtung Süden gehen die Autoroute du Sud (Autoroute du Soleil, A6/E 15) über Lyon nach Südfrankreich und die Autoroute Aquitaine (A 10/E 05) über Orléans – Tours – Poitiers nach Südwestfrankreich. Nach Westen führen die Autoroute Océanie (A 11/E 50) über Chartres und Le Mans bis Nantes (geplant bis Brest) bzw. als A 81/E 50 von Le Mans bis Rennes und die Autoroute de l'Ouest (Autoroute de Normandie, A 13/E 05 bzw. E 46) nach Rouen und Caen.
Alle Autobahn-Zu- und Ausfahrten liegen am Boulevard Périphérique Extérieur, der Ringautobahn, die – sechs- bis zehnspurig – ganz Paris umschließt.
Die Autobahnen werden in Frankreich von privaten Gesellschaften betrieben und sind daher kostenpflichtig. Die Fernverkehrsstraßen (Routes Nationales), die den deutschen Bundesstraßen entsprechen, sind gut ausgebaut, ermöglichen oft die kürzere Verbindung und sind kostenlos.

Verkehrsplanung

Trotz seiner 33 Brücken und der knapp 1300 km an Straßen, Avenuen und Boulevards, leidet die französische Hauptstadt seit Jahren unter dem wachsenden Verkehrsaufkommen; mehr als 3,5 Mio. Fahrzeuge drängen sich täglich durch Paris. Um der zunehmenden Autostaus Herr zu werden, wurde bereits 1967 eine Schnellverbindung auf dem rechten Seineufer geschaffen, 1973 folgte die Ringautobahn, 1990 die Einführung der sog. 'roten Achsen', ein totales Halteverbot (mit Ausnahme von Lieferungen zwischen 8 und 13 Uhr) auf mehreren strategischen Verkehrsadern wie dem Boulevard de Strasbourg, der Rue de Rivoli, dem Boulevard St-Michel und dem linken Seineufer.
Für die Jahrtausendwende plant die Stadt einen verkehrstechnischen Bypass, einen 30 km langen Tunnel mit drei Fahrbahnebenen, der den Norden mit dem Pariser Westen verbinden wird. Im MUSE-Tunnel (Maille Urbaine Souterrains Expresse) von ca. 12 m Durchmesser sollen auf zwei Etagen bis zu 7000 Autos gleichzeitig, nach Fahrtrichtungen getrennt, die Stadt durchkreuzen können (Höchstgeschwindigkeit 60 km/h). 'Metromuse', wie das oberste der drei Stockwerke genannt wird, ist für Autobusse und Métro-Linien des öffentlichen Nahverkehrs reserviert.

Kunst und Kultur

Allgemeines

Obwohl in Frankreich die Provinzen und Regionen seit den siebziger Jahren ein verstärktes öffentliches Interesse gefunden haben, bleibt Paris das

Allgemeines (Fortsetzung)

Zentrum von Macht, Wissen, Bildung, Arbeitsmarktchancen sowie von Kultur und Vergnügen. Hier befinden sich die wichtigsten Hochschulen, die bedeutendsten Museen und Bibliotheken (die Bibliothèque Nationale besitzt rund 12 Mio. Bände, und ihr Bestand wächst jährlich um ca. 70000), die meisten Theater und Kinos, alle großen und eine Vielzahl kleiner Zeitungs- und Buchverlage sowie die nationalen Radio- und Fernsehsender.

Entwicklung zur Metropole

Seinen typischen, 'klassischen' Charakter erhielt das Stadtbild der Seinemetropole unter Ludwig XIV. (1638–1715). Der Souverän ließ die Befestigungsmauern aus dem 13. Jh. niederlegen und die mittelalterlichen Bollwerke durch breite Prachtstraßen, die Grands Boulevards, ersetzen – für das damalige Europa eine Neuheit. Damit demonstrierte der Monarch seine absolutistische Machtstellung und legte in den Grundzügen bereits die heutige Stadtstruktur fest: Alle späteren Mauern und Befestigungen, die dann ihrerseits zu Straßenringen geworden sind, legten sich konzentrisch um den vom Sonnenkönig geschaffenen Boulevardring. Auch die Stadtplanung des 19. Jh.s schuf ring- bzw. halbringförmige Durchgangsstraßen, selbst die moderne Ringautobahn, der Boulevard Périphérique, ist durch ein konzentrisches Kreissystem bestimmt. Unter Ludwig XIV. avancierte Paris außerdem zum künstlerischen Zentrum ersten Ranges und strahlte auf ganz Europa aus. Zahlreiche berühmte Künstler der damaligen Zeit wirkten in Paris, darunter Jaques François Blondel, Charles Le Brun, Andreé Le Nôtre, François Mansart, Jules Hardouin-Mansart, Claude Perrault und Antoine Watteau.
Unter Napoleon III. (1808–1873) und seinem Präfekt Baron Georges Eugène Haussmann (1809–1891) erlebte Paris ab Mitte des 19. Jh.s eine erneute Umgestaltung, die bis heute den Stadtcharakter grundlegend bestimmt. Für die Großstadtmetropole des 19. Jh.s ließ Haussmann ganze Stadtviertel dem Erdboden gleichmachen, staatliche Prachtbauten, Plätze, Parks und breite Avenuen traten an die Stelle der Elendsquartiere und die Trinkwasserversorgung und Kanalisation wurden neu konzipiert. Trotz reger Befürworter stieß das Unternehmen auch auf heftige Kritik, da, unsensibel für die historisch-künstlerische Eigenart der Pariser Stadtlandschaft, auch viel Erhaltenswertes abgerissen wurde. Als prunkvolles Selbstzeugnis der Bourgeoisie des 19. Jh.s und architektonischer Höhepunkt dieser Ära gilt die Oper von Charles Garnier (1825–1898), deren Einweihung 1875 stattfand. Das urbane Gesamtkonzept und die Lösungen verschiedener Bauaufgaben wurden schließlich zum Vorbild für ganz Europa. Seinen Glanz des 19. Jh.s hat sich die französische Hauptstadt vielerorts bis heute bewahrt, auch wenn nach dem Zweiten Weltkrieg eine Reihe heftig umstrittener Sanierungsmaßnahmen vorgenommen wurde wie z. B. der 1969 eingeleitete Abbruch der Markthallen (Les Halles). Dieses 1853 bis 1858 von Victor Baltard geschaffene Ensemble aus 12 Hallen mit überdachten Ladenstraßen war die erste Eisenarchitektur dieser Größe in Frankreich. Den Höhepunkt des zweiten Kaiserreiches markierten die zwischen 1855 und 1867 in Paris organisierten Weltausstellungen, gefolgt von zwei weiteren 1878 und 1889. An die letzte erinnert, zu einem Wahrzeichen der Stadt geworden, der Pariser Eiffelturm.
Der pompöse Stil der Belle Epoque (1890–1914) spiegelt sich in der Architektur der damals entstandenen Gebäude. Typische Beispiele sind das Grand und Petit Palais, die Bahnhöfe Est, Nord und Orsay, die Nationalbibliothek, die Glaskuppel des Kaufhauses Le Printemps und das 1993 restaurierte Restaurant Le Train Bleu im Gare de Lyon. Charakteristisch für das Pariser Stadtbild ist außerdem der um die Jahrhundertwende aufkommende Jugendstil (Art Nouveau). Er findet sich nicht nur in der Architektur, sondern auch in der eigenwilligen Gestaltung von Gebrauchsgegenständen und Schmuck; ein unverwechselbares Jugendstildesign zeigen die Pariser Metrogitter und Tulpenlampen von Hector Guimard. Auch bei vielen Cafés und Restaurants, Bäckereien und anderen Läden haben sich die alten Fassaden oder die authentischen Interieurs des Art Nouveau erhalten.

Kunstrichtungen des 19. Jahrhunderts

Als Großstadtmetropole ermöglichte das Paris des 19. Jh.s eine Vielfalt kulturellen Lebens, wie sie in kleineren Städten undenkbar gewesen wäre. Trotz der konservativen Einstellung des großstädtischen Bürgertums erzeugte vor allem die soziokulturelle Mischung in Paris eine Atmosphäre der Liberalität, in der sich individualistisches Künstlertum, neue Ideen und Experimentierfreudigkeit entwickeln konnten.

Die Geburtsstunde des Impressionismus fällt auf den 15. April 1874. Damals eröffnete eine Malergruppe im Atelier des Fotografen Nadar in Paris eine Ausstellung, zu der auch ein Bild des jungen Malers Claude Monet mit dem Titel "Impression – soleil levant" (Impression – aufgehende Sonne) gehörte, das den Hafen von Le Havre im Morgennebel darstellt. Als ein Journalist in seiner Ausstellungsbesprechung in Anlehnung an Monets Bild die Maler höhnisch als 'Impressionisten' betitelte, war der Name der neuen Kunstströmung kreiert, deren anfängliche Ablehnung später in eine nahezu übersteigerte Bewunderung umschlagen sollte. Die Vertreter des Impressionismus, die vorrangig aus dem gehobenen Bürgerstand kamen, sahen als Reaktion auf die akademische Ateliermalerei ihre Hauptaufgabe in der Wiedergabe der Natur. Ihre letzte Ausstellung fand 1886 statt, danach löste sich die Bewegung auf; ihr nahe standen u. a. Paul Cézanne, Edgar Degas, Édouard Manet, Claude Monet, Camille Pisarro, Auguste Renoir, Georges Seurat, Paul Signac und Alfred Sisley. Früher im Jeu de Paume ausgestellt, sind die Impressionisten heute im imposanten Bahnhof d'Orsay mit weiteren renommierten Künstlern des 19. Jh.s vereint. In der Musik gehören zu den bekanntesten Vertretern impressionistischer Variationen Claude Debussy (1862–1918), etwa mit seinem Werk "L'après-midi d'un Faune" oder seiner Oper "Pelléas und Mélisande", und Maurice Ravel (1875–1937).

Nach dem Impressionismus entstand in Paris eine Vielzahl weiterer Kunstrichtungen. Als Gegenströmung zum Impressionismus folgte in den Jahren des ausgehenden 19. Jh.s der Symbolismus. Zu seinen bedeutendsten Anhängern gehören Paul Gauguin, Odilon Redon und Gustave Mor-

Auguste Renoir: "Ball im Moulin de la Galette"

Paul Gauguin: "Arearea"

Claude Monet: "Frau mit Sonnenschirm"

Kunstrichtungen des 19. Jahrhunderts (Fortsetzung)

frau, in dessen Pariser Privathaus eine faszinierende Retrospektive des Künstlers zu sehen ist. Zum geistigen und kreativen Mittelpunkt des Symbolismus entwickelte sich die Pariser Gruppe der Nabis (hebräisch: Propheten) um die Künstler Maurice Denis, Pierre Bonnard, Paul Sérusier, Éduard Vuillard und später Félix Vallotton und Aristide Maillol. Die Nabis versuchten im Gegensatz zur naturalistischen Darstellungsweise des Impressionismus, eine synthetische und symbolische Schau der Welt zu vermitteln.

Kunstrichtungen des 20. Jahrhunderts

Die erste große künstlerische Bewegung im 20. Jh. bildete der Fauvismus. 1905 zeigte im Pariser Herbstsalon eine kleine Gruppe gleichgesonnener Maler zum erstenmal ihre Bilder, die der Kritiker Louis Vauxcelles als das Werk von 'Fauves' (wilde Tiere) bezeichnete. Damit hatte die neue Bewegung ihren Namen. Zu ihren wichtigsten Vertretern zählen Henri Matisse, Maurice de Vlaminck und André Derain.
Aus einer kleinen Gruppierung von französischen, spanischen und russischen Malern entwickelte sich Anfang des 20. Jh.s ferner die Kunstströmung des Kubismus. Vorreiter waren Georges Braques und Pablo Picasso, dessen Werk "Les Demoiselles d'Avignon" (1907) als das erste kubistische Gemälde gilt, mit dem ein grundlegender Wendepunkt in der Bildauffassung des 20. Jh.s verbunden war.
Die Hauptzentren des Expressionismus und Futurismus lagen eher in Deutschland bzw. Italien, wenngleich das "Futuristische Manifest" Marinettis am 20. Februar 1909 in der Pariser Tageszeitung "Le Figaro" veröffentlicht wurde.
Die Entwicklung des Surrealismus ist hingegen wieder eng an die französische Hauptstadt gebunden. Im Jahre 1924 schrieb André Breton das "Erste Manifest des Surrealismus", und in den zwanziger Jahren stieß Max Ernst zu der Pariser Surrealistengruppe. Ihr gehörten u. a. auch Yves Tanguy, Joan Miró, Salvador Dalí, Hans Arp, André Masson, Pablo Picasso, Man Ray, Marcel Duchamp und Francis Picabia an.

Im Picasso-Museum: "Bildnis Dora Maars" ...

... und "Frau mit Kinderwagen"

Brunnenskulpturen von Niki de Saint Phalle und Jean Tinguely vor dem Centre Pompidou

Kunstrichtungen des 20. Jahrhunderts (Fortsetzung)

Nach dem Zweiten Weltkrieg war die École de Paris nochmals dominierendes Zentrum einer Kunstströmung, des Tachismus (tache = Fleck) bzw. der informellen Malerei. Künstler wie Georges Mathieu, Jean Dubuffet, Jean Fautrier, Hans Hartung, Wols, Henri Michaux und Alberto Giacometti stehen für diesen Neuentwurf der Kunst in der Nachkriegszeit. Zentral erscheint hierbei der besondere Stellenwert, der dem Betrachter im Verhältnis zum Werk zukommt, während eine neue Materialität für die radikale Absage an herkömmliche Bildvorstellungen steht. Erst Mitte der sechziger Jahre wurde die französische Hauptstadt schließlich in ihrer künstlerischen Vorreiterfunktion für Europa durch New York abgelöst.

Moderne Kunstszene

Eine Kunststadt ersten Ranges ist Paris dennoch geblieben. Das bezeugen die Museen, die zahlreichen Retrospektiven bedeutender Künstler sowie die drei großen Gesamtschauen (Salons) im Frühjahr (Salon des Indépendants – Malerei, Salon de Mai – Skulptur) und im Herbst (Salon d'Automne – Malerei). Im Jahre 1985 löste die Neue Pariser Biennale als weiteres Forum aktueller Kunst ihre Vorgängerin, die Biennale junger Kunst, ab.
Daneben sind es die Neugründungen von Kulturzentren und Museen, die Paris zu neuem Ruhm als Kunst- und Kulturmetropole verhalfen. Im Jahre 1977 entstand das staatliche Kommunikationszentrum Georges Pompidou, das inzwischen mehrfach umgebaut und erweitert wurde – seine Ausstrahlungs- und Anziehungskraft ist ungebrochen. In Jouy-en-Josas gründete Cartier 1984 einen Künstlerpark als Zentrum zeitgenössischer Kunst für Bildhauer und Maler; im selben Jahr wurde mit dem Konzertsaal Zénith der erste Teil des neuen Kulturzentrums La Villette der Öffentlichkeit übergeben. In der zweiten Hälfte der achtziger Jahre wurden dort außerdem La Grande Halle, der futuristische Kugelbau des Kinos La Géode und das gewaltige Museum Cité des Sciences et de l'Industrie fertiggestellt. Ende 1986 öffneten das Musée Picasso und das Musée d'Orsay ihre Tore, 1989 wurden die Glaspyramide des Louvre sowie das neue Opernhaus an der Place de la Bastille eingeweiht. Im Sommer 1991 konnten auch die Umbauarbeiten am Jeu de Paume beendet werden, in dem nun Wechselausstellungen zeitgenössischer Kunst stattfinden. Daneben präsentieren zahlreiche Galerien die verschiedenen Kunstrichtungen. Sie konzentrieren sich vor allem in den Vierteln Saint-Germain-des-Prés, Faubourg Saint-Honoré, Beaubourg und um die neue Volksoper an der Place de la Bastille.

Hochschulen, Akademien

Neben den 13 Universitäten (die Sorbonne ist seit 1968 in vier Universitäten gegliedert), an denen rund 350000 Studierende immatrikuliert sind, gibt es Eliteschulen, die Grandes Écoles, wie die École Normale Supérieure (Lehramt), die École Polytechnique (Ingenieure), die École des Hautes Études Commerciales (Wirtschaftswissenschaften) oder die École Nationale d'Administration (Verwaltungswissenschaften). Diese Hochschulen, die ihre Bewerber nur über ein Wettbewerbsverfahren zulassen, gelten als die renommiertesten Bildungsschmieden der französischen Nation. Viele der ehemaligen Absolventen haben leitende Positionen im öffentlichen Leben inne, und nach wie vor ist mit dem Namen der Grandes Écoles ein außerordentliches Prestige verbunden.
Unter den vielen Forschungseinrichtungen ragen die des Centre National de la Recherche Scientifique (Nationales Zentrum für wissenschaftliche Forschung) hervor, vergleichbar etwa der Max-Planck-Gesellschaft und ihren Institutionen in Deutschland. Keine Hochschule, aber vielbeachtete Autorität ist zudem das traditionsreiche Institut de France mit seinen fünf wissenschaftlichen Akademien, von denen die Académie Française die bekannteste ist.

Philosophische Strömungen

Die einflußreichste philosophische Strömung, die nach dem Zweiten Weltkrieg von Paris ausging, ist zweifellos der Existentialismus. Die tragenden Ideen waren die Absurdität des Daseins und der Grundsatz, daß die Existenz der Essenz vorangeht, d.h. daß der Mensch als Existenz mit der dazugehörigen Freiheit dazu verurteilt ist, in eigener Verantwortung, ohne

Les Deux Magots war Stammlokal der Existentialisten

Philosophische Strömungen (Fortsetzung)

einen Gott, zu handeln und daß es demzufolge keine andere Wirklichkeit als die des Menschen gibt. Die um Jean-Paul Sartre, Albert Camus, Simone de Beauvoir und Maurice Merleau-Ponty entstandene Bewegung begründete in den vierziger Jahren indessen weit mehr als eine philosophische Schule. Der Existentialismus wurde zu einer ideologischen Epoche und prägte den Lebensstil und Geschmack einer ganzen Generation bis hin zur Haartracht und Kleidung, bestimmten Szenelokalen (z. B. die Cafés Les Deux Magots und La Flore) oder den berühmten Chansons von Juliette Gréco und Boris Vian. Auch für die 68er Bewegung waren die philosophischen Positionen des Existentialismus hochaktuell.
In den sechziger Jahren kam in Paris außerdem die Bewegung des Strukturalismus auf, der, von einer systematischen Sprachwissenschaft ausgehend, zunächst für die Geistes- und Sozialwissenschaften nach einem, den Naturwissenschaften ebenbürtigen, exakten Analyseansatz suchte und dann auch vielfach in den aktuellen kritischen Diskursen über bestehende Machtstrukturen und Autoritäten Verwendung fand. Die wichtigsten Vertreter sind der Psychoanalytiker Jacques Lacan, die Philosophen Michel Foucault und Jacques Derrida, der Anthropologe Claude Lévi-Strauss und der Literaturwissenschaftler Roland Barthes. Stark vereinfacht lautet ihre Kernthese, daß Subjektivität eine Illusion ist und alle menschlichen Handlungen und Verhaltensweisen letztendlich durch Fundamentalstrukturen bestimmt werden.

Literatur

In Frankreich hat die Literatur bis heute einen besonders gewichtigen Stellenwert. Bedeutendster französischer Literaturpreis ist der Prix Goncourt, der seit 1903 alljährlich von der Académie Goncourt vergeben wird. Die Idee des Preisstifters Edmond Huot de Goncourt war es, eine Art literarischen Stammtisch zu schaffen, an dem zehn professionelle Schriftsteller teilnehmen, die sich einmal im Monat im Restaurant Drouant an der Place Gaillon treffen und einmal pro Jahr den besten Roman der vergangenen zwölf Monate auszeichnen. Mit dem Erhalt des Preises ist nicht selten der

Literatur (Fortsetzung)

Aufstieg zum Bestseller verbunden. Parallel zum Prix Goncourt gibt es seit 1926 den Prix Renaudot, der von den Journalisten vergeben wird und in der Öffentlichkeit ähnliche Beachtung erfährt.
Die Zahl der Pariser Buchhandlungen ist immens, darunter einige hervorragende Spezialbuchhandlungen. Eine ganze Reihe renommierter Buchläden findet sich entlang des Bd. Montparnasse. Im 6. Arrondissement hat die traditionsreiche Buchhandlung La Hune ihr Sortiment auf Kunst spezialisiert, am Boulevard St-Michel bietet Joseph Gibert ein modernes Antiquariat. Im Quartier Latin gilt Shakespeare and Company als ungeschlagene Institution für ausländische Literatur; ab und an werden hier auch Dichterlesungen veranstaltet. Die Buchhandlung Des Femmes ist seit 1974 Verlagsbuchhandlung der Edition des Femmes mit einer großen Auswahl an Frauenliteratur; hier finden auch Ausstellungen über Frauen statt. Eine feministische Bibliothek mit dem Namen der ersten Frau, die eine Tageszeitung herausgab, findet man im 13. Arrondissement: Bibliothèque féministe Maguérite Durand.
Wahre Supermärkte für Bücher und Schallplatten sind die Geschäfte der FNAC im Forum des Halles und der Rue de Rennes; hier erhält man außerdem Theaterkarten.

Theater

In und um Paris gibt es rund 150 Bühnen, die meist in privater Trägerschaft sind, da das französische Theater im Gegensatz zum deutschen keinen subventionierten Stadttheaterbetrieb kennt. Die Privattheater, oft kleine Boulevard- und Cafétheater, verfolgen vorwiegend experimentelle Konzepte. Zwischen den beiden Weltkriegen und während der frühen Nachkriegsjahre waren sie Garant für Uraufführungen der zeitgenössischen französischen Theaterliteratur. Heute haben sie indessen einen schweren Stand. Zwar setzte unter Präsident Mitterand eine staatliche Förderung ein, die mit hohen Subventionen künstlerische Eigeninitiativen unterstützte, doch die Konkurrenz von finanzkräftigen Immobilienunternehmen zwingt immer mehr Kleintheater, ihre Häuser zu schließen.

Théâtre Français – Heimstatt der Comédie Française

Theater (Fortsetzung)

In den Außenbezirken der Banlieu haben sich seit einigen Jahren hochkarätige Theater etabliert, viele allerdings ohne festes Ensemble. Allen voran sei Ariane Mnouchkine genannt mit ihrem Théâtre de Soleil in der Cartoucherie, einer ehemaligen Pulverfabrik im Bois de Vincennes. Bei Patrice Chéreau im Théâtre des Amandiers in Nanterre gastieren bekannte Bühnengrößen aus ganz Europa. Er selbst engagiert sich besonders für Aufführungen des französischen Gegenwartautors Bernard-Marie Koltès. Neben Schauspiel finden hier auch Film- und Diskussionsabende oder Dichterlesungen statt. Große Popularität genießen des weiteren Jean-Claude Fall im Théâtre Gérard-Philipe in St. Denis und Bernard Sobel mit seinem Theater in der Arbeitervorstadt Gennevilliers, der seine Inszenierungen vor allem den sozialen Brennpunkten der Vorstädte widmet. Zu den großen französischen Regisseuren, die heute in Paris gastieren, gehören Namen wie Roger Planchon und George Lavaudant vom Théâtre Villerubanne bei Lyon. Claude Regy wurde besonders durch seine Aufführungen der Sprachpuristen wie Marguerite Duras und Nathalie Sarraute bekannt. Seit den 70er Jahren inszenieren zunehmend viele namhafte europäische Regisseure in Paris. Sie arbeiten meist in der 300 Jahre alten Comédie Française. Besonders berühmt sind die Aufführungen von Claus Peymann und Peter Stein, von Peter Brook in den Bouffes du Nord oder die Gastspiele in Originalsprache im Théâtre de l'Europe auf der klassizistischen Odéon-Bühne.

Musik

Jahrzehntelang galt das Pariser Musikleben als verstaubt. Doch schon Rolf Liebermann, Chef der Oper von 1973 bis 1980, setzte neue Akzente. Unter Mitterrand folgten weitere bedeutende Fortschritte. Erst wurde Pierre Boulez, seit 1991 dann Laurent Bayle als Leiter des IRCAM gewonnen, einem Zentrum für die musikalische Grundlagenforschung im Centre Pompidou. 1985 folgte der Baubeginn der neuen Volksoper an der Place de la Bastille. Das am 14. Juli 1989 – zur Zweihundertjahrfeier der Französischen Revolution – eingeweihte moderne Opernhaus stellt aufgrund seiner Bestuhlung, Raumeinteilung und akustischen Ausstattung eine erhebliche Verbesserung zur alten Oper dar, die für die heutigen Ansprüche zu klein geworden war. Fortan sind nun dem neuen Haus die Opernaufführungen vorbehalten, während das Palais Garnier zur Heimstatt des Balletts umfunktioniert wurde.
Klassische Musik wird in reicher Auswahl von renommierten Orchestern (Orchestre National de France, Orchestre de Paris, Nouvel Orchestre Philharmonique de Radio-France) in zahlreichen großen Konzertsälen (Auditorium de Radio-France, Salle Gaveau, Palais des Congrès, Salle Pleyel, Théâtre des Champs-Élysées u.a.) geboten. Moderne Musikrichtungen werden auf dem alljährlich stattfindenden "Festival d'Automne" vorgestellt. Fester Bestandteil des Pariser Musiklebens sind die populären Sonntagskonzerte des Orchestre des Concerts Lamourex, der Concertes Colonne und des Orchestre Pasdeloup.
Für Freunde des klassischen Balletts empfiehlt sich in jedem Fall ein Besuch der Ballett-Aufführungen in der Garnier-Oper. Außerdem gibt es im Osten der Stadt um die Bastille, in Ménilmontant und an den Buttes-Chaumont eine Reihe ausgezeichneter Institutionen, die auf modernen Tanz spezialisiert sind. Nahe der Bastille haben sich das Café de la dance und das Sunset Studio etabliert, im Studio des Pyrénées werden Vidéo-Clips mit prominenten Popstars produziert. Das Tanzereignis ist derweil schon lange nicht mehr alleinige Sache der Choreographen, sondern hat sich vielerorts zu einem interdisziplinären Austausch von bildenden Künstlern, Architekten, Modeschöpfern und Filmemachern entwickelt, der in unkonventionellen Räumen, ehemaligen Fabriken oder Ballsälen vergangener Zeiten stattfindet.
Zahlreiche Kirchen der Stadt warten mit ausgezeichneten Kirchenmusik-Konzerten auf (z. B. die Sonntagabendkonzerte in Notre-Dame).
Anhänger des traditionellen französischen Chansons kommen in den Pariser Variétés oder Music-Halls auf ihre Kosten. Zwei der berühmtesten Bühnen sind das Bobino (Rue de la Gaîté) und das Olympia (Bd. des Capuci-

Für Klassik und Moderne: Palais des Congrès

Bereits Legende: Moulin Rouge

Musik (Fortsetzung)

nes). Hier starteten einst internationale Stars wie Yves Montand, Edith Piaf, Ingrid Caven oder Gilbert Bécaud ihre Weltkarrieren. Auch das Théâtre de la Ville und das Palais des Congrès bieten ein abwechslungsreiches Programm an Unterhaltungsmusik. Rockkonzerte finden meistens im Pariser Rocktempel Zénith auf dem Gelände von La Villette statt.
Nach einer vorübergehenden Flaute in den siebziger Jahren hat die Jazzbegeisterung der Pariser wieder erheblich zugenommen. Viel vom Lebensgefühl in der Anfangszeit des Jazz vermittelt Bertrand Tavernier in seinem Film "Autour de minuit", der Geschichte eines amerikanischen Jazzmusikers, der Ende der fünfziger Jahre nach Paris kam. Waren die Jazzkeller jener Zeit ausschließlich am Rive Gauche in Viertel St-Germain-des-Prés angesiedelt, so finden sich heute wichtige Adressen auch am rechten Seineufer um das Centre Pompidou. Beliebte Treffpunkte der Jazzszene sind der traditionsreiche Club Montana, Au Duc des Lombards und Le Petit Opportun im goldenen Jazzdreieck von Châtelet sowie das New Morning. Die heißesten Afro-, Latino- und Karibik Rhythmen hört man in der Chapelle des Lombards. Seit über 10 Jahren weist das Lokal mit seiner niedrigen Bühne eine in der Regel dichtgefüllte Tanzfläche auf.

Nachtleben

Der Ruhm des Pariser Nachtlebens scheint unsterblich zu sein. Abend für Abend drängen Touristen aus dem Ausland, insbesondere Japaner, Amerikaner und Deutsche, oder aus der tiefsten französischen Provinz in die Gegend um die Place Pigalle am Fuße des Montmartre auf der Suche nach jenem legendären erotischen Flair. Große Namen der Kunst sind mit dem pittoresken und freien Leben auf der Butte Montmartre verknüpft wie Guillaume Apollinaire, Émile Zola, Hector Berlioz, Heinrich Heine, Henri Toulouse-Lautrec, Vincent van Gogh und Maurice Utrillo. Bis zum Ersten Weltkrieg waren das Kabarett "Lapin Agile" (22, Rue des Saules) oder das Atelierhaus "Bateau Lavoir" (5, Rue Ravignan) literarische und künstlerische Zentren der Bohème. Picasso malte in dem Gemeinschaftsatelier der Kubisten die "Demoiselles d'Avignon". Im 1889 gegründeten Moulin-

Nachtleben (Fortsetzung)

Rouge huldigte man Yvette Guilbert, Valentin le Désossé, Jane Avril und der Can-Can-Tänzerin La Goulue, während Josephine Baker in den Folies-Bergère rauschende Triumphe feierte.
Heute ist das Leben der Bohème längst Nostalgie, und die meisten Nachtclubs arbeiten im Schichtbetrieb. Die Auswahl an Alternativen ist groß und reicht, entsprechend der Möglichkeit des Geldbeutels, von den speziell für die Touristen arrangierten Standard-Shows in den 'typischen' Etablissements bis hin zu elitären Champagner- und Whiskeytreffs für betuchtere Kreise etwa im Regine's. Hier sind die Prominenten unter sich, denn Einlaß erhält nur, wer die entsprechenden Referenzen vorweisen kann. Den traditionellen French Can-Can findet man im Moulin-Rouge, das berühmte Lido bietet eine Supershow wie in Las Vegas mit seinen Bluebell-Girls, Wasserfall, Schlittschuhbahn und dressierten Tieren. Im ehemaligen Theater Paradis Latin im Quartier Latin wird die Musikshow "Hello Paradis" präsentiert, der Crazy Horse Saloon bietet Striptease als erotisches Kunsterlebnis. Exotisch verrückt und witzig sind die, auch beim französischen Publikum sehr beliebten, Transvestitenshows von Michou, im Alcazar und Chez Madame Arthur.

Tanz

Paris wartet mit einer Fülle exklusiver Diskotheken und Tanzlokale auf, den sog. Boîtes. Nur schwer sind die Marktmechanismen der wechselnden Popularität zu durchschauen, fast alle Boîtes haben Türsteher, die am Eingang nach eigenen Regeln die Leute auslesen, die hineingelassen werden. Vor Mitternacht passiert relativ wenig, und richtig voll wird es erst ab zwei Uhr. Zu den berühmtesten Pariser Diskotheken gehört Le Palace, ein ehemaliges Theater mit Technik der Superlative, das für ca. 2000 Besucher Platz bietet. Le Tango ist vielbesuchter Nachtclub und einer der ältesten Ballsäle von Paris. Auf südamerikanische Tanzrhythmen spezialisiert ist außerdem Trottoirs de Buenos Aires. Unverfälschtes Lokalkolorit findet man in den Musette-Tanzlokalen, etwa dem Boule Rouge. Dort tanzen Sonntag- und Montagabend ältere Pariser in aller Gemütlichkeit unter sich

IMAX-Kugelkino in La Défense

Tanz (Fortsetzung)

den Musette-Walzer. Balajo ist ein anderes traditionsreiches Musette-Tanzlokal im Bastilleviertel, stuckverziert und mit Wandmalereien des Céline-Freundes Henri Mahé ausgestattet. Am Nachmittag wird hier zum Tango aufgespielt, abends verwandelt jüngeres Publikum das Tanzlokal zur Szene-Diskothek.

Film

Unbestritten ist Paris eine Film-Metropole von Weltrang. Das intellektuelle Milieu während der zwanziger Jahre schuf die Voraussetzung für einige künstlerisch sehr bedeutende Filme wie Man Rays “Le retour à la raison”, Fernand Légers “Ballet méchaniqué” oder “Un chien andalou” von Luis Buñuel und Salvador Dalí. Nach der Machtergreifung Hitlers kamen viele Prominente der Berliner Filmstudios auf ihrem Weg ins Exil über die Seinemetropole, darunter Fritz Lang, Billy Wilder und Max Ophüls. Sie nahmen die Atmosphäre aus René Clairs poetischen Bildern von Paris (“Der 14. Juli”, “Unter den Dächern von Paris”) mit nach Hollywood, wo dann amüsante, Paris verklärende Filme wie Minellis “Ein Amerikaner in Paris” produziert wurden.
Viele Kultfilme spielen in der französischen Hauptstadt, angefangen bei den Frühwerken wie Marcel Carnés “Kinder des Olymp” aus den vierziger Jahren bis hin zu jüngsten Arbeiten wie Bernardo Bertoluccis umstrittene italienisch-französischen Koproduktion “Der letzte Tango in Paris” und Mehdi Charefs Film “Tee im Harem des Archimedes”, der die Probleme der Vorstadtjugend wiedergibt. Zum wichtigsten Organ für eine ganze Generation junger Filmkritiker entwickelte sich ab 1951 die Pariser Filmzeitschrift Cahiers du Cinéma. Die Seinemetropole wurde indessen Inspirationsquelle und Studio der bekanntesten französischen Regisseure, darunter Claude Chabrol, Jean-Luc Godard, Jaques Rivette, Eric Rohmer und François Truffaut.
Inklusive der Vororte beherbergt die traditionsreiche Filmstadt rund 500 Kinosäle. Immer mittwochs wechselt das Programm, dann finden mehrere französische oder sogar Welt-Uraufführungen statt. Die Kinos zeigen alle neuen und viele ältere Filme, ausländische Produktionen sind in der Originalversion zu sehen. Die großen Kinos liegen im Champs-Elysée-Viertel, in Montparnasse, in St-Germain-des-Prés und bei den großen Boulevards. Im Quartier Latin, bei der Sorbonne und in der Nähe der Place St-Michel ist die Domäne der kleineren Kinos, sie haben ihr Programm vor allem auf Klassiker und Kultfilme spezialisiert. Eine Reihe von Kinos lohnen schon allein wegen ihrer originellen Innenarchitektur einen Besuch. Dazu gehört beispielsweise Le Rex. In diesem Filmpalast, früher einmal ein Theater, daher die pseudo-barocke Inneneinrichtung, findet die alljährliche Verleihung der Cäsare, der französischen Oscar-Ausgabe, statt. Exotische Atmosphäre findet man im Kino La Pagode. Die japanische Pagode wurde um die Jahrhundertwende Stück für Stück nach Paris verfrachtet und diente anfangs als chinesische Botschaft. Seit 1931 ist sie ein vielbesuchtes Kino mit zwei Vorführräumen. Technik in Perfektion bietet La Géode im Park La Villette, ein riesiges Kugelkino mit 36 m Durchmesser, und das ebenfalls in Kugelform konzipierte IMAX-Panoramakino von La Défense. Im europäischen Maßstab einzigartig dürfte das neu entstandene Kinozentrum an der Place d’Italie sein. Herzstück ist ein Kinosaal für 800 Besucher mit einer Großleinwand von 20×10 m.
In der Vidéothèque im Forum des Halles laufen nonstop Filme (ca. 2500 Streifen) über das Leben in Paris. Im Palais de Chaillot wartet das Musée du Cinéma mit einer Fülle origineller Exponate, Dekorationen und Kostüme auf, die die technischen und künstlerischen Aspekte der Filmgeschichte dokumentieren. Eine besondere Einrichtung sind außerdem die Cinématèquen der Stadt, im Palais de Chaillot und im Centre Pompidou, in denen Retrospektiven einzelner Regisseure oder Schauspieler gezeigt werden. Die FEMIS (Fondation européenne des métiers de l’image et du son) wurde im Palais de Tokyo eingerichtet, direkt neben dem neuen nationalen Zentrum für Photographie. Am 30. Juni ist Fête du cinéma: an diesem Tag kann man mit einer Kinokarte nach freier Wahl in allen Häusern so viele Filme anschauen, wie man möchte.

Berühmte Persönlichkeiten

Hinweis

Die nachstehende, namensalphabetisch geordnete Liste vereinigt historische Persönlichkeiten, die durch Geburt, Aufenthalt, Wirken oder Tod mit Paris verbunden sind und überregionale Bedeutung erlangt haben.

Honoré de Balzac (20. 5. 1799 bis 18. 8. 1850)

Honoré de Balzac gilt als Begründer des 'soziologischen Realismus' in der Literatur: Entgegen der romantischen Manier seiner Zeit beschreibt er seine Figuren in glänzenden Milieuschilderungen mit realistischer Genauigkeit, portraitiert er eine Fülle von Personen im Zusammenspiel von gesellschaftlichen Kräften und persönlichen Leidenschaften.
Sein Hauptwerk ist die "Comédie Humaine" (Menschliche Komödie), ein über 40 Bände umfassendes Panorama der französischen Gesellschaft von der Revolution über das Kaiserreich Napoleons I. bis zur Restauration. Zu den bedeutendsten Romanen dieses Zyklusses gehören "La peau de chagrin" (1831), "Le Colonel Chabert" (1832), "La femme de trente ans" (1831–1844), "Eugénie Grandet" (1833), "Le père Goriot" (1834/1835"), "Le curé de village" (1838/1839), "Les illusions perdues" (1837–1839, 1843), "Splendeurs et misères des courtisanes" (1839–1847), "La cousine Bette" (1846) und "Le cousin Pons" (1847). Seine wenigen Dramen, darunter "Mercadet ou le faiseur" (1845), fanden wenig Beachtung.
Balzacs Gesamtwerk umfaßt 90 Romane und Novellen, 30 Erzählungen und fünf Theaterstücke. Seine Mißerfolge als Unternehmer, gewagte Spekulationen und sein luxuriöser Lebensstil zwangen ihn zu dieser immensen literarischen Produktion, die seine Gesundheit ruinierte und schließlich seinen Tod herbeiführte – er starb an Erschöpfung. Kurz vor seinem Tod heiratete er seine langjährige Geliebte, die polnische Gräfin Evelina Hanska-Rzewuska.

Simone de Beauvoir (9. 1. 1908 bis 14. 4. 1986)

Das Leben der französischen Schriftstellerin Simone de Beauvoir wurde entscheidend durch ihre Begegnung mit Jean-Paul Sartre geprägt, dessen Schülerin und spätere Lebensgefährtin sie war. Die gebürtige Pariserin studierte Philosophie und arbeitete zunächst bis 1943 als Lehrerin in Marseille, Rouen und Paris, bevor sie ihre Tätigkeit zugunsten der Schriftstellerei aufgab. Für ihren lebhaft diskutierten Schlüsselroman "Les Mandarins" über den linksintellektuellen Pariser Kreis um Sartre, in dem sie sich herausfordernd gegen konformistische Moralvorstellungen der Bourgeoisie wendet, erhielt sie 1954 den Prix Goncourt. Ihre moralphilosophischen Thesen über individuelle Freiheit und Verantwortung im Sinne von Sartres Existentialismus verband Simone de Beauvoir mit starkem sozialem und politischem Engagement. Mit ihrem von der katholischen Kirche verbotenen Roman "Le deuxième sexe" (2 Bde., 1949) wurde sie zu einer der wichtigsten Theoretikerinnen der Frauenbewegung, die die passive Rolle der Frau auf sexueller, sozialer und intellektueller Ebene als Produkt einer patriarchalisch geprägten Gesellschaft begriff und ihre Veränderung mit dem emanzipatorischen Ziel der Selbstverwirklichung der Frau forderte.
Zu ihren bekanntesten Werken zählen ferner die Romane "L'invitée" (1943), "Le sang des autres" (1945), "Tous les hommes sont mortels" (1946) und "Les belles images" (1966), die Erzählung "La femme rompue" (1967), die autobiographischen Schriften "Mémoires d'une jeune fille rangée" (1958), "La force de l'âge" (1960), "La force des choses" (1963), "Une mort très douce", "Tout compte fait" (1972) und "La cérémonie des adieux" (1981) sowie die beiden Reiseberichte über Nordamerika ("L'Amérique au jour le jour", 1948) und China ("La longue marche", 1957).

Antoine Henri Becquerel (15.12.1852 bis 25.8.1908)

Der gebürtige Pariser Antoine Henri Becquerel war seit 1892 Professor am Pariser Musée d'Histoire naturelle, seit 1895 an der dortigen École Polytechnique. Er gilt als der eigentliche Entdecker der Radioaktivität, indem er 1896 herausfand, daß Uransalze spezielle Strahlen aussenden, die den

Honoré de Balzac

Gustave Eiffel

Baron Haussmann

Antoine Henri Becquerel (Fortsetzung)

Röntgenstrahlen ähneln; drei Jahre später gelang es ihm, die elektrische Ablenkbarkeit eines Teils dieser Strahlen (der Betastrahlen) photographisch nachzuweisen. Für diese Entdeckung der spontanen Radioaktivität erhielt er 1903 den Nobelpreis für Physik, zusammen mit dem Ehepaar Marie und Pierre Curie, die aufgrund der Strahlenforschung Becquerels aus einem Uranmineral das Radium isolieren konnten.
Nach dem Physiker ist die gesetzliche Einheit der Aktivität radioaktiver Substanzen benannt (Abkürzung = Bq).

Jean Cocteau (5. 7. 1889 bis 11. 10. 1963)

Jean Cocteau war ein Künstler, der verschiedene Begabungen in sich vereinen und zum Ausdruck bringen konnte. Er war nicht nur als Romanschriftsteller (“Le grand Ecart”, “Les Enfants terribles”) und Lyriker, als Filmregisseur (“La Belle et la Bête”, “L’éternel Retour”), als Drehbuchautor (“Les Enfants du Paradis”), Dramatiker (“Orphée”), Maler, Choreograph und Librettist (seine Libretti für Opern und Ballette wurden u. a. von Arthur Honegger, Igor Strawinski und Darius Milhaud vertont) erfolgreich, sondern verkörperte in besonderem Maße, was man im Ausland an Franzosen bewundert: die Leichtigkeit, Schärfe und Brillanz des französischen Esprit. Cocteau, radikalen und literarischen Strömungen gegenüber aufgeschlossen, gab allen avantgardistischen Stilrichtungen entscheidende Impulse und gehörte jahrzehntelang zu den interessantesten Persönlichkeiten des literarischen Frankreich. Sein Werk umfaßt futuristische und dadaistische Versuche, läßt sich im ganzen aber am ehesten dem späten Surrealismus zuordnen. – 1955 wurde Cocteau zum Mitglied der Académie Française ernannt.

Alexandre Gustave Eiffel (15. 12. 1832 bis 28. 12. 1923)

Mit dem Eiffelturm von Paris, der 1889 zur Pariser Weltausstellung eingeweiht wurde, schuf Alexandre Gustave Eiffel das bekannteste Wahrzeichen der Seinemetropole, wenn nicht Frankreichs überhaupt. Der in Dijon geborene Ingenieur gründete ein Metallbauunternehmen, G. Eiffel & Cie., am Stadtrand von Paris und machte sich über die Landesgrenzen hinaus einen Namen u. a. als Architekt von Brücken und Viadukten wie der Dourobrücke ‘Maria Pia’ bei Porto und der Truyèrebrücke bei Garabit. Idee und Konstruktion des Eiffelturms verdankte er zwei seiner Mitarbeiter, den Ingenieuren Maurice Koechlin und Emile Nougier. Damit wollten die beiden der Französischen Revolution, deren hundertster Geburtstag auf der Pariser Weltausstellung von 1889 gefeiert werden sollte, ein spektakuläres Denkmal setzen. Eiffels Begeisterung erwachte jedoch erst, als der Architekt Stephen Sauvestre dem Turm durch eine Dreiteilung und Rundbögen im unteren Teil eine größere formale Transparenz verlieh. Er übernahm Leitung und Ausführung des Planes mit Erfolg: Die eigenwillige Eisenkonstruktion als zeitgemäßes Symbol für den Freiheitsgedanken der Revolution gewann 1887 die offizielle Ausschreibung.

Alexandre Gustave Eiffel (Fortsetzung)

Auch für das US-amerikanische Freiheitssymbol, die Statue of Liberty in New York, schuf Gustave Eiffel das Eisengerüst. Von 1903 an befaßte er sich außerdem mit der Theorie aerodynamischer Probleme. Im Jahre 1923 verstarb er in Paris.

Baron Georges Eugène Haussmann (27. 3. 1809 bis 12. 1. 1891)

Der blendend aussehende Riese, Nachkomme einer Kölner Familie protestantischen Glaubens, die sich unter Ludwig XIV. im Elsaß angesiedelt hatte und später nach Paris zog, erblickte in Paris das Licht der Welt. Nach abgeschlossenem Studium trat er in den Staatsdienst ein, wo seine hervorragenden Leistungen in Kürze von sich reden machten. 1853 wurde er daraufhin von Napoleon III. zum Präfekten ernannt und nach Paris beordert, wo ihm der Kaiser die Pläne zur Modernisierung der französischen Hauptstadt vorlegte, die er noch während seiner Festungshaft auf der Burg Ham entworfen hatte. Unter der Zerstörung des historischen Stadtbildes sollte eine großzügige Umgestaltung mit breiten Boulevards, Radialstraßen, Sternplätzen und weitläufigen Parkanlagen erfolgen, die gleichzeitig der Arbeitsbeschaffung diente und bei Aufständen den Barrikadenbau unwirksam machen sollte.

Zu Haussmanns Amtsantritt bestand der Pariser Stadtkern in erster Linie aus einem Wirrwarr enger Gassen mit vielerorts baufälligen Häusern des 16.–18. Jh.s, fehlten dringend notwendige sanitäre Einrichtungen, verursachte die bereits eingetretene Gewässerverschmutzung ständig neue Epidemien. Um Licht und Luft im überladenen Stadtbild zu schaffen, betraute Haussmann den Gartenarchitekten Alphand und den Ingenieur Belgrand mit der Aufgabe, die vorgesehenen Modernisierungsmaßnahmen und geplanten Durchbrüche in die Tat umzusetzen. Die Umgestaltung erfolgte in drei Etappen: zunächst wurden zwei Straßenachsen geschaffen, die den Norden mit dem Süden und den Osten mit dem Westen verbanden. Ein zweiter Bauabschnitt sah den Durchbruch aller anderen Boulevards und Avenuen vor, ein dritter die Eingemeindung des Gebietes zwischen der alten Zollmauer und dem 1841 erbauten Wehrgürtel. Fast 17 Jahre dauerte es, bis der Umbau vollendet war, bis breite, geradlinige Boulevards und großzügig angelegte Plätze imposante Perspektiven eröffneten und den freien Blick auf geschichtsträchtige Bauten wie Notre-Dame, das Palais Royal oder das Panthéon erlaubten. An den mit rund 3200 Gaslaternen gesäumten neuen Verkehrsadern erstanden luxuriöse Wohnpaläste, die ersten eleganten Warenhäuser, renommierte Modegeschäfte, charmante Restaurants und Vergnügungsstätten aller Art, die bis heute das Stadtbild prägen. Um das akute Problem der Trinkwasserversorgung und Abwässerbeseitigung zu lösen, wurden 800 km Wasserleitung und 500 km Kanalisation nach einem ausgeklügelten System verlegt. Der Architekt Baltard begann 1854 mit der Errichtung der bis 1969 in Betrieb befindlichen Markthallen im Herzen der Stadt, und zur Verbesserung des öffentlichen Nahverkehrs wurde ein 'Omnibus-Unternehmen' mit 570 Pferdewagen gegründet. Ende 1860 war schließlich die Eingemeindung der Pariser Vororte jenseits der Zollmauer vollbracht, wurde die neue Gesamtfläche von 7800 ha in 20 Arrondissements aufgeteilt. Den Höhepunkt des zweiten Kaiserreiches bildeten die 1855 und 1867 von Haussmann organisierten Weltausstellungen, auf denen sich die gekrönten Häupter Europas, Diplomaten, Industrielle und renommierte Künstler ein Stelldichein gaben und Haussmann mit zahllosen Ehrungen und Orden gewürdigt wurde.

Danach folgte der Abstieg, sorgten heftige Kritiken wie Intrigen 1870 für die Entlassung des Präfekten. Haussmann zog sich daraufhin auf das von seiner Frau ererbte Schloß von Cestas zurück, bis ihn Ismail Pascha nach Konstantinopel holte, wo ein Großbrand einen ganzen Stadtteil zerstört hatte. Wenig später wurde er in Ägypten mit der Modernisierung Kairos betraut. Schließlich übten Haussmanns stadtarchitektonische Vorstellungen auch eine starke Wirkung auf die Gründerzeit-Ära in Deutschland aus.

Heinrich IV. (13. 12. 1553 bis 14. 5. 1610)

Heinrich IV., noch heute 'le Bon Roi Henri' (der gute König Heinrich) genannt, wurde 1562 als Heinrich III. König von Navarra und 1581 Führer der Hugenotten. Durch seine Heirat mit Margarete von Valois, der Schwe-

Heinrich IV. (Fortsetzung)

ster Karls IX., versuchte er eine Aussöhnung mit der katholischen Partei zu erreichen. Dieser Plan wurde jedoch durch die Bartholomäusnacht (Pariser Bluthochzeit) verhindert: In dieser Nacht zum 24. 8. 1572 wurden die Anführer des hugenottischen Adels, die anläßlich der Hochzeit nach Paris gekommen waren, mit Tausenden von Glaubensgenossen ermordet. Den Befehl zu diesem Massenmord hatte die Königinmutter Katharina von Medici gegeben. Heinrich IV. selbst konnte sich nur retten, indem er seinem Glauben abschwor. Bis zu seiner Flucht 1576 war er Gefangener des Hofes.
Nach dem Tode König Heinrichs III. (1589) beanspruchte Heinrich die Krone, doch erst 1594 – nach langen Auseinandersetzungen und nach seinem Übertritt zum katholischen Glauben ("Paris ist eine Messe wert") – wurde er als erster König aus dem Hause Bourbon gekrönt.
Als Herrscher war Heinrich IV. bemüht, die Auswirkungen des Bürgerkrieges zu überwinden, Frankreich religiös zu befrieden, indem er Gleichberechtigung der Religionen und Glaubensfreiheit verkündete (Edikt von Nantes, 1598), die Staatsfinanzen zu sanieren und sein Land durch den Ausbau der Verkehrswege zu erschließen. Der Legende nach stammt von ihm der Wunsch, in seinem Königreich sollte jeder Bauer am Sonntag ein Huhn im Kochtopf haben.
In seine Regierungszeit fällt der Beginn der Kolonialisierung Kanadas (Gründung Quebecs 1668), und mit der Wiederherstellung der königlichen Zentralgewalt setzte er die entscheidenden Akzente zum absolutistischen Staat. 1610 fiel Heinrich IV. einem Attentat zum Opfer.

Victor Hugo (26. 2. 1802 bis 22. 5. 1885)

Victor Hugo, Sohn eines napoleonischen Generals, war in den drei großen literarischen Gattungen Drama, Prosa und Lyrik Vorkämpfer und Protagonist der französischen Romantik, deren Programm er in der Vorrede zu seinem Drama "Cromwell" (1827) entwickelte und deren Organ die von ihm gegründete und herausgegebene Zeitschrift "La Muse Française" war. Sein Roman "Notre-Dame de Paris" ("Der Glöckner von Notre Dame", 1831), der ihm nach den ersten Erfolgen seiner Gedichte ("Odes et Ballades", 1826) und des Dramas "Hernani" (1830) erneut einen Triumph brachte, läßt in farbigen, bewegten Bildern das mittelalterliche Paris lebendig werden und trug zu einer neuen positiven Bewertung der gotischen Baukunst (⟶ Saint-Denis) bei. 1841 wurde sein literarisches Werk durch die Ernennung zum Mitglied der Académie Française gekrönt.
Nach dem Selbstmord seiner Tochter (1843) verlor Hugo vorübergehend seine literarische Schaffenskraft. Er wandte sich der Politik zu, wurde demokratischer Abgeordneter der Pariser Kammer und 1848 Präsidentschaftskandidat. Nach anfänglicher Sympathie für Louis-Napoléon entwickelte er sich zu dessen erbittertem Feind, als dieser sich nach einem Staatsstreich (1851) als Napoleon III. zum Kaiser der Franzosen proklamieren ließ (1852). Hugo, der daraufhin ins Exil nach Brüssel und auf die englischen Kanalinseln Jersey und Guernsey gehen mußte, avancierte zum Idol der oppositionellen Linken.
Nach seiner Rückkehr im Jahre 1870 vollendete er den Zyklus "La Légende des Siècles" ("Die Weltlegende", 1859–1883), in dem er Sagen des Abend- und Morgenlandes in einem gewaltigen literarischen Gemälde vereinte. Zu seinen bekanntesten Werken zählt außerdem "Le Roi s'amuse" (1832, Drama), "Lucrèce Borgia" (1833, Drama), "Les Chants du Crépuscule" (1835, Gedicht), "Les Voix intérieures" (1837, Gedicht), "Les Misérables" (1862, Roman), "William Shakespeare" (1864, Schrift), "Les Travailleurs de la Mer" (1866, Roman) und "L'homme qui rit" (1869, Roman).
Seine sterblichen Überreste wurden 1885 in einem nationalen Trauerakt vom Arc de Triomphe in den Ehrentempel der französischen Nation, das Panthéon, überführt.

Yves Montand (13.10.1921 bis 9.11.1991)

Als Ivo Livi wurde Montand 1921 in Monsummano Therme, einem kleinen Dorf der Toskana, geboren. Sein Vater, der angesichts des beginnenden Faschismus die Emigration nach Nordamerika plante, brachte die Überseepassage für die Familie nicht zusammen, und so blieb man 1923 im

Yves Montand
(Fortsetzung)

mediterranen Marseille hängen. Hier wuchs Ivo auf, arbeitete er nach dem Bankrott der väterlichen Besenfabrik seit seinem 13. Lebensjahr als Kellner, Barkeeper und Hilfsfrisör. Er verdiente nicht viel, aber es reichte, um nebenbei Tanz- und Gesangsunterricht zu nehmen und alle Platten von Maurice Chevalier und Charles Trenet zu kaufen. Denn Ivo wollte singen. Nicht als Tenor, sondern für die Leute auf der Straße, zu denen er gehörte. Zunächst trat er in den Vorstadtbars der Hafenstadt auf und errang ersten Beifall im Alcazar von Marseille. Mißfallen erregte nur sein Name, ein passender Künstlername mußte her. Ivo tat wie geheißen und erinnerte sich dabei an seine Mutter. Wenn er sich als Kind mit Gassenjungen herumtrieb, die ihr nicht gefielen, rief sie aus dem Fenster "Ivo monta ... !" (Ivo, komm herauf!) – die französische Ableitung ergab Yves Montand.
Im Februar 1944 zog es den Sänger dann nach Paris, wo Edith Piaf mit ihrer gewaltigen Stimme das Herz Frankreichs eroberte. Sie korrigierte die Nasallaute und das rollende 'r' seines Marseiller Akzents und half ihm beim Karriereaufbau, nachdem sie seine Männlichkeit erprobt und sich entschlossen hatte, ihn zum König des französischen Chansons zu machen. Er errang den Titel, kultivierte mit seinen Liedern wie "Les Feuilles mortes", "Un Gamin de Paris", "Luna parc" oder "La vie en rose" das 'Chant populaire' und traf damit das Lebensgefühl der fünfziger Jahre, deren Generation den Existentialisten um Sartre und Camus am Montparnasse huldigte.
Der Film eröffnete Montand die Chance, auch sein schauspielerisches Talent einzusetzen. Er drehte über 70 Filme, darunter die Welterfolge "Le salaire de la peur" (1952, "Lohn der Angst"), "Let's make love" (1960, "Machen wir's in Liebe" mit Marilyn Monroe), "César et Rosalie" (1972, mit Romy Schneider) und "Manon des Sources" (1986, "Manons Rache"), arbeitete mit berühmten Filmpartnerinnen zusammen wie Romy Schneider und Cathérine Deneuve sowie Simone Signoret, die ihm bis zu ihrem Tode 1985 eine wunderbare Lebensgefährtin war.
Aufsehen erregte Montand wiederholt durch sein politisches Engagement. So brach der anfänglich entschiedene KPF-Anhänger 1982 wegen der Ereignisse in Polen mit der KPF und unterstützte danach vehement die Kandidaten der Solidarność.
Seit 1988 lebte Montand mit seiner Frau Carole Amiel und dem gemeinsamen Sohn auf einem Gut in der Normandie, bis er 1991 in Paris starb, von der Nation betrauert wie nur wenige vor ihm.

Napoleon I.
(15. 8. 1769 bis
5. 5. 1821)

Napoléon Bonaparte, aus einer Patrizierfamilie in Korsika gebürtig, machte in der französischen Revolutionsarmee schnell Karriere. Mit vierundzwanzig Jahren Brigadegeneral, Oberbefehlshaber in Frankreich, im Italien-Feldzug und schließlich im Feldzug nach Ägypten, errang er eine Machtstellung, die es ihm erlaubte, das Direktorium (das nach der Schreckensherrschaft von Robespierre regierende oberste Staatsorgan) zu stürzen und als erster Konsul die Macht in Frankreich an sich zu reißen. Auf allgemeine Volksabstimmung gestützt, machte er sich 1802 zum Konsul auf Lebenszeit, 1804 zum ersten Kaiser der Franzosen (Napoleon I.). Die Erbfeindschaft mit England veranlaßte ihn zu Kriegen gegen die von England geführte Große Koalition, in denen er Österreich und Preußen niederwarf. Er ließ Portugal und Spanien besetzen, um durch eine Kontinentalsperre – den ersten umfassenden Wirtschaftskrieg in der Geschichte – England in die Knie zu zwingen. Schließlich strebte er durch die geplante Eroberung Rußlands, das sich der Kontinentalsperre widersetzte, die Herrschaft über ganz Europa an.
Das Scheitern des Rußlandfeldzuges, die Niederlage in der Völkerschlacht von Leipzig (1813) und die Besetzung von Paris durch die Alliierten zwangen Napoleon zur Abdankung (1814) und zum Exil auf der Insel Elba. Im Jahre 1815 versuchte er in den berühmten '100 Tagen' noch einmal, die Herrschaft zurückzugewinnen, doch wurden seine Truppen in der Schlacht bei Waterloo endgültig geschlagen. Er wurde auf die im Südatlantik gelegene britische Insel Sankt Helena verbannt, wo er 1821 starb. 1840 wurden seine Gebeine im feierlichen Prunkzug von Sankt Helena nach Paris überführt und im Invalidendom beigesetzt.

Napoleon I.

Edith Piaf

François Truffaut

Napoleon I. (Fortsetzung)

Im Gegensatz zu seinem Neffen, Louis Napoléon Bonaparte (Napoleon III.), ist Napoleon I. immer im Gedächtnis der Franzosen lebendig geblieben. Sein Bild als Retter der Revolution wurde von der Romantik, vor allem von Victor Hugo, verklärt. In jeder französischen Kleinstadt ist sein Denkmal noch heute zu sehen, in Paris steht er im Gewand eines römischen Cäsaren auf der Säule der Place Vendôme. Tatsächlich hat der von Napoleon 1804 geschaffene Code Civil, das erste bürgerliche Gesetzbuch, die grundsätzlichen Errungenschaften der Französischen Revolution, die bürgerlichen Besitz- und Wirtschaftsverhältnisse, in Gesetzesformat festgeschrieben.

Edith Piaf (19. 12. 1915 bis 11. 10. 1963)

Die als ‘Spatz von Paris’ bekannt gewordene Chansonsängerin Edith Piaf (eigentl. Edith Giovanna Gassion) verdiente bereits mit neun Jahren ihren Lebensunterhalt durch ihre unverwechselbare Stimme. Sie war ein Kind des Volkes, dem sie mit ihrer typischen ‘gouallerie parisienne’, einer Mischung aus Berliner Schnauze und Wiener Raunzerei, ein Leben lang verhaftet blieb. In Begleitung ihres Vaters tingelte sie durch die Kneipen des Pariser Faubourg und trat dort im weiteren Verlauf ihrer Jugend zunächst auf der Straße und später in Nachtclubs auf. Schließlich begann ihr Aufstieg, bis die kleine Sängerin, die zahlreiche Liebhaber und Freunde hatte (u.a. Charles Aznavour, Yves Montand, Eddie Constantine und Jean Cocteau), in ihrem Konzert in der New Yorker Carnegie Hall 1956 einen ihrer größten Erfolge verbuchen konnte.
In ihren Chansons aus wirkungsvoller Vorstadtromantik und dem unnachahmlichen Hang der Pariser zu Spöttelei sang die Piaf von der Liebe, den Matrosen, Dirnen und Legionären. Zu den bekanntesten Liedern gehören "La vie en Rose", das von Georges Moustaki verfaßte “Milord” und nicht zuletzt “Je ne regrette rien”, das die alternde, von Alkohol und Drogen gezeichnete Sängerin selbst als ihr Credo bezeichnete.

Pablo Picasso (25. 10. 1881 bis 8. 4. 1973)

Pablo Picasso (eigentl. Ruiz y Picasso), der in Málaga geborene spanische Maler, Bildhauer, Grafiker, Keramiker und Dichter, gilt als der bedeutendste Künstler der Moderne und bestimmte für mehr als acht Jahrzehnte die Kunst des 20. Jahrhunderts. Nach ersten Lehrjahren bei seinem Vater ging er mit 15 Jahren an die Kunstschule von Barcelona und studierte ab 1896 an der Akademie von Madrid. Es folgten mehrere Paris-Aufenthalte, bis er 1904 endgültig in seine Wahlheimat Frankreich übrsiedelte. Zunächst prägten melancholisch-anmutige Bilder sein früheres Werk, welches entsprechend der von ihm hauptsächlich verwandten Farben 1901–1904 in die Blaue und 1906 in die Rosa Periode eingeteilt wird.
Mit seinem epochemachenden Schlüsselwerk, den 1907 fertiggestellten “Demoiselles d’Avignon”, konstruierte Picasso eine Art ‘Flugapparat der Moderne’, indem er die Voraussetzungen schuf, die es ihm und Georges

Pablo Picasso (Fortsetzung)

Braques, später auch Juan Gris und Fernand Léger, ermöglichten, die Stilform des Kubismus zu entwickeln.
Während er noch mit kubistischen und geometrisierenden Formen beschäftigt war, kehrte Picasso in den Jahren nach dem Ersten Weltkrieg zur figürlichen Darstellung zurück. Nun näherte er sich der Kunst der Surrealisten. War seine Formensprache bislang geometrisch, so wurde sie nun organisch, prägten Bewegungsmotive und Figuren von praller Plastizität seine Bilder. Zudem erhielt die Beschäftigung mit der Skulptur Ende der zwanziger Jahre mehr Gewicht. Illustrationszyklen nach antiken Texten, Werke, die sich mit dem Spanischen Bürgerkrieg, mit kriegsbedingter Zerstörung und Verstümmelung auseinandersetzten – "Guernica" (1937) bedeuteten einen weiteren Höhepunkt –, Stierkampfdarstellungen, Porträts und die Variationen zu 'Künstler und Modell' wurden nun die Hauptthemen. Parallel zu dem in seinen Bildern ausgedrückten Protest gegen die Brutalität des Krieges verstärkte sich sein politisches Engagement, das 1944–1956 zu seiner Mitgliedschaft in der Kommunistischen Partei führte.
Nach dem Zweiten Weltkrieg beschäftigte sich Picasso intensiv mit der Keramik und erstellte außerdem ein umfangreiches grafisches Werk. So entstand bis zu seinem Tod im Jahr 1973 ein Gesamtwerk, das seine Souveränität im Umgang mit der Kunstgeschichte, mit der eigenen Epoche und mit den verschiedensten künstlerischen Mitteln und Techniken zeigt – nicht zuletzt hierin liegt die Einzigartigkeit seines Werkes begründet.
Das Grab des Künstlers befindet sich im französischen Mougins in der Nähe von Cannes, wo er seit 1961 lebte. Aus seinem umfangreichen Nachlaß entstand das 1985 in Paris eröffnete Musée Picasso im Hôtel Salé.

Jean-Paul Sartre (21. 6. 1905 bis 15. 4. 1980)

Der französische Schriftsteller und Philosoph Jean-Paul Sartre wurde als Sohn einer bürgerlichen Familie in Paris geboren, wo er auch seine Schul- und Studienzeit verbrachte. In den dreißiger Jahren war er als Professor für Philosophie in Le Havre und Berlin tätig. Während des Zweiten Weltkriegs wurde er nach seiner Kriegsgefangenschaft 1940/1941 aktives Mitglied der Résistance-Bewegung. 1945 gab er seinen Lehrberuf auf und gründete die Zeitschrift "Les Temps modernes", 1973 wurde er Mitbegründer der Zeitung "Libération". Seiner Anlehnung an die französische KP folgte 1956 der Austritt aufgrund der von ihm heftig kritisierten sowjetischen Intervention in Ungarn. Sein politisches Engagement verstärkte sich Ende der sechziger und Anfang der siebziger Jahre, v.a. als intellektueller Agitator gegen das Vorgehen des Warschauer Paktes 1968 in der ČSSR und als Vorsitzender des von B. Russell initiierten "Vietnam-Tribunals" sowie als Verteidiger linksorientierter Bewegungen. Die 1943 von Sartre veröffentlichte Abhandlung "L'être et le néant" gilt als grundlegendes Werk des französischen Existentialismus. Ausgehend von Kierkegaard, Husserl, Heidegger, Hegel und Jaspers entwickelte er darin die atheistische, alle absoluten transzendenten Vorstellungen negierende Grundidee, daß die Existenz der Essenz vorausgehe. Demnach existiert der Mensch in einer an sich sinnlosen Welt, in der sein Geist nach einer ihm fehlenden Essenz strebt. In voller Eigenverantwortung entwickelt er dabei seine Freiheit, sein existentielles Verhalten in einer bestimmten Situation. Im bewußten Handeln, das die bloße Existenz ad absurdum führt, das von Sartre als 'engagierte Freiheit' für ein bestimmtes Ziel definiert wird, manifestiert sich die Suche nach einem illusionslosen Humanismus. In seinem zweiten philosophischen Hauptwerk "La Critique de la raison dialectique" (1960) erweiterte Sartre die individuelle menschliche Freiheit durch das Kollektivbewußtsein und politisches Engagement, dem er eine korrigierte und ergänzte marxistische Dialektik zugrundelegte.
Die Auseinandersetzung mit philosophisch-existentialistischen Fragestellungen, v.a. mit dem Problem der Freiheit, kennzeichnet auch Sartres "Littérature engagée". Zu seinen bekanntesten Dramen gehören "Les mouches" (1943), "Huis clos" (1944), "Le Diable et le Bon Dieu" (1951), "Les séquestrés d'Altona" (1960), "Les Troyennes" (1965) und "Bariona et le fils du tonnere" (1970), seine bedeutendsten Romane sind "La nausée" (1938) und "Les Chemins de la liberté" (1945–1949), zu seinen Drehbüchern zäh-

Jean-Paul Sartre (Fortsetzung)

len "Les jeux sont faits" (1947) und "L'engrenage" (1948). Als Literaturkritiker versuchte Sartre in seiner monumentalen Flaubert-Biographie ("L'idiot de la famille. Gustave Flaubert de 1821 à 1857", 1971 bis 1973) existentielle psychoanalytische, phänomenologische und marxistische Methodenansätze zu vereinen.

François Truffaut (6. 2.1932 bis 21.10.1984)

Ein Leben für den Film! So könnte man den Schaffensweg des vielseitigen französischen Regisseurs, Drehbuchautors, Schauspielers und Filmkritikers Truffaut betiteln. Der Sohn eines Pariser Architekten erfuhr als Kind wenig von familiärer Geborgenheit. Früh fiel er auf als Streuner, Ladendieb und Schulversager, der mit 14 Jahren das Lycée Rollin verließ, um wenig später vorübergehend in einer Besserungsanstalt zu landen. Schon während seiner Schulzeit begann Truffaut seine ganze Aufmerksamkeit dem Kino zu widmen, das sich zu einer Zufluchtstätte für den Jungen entwikkelte. Zur schicksalshaften Begegnung wurde die Bekanntschaft mit André Bazin, Chefredakteur der Pariser Filmzeitschrift "Cahiers du Cinéma" und Nestor der neuen französischen Filmkritik. Bazin und seine Frau nahmen den filmbegeisterten Jungen auf, wurden zu Ersatzeltern und motivierten Truffaut als Journalist für die Filmseiten der Zeitschrift "Travail et Culture" und später als Filmkritiker beim "Cahiers du Cinéma" tätig zu werden. In Fachkreisen vielbeachtet, forderte Truffaut statt 'festgefahrener Filmtraditionen' einen 'Film der Autoren', in dem Regisseure individuell und frei gestalten sollten. Zu Truffauts Vorbildern wurden Regisseure wie Renoir, Ophüls, Lang, Rossellini und Hitchcock. Sein 50stündiges Marathon-Interview mit Hollywoods Meister von 1967, in deutscher Übersetzung 1973 unter dem Titel "Mr. Hitchcock, wie haben Sie das gemacht?" erschienen, gehört zu den bedeutendsten Dokumenten der Filmgeschichte.
Bereits für seinen ersten Spielfilm "Les quatre cents coups" ("Sie küßten und sie schlugen ihn"), den Truffaut 1959 mit Unterstützung seines damaligen Schwiegervaters, dem Produzenten Ignace Morgenstern, drehte, erhielt er in Cannes den Regiepreis. Dieser von den eigenen Erfahrungen als 'schwieriger Junge' geprägte, biographische Film zählte zu den Hauptwerken der 'Nouvelle Vague'. Danach folgte Film auf Film, darunter Streifen nach Hitchcock-Manier wie "Tirez sur le pianiste" ("Schießen Sie auf den Pianisten", 1960) und der poetische Film "Jules et Jim" (1962) nach einem Roman von Henri Pierre Roché über eine 'reine Liebe zu dritt'. In "L'enfant sauvage" (1970, "Der Wolfsjunge") und dem 1974 mit dem Oscar als bester fremdsprachiger Film ausgezeichneten Streifen "La Nuit Americaine" (1973, "Die amerikanische Nacht") trat Truffaut selbst als Schauspieler auf. "Le Dernier Métro" (1981, "Die letzte Metro"), die mit Cathérine Deneuve, Heinz Bennent und Gérard Dépardieu inszenierte, tragikkomische Theatergeschichte aus dem besetzten Paris des Jahres 1942, erhielt zehn Césars – die französische Variante des Oscars. Mit seiner letzten Lebensgefährtin Fanny Ardent drehte er die unvergeßlichen Filme "La femme d'à côté" (1981, "Die Frau von nebenan") und "Vivement le dimanche" (1983, "Auf Liebe und Tod").
Auch filmpolitisch war Truffaut engagiert. So setzte er sich 1968 gegen das Regime de Gaulle für Henri Langlois ein, den Gründer des Pariser Filmmuseums, und sorgte durch Vortragsreisen für den Erhalt der renommierten Filminstitution. Im Alter von nur 52 Jahren verstarb Truffaut 1984 in Neuilly bei Paris.

Stadtgeschichte

4. Jht. v. Chr.	Bei Bauarbeiten im Bercy-Viertel wurden 1991/1992 fünf Einbäume, Gebrauchsgegenstände und Schmuck aus dem Neolithikum entdeckt. Sie belegen, daß entgegen bisheriger Annahmen das Pariser Seine-Ufer, das früher weiter nördlich lag, schon im 4. Jht. v. Chr. besiedelt ist.
3. Jh. v. Chr. bis 360 n. Chr.	Seit dem 3. Jh. v. Chr. siedeln keltische Gallier auf der Seine-Insel (heute: Ile de la Cité). Ihre Siedlung 'louk-teih' (Ort der Sümpfe) wird von den Römern erobert und zerstört; erste Erwähnung findet das Lutetia Parisiorum 53 v. Chr. in Cäsars "De Bello Gallico", 6. Buch. Die gallo-römische Stadt Lutetia wird 280 n. Chr. von den Franken erobert und geplündert, 360 n. Chr. vom römischen Kaiser Julian Apostata nach ihren Bewohnern Parisii in Parisia umbenannt.
508 n. Chr.	Nach seinen Siegen über die Alemannen (im Osten), den letzten römischen Herrscher in Nordfrankreich sowie der Eroberung Westfrankreichs (bis zu den Pyrenäen) wählt der fränkische König Chlodwig Paris als Königssitz.
585	Großbrand, dem fast alle städtischen Gebäude zum Opfer fallen.
754	Pippin der Kurze wird in St-Denis zum König gesalbt.
987	Hugo Capet wird König von Frankreich. Nachdem Paris unter der Herrschaft der Karolinger vernachlässigt worden war – der Hof Karls des Großen befand sich in Aachen –, erklären die Kapetinger Paris zur Hauptstadt des Königreiches Frankreich.
1163	Unter Ludwig VII. wird mit dem Bau der frühgotischen Chorteile der Kathedrale Notre-Dame de Paris begonnen.
1180–1223	Philipp II. Augustus vertreibt die Engländer aus ihren französischen Besitzungen. Er gilt als Begründer der nationalen Einheit und Großmachtstellung Frankreichs. Unter seiner Herrschaft wird Paris zur großen Residenzstadt ausgebaut, die rund 100000 Einwohner zählt.
1200	Philipp II. Augustus läßt den Palast des Louvre als Schutzburg der Residenzstadt Paris errichten.
1226–1270	Ludwig IX., der Heilige, verstärkt seine Machtstellung gegenüber dem Feudaladel, richtet eine wirksame Verwaltung und ein oberstes Hofgericht (Parlament) in Paris ein und erlaubt den Bürgern der Hauptstadt, anstelle der königlichen Wache eine eigene (Polizei-)Truppe zu bilden. Nach dem Tod des letzten Staufer-Kaisers (Friedrich II., † 1250) avanciert Ludwig IX. zum mächtigsten europäischen Herrscher und macht Paris zur bedeutendsten Metropole des Hochmittelalters.
1253	Der Domherr Robert de Sorbon gründet ein Kolleg für mittellose Theologiestudenten: die spätere Sorbonne, an der Ende des 13. Jh.s rund 20000 Studierende eingeschrieben sind.
1358	Ermordung von Etienne Marcel, dem Profoß der Pariser Kaufleute, der die erste bürgerliche Revolte gegen die Monarchie angeführt hatte.
1337–1453	Im Hundertjährigen Krieg gegen England wird Paris zeitweise von den Engländern besetzt. Erst 1436 wird es endgültig zurückerobert.
1527	Franz I. macht, nach längerer Abwesenheit des Königshofes, die Stadt Paris wieder zum Königssitz. Er holte zahlreiche italienische Künstler nach

Frankreich, darunter Andrea del Sarto und Leonardo da Vinci, und läßt bedeutende Renaissance-Bauten erstellen (z. B. Rathaus). 1527 (Fortsetzung)

Katharina von Medici, mit dem französischen König Heinrich II. verheiratet und nach dessen Tod Regentin von Frankreich, läßt den Tuilerien-Palast anlegen. 1564

Mit der Ermordung von mehr als 3000 Protestanten (Hugenotten) allein in Paris erreichen die Religionskämpfe in der Bartholomäusnacht vom 23. auf den 24. August 1572 ihren Höhepunkt. 1572

Gründung der Académie Française durch Kardinal Richelieu, den mächtigen Minister Ludwigs XIII. 1635

Ludwig XIV. verlegt die Residenz nach Versailles. 1682

Mit dem Sturm auf die Bastille beginnt am 14. Juli 1789 die Französische Revolution. – Der 14. Juli ist heute französischer Nationalfeiertag. 1789

Am 21. September 1792 wird die Erste Französische Republik ausgerufen. Vier Monate später fällt Ludwig XVI. auf dem Place de la Révolution (heute: Place de la Concorde) der Guillotine zum Opfer. 1792

Unter Napoléon Bonaparte, erster Konsul der Republik, wird Frankreich in 90 Verwaltungskreise (Départements) gegliedert, die von einem Präfekten geleitet werden, den der Innenminister ernennt. Paris gehört zum Département de la Seine. 1800

Napoléon Bonaparte krönt sich selbst in Notre-Dame zum Kaiser der Franzosen (Napoleon I.). 1804

Die Alliierten besetzen Paris, Napoleon I. ist geschlagen. Mit Ludwig XVIII. wird das Königtum vorübergehend wieder errichtet. 1814

Napoleon gelingt es nach seinem Mißerfolg in der Völkerschlacht bei Leipzig (1813), wieder die Macht zu erobern. Doch schon bald enden die '100 Tage' mit seiner Niederlage bei Waterloo. 1815

Eröffnung der ersten Eisenbahnlinie in Frankreich von Paris nach Saint-Germain-en-Laye. 1837

In der Februarrevolution 1848 wird das Königtum endgültig abgeschafft und die Zweite Französische Republik ausgerufen. Prinz Charles Louis Napoléon Bonaparte (später Napoleon III.) wird am 10. Dezember 1848 durch Plebiszit zum Präsidenten der Republik gewählt. 1848

Durch ein erneutes Plebiszit (97 % Ja-Stimmen) verleiht sich Louis Napoléon den Titel 'Kaiser der Franzosen durch die Gnade Gottes und den Willen der Nation' (Kaiser Napoleon III.). 1852

Baron Haussmann, Präfekt von Paris, beginnt ein gewaltiges Unternehmen zur städtebaulichen Umgestaltung von Paris mit der radikalen Sanierung der Elendsquartiere und Anlage großer Boulevards, Bahnhöfe, Parks sowie einer ausgedehnten Kanalisation. 1853

Frankreich verliert den Deutsch-Französischen Krieg. 1870/1871
Am 4. September 1870 wird in Paris die Dritte Französische Republik ausgerufen.
Gründung des Deutschen Reiches (Kaiser Wilhelm I.) im Spiegelsaal von Versailles (18. Januar 1871).
Der Aufstand der Arbeiterschaft, die 'Kommune von Paris' (März–Mai 1871), wird blutig niedergeschlagen.

Stadtgeschichte

1889	Fertigstellung des Eiffelturmes zur Pariser Weltausstellung.
1900	Eröffnung des glasgewölbten Grand Palais, des Petit Palais und der Pont Alexandre III sowie Inbetriebnahme der ersten Métro-Linie (Porte Maillot – Porte-de-Vincennes) anläßlich der Weltausstellung.
1914–1918	Erster Weltkrieg.
1919	Friedensvertrag von Versailles
1921	Mit knapp 3 Mio. Einwohnern erreicht Paris seine höchste Bevölkerungszahl.
1940–1944	Die deutsche Wehrmacht besetzt während des Zweiten Weltkrieges 1940 Paris. Am 26. 8. 1944 wird die Stadt durch die Truppen der Alliierten befreit.
1958	Charles de Gaulle wird erster Präsident der Fünften Republik.
1959	Die Konstruktion des CNIT-Gebäudes in La Défense markiert die Geburtsstunde des Geschäftsviertels.
1962	Der französische Schriftsteller und Gelehrte André Malraux veranlaßt als Kultusminister ein Gesetz zum Schutz und zur Wiederinstandsetzung historischer Gebäude. Dieser Loi Malraux ist der neue Glanz der Monumente und die Restaurierung des Marais-Viertels zu verdanken.
1964	Durch die administrative Neugliederung der Région Parisienne erhöht sich die Zahl der Départements im französischen Mutterland auf 95.
1968	Heftige Studentenunruhen entbrennen an der Pariser Universität Sorbonne und im Quartier Latin gegen die Kultur- und Sozialpolitik von Staatspräsident de Gaulle. Als sich Arbeiter den Demonstrationen anschließen und wilde Streiks beginnen, erklären sich auch die Gwerkschaften solidarisch. Ganz Frankreich wird von einem Generalstreik lahmgelegt.
1969	Abriß der Baltardschen Markthallen (Les Halles).
1976	Umbenennung des Großraums Paris (früher: Région Parisienne) in Région Ile-de-France.
1977	Die Stadt Paris, bisher nur von einem ernannten Präfekten verwaltet, erhält ihren ersten von der Bevölkerung gewählten Bürgermeister (seine elf Amtsvorgänger wurden von der jeweiligen Regierung eingesetzt). Eröffnung des 1969 begonnenen Centre Pompidou.
1981	Fertigstellung des Forum des Halles auf dem Gelände der ehemaligen Markthallen.
1983	Erste Teile des neuen Kulturzentrums La Villette werden eingeweiht.
1984	Bei den Bauarbeiten im Louvre werden alte Festungsmauern entdeckt. Eröffnung des Picasso-Museums im Marais-Viertel.
1986	Am linken Seine-Ufer öffnet das Musée d'Orsay seine Tore. Im Dezember kommt es zu heftigen Protesten der Studenten gegen das geplante neue Hochschulgesetz (u.a. Numerus clausus und Wettbewerb unter den einzelnen Hochschulen des Landes). Blutige Auseinandersetzungen führen zur Aufgabe der Hochschulpläne.
1988	Mit dem Institut du Monde Arabe wird ein neues arabisches Kulturzentrum geschaffen, im Pavillon de l'Arsenal folgt im Dezember die Eröffnung eines weiteren Museums zur Pariser Stadtgeschichte.

200-Jahr-Feier der Französischen Revolution. 1989
Einweihung der Glaspyramide im Ehrenhof des Louvre, die den neuen Eingang zum Museum und zur geplanten unterirdischen Freizeitstadt des Grand Louvre markiert. Ferner Eröffnung der monumentalen Volksoper an der Place de la Bastille, der Grande Arche (Triumphbogen der Menschenrechte) im Geschäftsviertel La Défense und des gigantischen Finanzministeriums in Bercy.

Ende September wird die Linie Paris–Bordeaux des Hochgeschwindig- 1990
keitszuges TGV Atlantique in Betrieb genommen.
Im Spätherbst protestieren Tausende von Schülern für bessere Ausbildungsbedingungen an den Pariser Schulen.
In der “Pariser Charta” erklären die 34 Teilnehmerstaaten der Konferenz über Sicherheit und Zusammenarbeit in Europa (KSZE) im November die jahrzehntelange Spaltung Europas für beendet.

Fertigstellung der Cité de la Musique im Parc de la Villette und Wiedereröff- 1991
nung des Jeu de Paume als Galerie Nationale für Wechselausstellungen zeitgenössischer Kunst.

Im April wird bei Chessy, 32 km östlich von Paris, der Vergnügungspark 1992
Euro Disney Resort eröffnet.

Zur 200-Jahr-Feier des Louvre wird der neugestaltete Richelieu-Flügel des 1993
Museums im November seiner Bestimmung übergeben. Bis 1997 sollen alle Arbeiten des Grand-Louvre-Projektes abgeschlossen sein.

Fertigstellung der Bibliothèque de France im Tolbiac-Viertel. 1995

Paris in Zitaten

Wahlspruch im Wappen der Stadt Paris

"Fluctuat nec mergitur" – steht unter dem Schiff in voller Fahrt, das im Pariser Stadtwappen zu sehen ist. Das Schiff ist Sinnbild der Stadt, genauer: des alten Stadtkerns auf der Seine-Insel, der Cité. Gleichzeitig weist es konkret auf das hin, was ihren Reichtum begründet hat: die handeltreibende Schiffahrt auf der Seine. Für die Stadt gilt also der Wahlspruch: "Sie schwimmt und schaukelt in den Wellen, aber sie geht nicht unter."

Heinrich Heine Deutscher Lyriker (13. 12. 1797 bis 17. 2. 1856)

In zwanzig Minuten war ich in Paris und zog ein durch die Triumpfpforte des Boulevard Saint-Denis, die ursprünglich zu Ehren Ludwigs XIV. errichtet worden, jetzt aber zur Verherrlichung meines Einzugs in Paris diente. Wahrhaft überraschte mich die Menge von geputzten Leuten, die sehr geschmackvoll gekleidet waren, wie Bilder eines Modejournals. Dann imponierte mir, daß sie alle französisch sprachen, was bei uns ein Kennzeichen der vornehmen Welt; hier ist also das ganze Volk so vornehm, wie bei uns der Adel. Die Männer waren alle so höflich und die schönen Frauen so lächelnd. Gab mir jemand unversehens einen Stoß, ohne gleich um Verzeihung zu bitten, so konnte ich darauf wetten, daß es ein Landsmann war; und wenn irgend eine Schöne etwas allzu säuerlich aussah, so hatte sie entweder Sauerkraut gegessen, oder sie konnte Klopstock im Original lesen. Ich fand alles so amüsant, und der Himmel war so blau und die Luft so liebenswürdig, so generös, und dabei flimmerten noch hie und da die Lichter der Julisonne; die Wangen der schönen Lutetia waren noch rot von den Flammenküssen dieser Sonne, und an ihrer Brust war noch nicht ganz verwelkt der bräutliche Blumenstrauß. An den Straßenecken waren freilich hier und da "Liberté, égalité, fraternité" schon wieder abgewischt.
[...]
Es gibt in Paris ein solches Rosenlicht, welches alle Tragödien für den nahen Zuschauer erheitert, damit ihm dort der Lebensgenuß nicht verleidet wird. Sogar die Schrecknisse, die man im eigenen Herzen mitgebracht hat nach Paris, verlieren dort ihre beängstigenden Schauer. Die Schmerzen werden sonderbar besänftigt. In dieser Luft von Paris heilen alle Wunden viel schneller als irgend anderswo; es ist in dieser Luft etwas so Großmütiges, so Wildreiches, so Liebenswürdiges wie im Volke selbst.

Aus: "Reisebilder", 1826

Hermann Fürst von Pückler-Muskau, deutscher Reiseschriftsteller (30. 10. 1785 bis 4. 2. 1871)

Ich reise jetzt seit drei Jahren und hatte Paris noch nicht gesehen. Man hat in unseren Tagen nichts gesehen und keinen richtigen Maßstab für alles andere, wenn man diese Hauptstadt der Welt nicht kennt.

Aus: "Briefe eines Verstorbenen", 1830

Frédéric Chopin Polnischer Komponist (1. 3. 1810 bis 17. 10. 1849)

Man findet hier zugleich den größten Luxus, die größten Schweinereien, die größten Tugenden, die größten Laster, Lärm, Geschrei, Krach und Dreck – mehr als man sich vorstellen kann. Man verschwindet in diesem Paradies, und das ist bequem, weil sich niemand für das Leben interessiert, das man führt. Paris ist alles, was du willst. Du kannst dich da amüsieren, du kannst dich langweilen, lachen, weinen, alles tun, was dir Freude macht, und niemand wirft dir einen Blick zu, denn es gibt Tausende, die es so machen wie du, und jeder, wie es ihm gefällt.

Aus: "Brief an Tytus Woyciechowski", Paris, 12. 12. 1831

Baedekers "Paris" (1867)

Strassenrufe in Paris
Unter den zahlreichen Arten von Strassengeschrei, welches an belebten Orten von Morgens früh bis Abends spät in verschiedenen Tonarten erschallt, sei hier nur Einiges namhaft gemacht.

Baedeker (Fortsetzung)

Kleidertrödler: "Habits! habits! marchand d'habits!"
Verkäufer kleiner Ausklopfstöcke: "Battez, battez vos habits, vos chapeaux, vos canapés, vos fauteuils!" ("et vos femmes", fügt er listig lächelnd häufig bei).
Gemüsehändler:"Des choux, des haricots, des poireaux, des carottes, du bel oignon, navets, nave – – ts". Oder: "Ma botte d'asperges!" Oder: "Tous les p'tits radis roses, six liards la botte!"
Schuhhändler:" A cinquante cinq sous la paire, Mesdames, des souliers en peau d'chèvre, des souliers en maroquin, des souliers d'toutes grandeurs et d'tout's couleurs!"
Geschirrflicker (meist Auvergnaten, mit eigenem Dialect):"Rrrac-commodeur d'faïenc' et d'la porc'laine."
Alte Weiber, die mit einem oblatenartigen Gebäck handeln, 'Plaisirs' genannt, das Stück 2 liards (zwei für 1 sou):"Voilà l'plaisir, Mesdames, ré – ga – lez-vous, Mesdames! Voilà le plais – – ir!" ("N'en mangez pas, Mesdames, ça fait mourir" fügen die Jungen neckend bei).
Bleistifthändler, Quacksalber, Zahnbrecher u.s.w. preisen in wunderlichstem Aufzug ihre Waare, in einem Wagen stehend, einen vergoldeten Helm mit Federn auf dem Kopf, hinter ihnen Diener in gleicher Tracht mit einer Drehorgel, Trommel u. dgl.; manchmal ein ganzes Orchester. Sie halten lange Reden über die Vortrefflichkeit ihrer Waare. Schliesslich wird einer der umstehenden Gaffer mit dem angepriesenen Bleistift abgezeichnet, oder ein vertrauensvoller Landmann mit der Wundersalbe im Takte der Musik eingerieben, oder unter betäubendem Trommelwirbel irgend eine schmerzhafte Zahnoperation vorgenommen.

Aus der 6. Auflage von Baedekers "Paris. Handbuch für Reisende", 1867

Mark Twain (eigtl. Samuel Langhorne Clemens) US amerikanischer Schriftsteller (30. 11. 1835 bis 21. 4. 1910)

Versailles! Es ist wunderschön. Man schaut und starrt und versucht zu begreifen, daß es wirklich ist, daß es auf Erden liegt, daß es nicht der Garten Eden ist – aber der Kopf wird einem schwindlig, betäubt von der unendlichen Schönheit ringsumher, und man glaubt beinahe, man werde von einem köstlichen Traum genarrt. Die Szene packt einen wie Militärmusik! Ein stattlicher Palast, dessen reichverzierte Fassade sich Block auf Block dahinstreckt, bis es scheint, daß sie nie enden werde; eine großartige Promenade, auf der die Armeen eines Kaiserreiches promenieren könnten; um sie herum ganze Regenbogen von Blumen, Kolossalstatuen, die beinahe zahllos sind und doch über den weiten Raum nur eben verstreut zu sein scheinen; breite Fluchten von Steinstufen, die von der Promenade zu tieferen Teilen des Parks führen – Treppen, auf denen ganze Regimenter mit ihren Waffen stehen könnten und noch Platz lassen würden; ungeheure Springbrunnen, deren große, bronzene Brunnenfiguren Ströme glitzernden Wassers in die Luft schleudern und Hunderte bogenförmiger Strahlen zu Gebilden unübertrefflicher Schönheit verschmelzen lassen; breite grasbedeckte Alleen, die sich hierhin und dahin in jeder Richtung verzweigen und in scheinbar unendliche Fernen führen, die ganze Strecke entlang zu beiden Seiten mit dichten Reihen belaubter Bäume gesäumt, deren Zweige hoch oben zusammentreffen und so makellose und symmetrische Gewölbe bilden, wie sie nur je in Stein gehauen worden sind; und hier und da gibt es flüchtige Ausblicke auf Waldseen mit winzigen Schiffen, die sich in ihrer Oberfläche spiegeln. Und überall – auf den Schloßtreppen und der großen Promenade, zwischen den Bäumen und fern unter den Gewölben der endlosen Alleen – gingen oder liefen oder tanzten viele Hunderte von Menschen in bunten Kleidern und gaben dem Märchenbild das Leben und die Bewegung, die als einzige ihm zur Vollkommenheit noch gefehlt hatten.

Aus: "Die Arglosen im Ausland – Reiseabenteuer in der Alten Welt", 1869

Paul Gauguin

Die Ausstellung ist der Triumph des Eisens, nicht nur im Hinblick auf die Maschinen, sondern auch unter dem Gesichtspunkt der Architektur. Und dennoch steht die Architektur erst am Anfang, denn es fehlt ihr ein künstle-

Paul Gauguin
(Fortsetzung)
Französischer
Maler und
Graphiker
(7. 6. 1848
bis 8. 6. 1903)

rischer Dekor, der zu dieser Materie passen würde. Warum wurden neben dem rauhen, strengen Metall weiche Stoffe wie beispielsweise Ton verwendet? Warum gibt es neben diesen geometrischen Linien mit ihrem neuartigen Charakter diesen ganzen Bestand an alten, vom Naturalismus aufpolierten Ornamenten? Zu den Ingenieur-Architekten gehört auch eine neue Dekorationskunst, etwa Bolzen und Schrauben als Verzierungen, vorstehende Eisenecken sozusagen gotische Spitzen aus Eisen. Am Eiffelturm finden wir etwas davon wieder.
Artikel anläßlich der Weltausstellung in "Le Moderniste Illustré", 4. und 11. Juli 1889 (©Heyne Verlag, München)

Guy de
Maupassant
Französischer
Schriftsteller
(5. 8. 1850
bis 7. 7. 1893)

Ich habe Paris und sogar Frankreich verlassen, weil der Eiffelturm mir im Laufe der Zeit allzusehr auf die Nerven ging.
Nicht nur daß man ihn von überallher sah, man stieß auch allerorten auf ihn, nachgebildet aus jedem nur erdenklichen Material, ausgestellt in jedem Schaufenster, ein unausweichlicher quälender Alpdruck.
Ich frage mich, was man von unserer Generation halten wird, falls diese hohe dürre Pyramide aus Metalleitern nicht bald bei irgendeinem Aufstand niedergerissen wird, dieses riesige Skelett, dem jede Anmut fehlt, dessen Basis wie geschaffen wäre, ein großartiges Zyklopendenkmal zu tragen und statt dessen zu einem lächerlichen und unbedeutenden Fabrikschlot verkümmert.

Aus: "Reisebeschreibungen", 1890 (©Heyne Verlag, München)

Kurt Tucholsky
Deutscher Schriftsteller und
Zeitkritiker
(9. 1. 1890 bis
21. 12. 1935)

Wenn man durch die Straßen von Paris geht, so sieht man nicht selten ein merkwürdiges Bild:
Am Eingang eines Ladens sitzt ein Kätzchen und sonnt sich. Paris ist die Stadt der Katzen. Und zwei Schritt von ihr: ein riesiger Schlächterhund, der daliegt, die Pfoten lang vor sich hingestreckt, stolz, ruhig, im Bewußtsein seiner Kraft. Um das Kätzchen kümmert er sich garnicht. Das Kätzchen sieht auch ihn nicht an. Manchmal gehen sie aneinander vorbei, wie eben alte Bekannte aneinander vorbeigehen. Vielleicht begrüßen sie sich leise im Tier-Esperanto – aber sie beschnuppern sich nicht einmal. Katze und Hund – friedlich leben sie nebeneinander.
Als ich das zum erstenmal sah, glaubte ich an ein Wunder der Dressur. So sehr war ich, aus Deutschland kommend, geneigt, den Zustand des ewigen Zähnefletschens, Heulens, Fauchens und Bellens als den primären anzusehen. Aber als ich immer und immer wieder beobachtete, wie Hund und Katze hier einträchtig miteinanderauskommen, da schien es mir doch anders zu sein. [...] Die Pariser Katzen und Hunde werden also mit Erfolg zum Frieden erzogen. Ein ererbter Friede.

Aus: "Der Erbfeind", 1924

Friedrich Sieburg
Deutscher
Schriftsteller und
Publizist
(18. 5. 1893
bis 19. 7. 1964)

Der Montmartre ist eines der stillsten Dörfer Frankreichs und gleichzeitig der lauteste und lasterhafteste Platz der Welt. Kleine, schräge Sträßchen steigen in Treppenform himmelan, gewähren einen Blick auf verfallene Häuschen, vor deren Türen auf gesprungener Steinschwelle die Katzen sich sonnen, und führen schließlich auf grasige Plätze, die von einem Geviert kleiner Bäume geziert sind. In den bäuerlichen Hütten hängt manchmal noch der Kochkessel an einer Kette über dem offenen Feuer, nebenan ist ein Brettergestell, zwischen dessen bemoosten Latten eine Ziege ihr rosiges Maul hindurchschiebt. Die alten Dächer senken sich langsam, wie einem schlafenden Bettler die Mütze übers Gesicht herabrutscht. Mansarden und Kamine drängen sich zu phantastischen Linienbündeln zusammen, und in die winkligen Idylle schieben sich die bleichen Antlitze von Paris, die fahlen, gelben, wässerigen Fronten der Mietskasernen, die vergeblich gegen das schmuddelige Dorfglück des Montmartregipfels zu protestieren versuchen.

Aus: "Gott in Frankreich?", 1954

Ernest Hemingway
US-amerikanischer Schriftsteller
(21. 7. 1899 bis 2. 7. 1961)

Ja, eines ist als Richtschnur zu bedenken, etwas, was ich wirklich weiß: Wenn man das Glück hat, als junger Mensch in Paris gelebt zu haben, bleibt es einem erhalten, egal, wohin man in späten Jahren auch geht, denn Paris ist ein Fest fürs Leben.

Aus: “Paris – ein Fest fürs Leben”, 1964

Ezra Pound
US-amerikanischer Dichter
(30. 10. 1895 bis 1. 11. 1972)

Lass fahren Poet
deinen Fluch, dein Gebet,
laß fahren die Reu die dich frißt.
Die Nacht ist vorbei und der Wind hebt an,
und Paris ist der Strom, und du nur der Kahn,
und Paris ist die Stadt die vergißt.

Und François Villon in der Rue du Dragon,
vom Henker zum Himmel gehißt,
er lachte noch einmal mit brechendem Blick,
doch Paris war der Galgen, und er war der Strick,
und Paris ist die Stadt die vergißt.

Und Joseph Roth, der sich trank zu Tod,
kein Jude und auch kein Christ,
er hätt sich so gern eine Heimat geschafft,
doch Paris war die Buddel, und er war der Saft,
und Paris ist die Stadt die vergißt.

Was bleibt ist der Wind und der Regen der rinnt
und drei Verse, in denen du bist.
Doch zerstört ist das Haus wo dein Name stand,
das Lateinische Viertel verbaut und verbrannt,
denn Paris ist die Straße, und du der Vagant –
und Paris ist die Stadt die vergißt.

Roland Barthes
Französischer Literaturkritiker und Essayist
(12. 11. 1915 bis 26. 3. 1980)

Blick und Objekt, der Eiffelturm ist – darin besteht vielleicht sein intensivstes Leben – ein Symbol, und diese Rolle hat eine unvorhergesehene Entwicklung erlebt. Gewiß sollte der Eiffelturm von Anfang an die Revolution symbolisieren (deren Hundertjahrfeier man beging) sowie die Industrie (deren große Ausstellung stattfand), doch haben diese Bedeutungen kaum fortbestanden, andere sind an ihre Stelle getreten. Die gesellschaftliche Symbolbedeutung war nicht die der Demokratie, sondern die der Stadt Paris. Erstaunlich ist, daß Paris so lange auf ein Symbol gewartet hat.

Aus: “Eiffelturm”, 1970

Robert Gernhardt
Deutscher Schriftsteller
(geb. 13. 12. 1937)

Paris ojaja

Oja! Auch ich war in Parih
Oja! Ich sah den Luver
Oja! Ich hörte an der Sehn
die Wifdegohle-Rufer

Oja! Ich kenn’ die Tüllerien
Oja! Das Schöhdepohme
Oja! Ich ging von Notterdam
a pjeh zum Plahs Wangdohme

Oja! Ich war in Sackerköhr
Oja! Auf dem Mongmatter
Oja! Ich traf am Mongpahnass
den Dichter Schang Poll Satter

Oja! Ich kenne mein Parih.
Mäh wih!

Julien Green
Französischer
Schriftsteller
(geb. 6. 9. 1900)

Was wird das Paris von morgen sein? Ich dachte daran, als ich im Nebeldunst am Ufer der Seine auf die zarte Pracht der Knospen blickte, die die Bäume mit einem leichten Schleier bedeckte. Paris ist von einer Schönheit, die mich manchmal beunruhigt, weil ich fühle, wie zerbrechlich und bedroht sie ist. Bedroht vor allem von unseren Städteplanern. Welcher junge Architekt wird uns endlich die Stadt der Zukunft geben, eine schöne Stadt, die ebenso verführerisch auf die Generationen der Zukunft wirken wird, wie das allmählich aus den Jahrhunderten entstandene Paris uns zu bezaubern vermochte? Ist es zuviel, von einem Visionär zu träumen, der ein Poet des Raumes wäre und nicht mehr einer jener Organisatoren des 'Lebens im Häßlichen', wie Baudelaire sagen würde, einer jener Nutzraumfanatiker, die jeder unbebauten Fläche nachjagen und überall ihre modernen Gebäude errichten, Stahl- und Betonklötze ohne jede Anmut voll von Lärm und Getöse der Fernsehgeräte und der Kanalisation der Nachbarn...
Manche Zerstörungen sind unvermeidlich, und man kann nicht ewig jammern über das, was einmal war. Aber die Zeit hätte uns lehren sollen, weniger töricht zu sein und nicht gerade das zu schützen, was nicht zu dauern bestimmt war, wie alle diese für höchstens hundert Jahre gebauten Häuser in gewissen Ecken des Marais oder im Faubourg Saint-Antoine, die man jetzt schlecht und recht auszubessern versucht.
An der Schwelle des einundzwanzigsten Jahrhunderts leben wir immer noch mit den rückständigsten Ideen, besonders was den Städtebau betrifft. Natürlich darf hier nicht die Rede davon sein, die Vergangenheit zu beseitigen, aber wir sollten sie wie eine Quelle des Gedächtnisses benutzen, und das Inventar, das die Zukunft aufstellt, wird zuerst alles das enthalten, was die Generationen uns an Schönem geschenkt haben, seit der Mensch den ersten Stein schliff.

Aus: "Paris", 1983

Prinz Charles
HRH the Prince
of Wales
(geb. 14. 11. 1948)
Britischer
Thronfolger

Bei einem Paris-Aufenthalt im letzten Jahr war ich sehr beeindruckt von einem Besuch, den ich in einem ehemals heruntergekommenen Stadtviertel um den Montparnasse machte. In diesem Fall hatte man sich gemeinsam dahingehend verständigt, das traditionelle, von Enge und Intimität geprägte Erscheinungsbild der Straßen zu erhalten, die sich an verschiedenen Stellen zu kleinen Plätzen hin öffneten. Durch die Begrenzung der Gebäudehöhe war sichergestellt, daß ein menschlicher Maßstab gewahrt blieb. Dies alles bildete einen höchst beeindruckenden Kontrast zu den gigantischen, unpersönlichen Monolithen aus den sechziger Jahren, die den Eindruck erweckten, als wollten sie wie der Riese Gulliver auf ihren winzig kleinen Nachbarn herumtrampeln. Das Entscheidende an diesem äußerst phantasievollen Sanierungsprogramm, dessen Attraktivität auch jenen Architekten ins Auge stehen muß, die um die Entfaltung ihrer schöpferischen Möglichkeiten bangen, ist, daß es innerhalb der Grundstruktur von Straßenbreite und Gebäudehöhe ausreichend Platz für eine Vielfalt der Stille gibt. Worauf es ankommt, ist der Maßstab.
Geschick und viel Geschmack haben die Franzosen ebenfalls bei den Größenverhältnissen der Glaspyramide bewiesen, die von dem chinesisch-amerikanischen Architekten I. M. Pei für den Hof des Louvre entworfen wurde. Ich bin mir zwar nicht sicher, ob ich selbst ein solches Bauwerk ausgerechnet an diesem Platz errichtet hätte, doch es ist mit großer Sorgfalt gestaltet worden, so daß es weitgehend mit dem Louvre harmoniert. Die Farbe der Pyramide, die vier kleineren Pyramiden, von denen sie umgeben ist, und die Graniteinfassungen der eleganten Brunnen passen zur Farbe des Louvre, und die Proportionen sind angenehm.

Aus: "Die Zukunft unserer Städte", 1990 (©Haffmans Verlag, Zürich)

Karl Heinz Götze
Deutscher
Journalist
(geb. 18. 9. 1947)

Paris war, wenn man Walter Benjamins Argumentation folgt, die Hauptstadt des 19. Jahrhunderts. Mag sie auch in Benjamins Sinn nicht mehr Hauptstadt des 20. Jh.s sein – das Zentrum Frankreichs, das Gravitationszentrum des westlichen Europas blieb die Stadt bis heute. Das gilt natür-

Karl Heinz Götze
(Fortsetzung)

lich auch für die ausländischen Vorstellungen von Frankreich. Paris ist die Bühne, auf der wir unsere Phantasiestücke über Frankreich aufführen.
Auf Paris ist man also quasi natürlich verwiesen, wenn man die sozialen wie die symbolischen Differenzierungen des gegenwärtigen Frankreich räumlich erfahren will.[...]
Kein Stadtviertel steht ganz außerhalb des permanenten Verwandlungsprozesses, dem die Stadt unterliegt, aber an manchen Stellen vollzieht er sich besonders schnell und besonders augenfällig. Auf den Champs Elysées zum Beispiel, auf der "schönsten Straße der Welt", wie gern behauptet wird. Früher traf sich hier die große Welt, schätzten gepflegte Nichtstuer die Straßen als würdigen Rahmen ihrer Eleganz, schätzten elegante Parfümerien, Modehäuser und Cafés die gepflegten Nichtstuer als würdige Kunden, schätzten die ausländischen Gäste die würdigen Hotels wie die Parfümerien, Modehäuser und Cafés als Inkarnation der großen Welt, der sie auf exklusive Weise teilhaftig werden durften, gestört nur gelegentlich von einem Staatsbesuch, eine Parade zum 14. Juli, der Schlußetappe der Tour de France und in jedem Menschenalter einmal durch eine Revolte. Die Namen der Häuser sind Legenden: Lido, Guerlain, Vuitton, Clardige, l'Hôtel de la Païva ...
Heute gehören die Champs-Elysées zu den unwirtlichsten Orten von Paris, klebrig geworden vom Ketchup der Fast foods und vom Zuckerwasser der Limonadenverkäufer, die die Bürgersteige okkupieren. [...]
Im Osten, um die Bastille herum, vollzieht sich der Wandlungsprozeß gegenwärtig am schnellsten. Aus dem elenden Viertel der kleinen Handwerker, von dem in den letzten zwei Jahrhunderten die meisten wichtigen Umwälzungen unserer Welt ausgingen, wird ein neues In-Viertel. Nicht einmal Haussmann hatte hier Ordnung schaffen können, in diesem Viertel, in dem alles eng und schmal, schief und unregelmäßig ist, in dem die ersten Schüsse der Revolution von 1789 fielen, in dem im Juni 1848 die höchste Pariser Barrikade stand – von Victor Hugo in "Die Elenden" verewigt –, in dem der Musette-Walzer erfunden wurde, zudem im "Balayo" Céline, die Arletty und die Piaf tanzten. Jetzt werden die Ateliers der Handwerker zu schicken Lofts, die Kohlenlager zu Restaurants und das Ganze zum Vergnügungsviertel.
Die permanente Verwandlung der Stadt vollzieht sich auch dort, wo die Touristen nicht hinkommen. In Billancourt zum Beispiel, auf der Ile Séguin. Dort arbeitete die berühmteste Fabrik Frankreichs, das Stammwerk von Renault. Bis zu 40 000 Arbeiter waren hier beschäftigt, und wenn es später, nach dem Bau von Zweigwerken, auch immer weniger wurden, so blieb Billancourt doch das Symbol der französischen Großindustrie. Und das Symbol der Arbeiterbewegung. [...] Schließlich: "Billancourt" gibt es nicht mehr. Am 31. März 1992 verließen nach der letzten Schicht die letzten Arbeiter still das Gelände. 31 Hektar in bester Lage im Pariser Westen warten auf Investoren.
Was also? Ist Paris ein fertiges Freilichtmuseum aus geronnener Geschichte oder ein Ort permanenter Verwandlung der Wirklichkeit? Vielleicht ist beides wahr, aber nicht in dem banalen Sinne, nach dem an allem etwas 'dran' ist, sondern in einem präzis bestimmbaren. Vielleicht ist es das spezifische Pariser Verhältnis von Historizität und Verwandlung, die es möglich macht, beides besonders intensiv zu erfahren.

Aus: "Französische Affairen", 1993 (©S. Fischer Verlag, Frankfurt a. M.)

Paris
250 m
© Baedeker
Pontoise
Gabriel Péri
Clichy
Cergy-Pontoise, Mirapolis, Parc Astéri
St-Denis-Basilique
Pont de Levallois-Bécon
St-Germain-en-Laye
LA DÉFENSE, La Grande Arche
Porte Maillot
Porte Dauphine
Bois de Boulogne
Boulogne
Pont de St-Cloud
Chartres
Versailles
St-Quentin-en-Yvelines
Balard
Mairie d'Issy
Gare Montparnasse
Châtillon-Montrouge
Boulevard Péreire
Avenue de Villiers
Rue de Prony
Rue de Rome
Boul. des Batignolles
Rue Pierre Demours
Avenue Niel
Avenue de Wagram
Rue de Courcelles
Boulevard de Courcelles
Av. des Ternes
Pl. des Ternes
Parc Monceau
Musée Nissim de Camondo
Conservatoire de Musique
Salle Wagram
Salle Pleyel
Rue du Faubourg Saint Honoré
Musée Jacquemart André
Boulevard Haussmann
St-Augustin
Pl. St-Augustin
Malesherbes
Av. de la Gr. Armée
Place Charles-de-Gaulle
Arc de Triomphe de l'Etoile
Av. Friedland
Chambre de Commerce
Rue La Boétie
Salle Gaveau
St-Philippe-d.-R.
Min. de l'Intérieur
Av. Foch
Av. V. Hugo
Avenue des Champs-Elysées
Rue de Ponthieu
Av. Franklin D. Roosevelt
Centre de Conférences Internationales
Lauriston
Kléber
Avenue Marceau
Avenue George V
Rond-Point des Champs-Elysées
Théâtre Marigny
Av. de Marigny
Palais de l'Elysée
Ste-Madeleine
Avenue Gabriel
Rue Royale
Avenue Montaigne
Pal. de la Glace
Grand Palais
Petit Palais
Espace P. Cardin
Place de la Concorde
Jeu de Paume
Orangerie
Cours la Reine
Musée Guimet
Hôtel Galliéra
Théâtre des Champs-Elysées
Botschaft der Bundesrepublik Deutschland
Place d'Iéna
Palais de Tokyo
Avenue d'Iéna
Place du Trocadéro
Palais de Chaillot
Avenue de New York
Pont de l'Alma
Seine
Pont d. Inv.
Pont Alex. III
Pont de la Concorde
Quai d'Orsay
Österreich. Botschaft
Aérogare
Min. d. Aff. Etrangères
Palais Bourbon
Quai Anatole France
Pl. de la Résistance
Rue de l'Université
Min. Commerce Extérieur
Quai Branly
Pont d'Iéna
Tour Eiffel
Rue Saint Dominique
Av. Bosquet
Avenue de la Bourdonnais
Schweizer Botschaft
Institut Géogr.
Ste-Clotilde
Min. de la Défense
Musée d'Orsay
Ministère des Transp.
Rue de Grenelle
Pl. des Invalides
Hôtel des Invalides
Boulevard des Invalides
Boulevard de la Tour-Maubourg
Min. du Commerce
Musée Rodin
Rue de Varenne
Champ de Mars
Avenue de Suffren
Av. de la Motte-Picquet
Avenue de Tourville
Ecole Militaire
Avenue de Lowendal
Avenue de Ségur
Av. de Breteuil
Rue de Babylone
St-Léon
Unesco
St-François-Xavier
Sécretariat d'Outre-Mer
Rue de Sèvres
Rue du Cherche Midi
Boulevard de Grenelle
Rue Fondary
Rue du Théâtre
Avenue Emile Zola
Rue des Entrepreneurs
Rue de l'Eglise
Rue de la Croix Nivert
Rue Cambronne
Boulevard Garibaldi
Place de Breteuil
Rue Lecourbe
MONTPARNASSE
Boulevard du Montparnasse
Tour Montparnasse
Gare St-Lazare

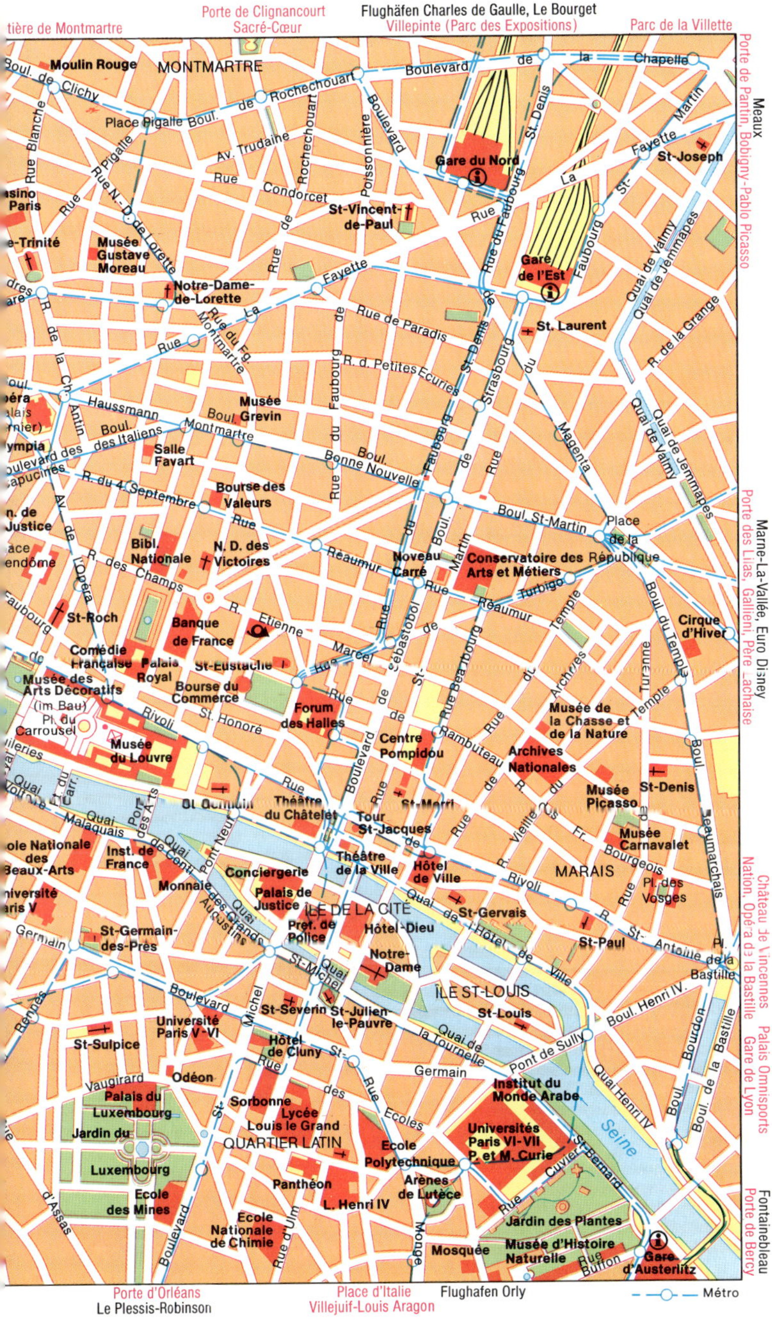
Porte de Clignancourt
Sacré-Cœur
Flughäfen Charles de Gaulle, Le Bourget
Villepinte (Parc des Expositions)
Parc de la Villette
tière de Montmartre
Porte de Pantin, Bobigny-Pablo Picasso
Meaux
Porte des Lilas, Gallieni, Père Lachaise
Marne-La-Vallée, Euro Disney
Château de Vincennes
Nation, Opéra de la Bastille
Palais Omnisports
Gare de Lyon
Porte de Bercy
Fontainebleau
Porte d'Orléans
Le Plessis-Robinson
Place d'Italie
Villejuif-Louis Aragon
Flughafen Orly
Métro
Moulin Rouge
MONTMARTRE
Boul. de Clichy
Place Pigalle
Boul. de Rochechouart
Boulevard de la Chapelle
Av. Trudaine
Rue Condorcet
Gare du Nord
St-Joseph
St-Vincent-de-Paul
Musée Gustave Moreau
Notre-Dame-de-Lorette
Gare de l'Est
St. Laurent
Rue de Paradis
R. d. Petites Ecuries
Musée Grevin
Boul. Haussmann
Boul. Montmartre
Salle Favart
Boul. Bonne Nouvelle
R. du 4. Septembre
Bourse des Valeurs
Boul. St-Martin
Place de la République
Bibl. Nationale
N. D. des Victoires
Noveau Carré
Conservatoire des Arts et Métiers
Rue Réaumur
Cirque d'Hiver
St-Roch
Banque de France
Rue Etienne Marcel
Comédie Française
Palais Royal
St-Eustache
Musée des Arts Décoratifs (im Bau)
Pl. du Carrousel
Bourse du Commerce
Forum des Halles
Musée de la Chasse et de la Nature
Centre Pompidou
Rue Rambuteau
Archives Nationales
Musée du Louvre
Rue de Rivoli
St-Denis
Musée Picasso
Théâtre du Châtelet
Tour St-Jacques
St-Merri
Musée Carnavalet
Inst. de France
Théâtre de la Ville
Hôtel de Ville
MARAIS
Pl. des Vosges
Monnaie
Conciergerie
Palais de Justice
ÎLE DE LA CITÉ
St-Gervais
Pref. de Police
Hôtel-Dieu
St-Paul
Rue St-Antoine
Pl. de la Bastille
St-Germain-des-Prés
Notre-Dame
ÎLE ST-LOUIS
St-Séverin
St-Julien-le-Pauvre
St-Louis
Boul. Henri IV.
Université Paris V-VI
St-Sulpice
Hôtel de Cluny
Quai de la Tournelle
Pont de Sully
Odéon
Institut du Monde Arabe
Palais du Luxembourg
Sorbonne
Lycée Louis le Grand
Quai Henri IV
Jardin du Luxembourg
QUARTIER LATIN
Universités Paris VI-VII P. et M. Curie
Ecole Polytechnique
Seine
Panthéon
Arènes de Lutèce
Ecole des Mines
L. Henri IV
Ecole Nationale de Chimie
Jardin des Plantes
Mosquée
Musée d'Histoire Naturelle
Gare d'Austerlitz
Rue Buffon
Boul. de la Bastille

McLEANS
OXFORD-ENGLAND

Sehenswürdigkeiten von A bis Z

Empfehlungen für einen Kurzaufenthalt ⟶ Prakt. Informationen: **Besichtigungsprogramm**

Académie Française

⟶ Institut de France

*Arc de Triomphe E 4

Der Arc de Triomphe de l'Etoile ist dem Ruhm der siegreichen französischen Armeen der Revolution und des 1. Kaiserreiches gewidmet. Napoleon I. gab 1806 den Auftrag zu diesem gewaltigen Bauwerk, erlebte aber seine Vollendung im Jahre 1836 nicht mehr. Die Entwürfe für das kolossale Monument, das 1988–1989 vollständig restauriert wurde, lieferte der Architekt J. F. Chalgrin (1739–1881).

Die Ost- und Westfassade des 50 m hohen und 45 m breiten Komplexes trägt vier Reliefs mit überlebensgroßen Skulpturen, die den Auszug, die Siege und die glorreiche Rückkehr der französischen Armeen wiedergeben. Besondere Beachtung verdient auf der rechten Seite der Champs-Elysée-Fassade das von François Rude (1784–1855) geschaffene, auch als 'Marseillaise' bekannte Relief vom 'Aufbruch der Freiwilligen von 1792', das den Auszug der Truppen unter Führung des geflügelten Genius der Liberté zeigt. An den Innenseiten des Bogens findet man die Namen von mehr als 660 Generalen und über hundert weiteren Schlachten.

Von der Aussichtsplattform (Zugang über Zwischengeschoß mit dem Aufzug) bietet sich eines der eindrucksvollsten Panoramen von Paris: die zwölf Avenuen, die sternförmig auf den Platz (⟶ Place de l'Etoile, heute offiziell: Place Charles de Gaulle) zulaufen, die gerade Linie Champs-Elysées – Concorde – Louvre; in umgekehrter Richtung die Grande Arche im Herzen von La Défense; nordöstlich: Montmartre mit Sacré-Cœur; südöstlich der Eiffelturm, der Invalidendom und die Tour Montparnasse.

Ein kleines Museum unterhalb der Plattform beherbergt eine Ausstellung zur Baugeschichte des Monuments und Erinnerungsstücke an Napoleon I. sowie aus dem Ersten Weltkrieg.

Zu Füßen des Triumphbogens wurde 1921 als Mahnmal des Ersten Weltkriegs das erste Grabmal eines Unbekannten Soldaten eingeweiht – eine Idee, das viele andere Nationen übernahmen. Jeden Abend um 18.30 Uhr erscheint eine kleine Delegation ehemaliger Soldaten, um die Flamme am Grab neu zu entzünden. Am 11. November, Jahrestag des Waffenstillstands von 1918, finden hier zudem Gedenkfeiern für die Gefallenen der beiden Weltkriege statt.

Lage
Place Charles de Gaulle (16. Arr.)

Métro-Station
Charles-de-Gaulle-Etoile

RER-Station
Charles-de-Gaulle-Etoile

Buslinien
22, 30, 31, 52, 73,

Öffnungszeiten
1. 10.–31. 3.:
10.00–17.00;
1. 4.–30. 9.:
10.00–17.30
(außer Fei.)

Eintrittsgebühr

Arènes de Lutèce (Antikes Amphitheater) J 6

Die Überreste des 1869 entdeckten römischen Amphitheaters lassen die riesigen Ausmaße des ursprünglichen Bauwerkes ahnen: Die Maße der ellipsenförmigen Arena (56×48 m) entsprechen annähernd den Abmessungen des Innenraumes des Kolosseums in Rom. Hier fanden Gladiatoren- und Tierkämpfe sowie Theateraufführungen statt. Das Theater wurde um 200 n. Chr. im römischen Lutetia errichtet, jedoch bereits 285 beim Einfall der Barbaren als Steinbruch für die Anlage der Befestigungsmauern

Lage
Rue de Navarre 49, Rue Monge (5. Arr.)

◂ Nationales Symbol: Napoleons gewaltiger Triumpfbogen auf der Place Charles de Gaulle

Arènes de Lutèce (Fortsetzung)

Métro-Station
Monge

genutzt. Zwar wies die Arena nur 36 Sitzreihen auf, bot aber mit seinen 17000 Sitzplätzen fast der gesamten damaligen Bevölkerung der römischen Stadt Platz. Heute dient die öffentliche Anlage zuweilen wieder als Bühne für festliche Veranstaltungen.

Assemblée Nationale

→ Palais Bourbon

*Bagatelle B 4

Lage
Bois de Boulogne (Route de Sèvres à Neuilly; 16. Arr.)

Métro-Station
Pont de Neuilly

Buslinien
43, 244

Im nordwestlichen Teil des → Bois de Boulogne steht inmitten einer herrlichen Gartenanlage ein reizvolles Schlößchen, das den Stil des ausgehenden 18. Jh.s repräsentiert, als sich der Hochadel dort zur Jagd oder zu rauschenden Festen einfand. Als einziges von ehemals vier Schlössern im Bois de Boulogne wurde es in den Wirren der Französischen Revolution nicht zerstört. Seinen Namen erhielt Bagatelle im Jahre 1720, als die Herzogin von Estrées hier ein kleines Lustschlößchen erbauen ließ. Nach mehrfachem Besitzerwechsel verfiel das Anwesen, bis es 1772 der junge Graf von Artois (später Karl X.) erwarb. Als nun seine Schwägerin Marie-Antoinette mit ihm um stolze 100000 Livres wettete, daß es ihm nicht gelänge, das zierliche Schlößchen in zwei Monaten wiederherzurichten, stellte er 900 Arbeiter ein, die nach Entwürfen von François-Alexandre Belanger in der vorgegebenen Zeit eine pittoreske 'Folie' erstehen ließen, wie man die Landschlößchen jener Zeit nannte. 1987 wurden die Räume nach Originalplänen restauriert.
Bei einem Spaziergang durch den verwunschenen Park passiert man zunächst Lord Seymours 'blaues Tor', das aus der Mitte des 19. Jh.s stammt. Neben der Orangerie mit immergrünen Pflanzen und einem japanischen Wassergarten findet der nördlichste der vier Teiche mit seiner Seerosenpracht das besondere Interesse der Besucher. An der Stelle des früheren Reitplatzes steht heute ein wundervolles Rosarium, das Jean-Claude Forestier 1906 anlegen ließ. Alljährlich im Juni wird hier ein internationaler Wettbewerb für Neuzüchtungen von Rosen veranstaltet. Den Abschluß des Rundgangs bildet ein englischer Landschaftsgarten mit verträumten Wegen, den der Schotte Thomas Blaikie konzipierte (geöffnet: Park: im Sommer tgl. 9.00–20.00 Uhr, im Winter tgl. 9.00–17.30 Uhr; Schloß: 1.4.–31.10.: Sa., So. 15.00–16.00, Eintrittsgebühr).

Bastille (Place de la Bastille) K 5

Lage
Östliches Zentrum (3. Arr.)

Métro-Station
Bastille

Buslinien
20, 29, 65, 69, 76, 86, 87, 91

Heute erinnert nur noch der Name des großzügig angelegten Platzes an das berüchtigte Staatsgefängnis "La Bastille" – vielgehaßtes Symbol absolutistischer Macht. Wer nach Überresten der Bastille sucht, wird enttäuscht: Sie wurde nach der Erstürmung am 14. Juli 1789 innerhalb weniger Monate vollständig abgetragen. Nur in der Métro sind noch einige Fundamente erhalten. Aus den Quadern und Steinen entstand ein Teil der Brücke an der Place de la Concorde.
Eine freie Interpretation der Revolutionsflagge in den Nationalfarben Blau-Weiß-Rot findet man in dem Riesenmosaik (1988) von Odile Jacquot in der Métrostation Bastille. Ein Modell der ehemaligen Bastille kann man im → Musée Carnavalet besichtigen.

Baugeschichte

Begonnen wurde die 'kleine Bastion' 1370 unter Karl V., der mit der Festungsanlage an der Rue St-Antoine die hier neu gezogene Stadtmauer verstärken wollte. Sein Nachfolger erweiterte das Bollwerk bis 1382 zu

Baugeschichte (Fortsetzung)

einer massiven, mit acht über 20 m hohen Wehrtürmen versehenen Ringanlage, die ihre Schutzfunktion allerdings nur schlecht erfüllte – von sieben Belagerungen während der Bürgerkriege wurde sie sechsmal eingenommen. Zum eigentlichen Staatsgefängnis wurde der Bau erst von Kardinal Richelieu, dem Minister Ludwigs XIII., erklärt. Die Anzahl der Gefangenen blieb allerdings stets gering, so waren hier unter Ludwig XIV. nur etwa 40, unter Ludwig XVI. sogar nur noch 19 Personen inhaftiert. Der überwiegende Teil waren gehobene Persönlichkeiten, von denen jedoch nur wenige tatsächlich wegen eines Vergehens einsaßen. Die meisten waren Querulanten, Freidenker und Liberale, die häufig allein aufgrund des königlichen Befehls ("lettre de cachet") ohne Gerichtsurteil eingeliefert worden waren. Die Haft verlief indessen durchaus nicht immer unangenehm. So verfügte ein Teil der 'Gäste' über eigene Bedienstete und konnte Besuch empfangen; der inhaftierte Kardinal Rohan ließ sogar ein Diner für 20 Gäste ausrichten. Unter den Gefangenen waren u.a. Voltaire, der zu laut über 'Candide' nachgedacht hatte und hier seinen "Œdipe" verfaßte, Mirabeau, Fouquet und der Marquis de Sade, der am Ende in die Irrenanstalt überwiesen werden mußte. Am 14. Juli 1789, als mit dem Sturm auf die Bastille die Französische Revolution begann, konnten die Befreier nur sieben Gefangene aus ihren Zellen holen. Es waren kleine Verbrecher, bei zweien soll es sich um Geisteskranke gehandelt haben. Die Menge aber feierte sie triumphierend.

Erstürmung der Bastille

François René Vicomte de Chateaubriand beschreibt die Eroberung der Bastille in seinen "Mémoires d'Outre-Tombe": "Am 14. Juli wird die Bastille gestürmt. Als Zuschauer war ich Zeuge dieses Sturmes gegen ein paar Invalide und einen furchtsamen Gouverneur: Wären die Tore verschlossen gewesen, niemals wäre das Volk in die Festung eingedrungen. Ich sah, wie zwei oder drei Kanonenschüsse abgefeuert wurden, aber nicht von den Invaliden, sondern von den Gardes Françaises, welche die Türme bereits besetzt hatten. De Launay (der Gouverneur) wird aus seinem Versteck geholt und nach tausend Mißhandlungen auf den Stufen des Rathauses niedergemetzelt; Flesselles, dem Vorstand der Kaufleute, wird durch einen Pistolenschuß der Schädel zerschmettert; dies ist das Schauspiel, das herzlosen Gaffern so gut gefiel.
Wie bei den Straßenkämpfen in Rom unter Otho und Vitellius gab man sich inmitten dieses Mordens hemmungslosen Orgien hin. Man fuhr die glückstrunkenen Sieger der Bastille, die in den Kneipen zu Eroberern erklärt wurden, in Kutschen spazieren, Prostituierte und Sansculotten begannen zu herrschen und gaben ihnen das Geleit.
Passanten zogen mit dem Respekt der Furcht ihren Hut vor diesen Heroen, deren einige auf dem Höhepunkt ihres Triumphes vor Erschöpfung starben. Die Zahl der Schlüssel der Bastille vermehrte sich laufend, man schickte solche Schlüssel an gewichtige Einfaltpinsel in allen Ecken und Enden der Welt... Die Sachverständigen schritten zur Autopsie der Bastille. Unter Zelten wurden provisorische Cafés eingerichtet; dort drängte man sich wie beim Jahrmarkt ... unzählige Wagen kamen hier vorbeigefahren oder blieben am Fuße der Türme stehen, deren Steine man unter Entfaltung riesiger Staubwolken abtrug... Auf diesem Sammelplatz trafen sich die berühmtesten Redner, die bekanntesten Schriftsteller, die gefeiertsten Maler, die angesehensten Schauspieler und Schauspielerinnen, die beliebtesten Tänzer, die vornehmsten Ausländer, die großen Herren des Hofes und die Gesandten aus ganz Europa; das alte Frankreich hatte sich dort eingefunden, um sich für immer zu verabschieden, das neue, um hier seinen Anfang zu nehmen."

Nationalfeiertag 14. Juli

Wie keine andere Veranstaltung dokumentieren alljährlich die Feiern am 14. Juli die Unabhängigkeit des französischen Staates. In allen Vierteln werden Bälle und Straßenfeste organisiert nach dem Motto "Faire la bringue", d.h. ausgelassene Stimmung in Reinkultur, zudem werden vielerorts Sonderveranstaltungen, Militärparaden und ein riesiges Feuerwerk abgehalten.

Colonne de Juillet

Julisäule

In der Mitte der Place de la Bastille erhebt sich die 51 m hohe Julisäule (Colonne de Juillet) mit einer von Dumont geschaffenen, graziösen Freiheitsstatue, deren Vergoldung im Jahre 1989 erneuert worden ist. Die graziös balancierende Figur erinnert jedoch nicht an den französischen Nationalfeiertag, sondern an die getöteten Republikaner während der Julirevolution von 1830, in der Karl X. gestürzt und der Bürgerkönig Louis-Philippe an die Macht gebracht wurde. Vier gallische Hähne und ein Löwenrelief am Sockel symbolisieren das freie Volk. Eine Wendeltreppe im Innern der Säule (283 Stufen) führt auf eine Aussichtsplattform mit grandiosem Blick auf die gegenüberliegende, neue Volksoper.

*Opéra de la Bastille

Auskunft
11 bis, Avenue Daumesnel
(12. Arr.),
Tel. 40011789

Karten-reservierung
Tel. 40011616

Dort, wo einst das Staatsgefängnis gestanden hatte, weihte Staatspräsident Mitterand am 13. Juli 1989 die neue Volksoper ein, die der in Uruguay geborene Kanadier Carlos Ott entwarf. Nach endgültigem Abschluß der Bauarbeiten konnte der Spielbetrieb am 17. März 1990 mit den “Trojanern” von Hector Berlioz aufgenommen werden.
Der repräsentative, kurvig-rechtwinkelige Bau nimmt eine Fläche von rund 15 ha ein. Kühl und sachlich wirkt das Architekturdesign der abgetreppten quadratische Gitterstruktur seiner gläsernen Fassade. Das helle Foyer bildet eine Art Halbkreis um den Hauptsaal, dessen zeltartige Lichtdecke gut mit den tief heruntergezogenen weißen Rängen harmoniert. Am Aufgang trifft man auf die bunte Skulptur des weiblichen Genius von Niki de Saint-Phalle. Die riesige Bühne des großen Opernsaals, der 2700 Plätze aufweist, wird von fünf Seiten- und Hinterbühnen gleicher Dimension umgeben. Die hervorragende Sicht findet ihre Ergänzung in einer ausgezeichneten Akustik. Außerdem birgt der Gesamtkomplex noch ein Amphitheater, das 600 Zuschauer aufnehmen kann, einen variablen Saal, der zwischen 600 und 1300 Plätze bietet, ein Studio mit 280 Plätzen, Probebühnen, eine Bibliothek und Videothek. Als Musikdirektor wurde der Koreaner Myung-Whun Chung berufen.

Les Grandes Marches

Angrenzend an die Oper wurde das abgerissene Restaurant “Les Grandes Marches” als historische Replik wiederaufgebaut.

Opéra de la Bastille

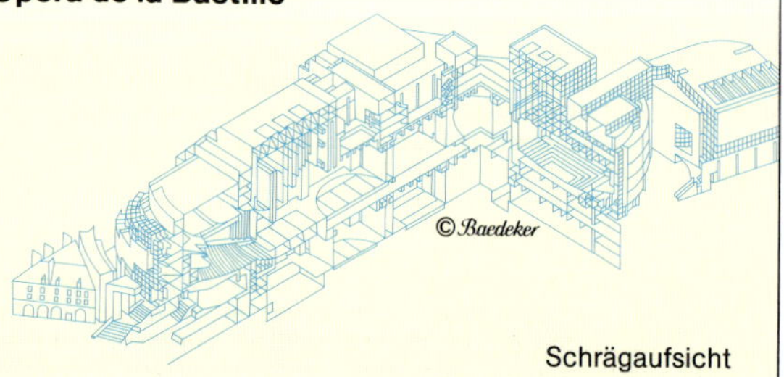

Schrägaufsicht

Mit Glas und blaugrauem Granit setzt die Volksoper neue architektonische Akzente

*Bastille-Viertel

Mit dem Bau der neuen Oper begann auch der Wandel des gesamten Viertels um den nach der alten Festung benannten Platz. Ähnlich wie vor einigen Jahren im → Marais vollzieht sich nun auch hier eine kontinuierliche Aufwertung des Bastille-Viertels ('Bastoche') zum gefragten 'Quartier branché'. In der Rue du Faubourg St-Antoine und den angrenzenden Straßen, deren schmale Häuser mit einem Labyrinth kleiner Hinterhöfe und schmaler Passagen früher von Schreinern und Möbelfabrikanten bevölkert waren, mischt sich das alte Handwerk immer mehr mit modernem Kunsthandel, werden die traditionellen Werkstätten zunehmend in Ateliers, Lofts, Designerboutiquen, gestylte In-Kneipen und Schauräume der Galerien umfunktioniert. Seit Mitte der achtziger Jahre stellen in der Rue de Charonne bekannte Galeristen aus wie Leif Stähle, Präsident der schwedischen Kunstmesse, und André Lavignes, der u.a. Andy Warhol und Mimmo Rotella präsentiert – nur wenige Schritte entfernt versteckt sich das Café A Jean Pierre hinter einer reizvollen Jugendstilfassade. In der Rue de la Roquette, gegenüber dem avantgardistisch orientierten Théâtre de la Bastille, zeigen u. a. die Brüder Donguy experimentelle Kunst und Fotografie. Auch in der Rue de Lappe, wo einst der Kohlenhandel florierte und der populäre Musette-Walzer zum Akkordeon erklang, haben sich Galerien abstrakter Kunst, schicke Cafés und Antiquitätenhändler etabliert. Das Balayo ist seit den dreißiger Jahren, als hier Stars wie die Arletty und Edith Piaf verkehrten, bis heute eine gefragte Adresse geblieben. In den lauschigen Innenhöfen des Cour du Bel Air an der Faubourg St-Antoine (Nr. 56) werden derweil neben einer alteingesessenen Tapisserie zeitgenössische Fotografien ausgestellt. Das Besondere am Bastilleviertel war immer das bunte Völkergemisch der verschiedenen Immigrantengruppen. Den Auvergnaten folgten die Bretonen, später Italienier, Spanier, Russen, Juden, Araber und Einwanderer aus den Überseekolonien. Jede Volksgruppe brachte ihre eigene Kultur mit, die den Kneipen, Tanzlokalen und Geschäften ihren Stempel aufdrückte. Der lebhafte Markt am Place d'Aligre mit seiner denkmalgeschützten Halle aus dem 19. Jh. ist ein Abbild der

Bastille (Fortsetzung)

gewachsenen, bunten Atmosphäre. Noch stimmt im neuen Trendviertel der neunziger Jahre die Mischung aus Chic und Schräg, existieren in den engen Gassen der 'Bastoche' neben gestylten Adressen alte skurrile Läden, einfache Restaurants und verträumte Hinterhöfe unter Obhut einer Concierge, werden im Balayo bis zum frühen Morgen langsamer Walzer und Tango getanzt, aber der unaufhaltsame Prozeß der Modernisierung ist deutlich spürbar.

Beaubourg

→ Centre Pompidou

Belleville und Ménilmontant

L/M 4/5

Lage
20. Arr.

Métro-Stationen
Belleville, Couronnes, Ménilmont

Buslinien
26, 46, 96

Die berühmteste Bewohnerin von Belleville, die unvergeßliche Edith Piaf, soll auf den Stufen des baufälligen Hauses Nr. 72 in der Rue de Belleville das Licht der Welt erblickt haben. Das besondere Flair des Pariser Ostens, wie ihn der 'Spatz von Paris' und Maurice Chevalier in den dreißiger Jahren verkörpert haben, ist jedoch längst Vergangenheit, und wieder sind die Viertel Belleville, Ménilmontant und Barbès im Begriff ihr Gesicht erheblich zu verändern.
Ursprünglich war Belleville ebenso wie die Nachbarorte Charonne, Ménilmontant und Barbès ein kleines Dorf, in dem zu Beginn des 19. Jh.s eine massive Industrialisierung einsetzte. Die Einwohnerzahl von Belleville stieg zwischen 1820 und 1860 von 8000 auf 60000. Um die Jahrhundertwende erfolgte die Eingemeindung zu Paris und Bildung des 20. Arrondissement, das zum Refugium zahlreicher Flüchtlinge wurde, darunter viele ost- und mitteleuropäische Juden. Sie prägen das Bild des Viertels noch immer im Gebiet der Rues Ramponeau, Dénoyer und Lacroix, in der auch die Synagoge liegt. Als im 20. Jh. viele Industrieunternehmen aus Kostengründen in die Pariser Randgebiete abwanderten, wechselten auch die Bewohner der alten Wohnhäuser. Heute leben in den vielfach baufälligen Gebäuden vor allem asiatische Einwanderer und 'maghrébins', wie die 'travailleurs immigrés' aus den ehemaligen nordafrikanischen Kolonien genannt werden.

Sanierungprogramm

Ein umfangreiches Programm der Stadt sieht die Sanierung von Belleville, Ménilmontant und Barbès vor. Zahlreiche alte Mietshäuser sind bereits abgerissen und durch moderne Appartementgebäude ersetzt worden. Beispiel einer gelungenen Renovierung unter Erhaltung historisch bedeutsamer Bausubstanz ist das Viertel um die Kirche St-Germain-de-Charonne: In der Rue St-Blaise fügen sich zwischen die alten Häuser harmonisch angepaßte Neubauten. Nur einen Steinwurf entfernt ragen häßliche Wohnsilos der sechziger Jahre auf. Kehrseite der Sanierung ist wie immer der unweigerliche Anstieg der bisher vergleichsweise niedrigen Mieten. So ist es eine Frage der Zeit, bis dieses Quartier der einfachen Leute sich in ein teures Bourgois-Viertel verwandelt. Den bisherigen Mietern wird dann nur der Umzug in eine der häufig menschenverachtenden Schlafsiedlungen der Banlieue bleiben, die der algerische Regisseur Mehdi Charef in seinem Film "Tee im Harem des Archimedes" so treffend beschrieben hat. Daran werden auch lokale Bürgerinitiativen und die 'squats', wie Hausbesetzer hier genannt werden, vermutlich wenig ändern. Bislang gibt es ihn aber noch, den gewachsenen dörflichen Charme, das Flair der traditionellen, farbenprächtigen Wochenmärkte, normannische Käseläden, bretonische Fischverkäufer und Gemüsehändler aus der Provinz, die ihre Ergänzung in den exotischen Läden und Restaurants der Antillenfranzosen, Schwarzafrikaner und Araber, kleinen Theaterbühnen, Tanzstudios und jungen Künstlerateliers finden.

Bercy

L 7

Lage
12. Arr.

Métro-Station
Bercy

Buslinien
24, 62

Ende der siebziger Jahre begann im Rahmen der großangelegten Sanierung des Pariser Ostens die Umgestaltung des Gebietes zwischen dem Gare de Lyon und der Porte de Bercy. Inzwischen ist das Quartier von Bercy ähnlich wie in La → Défense zum Geschäftsviertel avanciert, haben zahlreiche futuristische Bürobauten die alten Dockanlagen dieser früher stark industriell geprägten Zone ersetzt.

Palais Omnisport de Bercy (POPB)

Der vom Architektenbüro Michel Andrault & Pierre Parat konzipierte moderne Veranstaltungstempel am Boulevard de Bercy (Nr. 8) wurde 1984 auf dem Gelände eines ehemaligen Weindepots eingeweiht. Die drei komplett verwandelbaren Hallen der grasbewachsenen, stumpfen Pyramide aus Glasfronten und Stahlgerüsten sind mit perfekter Technik ausgestattet und bieten zahlreiche Möglichkeiten für Aufführungen aller Art. Für jede Hallensportart sind Einrichtungen vorhanden, bei Opernabenden und Rockkonzerten ist mühelos Platz für 17000 Zuschauer. Dank computergesteuerter Technik und ultramoderner Tonstudios werden Konzerte und Zirkusveranstaltungen zum unvergeßlichen Erlebnis.
Der angrenzende Parc de Bercy entlang der Seine befindet sich derzeit noch im Ausbau.

Ministère des Finances

Um der Kunst den gebührenden Platz einzuräumen, mußten die Beamten des Finanzministeriums, das sich über 100 Jahre, seit dem Herzog von Morny, Minister Napoleons III., im Nordflügel des → Louvre befand, in neue Gebäude, 3 km stromaufwärts, umgesiedelt werden.
Auf 5 ha entstanden hier 1983–1989 knapp 216000 m² neue Büro- und Wohnflächen für rund 6000 Beamte. Als Architekten des 360 m langen Riesenkomplexes zeichneten Paul Chemetov, der auch an → Les Halles mitgearbeitet hatte, und Borjo Huidobro verantwortlich. Wie durch ein gewal-

Betonfestung des Fiskus: das neue Finanzministerium am Seine-Ufer

Bercy, Ministère des Finances (Fortsetzung)

tiges Eingangstor zum Pariser Osten verläuft die Seine-Schnellstraße unter dem Südflügel des umstrittenen Bauwerks hindurch, das beim Betrachter eine Mischung von Staunen und Erschrecken hervorruft. Zwischen glatten, grau verblendeten Fronten leiten Brücken und Passagen ins Innere der wuchtigen Monumentalanlage über. Der Betondiskus auf der Festung des Fiskus dient als Landeplatz für Hubschrauber.

*Bois de Boulogne A–D 3–6

Lage
Am westlichen Stadtrand (16. Arr.)

Métro-Stationen
Sablons, Porte Maillot, Porte Dauphine, Porte d'Auteuil

Buslinien
32, 43, 52, 63, 73, 244, PC

Der von Wander- und Reitwegen, aber auch breiten Autostraßen durchzogene Park liegt unmittelbar an der westlichen Stadtgrenze und wird an seiner Ostseite vom Boulevard Périphérique, im Westen von der Seine begrenzt. Der Name des 865 ha großen Parks rührt von einer Wallfahrtskirche her, der Notre-Dame-de-Boulogne-le-Petit, die Pilger auf ihrer Rückreise von Boulogne-sur-Mer im 14. Jh. zu Ehren der Muttergottes errichteten. Im 15. Jh. hatte sich eine kleine Siedlung mit Namen Boulogne entwikkelt, der schließlich auch auf den Steineichenwald der Umgebung übertragen wurde. Lange Zeit Jagdrevier der Könige, aber auch Schlupfwinkel von Tagedieben und berüchtigten Banditen, wurde der Wald unter Heinrich II. im 16. Jh. mit einer Mauer und acht Toren umgeben. Ludwig XIV. ließ durch seinen Minister Colbert einen Park mit sternförmig zusammenlaufenden Wegen anlegen, den er der Öffentlichkeit zugänglich machte. Unter der Régence zu Beginn des 18. Jh.s und wieder ab Mitte des 19. Jh.s war der Park gesellschaftlicher Treffpunkt der eleganten Welt. Dazu trugen vor allem die Anlage der Rennbahnen von Longchamp und Auteuil und die gleichzeitige Neugestaltung des Parks durch den Präfekten, Baron Haussmann bei, nachdem Napoleon III. der Stadt den Park zum Geschenk gemacht hatte.
Heute verbringen viele Menschen hier ihre freien Stunden bei Spaziergängen, beim Picknick auf einer Wiese, beim Rudern oder einfach beim Nichtstun. Tagsüber beliebt bei Joggern, Radlern, Reitern, Hundebesitzern und unermüdlichen Boule-Spielern, wechselt bei Einbruch der Nacht das Publikum und sein Interesse: der nächtliche Straßenstrich ist hier fest etabliert.
Wer nicht sehr viel Zeit für seinen Paris-Besuch hat, sollte mit dem Wagen durch den Bois de Boulogne fahren. Sehenswert sind vor allem:

Bagatelle

Park und Schloß; → Bagatelle.

Grande Cascade

Ein 10 m hoher künstlicher Wasserfall am Carrefour de Longchamp.

Hippodrome d'Auteuil

An der Westseite des Oberen Sees schließt sich die 1850 eingeweihte Rennbahn von Auteuil an, deren Haupttribüne am Abhang eines kleinen Hügels liegt, dem Butte Mortemart, der mit dem Aushub der beiden Seen aufgeschüttet wurde. Hier finden nur Hindernisrennen statt (Saison: Mitte Februar–Ende April, Ende Mai–Mitte Juli, Mitte Oktober–Mitte Dezember).

Hippodrome de Longchamp

Die 1857 angelegte Pferderennbahn, die Platz für 10000 Besucher bietet, gehört weltweit zu den größten ihrer Art (Saison: Mai, September–Oktober).

Jardin d'Acclimatation

Der heutige Kindervergnügungspark war früher ein zoologischer Garten, in dem Marcel Proust einige Episoden seiner “Suche nach der verlorenen Zeit” spielen läßt. Zu den Attraktionen für die kleinen Besucher gehören Tiergehege, Reitesel, Mini-Eisenbahn, Verkehrsübungsplatz, Go-Kart-Bahn, Skateboard-Piste, Jahrmarktbuden, Kindermuseum und ein Theater (geöffnet: tgl. 10.00–18.00 Uhr). Das Musée National des Arts et Traditions Populaires an der Avenue du Mahatma-Gandhi (Nr. 6) ist der französischen Volkskunde gewidmet (geöffnet: tgl. außer Di. 10.00–17.15 Uhr).

Bois de Boulogne (Fortsetzung), Lac Inférieur und Lac Supérieur

Der 'Untere See ist über 1000 m lang und 1,5 m tief. Wer sich nicht mit einem Spaziergang rund um den See begnügen will, läßt sich mit der Fähre von der Westseite auf die beiden Inseln übersetzen, deren eine ein Café-Restaurant trägt, oder mietet an der Nordspitze des Sees ein Ruderboot. Auch den 400 m langen, ebenfalls künstlich angelegten 'Obere See' kann man umwandern.

Pré Catelan

In der kleinen Gartenanlage, die den Namen eines hier um 1300 ermordeten Troubadours namens Armand Catelan erhielt, befinden sich zwei Schlößchen und eine 200 Jahre alte majestätische Rotbuche. Im 1953 angelegten Jardin Shakespeare sind alle Pflanzensorten vertreten, die in den Dramen von William Shakespeare vorkommen (Führungen: 11.00, 13.00, 15.00 und 16.30 Uhr)

Bois de Vincennes

→ Vincennes

Boulevards

Lage

Das Wort 'Boulevard', mit dem deutschen 'Bollwerk' verwandt, bezeichnet Straßen, die auf ehemaligen Festungsanlagen gebaut wurden. Auf dem Stadtplan kann man leicht erkennen, wie sich Paris vom Zentrum um die Ile de la Cité aus ringförmig vergrößert hat: Wie Jahresringe eines Baumes legen sich die Boulevards um das Herz der Metropole.
Der erste Ring, der auf der Linie der Stadtmauern vom 14. Jh. verläuft, wird von den Boulevards Beaumarchais, du Temple, den 'Grands Boulevards'

Am Boulevard St. Germain

Beliebter Treffpunkt: Boul' Mich'

Lage (Fortsetzung)

Saint-Martin, Saint-Denis, Bonne-Nouvelle, Poissonnière, Montmartre, des Italiens, des Capucines, de la Madeleine sowie – verbunden durch → Rue Royale, → Place de la Concorde und Pont de la Concorde – dem Boulevard Saint-Germain (auf dem linken Ufer) gebildet.
Der nächste Ring besteht unter anderem aus den Boulevards Rochechouart und de Clichy im Norden, de Courcelles im Westen, de Grenelle und du Montparnasse im Süden sowie Picpus und de Charonne im Osten.
Der dritte Ring ist der sogenannte Boulevard Périphérique Intérieur, dessen Straßenzüge ausschließlich Namen von Generälen und Marschällen tragen, der vierte wird als Boulevard Périphérique Extérieur bezeichnet und markiert mit der Ringautobahn gleichzeitig die heutige Stadtgrenze.

Verkehrsachsen

Durch städtebauliche Maßnahmen in den Jahren 1853 bis 1870, die der Pariser Präfekt Baron Haussmann unter Napoleon III. durchführen ließ, wurde Paris völlig verändert: Es entstanden die Boulevards, Bahnhöfe zusammen mit den ersten Markthallen und Kaufhäusern, fünf neue Brükken sowie neue weitläufige Parkanlagen. Die Stadtplanung Haussmanns, die den Abbruch von fast 30000 Häusern und die Umsiedlung von rund 300000 Menschen erforderlich machte, verfolgte mehrere Ziele. Neben der Verschönerung der Stadt durch die Schaffung einer großzügigen Stadtarchitektur waren vor allem wirtschaftspolitische Notwendigkeiten ausschlaggebend: Die neuen 'Verkehrsadern' ermöglichten den schnellen Transport, die beschleunigte Zirkulation von Waren und Menschen zwischen den einzelnen Stadtteilen im allgemeinen, zwischen Bahnhöfen, Markthallen und Kaufhäusern im besonderen. Schließlich brachte das System der breiten Boulevards noch militärstrategische Vorteile. Es nutzte der schnellen Aufmarsch- und der besseren Kontrollmöglichkeit bei eventuellen Militäreinsätzen.

Grands Boulevards

Die Grands Boulevards waren seit jeher Anziehungspunkt für Promenaden – man sah und wurde gesehen, für Restaurant- und Theaterbesuche. Die

Boulevards (Fortsetzung)

Begriffe 'Boulevard-Theater', 'Boulevard-Zeitung' stehen für spezifische Charakterzüge wie Lärm, Sensationen und Spektakel – in ihrer heutigen Form heißt das verstärkt: Kinopaläste, Spielhallen und Diskotheken.
Der westliche Teil der 'großen Boulevards' im Gebiet um die Opéra-Garnier ist allerdings von teuren Boutiquen und Restaurants eher mondän geprägt, während man bei Abstechern in die Faubourgs Montmartre, Saint-Denis oder Saint-Martin im östlichen Stadtteil mehr das Alltagsgesicht einer Großstadt erlebt.

Boulevard Saint-Michel

H 5–7

Lage
Zentrum, am linken Ufer der Seine (5./6. Arr.)

Métro-Stationen
Saint-Michel, Cluny-la-Sorbonne

RER-Stationen
Luxembourg, Port Royal

Buslinien
21, 27, 38, 85

Der Boulevard Saint-Michel, auf der Grenzlinie zwischen 5. und 6. Arrondissement, verläuft von der Seine weg in südlicher Richtung. Dabei kreuzt er den Boulevard Saint-Germain und führt an der Place de la Sorbonne (links) und dem Jardin du → Luxembourg (rechts) vorbei bis zur RER-Station Port Royal, wo er mit dem Boulevard du Montparnasse und dem Boulevard de Port-Royal zusammentrifft.
Die Métro-Station Saint-Michel ist ein beliebter Treffpunkt. Ob man auf der Place Saint-Michel vor der Fontaine Saint-Michel oder in einem der zahlreichen Cafés ein Rendezvous ausgemacht hat, der Ort ist gut gewählt für Spaziergänge entlang den → Quais an der Seine, auf die → Cité, im → Quartier Latin, nach → Saint-Germain-des-Prés oder einfach den Boul' Mich' hinauf bis zum Jardin du → Luxembourg.
Wer Schuhe, die neueste Jeans-Mode oder verrückten Schnickschnack sucht: Die Geschäfte am Boul' Mich' bieten eine reiche Auswahl; ebenso die Straßenhändler mit ihren bunten Auslagen von indischen Schals über Lederwaren und fernöstliche Düfte bis hin zu Schmuck.
Während des Schul- und Universitätsjahres, das von Oktober bis Juni dauert, bestimmen Schüler und Studenten aus allen Teilen der Welt das Straßenbild. In den Sommermonaten dagegen bevölkern vor allem Touristen den Boul' Mich', die sich manchmal enttäuscht zeigen, daß sie hier nur ihresgleichen treffen. Interessanter ist daher, was sich links und rechts in den kleinen Nebenstraßen des Quartier Latin abspielt, wo zahlreiche Restaurants und Cafés auf Gäste warten.

Bourse (des Valeurs)

H 4

Lage
Place de la Bourse (2. Arr.)

Métro-Station
Bourse

Buslinien
20, 29, 39, 48, 74, 85

Eintrittsgebühr

Wie andere Bauten aus der Zeit Napoleons I., z. B. der Triumphbogen und die Madeleine-Kirche, zeigt die 1808–1827 erbaute Pariser Wertpapierbörse neoklassizistischen Stil. Der Architekt A.-Th. Brongniart wählte die Form eines einschiffigen antiken Tempels. Die Erweiterung zur heutigen Kreuzform wurde erste 1902/1903 vorgenommen.
Das Wertpapiergeschäft erreicht um die Mittagszeit seinen Höhepunkt. Von der Galerie (Treppenaufgang im linken Vestibül) kann man dem hektischen Treiben der Makler und Spekulanten ungestört zusehen – ohne daß die meisten Besucher in der Regel etwas verstehen werden. Daher veranstalten die Börsianer informative audiovisuelle (Ein-)Führungen in den Tempel der bürgerlichen Werte; Auskunft erhält man in der Galerie (geöffnet: Mo.–Fr. 11.00–13.00 Uhr).

Catacombes

H 7

Rund ein Drittel des Pariser Stadtgebietes ist von jahrhundertealten Steinbrüchen und Stollen unterhöhlt, aus denen die Franzosen vom 11. bis zum 19. Jh. nahezu das gesamte Baumaterial für den wachsenden Bedarf der Seinemetropole gewannen, vor allem unter den drei Hügeln von Montpar-

Catacombes (Fortsetzung)

Lage
Place Denfert-Rochereau (14. Arr.)

Métro-Station
Denfert-Rochereau

Buslinien
38, 68

Öffnungszeiten
Di.–Fr. 14.00–16.00; Sa., So. 9.00–11.00, 14.00–16.00

Eintrittsgebühr

nasse, Montrouge und Montsouris. Hier schlugen Steinmetze im Mittelalter die Kalkquader für Notre-Dame und noch Haussmanns Sanierungspläne wären ohne die ausgedehnten 'Carrièrs' nicht umsetzbar gewesen. Besonders gefragt war der feuerhemmende Gips vom Montmartre, den man bis nach Amerika exportierte; die letzten Förderschächte wurden 1860 aufgelassen. Zum untergründigen Labyrinth gehören außerdem riesige Kavernen, deren Entstehung bis auf die Römerzeit zurückgeht, Straßentunnel, Tiefgaragen und die U-Bahn-Röhren der Métro, auf dem unterirdischen Kanal St-Martin verschiffen sogar Lastkähne ihre Fracht zwischen Bastille und Place de la République.
Geheimnisumwittert, faszinierte der Bauch von Paris immer wieder die Literatenwelt. So inspirierte u. a. ein Skelett, das man um die Jahrhundertwende bei der Anlage des unterirdischen Löschteichs in den fünf Stockwerke hohen Kulissen der → Opéra-Garnier fand, den Schriftsteller Gaston Leroux zur tragischen Geschichte vom "Phantom der Oper" (1910), die mehrfach verfilmt und vertont wurde, zuletzt im erfolgreichen Musical von Andrew Lloyd Webber.
Die Aushöhlung im Untergrund der Stadt bereitete derweil immer wieder Probleme, so brach in der Rue d'Enfer 1774 ein 30 m tiefer Schlund auf, 1880 sackte der Boulevard St-Michel auf einer Länge von 20 m weg und 1961 brach im Vorort Meudon der Boden auf einer Fläche von 6 ha ein. Zudem lockte das untergründige Erbe seit jeher lichtscheue Gestalten an, bot Unterschlupf für Räuber und Schmugglerbanden. 1944 nutzte die Résistance die Unkontrollierbarkeit des Labyrinths und installierte hier ihr Hauptquartier.
Wenngleich das Betreten der unwirtlichen Gänge heute verboten ist, sind Ausflüge in den Untergrund zunehmend zum Freizeitspaß geworden. Verschworene und rivalisierende Gemeinschaften von 'spéléologues', wie diese Freizeithöhlenforscher auch ironisch betitelt werden, suchen Nervenkitzel und Amusement in den muffigen Höhlen der Stadt, während nekrophil Interessierte nach alten Gebeinen graben. Aus Sicherheitsgründen werden die Zugänge nun weitgehend mit Beton versiegelt.
Der einzige offizielle Zugang zu den Pariser Steinbrüchen befindet sich an der alten Zollgrenze der Barrière d'Enfer bei der Place Denfert-Rochereau (Eingang Nr. 1). Schon in gallo-römischer Zeit waren an dieser Stelle unterirdische Stollen angelegt. Von 1786 bis in die Mitte des 19. Jh.s wurden die aufgegebenen Steinbrüche dazu benutzt, Skelette der zahlreichen Friedhöfe von Paris aufzunehmen, die infolge von Gründungen neuer Stadtviertel weichen mußten. Nach dem Vorbild von Rom und Neapel ordnete man in den Galerien der Katakomben die Gebeine nach Friedhöfen und stapelte sie meterhoch an den Wänden entlang der gewundenen Gänge auf. Für den Besuch im verborgenen Untergrund empfiehlt es sich eine Taschenlampe mitzunehmen.

Egouts de Paris → dort

**Centre Pompidou/Beaubourg

(Staatliches Kunst- und Kulturzentrum Georges Pompidou) J 5

Lage
Rue Rambuteau/ Ecke Rue St-Martin (4. Arr.)

Métro-Stationen
Rambuteau, Les Halles, Hôtel de Ville, Châtelet

Zwischen dem Hallenviertel (→ Les Halles) und dem → Marais liegt das "Centre National d'Art et de Culture Georges Pompidou", so die offizielle Bezeichnung, das seit seiner Eröffnung 1977 mit jährlich über sieben Millionen Besuchern zu einem Anziehungspunkt ersten Ranges geworden ist. Das Kulturhaus mit Werkstattcharakter ist ein breit angelegter Mehrspartenbetrieb, der als Treffpunkt für Kulturschaffen und Informationsaustausch gestaltet wurde, um bildende Kunst, Architektur, Design, Lektüre und Musik interaktiv und einander ergänzend vorzustellen. Das Publikum hat die Wahl zwischen wechselnden Ausstellungen, dem Nationalmuseum für Moderne Kunst (MNAM), einem Zentrum für Industriedesign (CCI), einem Institut für zeitgenössische Musik (IRCAM), einer Bibliothek (BPI),

einem Theater sowie der Besichtigung des Gebäudes selbst. In sechs Etagen finden Konzerte, moderne Opern und Ballettexperimente statt, außerhalb des Gebäudes – auf dem Vorplatz – eine bunte Mischung von Kleinkunst mit Gauklern und Feuerspuckern.
Den internationalen Architektenwettbewerb zum Bau des Centre Pompidou, zu dem fast 700 Entwürfe aus 50 Ländern eingereicht wurden, gewann das junge Team aus dem Engländer Richard Rogers und dem Italiener Renzo Piano, der auch die Erweiterung des IRCAM vornahm. In einer Bauzeit von fünf Jahren entstand unter ihrer Leitung für eine Summe von fast einer Milliarde Francs ein Bauwerk, das sogleich die lebhaftesten Diskussionen auslöste. Gegner betiteln es als "Monstrum" und "Utopieraffinerie", Befürworter sahen im Centre Beaubourg – Beaubourg ist der Name des Stadtteils – einen wichtigen Beitrag dazu, Paris auf dem Weg ins 21. Jh. wieder zu dem werden zu lassen, was es vom Ende des 19. Jh.s bis zum Zweiten Weltkrieg gewesen war: die "Welthauptstadt der Kunst".
Das 166 m lange, 60 m breite und 42 m hohe Gebäude aus (Krupp-)Stahl und Glas erinnert in seiner Konstruktion tatsächlich an eine Raffinerie: Alle Installationskanäle liegen als farbige Röhren an der östlichen Außenseite. An der gegenüberliegenden Hauptfassade sind Aufzüge und in der 'Glasraupe' Rolltreppen installiert. Sieht man von diesem äußeren Gestaltungselement einmal ab, wäre der Vergleich mit einer altehrwürdigen Sehenwürdigkeit, der Kathedrale ⟶ Notre-Dame de Paris, naheliegender: Die 'Kulturkathedrale' Centre Beaubourg ist mit der offen zur Schau gestellten komplizierten Bautechnik der gotischen Baukunst von Notre-Dame vor allem durch das gemeinsame architektonische Grundprinzip verwandt: Alle tragenden Teile, nicht nur Schmuckwerk bzw. Technik, sind nach außen verlagert. Der Raum im Erdgeschoß und in den fünf Obergeschossen (150×50 m) wird somit durch keinerlei störende Trägerkonstruktionen zergliedert und ist dadurch für alle Gestaltungsmöglichkeiten frei – ein nicht zu unterschätzender Vorteil bei Wechselausstellungen.

RER-Station
Châtelet - Les Halles

Buslinien
21, 29, 38, 47, 58, 67, 70, 72, 74, 75, 76, 81, 85, 96

Öffnungszeiten
Mo., Mi.–Fr. 12.00–22.00;
Sa., So., Fei. 10.00–22.00

Führungen
Centre: Mo.–Fr. 15.30; Sa., So. 11.00;
Museum: Mo.–Fr. 16.00, 19.00; Sa. 11.00;
Zeitgenössische Galerien: Mo., Do. 17.00

Eintrittsgebühr

Aufgabe

Hauptanliegen des Centre Beaubourg war nicht die Dokumentation oder das Museale, sondern das Kreative, die künstlerische Produktion. Wenngleich die eng gedachte Beziehung von Konservatoren, Künstlern und Publikum inzwischen etwas abgenommen hat und die Künstler heute verstärkt als Aussteller auftreten, während das Publikum eher zum Kunstkonsum neigt, sucht das Centre Pompidou nach wie vor der Grundidee eines zeitgenössischen Kulturzentrums treu zu bleiben. Als Vorbild für eine neue staatliche Kulturpolitik gehört dazu, daß die französischen Regionen mit ihren Produktionen in Ausstellungen und Veranstaltungen im Centre Beaubourg vorgestellt werden, während umgekehrt von Beaubourg konzipierte Ausstellungen in Provinzmuseen zu sehen sind.

Neugestaltung

Um ernsthafte Funktionsprobleme, die in den letzten Jahren aufgetreten sind, zu lösen und die Koordination zwischen den Abteilungen zu verbessern, betraute Kulturminister Jack Lang 1991 den neuen Leiter des Hauses, den 1993 verstorbenen Dominique Bozo, mit der Mission, das Zentrum neu zu organisieren. Daraufhin wurden das MNAM und das CCI zu

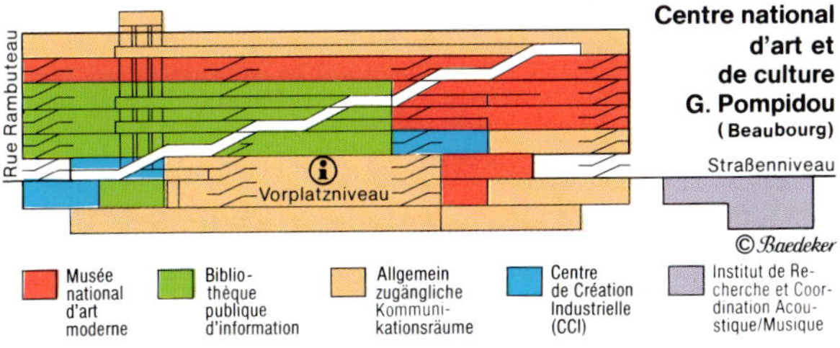

Glasraupe des Beaubourg

Kleinkunst vor dem Kulturzentrum

Neugestaltung (Fortsetzung)

einer Abteilung zusammengelegt und ein neuer Bereich für Forschung und Kunstdidaktik eingerichtet. In Planung ist ferner eine neu gestaltete Raumnutzung und die Restaurierung des Ateliers von Brancusi, mit deren Verwirklichung das bewährte Architektenduo Rogers und Piano beauftragt wurde.

Praktische Hinweise

Die angegebenen Führungen sind auf Französisch und nur für Einzelbesucher. Gruppen haben die Möglichkeit, außerhalb oder während der offiziellen Besuchszeiten Führungen in deutscher Sprache vorzubestellen (Centre Georges Pompidou, F-75191 Paris CEDEX 04, Tel. 44784673). Auskünfte erhält man unter der Rufnummer 44781233 und Fax 44781203; das Tagesprogramm wird unter der Telefonnummer 42771112 angesagt. Die Wechselausstellungen im 5. Stock, das Musée National d'Art Moderne und Sonderveranstaltungen wie Theateraufführungen und Konzerte kosten Eintritt, alles andere ist frei zugänglich; kombinierte Tageskarten sind erhältlich. Die Tiefgarage des Kulturzentrums ist mit dem Forum des → Halles verbunden (Einfahrt: Rue Rambuteau).

Eingangshalle

Die Eingangshalle vereinigt unter ihrem Dach die Informationsschalter, Platz für Sonderausstellungen großformatiger Objekte im vertieften Mittelraum (Forum), auf halber Höhe Galerien für zeitgenössische Kunst und Industriedesign, eine Kunstbuchhandlung und die Bibliothèque d'actualité mit internationaler Presse, Postkarten- und Plakatstand sowie Neuheiten auf dem Bücher- und Plattenmarkt.

Bibliothèque publique d'information (BPI)

Unter dem von Vasarely geschaffenen Pompidou-Porträt betritt man die Rolltreppe, die durch die gläserne Raupe zur Bibliothèque publique d'information weiterleitet, einer Präsensbibliothek über drei Stockwerke. Rund 500000 Bücher kann der Besucher hier kostenlos einsehen. Dasselbe gilt für die Dias, Videos und Mikrofilme zu verschiedenen Themenbereichen; in einer Médiathèque werden Sprachprogramme in 95 Sprachen angeboten.

Centre Pompidou/ Beaubourg (Fortsetzung), Musée National d'Art Moderne (MNAM) Eingang 3. Stock

Die dritte und vierte Etage präsentieren chronologisch eine umfangreiche Sammlung moderner Kunst, angefangen bei den Fauves (Derain, de Vlaminck, Marquet, Dufy, Matisse, Bonnard) und den ersten Werken Picassos über Kubismus (Picasso, Braque, Gris, Léger), Expressionismus (Nolde, Macke, Kandinsky), Konstruktivismus (Klee, Mondrian), Dadaismus und Surrealismus (Picabia, Duchamp, Dalì, Ernst, Magritte, Masson) sowie abstrakten Expressionismus (de Staël, Hartung, Poliakoff, Estère, Dubuffet) bis zum neuen Realismus (Tinguely, Arman) und zur Pop-Art (Warhol, Oldenburg). Hervorragend ist ebenso die Kollektion moderner Plastik (Arp, Moore, Giacometti, Calder, Laurens, Duchamp-Villon).
Der 5. Stock ist zeitgenössichen Wechselausstellungen und Künstler-Retrospektiven vorbehalten. Ein Café-Restaurant eröffnet von hier oben einen weitreichenden Blick über die Dächer von Paris. Im Studio 5 werden Filmvorführungen gezeigt.

Centre de Création Industrielle (CCI)

Das Zentrum für Architektur- und Industriedesign im Zwischenstock zeigt turnusmäßig eine Sammlung von Plänen, Zeichnungen, Modellen und Industrieobjekten.

IRCAM

Das südlich des Centre Pompidou unterirdisch ausgedehnte Institut de Recherche et de Coordination Acoustique-Musique dient der Erforschung und Entwicklung zeitgenössischer Musik. Es wird seit 1991 von Laurent Bayle geleitet, der eine engere Zusammenarbeit mit den übrigen Abteilungen anstrebt. Besuchern ist das Gebäude nur bei Konzerten zugänglich.

Atelier des Enfants

Die wechselnden Ausstellungen des Ateliers und eine Werkstatt mit Spielzeug richten sich an Kinder im Alter von 5 bis 13 Jahren.

Salle Garance

An der Ecke zur Rue St-Merri werden im Salle Garance bedeutende Werke der Filmgeschichte vorgeführt sowie Filmzyklen als Hommage an berühmte Regisseure organisiert (Vorführungen 14.40, 17.30 und 20.30 Uhr).

Atelier Brancusi

Im Norden des Vorplatzes beherbergt ein kleines zweiteiliges Gebäude das rekonstruierte Atelier des rumänischen Bildhauers Constantin Brancusi (1876–1957) mit zahlreichen seiner Werke (derzeit geschlossen).

Standuhr 'Défenseur du Temps'

Nur wenige Schritte von der gegenüberliegenden Seite der Rue Rambuteau entfernt steht seit 1979 eine große Automatikuhr, 'Le Défenseur du Temps' (Verteidiger der Zeit) genannt, die J. Monestier schuf.

Centre National de la Photographie

→ Palais de Tokyo

Champ-de-Mars

E/F 5

Lage
Westliches Stadtgebiet (7. Arr.)

Métro-Stationen
Ecole Militaire, Bir-Hakeim

Buslinien
28, 42, 49, 69, 80, 82, 87, 92

Der 1765 angelegte, ehemalige Truppenübungsplatz Champ-de-Mars erstreckt sich heute als parkähnliche Anlage zwischen dem Eiffelturm (→ Tour Eiffel) und der → Ecole Militaire.
Im Jahre 1780 fand hier das erste Pariser Pferderennen zwischen einem englischen und einem französischen Reiter statt, 1783 und 1784 war das Marsfeld Schauplatz zweier spektakulärer, wenn auch unbemannter Ballonstarts. Während der Französischen Revolution wurde hier am 14. Juli 1790 das "Fest der Föderation" gefeiert, bei dem König Ludwig XVI. und Vertreter aller französischen Provinzen den Eid auf die neue Verfassung ablegten, die eine konstitutionelle Monarchie nach englischem Vorbild vorsah. Nach der mißlungenen Flucht der Königsfamilie forderte die Menge an

Champ-de-Mars (Fortsetzung)

derselben Stelle deren Tod. Im Jahre 1794 organisierte der Maler Jacques-Louis David ein Fest für das von Robespierre proklamierte 'Höchste Wesen' (Etre suprème), dem eine neue Staatsreligion geweiht werden sollte. Es war der glanzvolle Höhepunkt der Schreckensherrschaft Robespierres – vier Monate später fiel auch sein Kopf unter der Guillotine. In den Jahren 1867, 1878, 1889, 1900 und 1937 fanden auf dem Marsfeld dann die legendären Weltausstellungen statt, wobei jedesmal weite Bereiche des Seineufers miteinbezogen wurden.

**Champs-Elysées E–G 4

Lage
Zwischen Arc de Triomphe und Place de la Concorde (8. Arr.)

Métro-Stationen
George V., Franklin D. Roosevelt, Champs-Elysées-Clemenceau

Buslinien
28, 32, 42, 49, 73, 80, 83, 93

Die Avenue des Champs-Elysées, die knapp 2 km lange, in aller Welt bekannte Prachtstraße von Paris, wird vom Rond-Point, ihrer größten Kreuzung, in zwei Teile geteilt: Der obere Teil, zum → Arc de Triomphe hin, bietet Luxusgeschäfte und -hotels, unzählige Restaurants und Straßencafés, Kinos und Theater, die Büros der großen Banken und internationalen Fluggesellschaften, aber auch immer mehr Fast-Food-Läden und Souvenirstände. Hier trifft sich die Welt, hört man das Vielsprachengemisch flanierender Passanten. Der untere Teil bis zur Place de la Concorde dagegen wird von parkähnlichen Anlagen gesäumt, in denen sich Museen, Theater und einige Restaurants befinden.

Bis zum Ende des 16. Jh.s erstreckten sich hier Felder und Sümpfe. Zu Beginn des 17. Jh.s wurde zuerst eine Fahrstraße (Cours de la Reine) vom Tuilerienschloß angelegt, allerdings entlang der Seine. Nach Vollendung der Tuilerien führte der Gartenarchitekt Le Nôtre von dort aus eine breite, schattige Allee hinauf zu dem Hügel, auf dem heute der Arc de Triomphe steht. Anfang des 18. Jh.s erhielt diese Avenue den Namen Champs-Elysées (Gefilde der Seligen), wurde aber erst nach 1828 als städtischer Besitz ausgebaut. Die gesamten Champs-Elysées wiederum bilden nur einen Abschnitt der "voie triomphale", des Triumphweges, der unter Napoleon III. vollendet wurde – er führte vom Arc de Triomphe de l'Etoile über die Place de la Concorde zum Arc de Triomphe du Carrousel. Inzwischen reicht die höchst eindrucksvolle Pariser Hauptachse von der Pyramide des → Louvre bis zur Grande Arche von → La Défense.

Renovierung

Die 1991 unter der Ägide von Jacques Chirac begonnene und voraussichtlich bis 1995 dauernde Renovierung der berühmten Prachtstraße soll ihr durch Umstrukturierung und Neuanordnung der Terrassen den alten legendären Charme zurückgeben. Dafür werden die Parkstreifen am Rande der Straße in schön gepflasterte Fußgängerbereiche verwandelt, die Platanenalleen zu beiden Seiten vervollständigt bzw. kranke Bäume ersetzt und die historischen Gebäude stilgerecht restauriert. Ferner wird die Métrostation 'George V.' vergrößert und an der nahen Rue de Washington/Ecke Rue de la Boëtie ein unterirdisches Parkhaus mit 850 Stellplätzen für die Besucher der Flanierziele gebaut.

Marly-Skulpturen

Seit 1795 stehen zwischen der Place de la Concorde und den Champs-Elysées die Pferde von Marly, zwei meisterhafte Barock-Skulpturen des Bildhauers Guillaume Coustou.

Botero-Skulpturen

Auf dem unteren Teil der Prachtstraße tummeln sich seit Anfang der neunziger Jahre beleibte Bronzeskulpturen des kolumbianischen Künstlers Botero, ein Geschenk des Pariser Bürgermeisters Jacques Chirac.

Avenue Montaigne

Am Rond Point der Champs-Elysées beginnt eine der renommiertesten Modestraßen der Hauptstadt, die Avenue Montaigne. Schnurgerade verläuft sie hinunter zur Place de l'Alma am Seineufer. Haute Couture hat sich in den herrschaftlichen alten Gebäuden etabliert, hier treffen sich betuchte Pariserinnen zum ausgiebigen Schaufensterbummel bei Chanel, Nina Ricci, Louis Vuitton, Christian Dior, Valentino oder Guy Laroche.

Eine der berühmtesten Prachtstraßen der Welt: die Avenue des Champs-Elysées ▶

cinémas GEORGE V
PIZZA
PIZZA
VESUVIO
BATMAN
PIZZA VESUVIO
VESUVIO RISTORANTE
BISTRO ITALIEN GRILL BRASSERIE
PIZZA
EMPORTER

Chantilly

Lage
40 km nördlich von Paris (N 16)

Eisenbahn
Abfahrt:
Gare du Nord

Öffnungszeiten Schlösser:
Mi.–Mo.
10.00–17.00 Uhr

Eintrittsgebühr

Das Städtchen Chantilly (12000 Einwohner), berühmt für seine Galopprennen und schwarze Klöppelspitzen, liegt auf der Höhe von Senlis, an der Nationalstraße 16. Sein Schloß und dessen Park sind beliebte Ausflugsziele in der Umgebung von Paris.
Der Römer Cantilius, von dessen Namen sich die Bezeichnung 'Chantilly' ableitet, ließ auf der von Wasser umgeben Insel als erster eine Villa anlegen, im Mittelalter entstand dann an derselben Stelle ein Burganlage, die durch Heirat in den Besitz der Familie de Montmorency überging.
Anfang des 16. Jh.s erhielt die Anlage unter Leitung von Pierre de Chambige eine Neugestaltung im Stil der Renaissance. Im 17. Jh. und 18. Jh. war Chantilly Residenz der Familie Condé, einer Seitenlinie des Königshauses Bourbon. Für das leibliche Wohl bei den rauschenden Festen jener Zeit war der berühmte Koch Vatel verantwortlich, der Ludwig XIV. als erster eine geschlagene Creme servierte. Die Erfindung wurde 'Crême Chantilly' getauft, was heute auf französisch 'Schlagsahne' bedeutet.
In den Wirren der Französischen Revolution wurde das große Schloß fast völlig zerstört, sein kleines Pendant aber bliebt weitgehend erhalten. 1875–1881 ließ der Herzog von Aumale, fünfter Sohn des Bürgerkönigs Ludwig-Philippe, das große Schloß von Daumet im Renaissancestil wieder aufbauen. Ohne Erben, vermachte er das Anwesen 1886 mitsamt den Kunstschätzen und der kostbaren Bibliothek dem → Institut de France.

Grand Château

*Musée Condé

Im Großen Schloß ist heute das Musée Condé untergebracht. In der Gemäldegalerie findet man Werke italienischer, flämischer, französischer und englischer Meister von der Renaissance bis zum 19. Jh., darunter Raffael, Carracci, Van Dyck, Watteau, Delacroix, Ingres, Reynolds und 40 Miniaturen aus einem Gebetbuch der Renaissance.
Im Juwelenkabinett (Cabinet des Gemmes) kann man den kostbaren rosa Diamanten, 'Grand Condé' genannt, aus dem Besitz der ehemaligen Schloßherren bewundern.

Petit Château

*Galerie des livres

Auch die Gemächer des Kleinen Schlosses aus dem 16. Jh. können besichtigt werden. Sehenswert sind die prunkvoll ausgemalten Säle, die Schloßkapelle mit prachtvollem Hochaltar und vor allem die kostbare Bibliothek (Galerie des livres) mit fast 13000 seltenen Büchern und 1500 Handschriften, die ein echtes Kleinod der Buchkunst verwahrt, wenn auch nur in Kopie ausgestellt: das Stundenbuch des Herzogs von Berry, "Très riches Heures du Duc de Berry", mit Handmalereien der Gebrüder Limburg aus dem frühen 15. Jahrhundert.

Park

Die Gestaltung des verwunschenen Parkgeländes wurde im Jahre 1663 dem königlichen Gärtner André Le Nôtre übertragen, der ihn nach Versailler Vorbild mit einem großen Kanal, antikem Tempel und einer romantischen Liebesinsel schmückte. Zum besonderen Reiz des Gartens tragen ferner ein Jagdhäuschen, die im 17. Jh. errichtete Maison de Sylvie, ein Ballspielhaus (Jeu de Paume) von 1757 und ein im 17. Jh. nachgebautes Dörfchen (Hameau) – die Kulisse für die damals beliebten Schäferspiele – bei.

Grandes Ecuries
Musée Vivant du Cheval

Westlich des Schlosses liegen die Stallungen und die 1834 angelegte Galopprennbahn von Chantilly, die Weltruf besitzt. In dem knapp 190 m langen hippologischen Palast, der 1821 von Louis Henri Condé in Auftrag gegeben wurde – seine Durchlaucht waren davon überzeugt als Pferd wiedergeboren zu werden –, fanden einst bis zu 240 Pferde und mehr als 300 Hunde Platz.
Heute ist hier ein lebendiges Pferdemuseum eingerichtet, in dem man neben allerlei Exponaten zur Geschichte des Pferdes 40 Rösser bestaunen kann; zum Programm gehören auch tägliche Reitvorführungen (geöffnet: April–Okt.: 10.30–17.30, Okt.–März: 14.00–16.30 Uhr).

Châtelet

J 5

Der Name, den der Platz und die große Métro-Station tragen, erinnert an das Grand Châtelet, eine Festung aus dem 12. Jh., die zur Sicherung der → Cité-Insel angelegt worden war. Nach Umwandlung in ein Gefängnis diente die Feste bis 1789 als Gerichtssitz des Pariser Stadtoberhaupts (Prévôt des Marchands , Chef der Pariser Kaufleute, → Hôtel de Ville). Im Jahre 1802 ließ Napoleon I. die Festung abreißen, während des Zweiten Kaiserreiches entstanden unter Napoleon III. die beiden Theater: auf der Westseite das Théâtre du Châtelet mit einer Fassade im Stil der italienischen Renaissance, auf der Ostseite das Théâtre Sarah Bernardt. Ersteres war lange Zeit auf Operetten und Ballett spezialisiert, bevor es nach umfangreicher Renovierung 1980 zum Nationaltheater erhoben wurde und den Namen Théâtre Musical de Paris erhielt. Heute stehen Opern, Musicals und Konzerte auf dem Programm; die 1989 modernisierte Galerie ziert ein Werk von Garouste. Das gegenüberliegende Theatergebäude, jetzt Théâtre de la Ville genannt, wurde 1899 von der berühmten Schauspielerin Sarah Bernardt erworben, die hier mit ihren Interpretationen der "Kameliendame" und "Tosca" rauschende Triumphe feierte. Zum anpruchsvollen Programm von heute zählen ebenso Klassiker der Moderne wie Ballettgastspiele renommierter zeitgenössischer Choreographen.

Lage
Place du Châtelet
(4. Arr.)

Métro-Station
Châtelet

Buslinien
21, 38, 47, 58, 67, 69, 72, 74, 75, 76, 81, 85, 96

Théâtre Musical de Paris

Théâtre de la Ville

Zwischen der Place du → Châtelet und der Rue de Rivoli erhebt sich die Tour Saint-Jacques (Jakobsturm), der spätgotische Glockenturm der ehemaligen Pfarrkirche Saint-Jacques-la-Boucherie (Patronatskirche der Fleischer). Er wurde 1508–1522 unter Franz I. von Jean de Félin errichtet.
Im Mittelalter war die Saint-Jacques-Kirche der Sammelpunkt für Pilger, die sich von Paris aus an der Pilgerfahrt nach Santiago de Compostela (Nordwestspanien), der legendären Grabstätte des Apostels Jakobus und dem bedeutendsten Wallfahrtsort des mittelalterlichen Christentums, angeschlossen. Der Pilgerzug, der von Norden durch die Rue Saint Martin heranzog, setzte seinen Weg von hier aus durch die Rue Saint-Jacques Richtung Süden fort.
Der hl. Jakob (frz.: Saint-Jacques, span.: Santiago) ist in einer Statue auf dem 52 m hohen Turm dargestellt. – Das Zeichen der Pilger war die Coquille Saint-Jacques (Jakobsmuschel), die seit jeher auch als kulinarische Delikatesse bekannt ist.

Tour Saint-Jacques

*Cité

H/J 5/6

Die Ile de la Cité (Seine-Insel La Cité) ist das historische und geographische Zentrum von Paris. Hier, auf der durch die beiden Seine-Arme geschützten Insel, siedelte sich im 3. Jh. der keltische Stamm der Parisii an, errichteten die Römer das gallo-römische Lutetia, suchten die Bewohner der Stadt Schutz während der Einfälle von Germanen, Normannen und Hunnen. Erst im hohen Mittelalter konnte sich die Stadt dauerhaft auf beiden Seine-Ufern ausbreiten und zum Zentrum der Macht aufsteigen. Vom 6. bis zum 14. Jh. residierten die herrschenden Monarchen auf der Insel mit dem weltlichen Königspalast (→ Palais de Justice) und seinem sakralen Gegenstück, der 'Kathedrale von Frankreich': Notre-Dame de Paris. Nach Verlegung der königlichen Residenz änderte sich das Stadtbild, da weite Plätze und Straßen für festliche Veranstaltungen des Hofes nicht mehr benötigt wurden. Es entwickelte sich ein dichtes Gewirr von schmalen Gassen und eng aneinandergedrückten Häuserzeilen, überragt von den gotischen Türmen der Notre-Dame. Im 19. Jh. verwandelte unter Napoleon III. der Seine-Präfekt Haussmann noch einmal radikal das Gesicht der Cité: In einer gewaltigen Sanierungsaktion, für die über 25000 Menschen umgesiedelt werden mußten, wurde Raum geschaffen für die breiten Nord-Süd-Achsen der Stadt, die Polizeipräfektur, das Handelsge-

Lage
Zentrum
(1./4. Arr.)

Métro-Station
Cité

RER-Station
ST-Michel–Notre-Dame

Buslinien
21, 24, 27, 38, 47, 81, 85, 96

Die Cité bildet das historische und geographische Zentrum von Paris

Geschichte (Fortsetzung)

richt, die Erweiterung des Justizpalastes, den Neubau des Hôtel-Dieu und für einen von allen Seiten unverstellten Blick auf die majestätische Notre-Dame. Bis auf wenige Ausnahmen wurde der historische Stadtkern völlig neugestaltet, so daß der Name Cité im Sinne einer erhalten gebliebenen Altstadt eigentlich unzutreffend ist.

Rundgang

Beim Spaziergang über die Insel bietet sich immer wieder ein wunderschöner Blick auf die Seine mit ihren Brücken und dem Stadtpanorama zu beiden Seiten des Flusses. Zudem gibt es mit → Notre-Dame, → Sainte-Chapelle, → Conciergerie und → Palais de Justice bedeutende Kulturdenkmäler zu sehen. Beachtung verdienen auch folgende Plätze und Gebäude:

Square du Vert Galant

Die kleine Rasenanlage an der Nordwestspitze der Insel erinnert an Heinrich IV., dessen Reiterstatue auf der darüberliegenden Terrasse thront – ein Platz der Kleinkunst und Verliebten.

Place Dauphine

Den architektonischen Abschluß der Cité am Pont Neuf bildet als eines der bedeutendsten Ensembles aus der Zeit Heinrichs IV. die Place Dauphine. 1607 erhielt der wohlhabende Gerichtspräsident Achille de Harlay das Terrain mit der Auflage geschenkt, hier eine geschlossene Anlage mit einheitlicher Fassadenfront zu schaffen. Er ließ 65 Pavillons aus hellem Natur- und rotem Backstein erbauen, die sich mit zwei Etagen über einer arkadengeschmückten Rez-de-Chaussée erhoben. Nach Beendigung der Bauarbeiten entwickelte sich der Platz – benannt nach dem Thronfolger (Dauphin), dem künftigen Ludwig XIII. – zusammen mit dem nahen Pont Neuf rasch zu einem beliebten Ort für Komödianten, Quacksalber, Promenadengänger und Schaulustige. 1872 wurde die gesamte Ostseite an der Rue Harlay abgerissen und durch klassizistische Pavillons ersetzt, heute existieren von den ursprünglichen Pavillons nur noch die Häuser Nr. 14 und 26.

Das kasernenähnliche Krankenhausgebäude des Hôtel-Dieu wurde 1868 bis 1878 an der Stelle eines im 7. Jh. erbauten Klosters errichtet, dessen Nonnen sich der Armen- und Krankenpflege verschrieben hatten. Von diesem Ursprung her gehört die Anlage zu den ältesten Krankenhäusern Europas.

Cité (Forts.), Hôtel-Dieu

Ein Hauch von Romantik wird in den kleinen Straßen nördlich von Notre-Dame spürbar. Dazu gehört u.a. die von Haussmanns Umgestaltung weitgehend verschont gebliebene Rue des Ursins. Vom Quai aux Fleurs mit dem Blumenmarkt blickt man auf das efeubewachsene Haus Nr. 21 (Restaurant La Colombe), an dem ein kleines Schild den ehemaligen Namen des Sträßchens belegt: Rue d'Enfer (Höllenstraße), benannt nach der tunnelähnlich engen Bauweise des Gäßchens. Das benachbarte Gebäude Nr. 19 stellt die Überreste der romanischen Kapelle St-Aignan dar, der neben Notre-Dame und Sainte-Chapelle letzten von ehemals 23 Kirchen der Insel.

Rue des Ursins

An der Südostecke des Vorplatzes von → Notre-Dame, vor dem Pont au Double, befindet sich der kleine Square Charlemagne mit einem Standbild Karls des Großen.

Square Charlemagne

Das Mahnmal an der Südostspitze der Insel erinnert an die Opfer der Deportationen in deutsche Konzentrationslager zwischen 1940 und 1945.

Mémorial de la Déportation

Collège de France

J 6

Das aus dem Collège des Trois Langues hervorgegangene Collège de France ist eine der berühmtesten akademischen Lehr- und Forschungsstätten Frankreichs. Sein 1778 von Chalgrin entworfener dreiflügeliger Mittelbau mit einem schlichten Arkadengang erfuhr im 19. Jh. und 1930 erhebliche Erweiterungen.

Lage
Rue des Ecoles/ Ecke Rue St-Jacques (5. Arr.)

Métro-Stationen
Cluny-Sorbonne, Maubert-Mutualité, Saint-Michel

Buslinien
47, 63, 86, 87

Öffnungszeiten
Besichtigung nach Voranmeldung an der Pforte

Mit dem 1530 ins Leben gerufenen Collège des Trois Langues (Kolleg der drei Sprachen, auch: Collège des Lecteurs royaux = Kolleg der königlichen Lektoren) begründete Franz I. seinen Ruf als 'Vater und Erneuerer der Wissenschaften'. Der von der italienischen Renaissance begeisterte König wollte ein von der Kirche unabhängiges wissenschaftliches Kolleg schaffen, in dem die drei Sprachen des klassischen Altertums, Hebräisch, Griechisch und Latein, ebenso wie in Italien wieder an den Urtexten studiert werden sollten. Die Gelehrten wurden vom König selbst entlohnt und nicht, wie sonst üblich, von den Studenten.

Die Freiheit der Wissenschaftler vom akademischen Zwang und der kostenlose Zugang zu den Vorlesungen für jedermann sind noch immer erhalten; das Collège de France erteilt allerdings im Gegensatz zur → Sorbonne auch keine Zeugnisse oder Diplome und vergibt keine Titel. Das Angebot an Lehrveranstaltungen erstreckt sich heute auf nahezu alle geistes- und naturwissenschaftlichen Fächer.

Zu den bekanntesten Professoren, die an dem Kolleg unterrichtet haben, gehören der Physiker André Ampère, der Historiker Jules Michelet, der Dichter Paul Valéry und der Philosoph Henri Bergson, ferner der Ethnologe Claude Lévi-Strauss, der Philosoph Michel Foucault und der Literaturkritiker Roland Barthes.

Comédie Française

→ Théâtre Français

Conciergerie H/J 5

Lage
1. Quai de l'Horloge (1. Arr.)

Métro-Stationen
Cité, Châtelet

Buslinien
21, 24, 27, 38, 81, 85, 96

Öffnungszeiten
1. 4.30. 9.:
tgl. 9.30–19.00;
1.10.–31.3.:
tgl. 10.00–17.00

Eintrittsgebühr

Die Conciergerie, Teil des mittelalterlichen Kapetingerpalastes (→ Cité) und Gefängnis, das während der Französischen Revolution traurige Berühmtheit erlangte, ist heute Museum, in dem neben den Ausstellungen vielbesuchte Konzerte stattfinden. Einige Räume dienen dem angrenzenden → Palais de Justice noch als Untersuchungsgefängnis.
Philipp der Schöne ließ um 1300 die drei hochgotischen Hallen der Conciergerie errichten, die einzigen jetzt noch erhaltenen Säle des alten Palastes. Schloßvogt und Vorstand des königlichen Haushalts war der "concierge", der in Abwesenheit des Königs dem Palais vorstand – heute steht die Bezeichnung Concierge für den bzw. die Hausmeister/in in französischen Mietshäusern. Während des Mittelalters hatte der Concierge vermutlich auch Gerichtsgewalt, da das Gebäude bald in ein Schloßgefängnis und später in ein Staatsgefängnis umgewandelt wurde. Hier warteten viele berühmte Gefangene auf ihre Verurteilung, u.a. die Mörder Heinrichs IV. und des Herzogs von Berry sowie Charlotte Corday, die Marat erstochen hatte, Marie-Antoinette, Danton und Robespierre.
Vom Quai de la Mégisserie am gegenüberliegenden Seine-Ufer überblickt man das gesamte Bauwerk mit seiner neugotischen Fassade aus dem 19. Jh., den drei Rundtürmen und dem Uhrturm (Tour de l'Horloge), der um 1370 die erste öffentliche Uhr von Paris erhielt (1793 zerstört und im 19. Jh. restauriert). Rechter Hand davon befindet sich am Quai de l'Horloge der Eingang.

Besichtigung

Zunächst betritt man die Salle des Gardes (14. Jh.), den Raum der Palastwache. Die schweren Gewölbe werden von mächtigen Pfeilern getragen, deren Kapitelle reiche Verzierungen aufweisen, v.a. zahlreiche Tierkämpfe. Als Kleinod gotischer Profanarchitektur gilt die anschließende Salle des Gens d'Armes (Raum der Waffenträger; 1285–1314), eine Arbeit Philipp de Bels. Die vom bewaffneten Gesinde als Speisesaal genutzte, 70 x 30 m große Halle mit Kreuzrippengewölbe wird durch drei Pfeilerreihen in vier Schiffe gegliedert.
Der um 1350 erbaute Küchentrakt war auf Festessen mit zwei- bis dreitausend königlichen Gästen ausgelegt und wurde direkt von der Seine aus beliefert, da der Quai noch nicht existierte. Die Größe der offenen Kamine war nötig, um ganze Ochsen braten zu können.
Die durch Gitter von der Salle des Gens d'Armes abgeteilte Rue de Paris erhielt ihre Bezeichnung nach dem Scharfrichter, "Monsieur de Paris" genannt, dem in diesem Gang die Verurteilten übergeben wurden. Die Salle des Girondins, ehemals Kapelle der Conciergerie, diente während der Revolution als Sondergefängnis für die Anhänger der Girondisten-Partei (Gegner der Jakobiner-Diktatur). Verschiedene Ausstellungsstücke wie ein Fallbeil der Guillotine, Gefängnisvorschriften und ein Faksimile des letzten Briefs von Marie-Antoinette erinnern hier an die Schreckensherrschaft des Revolutionsgerichtes. Die Rue de Paris führt weiter zu den Kerkern, darunter die Zelle von Marie-Antoinette, in der die letzte Königin des Ancien Régime nach einem mißglückten Befreiungsversuch gefangengehalten wurde. Nach einem 20stündigen Prozeß wartete sie dort – wie Tausende anderer Gefangener der Revolution – auf ihre Hinrichtung. Zu sehen ist auch die Zelle, in der Danton und nach ihm Robespierre gefangen gewesen sein sollen, bevor sie das Schafott bestiegen.

**Concorde (Place de la Concorde) G 4

Lage
8. Arr.

Die weite Place de la Concorde, im Schnittpunkt der beiden Achsen Louvre – Triumphbogen und Madeleine – Palais-Bourbon gelegen, gilt als eine der schönsten städtischen Platzanlagen der Welt. Als Standort für eine Reiterstatue Ludwigs XV. vom Stadtsenat ausgewählt und als Place

Place de la Concorde mit dem Obelisk aus Luxor

Place de la Concorde (Forts.)

Louis XV. angelegt, ist der Platz das Werk des Baumeisters Jacques Ange Gabriel, der zwischen 1755 und 1775 an der Nordseite zwei Prachtbauten zu beiden Seiten der Rue Royale errichten ließ: rechts das Marineministerium (seit 1792, vorher königliche Gerätekammer) und links das elegante Hôtel Crillon.

Métro-Station
Concorde

Buslinien
24, 42, 72, 73, 84, 94

Während der Französischen Revolution wurde die Statue des Königs zerstört, der Platz in Place de la Révolution umbenannt und hier die Guillotine aufgestellt. Zu den Tausenden, die auf diesem Platz geköpft wurden, gehörten Ludwig XVI., Marie-Antoinette, Madame du Barry, Charlotte Corday, Danton und schließlich auch Robespierre und seine Anhänger.

Unter der Herrschaft des Direktoriums erhielt der Platz 1795 seinen heutigen Namen: Place de la Concorde (Platz der Eintracht).

Obélisque

In der Mitte des Platzes wurde 1833 ein 22 m hoher und 220 t schwerer Obelisk aus Luxor, dem altägyptischen Theben, aufgestellt. Er stammt aus der Zeit von Ramses II. (13. Jh. v. Chr.) und ist ein Geschenk des ägyptischen Vizekönigs Mehmed Ali an den Bürgerkönig Louis-Philippe.

Brunnen, Skulpturen

Zwischen 1836 und 1854 vollendete der aus Köln stammende Jacob Ignaz Hittorff die Gestaltung des Platzes mit der Anlage zweier Brunnen: den nördlichen zieren Allegorien von Landwirtschaft und Industrie, den südlichen allegorische Figuren von Seefahrt und Fischfang. Als Ergänzung schuf Hittorff acht Frauenstatuen (1988 restauriert), die die acht größten Städte Frankreichs symbolisieren (im Uhrzeigersinn): Marseille, Bordeaux, Nantes, Brest, Rouen, Lille, Strasbourg, Lyon. Die Sockelhäuschen der Statuen waren früher von städtischen Angestellten, Gardiens, bewohnt.

*La Défense — A/B 2

Im Westen der Stadt, in Verlängerung der Achse Champs-Elysées – Triumphbogen – Avenue de la Grande Armée, liegt am Ende der Avenue

La Grande Arche – das 'Fenster zur Welt' im Hochhausviertel La Défense

Mitorajs "Grand Toscano"

Wolkenkratzer und Wasserspiele

Lage
Westlicher Stadtrand

Métro-Station
Esplanade de la Défense

RER-Station
Grande Arche de la Défense

Charles de Gaulle das seit Mitte der sechziger Jahre entstandene Hochhausviertel La Défense. Der historische Name 'Verteidigung' erinnert an den Krieg 1870/1871, als die Franzosen an dieser Stelle den Preußen hartnäckig Widerstand leisteten. Heute kündigt sich hier indessen der Aufbruch der französischen Hauptstadt ins 21. Jh. an.
Das Konzept des futuristisch anmutenden Geschäftsviertels verwirklichte die bereits in den dreißiger Jahren von Le Corbusier für urbane Projekte geforderten Prinzipien der Funktionalität und Trennung von Verkehr und Fußgängerzonen. Während der Autoverkehr durch eine Ringstraße an den Rand und die Métro bzw. RER in den Untergrund verlegt wurden, bestimmen zwischen den Wolkenkratzern weite Freiflächen mit Grünanlagen, die Wasserspiele des Agam-Brunnens und Skulpturen wie der "Grand Toscano" (1983) von Igor Mitoraj auf dem Plan de la Coupole das Bild um die Esplanade de la Défense. In den Bürohochhäusern haben sich vor allem große französische und internationale Finanz-, Computer- und Erdöl-Multis wie EDF, ELF, CGE, Total, Saint-Gobain, IBM, Mobil, Unilever und Hitachi etabliert, die über 100000 Menschen beschäftigen. So ist La Défense in erster Linie ein Viertel der Geschäftswelt, bietet aber auch Wohnraum für mehr als 20000 Menschen. Ihnen steht ein großes Einkaufszentrum (4 Temps) zur Verfügung, zudem zahlreiche Restaurants, Cafés, Kinos, Sportklubs und andere Freizeitmöglichkeiten. Renommierte Konzerte und Ausstellungen gehören zum kulturellen Angebot, darunter das alljährliche Musikfestival und der nationale Jazzwettbewerb.

Architektur

In den 30 Jahren seit seiner Entstehung ist La Défense zu einem Schauplatz zeitgenössischer Architekturströmungen geworden, wobei sich die jüngeren Turmbauten durch gebrochene Formen und aufgelockerte Bauweisen von den weniger phantasievollen Anfangsentwürfen der sechziger Jahre abheben. Zwischen dem 1958 entstandenen CNIT-Gebäude und der Großen Arche liegen drei Generationen von Hochhäusern. Die erste sah genaue Abmessungen bis 100 m Höhe vor (z.B. Roussel-Hoechst, Aurore, Europe), ab 1970 konnte man nach amerikanischem Vorbild Bürotürme bis 200 m Höhe bauen (z. B. GAN, Fiat, Assur, Générale), in den achtziger Jahren wurden schließlich vermehrt Kleinraumbüros mit Tageslicht entworfen, energiesparende Bauweisen und neue Technologien verwandt (z.B. Elysée-La Defense, Les Miroirs, ELF, Descartes). Sah der erste Erschließungsplan nur rund 300000 m² Büroraum vor, so sind es heute bereits über 2,2 m² Mio Bürofläche. Bis zum Jahre 2005 soll das Hochhausviertel auf das Doppelte anwachsen und die Achse Champs-Elysées–La Défense um weitere 3,3 km nach Westen ausgedehnt werden. In dem westlich der Großen Arche geplanten Areal sind indessen maximal 600000 m² Büroraum, hingegen 1200000 m² Wohnraum vorgesehen, um die Wohnfunktion des Gebietes zu verstärken. Geplant ist ferner, das ESSO-Gebäude durch 190000 m² neue Büroflächen in mehreren Gebäudegruppen zu ersetzen (Architekten: Viguier und Jodry).

CNIT

Architektonische Glanzleistung der ersten Stunde ist das große Veranstaltungsgebäude des CNIT (Centre National des Industries et Techniques) am Espace Benjamin Franklin. Das Gewölbe (90000 m²) in Form einer nach oben offenen Muschel, das nur auf drei Stützpunkten ruht, beherbergt ein großes Kongreß- und Geschäftszentrum, das World Trade Center, einen Fachmarkt für Informatik (Informait), ein Zentrum für Unternehmenskommunikation (IT-Com) sowie Geschäfte, Restaurants und ein Hotel.

Dôme IMAX, Musée de l'Automobile

Neben dem Kugelkino Dôme IMAX erzählt das neue Automobilmuseum die Geschichte des Autos von den Anfängen bis zur Moderne. Zu den Exponaten gehören ein Hippomobile (um 1890), ein Modell Ford T, ein Rolls-Royce Phantom III aus den dreißiger Jahren und ein Ferrari Dino 156 (geöffnet: tgl. 10.00–19.00 Uhr).

*La Grande Arche

Zur 200-Jahr-Feier der Französischen Revolution wurde 1989 die mit weißem Carrara-Marmor verkleidete Große Arche eingeweiht, ein zeitgenössi-

La Défense, La Grande Arche (Fortsetzung)

sches 'Fenster zur Welt' und Symbol der Brüderlichkeit. Der nach dem Entwurf des Dänen Johan Otto von Spreckelsen erbaute, 110 m hohe Triumphbogen ist u.a. Sitz des französischen Ministeriums für Städte- und Wohnungsbau und einer internationalen Gesellschaft für Menschenrechte.

Tour sans Fin

Neben dem CNIT ist derzeit als weiterer futuristischer Komplex die Tour sans Fin im Entstehen. Architekt Jean-Marc Ibos 'unendlicher Turm', der 400 m hoch in den Himmel ragen wird, soll ebenfalls zusätzlichen Büroraum für Dienstleistungsunternehmen bieten.

Dôme des Invalides

→ Invalides

Ecole Militaire F 5/6

Lage
Avenue de la Motte-Piquet (7. Arr.)

Métro-Station
Ecole Militaire

Buslinien
28, 49, 80, 82, 87, 92

In der Ecole Militaire, der ehemaligen Offiziersschule der königlichen Armee, die an der dem Eiffelturm (→ Tour Eiffel) gegenüberliegenden Breitseite des → Champ de Mars steht, ist die französische Militärakademie untergebracht. Das Gebäude schuf der Architekt Jacques-Ange Gabriel, nach dessen Plänen es in zwei Bauabschnitten zwischen 1759 und 1782 ausgeführt wurde. Die klare, einfache und schmucklos gehaltene Architekturform liefert ein schönes Beispiel für den beginnenden Klassizismus.

Die unter Ludwig XV. erbaute Offiziersschule entließ 1785 einen jungen Leutnant, dem seine Vorgesetzten bescheinigten, er könne es "unter Umständen weit bringen". Er nutzte die Umstände seiner Zeit und ging als Napoleon I., erster Kaiser der Franzosen, in die Geschichte ein.

Chapelle St-Louis

Hinter der Nordfassade des Hauptgebäudes, die sich an der Place Joffre mit der Statue des Marschall Joffre erhebt, befindet sich der Ehrenhof (Cour d'honneur), dessen Seitenflügel von zwei dorischen Säulengalerien gebildet werden. Die dem hl. Ludwig geweihte Kapelle gehört zu den Meisterwerken von Jacques-Ange Gabriel im Stil Ludwigs XVI.; den weißen Kirchensaal zieren Reliefs von Pajou, und Gemälde mit Szenen aus dem Leben des Heiligen, die von Vien, van Loo, Durameau, Lagrenée d. Ä. und Beaufort stammen (Besichtigung nur auf schriftliche Anfrage: Général commandant d'armes de l'Ecole Militaire, 1, Place Joffre, 75007 Paris.)

Egouts de Paris (Abwasserkanäle) E 5

Lage
Quai d'Orsay

Métro-Station
Alma-Marceau

RER-Station
Pont de l'Alma

Buslinien
42, 63, 80, 92

Wer sich ein Bild von der Größe und Komplexität der Pariser Wasserversorgung verschaffen möchte, kann an der Place de la Résistance (Eingang gegenüber 93, Quai d'Orsay) zu einer Ausstellung über die Abwasserkanäle von Paris hinabsteigen.

Hier wird in mehreren Galerien anhand von Plänen, Dokumenten und einer audiovisuellen Schau die Entwicklung der Trinkwasserversorgung und des Abwassersystems von Lutetia über die großen, unter Napoleon III. von dem Ingenieur Belgrand angelegten Speicher (Siphon de l'Alma) bis zum heutigen Paris erklärt (geöffnet: Sa.–Di. 11.00– 17.00 Uhr; Eintrittsgebühr).

Eiffelturm

→ Tour Eiffel

Die Champs-Elysées führen zum Etoile mit dem markanten Arc de Triomphe

*Etoile (Place Charles de Gaulle) E 4

Der berühmte Sternplatz (Place de l'Etoile), in dessen Mitte sich der → Arc de Triomphe erhebt, trägt seit 1970 offiziell den Namen des ehemaligen französischen Staatspräsidenten Charles de Gaulle, die Pariser nennen ihn aber nach wie vor Place de l'Etoile.
Sternförmig treffen hier zwölf Avenuen auf einem kreisrunden Platz zusammen, dessen heutiges Aussehen durch die Stadtarchitektur von Baron Haussmann bestimmt ist. Der einfassende Kranz aus 12 markanten Gebäuden ist das Werk des Architekten Hittorff, die Namen der Straßen erinnern an illustre Männer des Empire. Von der Plattform des Triumphbogens aus bietet – neben einem weitreichenden Stadtpanorama – der Verkehr auf dem Platz selbst ein sehenswertes Schauspiel.

Lage
8., 16., 17. Arr.

Métro/RER-Station
Charles de Gaulle Etoile

Buslinien
22, 30, 31, 43, 52, 73, 92

**Euro Disney Resort

Im April 1992 eröffnete die amerikanische Traumfabrik Walt Disney auf fast 2000 ha ihren Vergnügungspark Euro Disney Resort, ein gigantisches Märchenland der Phantasien und Abenteuer mit über 50 Attraktionen in fünf magischen Ländern, Shows, Paraden und anderen Veranstaltungen.
Wie der gesamte Fremdenverkehr in Frankreich hat auch der neue Freizeitpark seit Inbetriebnahme unter den Auswirkungen der Konjunkturkrise gelitten, so daß der geplante Ausbau vorläufig verschoben werden mußte.
1-, 2- und 3-Tagespässe (müssen nicht unbedingt an aufeinanderfolgenden Tagen genutzt werden) und Jahresabonnements sind an den Kartenschaltern am Haupteingang erhältlich. Auskunft über Führungen, einzelne Vorstellungen und Sonderveranstaltungen erhält man in der City Hall am Town Square oder bei der Gästebetreuung, Tel. 64743000.

Lage
Marne-la-Vallée, 32 km östlich von Paris

RER-Station
Marne-la-Vallée–Chessy (Linie A)

Bus und Bahn
Direkte Zubringerbusse von den Flughäfen Orly und Roissy;
TGV-Bahnhof (ab 1994)

Eintrittsgebühr

Auskunft/Reservierungen in Deutschland: Tel. (0 61 96) 59 80
Geöffnet ist Euro Disney von April bis September täglich 9.00–23.00 Uhr, von Oktober bis März täglich 9.00–19.00 Uhr.
Die sechs thematisch gestalteten Hotels (→ Praktische Informationen, Hotels) sind nur wenige Gehminuten vom Disneyland-Themenpark entfernt, zum Camp-Gelände Davy Crockett besteht eine Busverbindung. Auf Sport- und Fitneßbegeisterte warten Schwimmbäder, Radverleih, Pony-Ausritte, Tennis- und Golfplätze. Das kulinarische Angebot im Vergnügungseldorado reicht vom exklusiven Plaza Garden Restaurant im viktorianischen Stil über verschiedenste Spezialitätenlokale bis zu Snackwagen, an denen man heißes Pop Corn, Hot Dogs, Chili, Bagels und andere Leckereien nach amerikanischem Muster probieren kann.

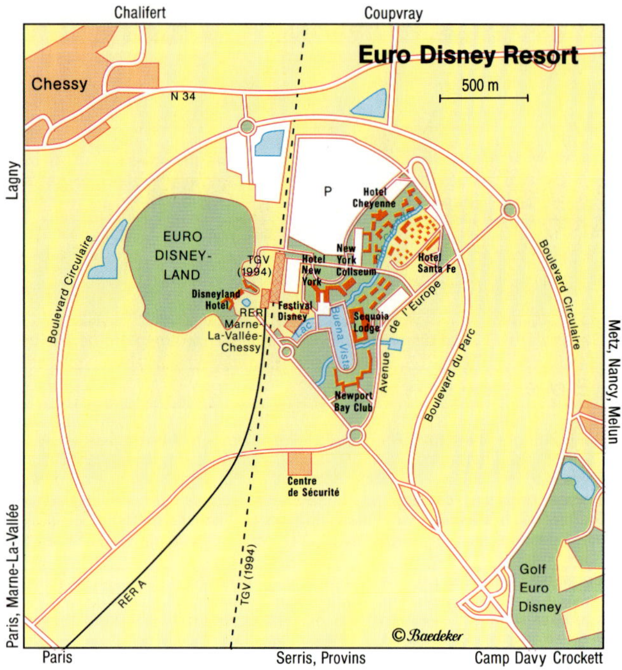

Walt Elias Disney

Der in Chicago (Illinois) geborene Walt Elias Disney (1901–1966) verbrachte seine Kindheit in einer Kleinstadt in Missouri, deren Hauptstraße später das Vorbild der Main Street liefern sollte. Schon früh zeigt Walt ein außergewöhnliches Zeichentalent, 1919–1921 belegt er neben seiner Arbeit bei einem kleinen Werbestudio Zeichenkurse an der Kunstakademie in Kansas City. Mit dem Kopf voller Ideen und 40 Dollar in der Tasche geht er 1922 nach Hollywood, wo er ein Jahr später mit seinem Bruder Roy die Disney Brothers Studios gründet, deren Kurzfilmreihe "Alice Comedies" Zeichentrick und Wirklichkeit zu verbinden sucht. 1928 erscheint Micky Maus zum ersten Mal auf der Leinwand, gelingt Disney mit "Steamboat Willie", dem ersten Zeichentrickfilm mit synchronem Ton, der internationale Durchbruch. In den dreißiger Jahren folgen neunzig Streifen über Micky Maus, der immer mehr Freunde findet und seinen Schöpfer in kurzer Zeit weltberühmt macht. 1932 beginnt Disney dann mit der erfolgreichen Verfilmung zahlreicher bekannter Märchen, 1937 gesellt sich zur Maus die

Fröhliche Parade

Adventureland

Schnelle Autopia-Rennen

Kapitän Hooks Dreimaster

Micky Maus läßt grüßen

Jazz in der Main Street

Festival Disney

Dornröschenschloß

Schatz der Karibikpiraten

Walt Elias Disney (Fortsetzung)

legendäre Entenfamilie, Ende der vierziger Jahre dreht Disney die ersten seiner preisgekrönten Natur- und Abenteuerfilme, 1955 wird in Kalifornien das erste Disneyland eröffnet. Schließlich gehört der Zeichentrickmagier zu den Pionieren des Fernsehens, für das er unzählige Sendungen veranstaltet hat. Walt Disneys erfolgsgekrönter Grundidee der Erschaffung einer verzauberten Phantasiewelt, in der Träume von Harmonie, Brüderlichkeit und Frieden Wirklichkeit werden, sind seine Nachfolger bis heute treu geblieben.

Euro Disneyland

Main Street

An der pulsierenden Main Street im viktorianischen Stil laden Oldtimer und bimmelnde Pferdebahnen aus der Zeit der Jahrhundertwende zu einer kleinen Spazierfahrt ein, im Liberty Court kann man die Einweihung der Freiheitsstatue im Jahre 1886 miterleben, während die Discovery Arcade von richtungsweisenden Erfindungen der industriellen Revolution erzählt. Dazwischen wird im Harmony Barber Shop wie in der guten alten Zeit rasiert, locken nostalgische Gemischtwarenläden mit Riesenlutschern, bunten Eissorten und verschiedenen Delikatessen.

Euro Disneyland-Railroad

Will man sich zunächst einen Gesamtüberblick der Märchenwelt verschaffen, sollte man in die Euro Disneyland-Railroad einsteigen. Die Dampflok führt über das Grand Canyon Diorama nach Frontierland und zur Fantasyland Station, bevor sie über Discoveryland zur Main Street zurückkehrt.

Frontierland

Im gespenstischen Phantom Manor wartet der verblichene Hausherr ungeduldig darauf, Gästen seine Gemächer zu zeigen. Danach empfiehlt sich ein Schiffsausflug auf den Rivers of the Far West mit einem der Raddampfer wie einstmals Mark Twain, mit einem Indianerkanu oder einem der flachen Kielboote, die an die Geschichten von Davy Crockett erinnern. Ein Abbild des Wilden Westens ist die Cottonwood Creek Ranch; der benachbarte Bonanza Shop liefert Jeans, Cowboyhütte und Indianerschmuck fürs Qutfit. Schwindelerregend ist die rasante Bahnfahrt durch die engen Schluchten des Big Thunder Mountain – ausgehungerte Goldgräber finden hernach deftige amerikanische Hausmannskost im Lucky Nugget Saloon.

Adventureland

Zu den Abenteuern von Adventureland gehören das Baumhaus der schiffsbrüchigen Schweizer Familie Robinson, sagenhafte Expeditionen durch das Höhlenlabyrinth der Karabikpiraten, eine Totenkopffestung der Freibeuter, schwankende Hängebrücken über rauschende Wasserfälle, der Dreimaster von Kapitän Hook und ein 360°-Looping. Für Erfrischungspausen kann man zwischen orientalischen Märkten mit würzigen Spezialitäten, afrikanischer Küche oder Meeresfrüchten der karibischen Inseln vor entsprechender Kulisse wählen.

Fantasyland

Hauptattraktion von Fantasyland ist das Château de la Belle au Bois Dormant. Im ersten Stock des verwunschenen Dornröschenschlosses erzählen bunte Glasmalereien und Wandteppiche das alte Märchen, die Kellergewölbe werden von einem feuerspeienden Drachen beherrscht. Hernach kann man Schneewittchen und die sieben Zwerge aufsuchen, Pinocchio auf seiner Reise begleiten, mit Peter Pan durch die Sternennacht über die Dächer von London nach Nirgendwo fliegen, durch Alice's Wundergarten irren, mit dem kleinen Elephanten Dumbo in luftige Höhen aufsteigen, das Feenland durchstreifen oder eine musikalische Kreuzfahrt durch 'It's a Small World' unternehmen, bevor man sich bei fürstlicher Küche, englischen Sandwiches oder Wiener Strudel ausruht.

Discoveryland

Im futuristischen Discoveryland beeindrucken die Erfindungen berühmter europäischer Visionäre wie Leonardo da Vinci, Jules Vernes und H. G. Wells. Im Visionarium kann man wundersame Flugobjekte oder die

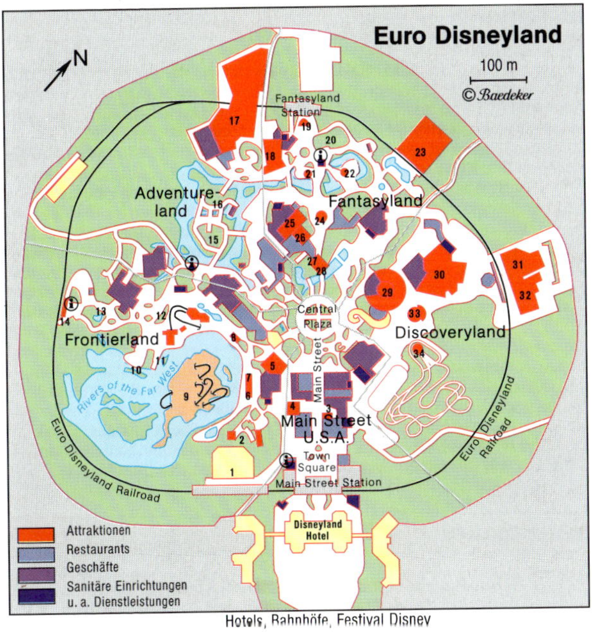

1 Grand Canyon Diorama
2 Phantom Manor
3 Main Street Motors
4 Liberty Court, Harmony Barber Shop
5 Lucky Nugget Saloon
6 MT et MB
7 Thunder Mesa Riverboat Landing
8 Rustler Roundup Shootin' Gallery
9 Big Thunder Mountain
10 Indian Canoes
11 River Rogue Keelboats
12 Big Thunder Mountain
13 Cottenwood Creek Ranch, Critter Corral
14 Frontierland Depot
15 La Cabane des Robinson
16 Adventure Isle
17 Pirates of the Caribbean
18 Peter Pan's Flight
19 Fantasy Festival Stage
20 Alice's Curious Labyrinth
21 Dumbo the Flying Elephant
22 Mad Hatter's Tea Cups
23 It's a Small World
24 Le Carrousel de Lancelot
25 Les Voyages de Pinocchio
26 Blanche-Neige et les Sept Nains
27 La Tanière du Dragon
28 Le Château de la Belle au Bois Dormant
29 Le Visionarium
30 Videopolis
31 Star Tours
32 CinéMagique
33 Orbitron
34 Autopia

Discoveryland (Fortsetzung)

Zeitmaschine besteigen, im CinéMagique rettet Kapitän EO alias Michael Jackson in einem intergalaktischen 3-D-Abenteuer die Milchstraße, Videopolis präsentiert die neuesten Videoclips. Star Tours lädt zu einer Reise in atemberaubender Geschwindigkeit durch die vierte Dimension ein, während man in Autopia die Zukunft im Rennwagen ansteuert.

Festival Disney

Gegenüber dem Euro Disneyland Themenpark erheben sich neben dem Lac Buena Vista die glitzernden Türme des Festival Disney – Amerika live für Nachtschwärmer mit Nonstop-Action bis in den frühen Morgen. Dazu gehören z.B. die Hurricanes-Diskothek, ein Kindertheater auf Peter Pans Insel Nirgendwo und rollschuhfahrende Kellnerinnen, die wie in den fünfziger Jahren zu Songs von Elvis und Chuck Berry servieren.

Buffalo Bill's Wild West Show

Buffalo Bill's Westernshow (Reservierung: Tel. 60457100) offeriert ein buntes Spektakel mit unerschrockenen Cowboys, der Scharfschützin Annie Oakley und Sitting Bull, Häuptling der Sioux, Bisons und wilden Langhornstieren. Das Vorbild lieferte die ursprüngliche Schau, mit der Buffalo Bill Ende des 19. Jh.s Europa und Nordamerika bereiste.

Faubourg Saint-Germain

G 5

Lage
7. Arr.

Métro-Stationen
Bac, Solférino, Varenne

RER-Station
Musée d'Orsay

Buslinien
28, 49, 63, 69, 83, 84, 94

Zwischen dem Viertel → Saint Germain-des-Prés und dem Hôtel des → Invalides ersteckt sich der Faubourg Saint-Germain. In dem vornehmen Aristokratenviertel des 18. Jh.s liegt heute der Sitz des Ministerpräsidenten, sind viele ehemalige Adelshäuser von Ministerien und ausländischen Vertretungen belegt, während sich im Ostteil des Viertels noble Antiquitätenläden und Kunstgalerien etabliert haben.

Gegen Ende des 17. Jh.s kam das → Marais-Viertel aus der Mode, die vornehme Aristokratie und der neue Geldadel zogen hierher und in den → Faubourg Saint-Honoré. Die Rückkehr des Hofes nach Paris beschleunigte diesen Prozeß, und so entstanden zahlreiche 'Hôtels' in dieser Gegend, die bis heute bevorzugte Wohngegend der gehobenen Pariser Kreise ist. Einige Straßenzüge geben noch eine Vorstellung von der homogenen Stadtarchitektur jener Zeit, darunter die Rue de Varenne mit dem Hôtel de Galliffet (Nr. 50), dem Hôtel de Matignon (Nr. 57), Sitz des Ministerpräsidenten, und dem Hôtel Biron, heute → Musée Rodin. In der Rue de Lille residiert der deutsche Botschafter im Hôtel de Beauharnais (78), in der Rue de Grenelle verdienen das Hôtel d'Avaray (Nr. 79), das Hôtel de Bauffremont (Nr. 87) und das Hôtel de Maillebois (Nr. 102) besondere Beachtung, ohne die Fontaine des Quatre-Saisons zu vergessen. Der 1739 bis 1746 erbaute Brunnen ist ein Meisterwerk von Edmond Bouchardon, unter Ludwig XV. einer der gefragtesten Bildhauer des Landes.

*Faubourg Saint-Honoré

E–G 3/4

Lage
8. Arr.

Von der → Rue Royale, den Boulevards Malesherbes und Haussmann und den → Champs-Elysées begrenzt, liegen ein Stadtteil und eine Straße, die

Modeparadies – Rue du Faubourg Saint-Honoré

denselben Namen tragen: Faubourg Saint-Honoré. Mit ihrem Namen verbinden sich Begriffe wie Haute-Couture, Präsidentenpalast und Botschaftsviertel. Ein interessanter Teil erstreckt sich zwischen der Rue la Boëtie und der Rue Royale.
Hinter den Hausnummern 55–57 verbirgt sich seit 1873 der Amtssitz des französischen Staatspräsidenten, das Palais de l'Elysée. Der zu Beginn des 18. Jh.s entstandene Bau war früher ein Besitz der Favoritin Ludwigs XV., Madame de Pompadour. Schräg gegenüber, an der Place Beauveau, hat das Innenministerium seinen Standort.
Eigentlicher Anziehungspunkt des Viertels aber sind seine luxuriösen Geschäfte mit den Auslagen berühmter Couturiers, darunter in der Rue du Faubourg Saint-Honoré die Läden von Hanae Mori (Nr. 9), Karl Lagerfeld (Nr. 17), Lanvin (Nr. 22), Hermès (Nr. 24), Givenchy (28 r), Jaques Fath (Nr. 36), Christian Lacroix (Nr. 73), Fendi (Nr. 74), Louis Féraud (Nr. 88), Liliane Romi (Nr. 90), Zilli und Versace. Daneben findet man renommierte Kunstgalerien wie die von Hervé Odermatt (Nr. 85; Moderne) und Pacciti (Nr. 174; 19. und 20. Jh.) sowie zahlreiche Juweliere.

Faubourg Saint-Honoré (Forts.)

Métro-Stationen
Saint-Philippe-du-Roulé, Madeleine

Buslinien
24, 28, 38, 42, 49, 52, 80, 84, 93, 94

**Fontainebleau

Die Kleinstadt Fontainebleau (20000 Einw., Sitz einer Bezirksverwaltung im Département Seine-et-Marne) liegt südöstlich von Paris in dem gleichnamigen herrlichen Waldgebiet. Noch heute umfaßt diese größte staatliche Domäne Frankreichs nahezu 20000 ha Wald, die zu einem bevorzugten Wochenendausflugsziel der Großstädter geworden sind. Hauptattraktion ist das historisch bedeutsame, von Kunstbegeisterten hochgeschätzte Schloß Fontainebleau, das nach dem Urteil Stendhals "einem Wörterbuch der Architektur" gleicht. Rund 800 Jahre lang war das Schloß der beliebteste Landsitz der französischen Könige und Kaiser, haben von Ludwig VII. bis Napoleon III. Frankreichs Herrscher hier residiert und gebaut.

Lage
60 km südöstlich von Paris (A 6, N 6, N 7)

Eisenbahn
ab Gare de Lyon

**Château de Fontainebleau

"Werk der Jahrhunderte, Heimstatt der Könige" nannte es Napoleon I. und kennzeichnete damit das intime Verhältnis, das die französischen Monarchen zu ihrem Sommer- und Jagdschloß besaßen.
Der mehrgliedrige Schloßkomplex mit seinen wunderschönen Gärten englischen und französischen Stils geht auf ein Jagdschlößchen aus dem 12. Jh. zurück, an dessen Stelle Franz I. im Jahre 1528 durch Gilles le Breton, Pierre Chambiges und Philibert Delorme einen Renaissancebau errichten ließ. Dieser wurde von Heinrich II., Heinrich IV. und Ludwig XV. mehrfach erweitert.
Napoleon I., der dieses Schloß besonders liebte, unterzeichnete hier am 6. April 1814 seine erste Abdankung. Danach stieg der gescheiterte Kaiser die elegante Freitreppe hinab, um in einer letzten Rede von seiner Armee Abschied zu nehmen. An dieses historische Ereignis erinnert der Name Cour des Adieux des heutigen Eingangshofes; nach einem weißen Reiterstandbild des römischen Kaisers Marc Aurel (Original auf dem Kapitol in Rom) wird er auch Cour du Cheval Blanc (Hof des weißen Pferdes) genannt.

Öffnungszeiten
tgl. außer Di. 9.30–12.30, 14.00–17.00

Eintrittsgebühr

Außenansicht

Die heutige Haupt- und Eingangsfront des aus Sandstein erbauten Schlosses wird durch die 1634 von Jacques Androuet konzipierte, doppelt geschwungene Freitreppe in Hufeisenform beherrscht, die mit ihren kräftigen Linien den Übergang zum Barock ankündigt und sich recht massiv vor den feiner gegliederten älteren Mittelteil (1615) schiebt. Die Seitenteile der Hauptfront stammen aus der Zeit Franz' I. und sind das Werk des Baumeisters Primaticcio aus Bologna, der seit 1552 in Fontainebleau tätig war.
Der linke Seitenflügel an der Cour des Adieux gehört zu den ältesten erhal-

Château de Fontainebleau, Außenansicht (Fortsetzung)

tenen Teilen des Schlosses. Er wurde um 1540 für die königlichen Beamten von Franz I. erstellt; der rechte Trakt (18. Jh.), ein Werk von Jacques-Ange Gabriel, enthielt Wohnungen für den Hofstaat.
Der Durchgang unter den Arkaden rechts der Hufeisentreppe führt in die Cour de la Fontaine, die sich rechts zum großen Karpfenteich öffnet. Linker Hand liegt die Galerie Franz' I. (1. Stock), an deren Rückseite sich der Garten der Diana (Jardin de Diane) anschließt.

Schloßinneres

Eine Besonderheit der Inneneinrichtung besteht in der gelungenen Verbindung von Stuck und geschnitzten Wandvertäfelungen aus Holz, die den Räumen einen warmen Charakter verleihen. Hauptsehenswürdigkeiten sind die Galerie von Franz I. (Galerie François Ier), die Kapelle (Chapelle de la Sainte-Trinité) und der Ballsaal, die alle über die Freitreppe im ersten Stock zu erreichen sind.

Galerie von Franz I.

Die Galerie Franz' I. (1534–1537) diente seinerzeit nur als Durchgangsraum zwischen den Königsgemächern und der Kapelle. Hier boten Händler ihre Galanteriewaren an, so daß die kostbare Ausstattung des Raumes eher überrascht. In einzigartiger Weise haben hier renommierte italienische Maler, Bildhauer und Stukkateure ein Gesamtkunstwerk im Stil des Manierismus (Übergangsstufe zwischen Renaissance und Barock) geschaffen, an ihrer Spitze Francesco Primaticcio (1507–1570), Niccolò dell'Abbate (um 1512–1571) und Rosso Fiorentino (1494–1540). Sie begründeten die später so genannte 'Schule von Fontainebleau', als deren Glanzstück diese Galerie gilt. In einer raffinierten Einheit von Architektur, Malerei und Stuckverzierungen ist in feiner Farbgebung und vielfältigen allegorischen Bezügen ein komplexes Kunstwerk entstanden. Zwischen den zwölf Abschnitten der großen Wandfresken, der kleinen Gemälde, der Rahmenformen und des Stuckwerks bestehen zahlreiche kompositorische und Sinn-Beziehungen, die heute kaum noch zu entschlüsseln sind.
Unter den Künstlern, die an den Hof Franz' I. kamen und schließlich das ganze 16. Jh. nachhaltig beeinflußten, war auch ein Maler, für den sich Franz I. besonders interessierte: Leonardo da Vinci. Seine unvergleichlich lächelnde "Mona Lisa" wanderte in die Sammlung des königlichen Mäzens und blieb dort für lange Zeit, bevor sie an den → Louvre überging.

Ballsaal

Der 1547 unter Franz I. begonnene Ballsaal wurde von dem ebenfalls kunstbegeisterten Heinrich II. 1552–1556 fortgeführt. Die mächtigen Wandpfeiler des vergoldeten Saales deuten auf ein dem mittelalterlichen Stil entsprechend geplantes Gewölbe hin, an dessen Stelle dann aber die 'moderne' Flachdecke trat, die immerhin eine Fläche von 30×10 m überspannt. Die zahlreichen Darstellungen aus der antiken Mythologie stammen von dell'Abbate nach Entwürfen von Primaticcio. Die Szenen der Jagdgöttin Diana sind gleichzeitig als Huldigung an Diane von Poitiers zu verstehen. Sie war die letzte Favoritin von Franz I. und nach dessen Tod die Geliebte seines Sohnes, Heinrichs II., der fast dreißig Jahre jünger war als sie. In den Ornamenten des Saales finden sich ihre Initialen "D" und "H".

Schloßkapelle

Die Chapelle de la Sainte-Trinité zieht sich über beide Stockwerke (Zugang im 1. Stock). Sie wurde von Franz I. angelegt, von Philibert Delorme für Heinrich II. weitergeführt und erhielt unter dem Bourbonenkönig Heinrich IV. ihre Ausschmückung mit einem Deckengemälde von Frémiet.

Königliche Gemächer

Weitere sehenswerte Räume im 1. Stock sind die königlichen Gemächer. Sie umfassen sechs zur Cour Ovale gelegene Räume, darunter die Suite von Franz I., die von Ludwig XIV. umgestaltet wurde und das Geburtszimmer Ludwigs XIII. enthält (Salon de Louis XIII) sowie zwölf zum Jardin de Diane gelegene Räume. Zu diesen gehören die Appartements der Königinnen (Appartements de Marie Antoinette), der Thronsaal (Salle du Trône) und der Ratssaal (Salle du Conseil).

Petits Appartements de l'Empereur

Die Räume Napoleons I. sind im Empire-Stil eingerichtet. An dem runden Tischchen im Roten Salon (Salon Rouge) unterschrieb Napoleon im April 1814 seine Abdankungsurkunde. Auch die Privaträume Napoleons I. (Petits Appartements de l'Empereur) im Erdgeschoß auf der Seite des Jardin de Diane (ehemals die Gemächer Ludwigs XVI.) verdienen Beachtung. Sie wurden ab 1806 von Napoleon mit Möbeln im Empirestil ausgestattet.

Prachtstück der Renaissance: Schloß Fontainebleau

Die ehemaligen Privaträume von Marie Antoinette wurden später von Napoleons Gattin Joséphine bewohnt (Petits Appartement de l'Impératrice) und während dieser Zeit ab 1806 verändert. Die Galerie de Diane, ein weiterer Seitenflügel des Schlosses, wurde unter Heinrich III. erbaut und dient heute als Bibliothek und Gemäldesammlung.

Petits Appartements de l'Impératrice

*Gärten

Nicht versäumen sollte man einen Besuch der romantischen Gartenanlage. Westlich vom Karpfenteich erstreckt sich der unter Napoleon I. angelegte Jardin Anglais, östlich das Parterre, eine Schöpfung des Gartenarchitekten Le Nôtre, mit verwunschenen Wasserbecken und zierlichen Gartenfiguren. Nordöstlich davon, jenseits des unter Heinrich IV. erbauten Kanals, liegt der Parc mit dem Labyrinth und den Rebenspalieren der Treille du Roi. Die Trois Pignons, die im Südwesten aus einer Sandsteinplatte aufragen, bieten einen schönen Rundblick.

*Forêt de Fontainebleau

Der Wald von Fontainebleau, der im Nordosten von den Flußschleifen der Seine begrenzt wird und eine Fläche von rund 25000 ha bedeckt, ist ein beliebtes Naherholungsgebiet der Pariser. Das Gelände ist sehr hügelig und besteht hauptsächlich aus Sand und Sandstein. Prächtiger Hochwald und tiefe Schluchten bieten eine Fülle eindrucksvoller Bilder, darunter der bekannte wildromantische Felsenkessel 'Gorges de Franchard', in dem Alpinisten im Klettern ausgebildet werden. Das fantastische Landschaftsbild hat auch immer wieder Maler angelockt wie die Vertreter der Schule von Barbizon; zahlreiche ausgeschilderte Wander- und Spazierwege erschließen das Gelände.

Friedhöfe (Cimetières)

Öffnungszeiten

Die nachfolgend aufgeführten Friedhöfe haben folgende Öffnungszeiten: 16. März.–5. Nov. 7.30–18.00 Uhr, 6. 11.–15. 3. 8.30–17.00 Uhr; So. ab 9.00 Uhr.

Cimetière de Montmartre
G/H 2

Haupteingang: Rue Rachel, unter der Brücke (18. Arr.)
Métro-Station: Place de Clichy; Buslinien: 30, 54, 68, 74, 80, 81, 95.
Der drittgrößte Pariser Friedhof wurde 1795 angelegt. Hier befinden sich die Grabstätten von Heinrich Heine, Jean-Honoré Fragonard und Hector Berlioz (Avenue Hector Berlioz), Théophile Gautier (Avenue Cordier), Edgar Degas (Avenue de Montebello), Jacques Offenbach (Avenue des Anglais), Stendhal (Avenue de la Croix), Emile Zola (Carrefour de la Croix), François Truffaut, Samuel Beckett und vielen anderen Persönlichkeiten.

Cimetière du Montparnasse
G 7

Haupteingang: Boulevard Edgar Quinet (14. Arr.)
Métro-Stationen: Edgar-Quinet, Raspail
Auf dem zweitgrößten Friedhof, 1824 eröffnet, sind die Grabstätten von Charles Baudelaire, Ossip Zadkine und Tristan Tzara (Avenue de l'Ouest), César Franck und Guy de Maupassant (Avenue du Boulevard), André Citroën (Avenue Thierry), Camille Saint-Saens und Vincent d'Indy (Avenue du Nord) sowie das Doppelgrab von Jean-Paul Sartre und Simone de Beauvoir (Abt. 20, rechts vom Haupteingang).

*Cimetière du Père-Lachaise
M 5

Haupteingang: Boulevard de Ménilmontant (20. Arr.)
Métro-Stationen: Père-Lachaise, Philippe-Auguste; Buslinien: 61, 69
Der mit 44 ha größte und sicherlich schönste Friedhof von Paris ist nach dem Beichtvater von Ludwig XIV., Père La Chaise, benannt. Auf dem Friedhof, der 1804 auf einem Terrain des Jesuitenordens angelegt wurde, befindet sich die Grabstätte der letzten Kommunarden, die hier 1871 am

Friedhof Père-Lachaise: Gräber von Chopin ... ... und Jim Morrison

Friedhof Montparnasse: Doppelgrab von Jean-Paul Sartre und Simone de Beauvoir

Friedhöfe, Cimetière du Père-Lachaise (Fortsetzung)

Mur des Fédérés erschossen wurden, und eine Gedenkstätte für die Opfer der nationalsozialischen Konzentrationslager. Höchst eindrucksvoll ist ein Besuch des Parks und der 'Totenstadt' mit vielen berühmten 'Bewohnern', darunter Molière (Jean-Baptiste Poquelin), Jean de La Fontaine, Honoré de Balzac, Marcel Proust, Gérard de Nerval, Eugène Delacroix, Frédéric Chopin, Oscar Wilde, Guillaume Apollinaire, Alfred de Musset, Jean-Louis David, Dr. Guillotin (Erfinder der Guillotine), Edith Piaf (Edith Gassion), Colette, Gertrude Stein, Max Ernst, Paul Eluard, Modigliani, Maria Callas, Jim Morrison, Serge Gainsbourg, Simone Signoret und Yves Montand. Östlich der Avenue Principale liegt der alte jüdische Friedhofsteil mit den Gräbern von C. Pissaro, Rothschild und Singer. Einen Plan mit dem Verzeichnis der Grabmäler ist am Eingang erhältlich.

Cimetière de Passy
D 5

Eingang: 2, Avenue Paul Doumer (16. Arr.)
Métro-Station: Trocadéro
Der Friedhof birgt die Gräber prominenter Persönlichkeiten, die nach 1870 verstorben sind, darunter Edouard Manet, Jean Giraudoux, Gabriel Fauré, Claude Debussy, Tristan Bernard und Fernandel.

Grand Palais

F 4

Lage
Avenue Winston-Churchill (8. Arr.)

Métro-Station
Champs-Elysées – Clemenceau

Im Grand Palais werden neben dem → Centre Pompidou die bedeutendsten Kunstausstellungen in Paris gezeigt, sowohl über das Gesamtwerk einzelner Künstler, wie die Retrospektiven von Monet, Matisse, Chagall, Mirò, Picasso, Gauguin oder Renoir, als auch über ganze Epochen (z. B. Impressionismus, Symbolismus) und Länder. Außerdem findet hier alljährlich der Pariser Herbstsalon (Salon d'Automne), die FIAC (Foire Internationale d'Art Contemporain) und Antiquitätenmesse (Salon des Antiquaires) statt (geöffnet: Mo., Do.–So. 10.00–20.00 Uhr, Mi. 10.00–22.00 Uhr).

Grand Palais (Fortsetzung)

Buslinien
28, 42, 49, 72, 73, 83, 93

Eintrittsgebühr

Zur Weltausstellung 1900 erbaut, ist die Innenarchitektur im Jugendstil der Epoche mit Eisen- und Stahlkonstruktionen gehalten, während äußerlich ein neubarocker Stil überwiegt. Die gewaltige Glaskuppel im Innern ist 43 m hoch.

Seit 1937 ist im Westflügel das naturwissenschaftliche Museum, → Palais de la Découverte, untergebracht.

Les Halles J 5

Lage
Zentrum (1. Arr.)

Métro-Station
Les Halles

RER-Station
Châtelet – Les Halles

Buslinien
21, 29, 38, 47, 67, 74, 85

Das Hallenviertel hat seit dem umstrittenen Abbruch der ehemaligen Markthallen, die Ende der sechziger Jahre nach Rungis ausgelagert wurden, eine grundlegende Um- und Neugestaltung erfahren. Heute stellt es einen weitläufigen Fußgängerbereich dar, der zu jeder Tageszeit vor allem von jungen Leuten bevölkert ist.
Seit dem Mittelalter waren die Markthallen der Mittelpunkt des Rive droite, 1183 wurden unter Philipp II. Augustus die ersten überdachten Hallen aufgestellt, auf Anordnung von Napoleon III. ließ Victor Baltard (1805–1875) schließlich gewaltige, funktionale Eisenpavillons erbauen, die alsbald zu einem der kuriosen Markenzeichen der Stadt avancierten – hier beendeten viele Nachtschwärmer am frühen Morgen ihren Ausflug in das Pariser Nachtleben. Wo einst der 'Bauch von Paris' lag, den Emile Zola in seinem gleichnamigen Roman "Le Ventre de Paris" so treffend beschrieben hat, klaffte nach dem Abriß jahrelang das Loch einer Riesenbaustelle, der Trou des Halles. Er wurde mit einem gewaltigen architektonischen Ensemble der Architekten Claude Vasoni und Georges Pencreach gefüllt und zu einem der größten unterirdischen Verkehrsknotenpunkte von Paris ausgebaut – zwei RER-Linien kreuzen hier eine Métro-Linie, das Ganze ist mit der Station Châtelet, Schnittpunkt von vier Métro-Linien, verbunden. Über

Forum des Halles

Les Halles, Baugeschichte (Fortsetzung)

Métro-, RER-Tunneln und Tiefgaragen erhebt sich, immer noch unterirdisch, der riesige, trichterförmige Komplex des 1979 eröffneten Forum des Halles, das auf vier verglasten Etagen um einen Hof mit zahlreichen Geschäften, Kinos, Theatern, Restaurants, Cafés und dem Pavillon des Arts für Wechselausstellungen aufwartet. Die Marmorskulptur Pygmalion stammt aus der Werkstatt des Argentiniers Julio Silva.

Musée de l'Holographie

Auf dem Niveau 1 kann man im Musée de l'Holographie in die farbenprächtige Welt der dreidimensionalen Photographie eintauchen, in der Realität und Vision zu verschmelzen scheinen. Anhand verschiedener bildtechnischer Konstruktionen werden die Speicher- und Wiedergabeverfahren der Holographie erläutert. Zu den durch Laserstrahlen hervorgerufenen, räumlich wirkenden Bildern gehören u.a. Micky Maus, Enterprise-Kommandant Capitain Kirk und Skizzen von Leonardo da Vinci (geöffnet: Di.–Sa. 10.30–19.00 Uhr, Mo., So., Fei. 13.00–19.00 Uhr).

Grevin Forum

Auf derselben Etage läßt eine Zweigstelle des populären Musée Grevin das Paris der Belle Epoque in Wachsbildern wiedererstehen (u.a. Promenade 1900 als Ton-Licht-Show; geöffnet: Mo.–Fr. 10.30–18.45 Uhr, So. 13.00 bis 19.45 Uhr).

Centre Océanique Cousteau

In dem 1986 eingeweihten Nouveau Forum sollte man einen Bummel durch die Boutiquen mit dem Besuch des Centre Océanique Cousteau verbinden. Hier kann man in die Welt des Meeres abtauchen, Flora und Fauna der Salzgewässer kennenlernen und in einer Nachmittagsexpedition die Tiefseeabenteuer von Jacques Ives Cousteau, dem 'Vater der Meeresforschung', nachvollziehen (geöffnet: Mi., Fr.–So. 10.00–19.00 Uhr, Di., Do. 10.00–17.30 Uhr).

Vidéothèque de Paris

Die 1988 eröffnete Vidéothèque de Paris beherbergt auf 4000 m² das modernste audiovisuelle Archiv des Landes mit den verschiedensten Filmen aus Kino und Fernsehen; die Sammlung soll in absehbarer Zeit auf 20000 Kassetten anwachsen. Durch das Computersystem Magnus, benannt nach der dreiarmigen legendären Gestalt von Gaston Leroux, werden 50 Fernseher bedient, an denen Besucher selber Filme aussuchen können. Zudem bieten drei Säle die Möglichkeit zu größeren Vorführungen für Gruppen bis 300 Personen (geöffnet: Di.– So. 14.30–23.00 Uhr).

Fontaine des Innocents

Nach der Umgestaltung des Hallenbezirkes kehrte die 1549 angefertigte Fontaine des Innocents wieder auf ihren angestammten Platz zurück, dem Square des Innocents zwischen Rue St-Denis und Rue Berger. Bis 1786 hatten sich an dieser Stelle Friedhof und Kirche der 'Unschuldigen Kinder' (des Innocents) befunden.

Architekt des Brunnens, der im 18. Jh. zu einem 'Tempel' umgestaltet wurde, war Pierre Lescot, der auch die nach ihm benannte Lescot-Fassade in der Cour Carrée des → Louvre schuf. Die Reliefs an den drei älteren Brunnenseiten, deren Originale sich heute im Louvre befinden, sind Werke des Meisters der französischen Renaissanceplastik, Jean Goujon. Die vierte Brunnenseite ist mit Nymphenfiguren (1788) von Augustin Pajou geschmückt.

Hôtel de Ville J 5

Lage
Place de l'Hôtel de Ville (4. Arr.)

Métro-Station
Hôtel de Ville

Buslinien
38, 47, 58, 67, 69, 70, 72, 74, 75, 76, 96

Paris, lange Zeit 'Hauptstadt ohne Haupt', hat erst seit 1977 wieder einen Bürgermeister (Maire). Sein Amtssitz ist das Hôtel de Ville (Rathaus), dem die Bürgermeisterämter (Mairies Annexes) der 20 Arrondissements unterstehen (Verwaltungsstruktur von Paris und Umgebung → Allgemeines, Verwaltung).

Im Mittelalter wurde die Stadtverwaltung von einem Profos (Prévôt) geleitet, der den Marchands de l'Eau, der Schiffahrt treibenden Kaufmannschaft von Paris, vorstand, die der Hanse angehörte. Ihr Zunftzeichen, das Schiff, wurde zum Wappen der Stadt erkoren. Der dem König direkt unterstellte Profos war ein höchst einflußreicher Mann; so führte der Profos Etienne Marcel 1358 die erste, wenn auch erfolglose bürgerliche Revolte

Das Rathaus von Paris schmückt reiches Dekor im Neo-Renaissance-Stil

Geschichte (Fortsetzung)

gegen Feudalherrschaft und Königtum. Im Jahre 1789 wurde der letzte Profos – als königlicher Beamter war er Repräsentant der Monarchie – von den revolutionären Massen hingerichtet.
Nach der Französischen Revolution hatte Paris nur kurzzeitig, zwischen 1789 und 1794, 1848 und 1970/1971, einen Bürgermeister und wurde ansonsten bis 1977 von den Vertretern des Staates (Präfekt und Polizeipräfekt) regiert.

Das erste Rathaus, im 14. Jh. errichtet, wurde 1533 durch einen Neubau von Franz I. ersetzt. Dieser Renaissancebau erfuhr Anfang des 19. Jh.s eine Erweiterung, wobei man sich um eine getreue Nachbildung des Stils bemühte. 1871 ging das Gebäude bei der Niederschlagung der Kommune, die hier ihr Hauptquartier aufgeschlagen hatte, in Flammen auf, wurde aber anschließend vollständig restauriert.
Das heutige Gebäude im Neo-Renaissance-Stil stammt weitgehend aus der Zeit der Dritten Republik. Die reichdekorierten Fassaden zieren 136 Statuen und Medaillons berühmter Künstler, Dichter und Denker Frankreichs, am Uhrturm thront die Pariser Stadtgöttin.

Im Empfangsbüro des Rathauses erhält man Auskunft (Tel. 42765927) über Führungen durch die üppig, teilweise schon überladen ausgestatteten Repräsentationsräume, die zahlreiche historische Reminiszenzen bergen.
Unter den Kunstwerken verdienen besonders Rodins Bronzebüste der Republik und die Wandgemälde von Puvis de Chavannes Beachtung.

Ile de la Cité

→ Cité

*Ile Saint-Louis — J/K 5/6

Lage
Zentrum (4. Arr.)

Métro-Station
Pont-Marie

Buslinie
67

Aus zwei ursprünglich getrennten Inselchen, der Ile aux Vaches und Ile Notre-Dame, entstand auf Veranlassung von Kardinal Richelieu 1609 eine Insel, die von den Bauunternehmern Marie, Poulettier und Le Regrattier durch zwei Brücken mit dem rechten Seineufer verbunden, durch ein rechtwinkliges Straßennetz erschlossen und einheitlich bebaut wurde. Im Jahre 1664 waren die Arbeiten abgeschlossen, und die ersten Handwerker und Händler zogen ein; bald darauf folgte die Aristokratie und ließ sich ihre eleganten Stadtpaläste an den Quais erbauen. Neben den adeligen Familien kamen illustre Dichter wie Charles Baudelaire, Théophile Gautier, Camille Claudel und Emile Zola, hatten die Philosophen Voltaire und Jean-Jacques Rousseau und berühmte Staatsmänner wie Léon Blum und Georges Pompidou hier ihr Domizil. Auch heute gehören viele wohlhabende Künstler und Literaten zu den rund 6000 Bewohnern der Insel.
Ein Großteil der Architektur des 17. Jh.s hat seine Ursprünglichkeit und erhabene Würde erhalten können. Die Harmonie der engen Häuserzeilen, die kleinen Cafés, in denen man sich noch in aller Ruhe einen 'Petit noir' am Thresen gönnt, verträumte Uferbereiche und der Hauch von Vergangenheit, der über der Insel zu liegen scheint, verleihen ihr einen unwiderstehlichen Charme. Wer durch die Hauptstraße, die Rue St-Louis-en-Ile schlendert, trifft auf viele kleine Geschäfte, gemütliche Crêperien und gepflegte Lokale, die, häufig in Kellergewölben eingerichtet, zu einem stilvollen Dîner einladen. Bei einem Streifzug über die Quais oder einem Picknick am Seineufer kann man das → Hôtel de Ville auf dem rechten Ufer, das → Quartier Latin mit dem → Panthéon auf dem linken Ufer und die 'große Schwester' → Cité mit Notre-Dame aus der Ferne betrachten.

Eglise Saint-Louis-en-l'Ile

Rue Saint-Louis-en-l'Ile

Die Kirche wurde 1664 von Louis Le Vau (1612–1670) begonnen und 1726 unter der Leitung von Jacques Doucet vollendet. Im barocken Innern sind Gemälde von Charles Coypel (1694–1752, "Mahl der Jünger zu Emmaus"), Pierre Mignard (1612 bis 1695; "Ruhe auf der Flucht") und Francesco Vecellio, einem Bruder Tizians (16. Jh.; "Grablegung Christi"), zu sehen. Im Sommer werden fast täglich Kirchenmusikabende veranstaltet.

Hôtel de Lauzun

17, Quai d'Anjou

Das ebenfalls dem Hofarchitekten Louis Le Vau zugeschriebene Hôtel, das 1657 vollendet wurde, gehört der Stadt, die es bei offiziellen Empfängen als Gästehaus nutzt. Mitte des 19. Jh.s wohnten hier zeitweilig Baudelaire, Gautier und der Maler Beauvoir, alle Mitglieder des legendären Club des Hachichins. Eine Besichtigung des prachtvollen Palastes, der für seine reichen Dekorationen mit Fresken, Stukkaturen und Skulpturen berühmt ist, kann nur nach Voranmeldung (Caisse Nationale des Monuments Historiques, Tel. 48872414) erfolgen.

Hôtel Lambert

2, Rue Saint-Louis-en-l'Ile

Dieses ebenfalls 1640 von Le Vau erbaute Hôtel befindet sich im Privatbesitz der Familie Rothschild und kann nicht besichtigt werden. Mit seinem halbkreisförmigen Ehrenhof und dem offenen Treppenhaus, dem ovalen Vestibül, der Galérie d'Hercule (mit Darstellungen der Herkules-Sage von Le Brun und Eustache Le Sueur) und einer reichen Innenausstattung aus der Entstehungszeit stellt das Hôtel Lambert eine kunst- und kulturgeschichtliche Rarität ersten Ranges dar.

Institut de France — H 5

Lage
23, Quai de Conti
(6. Arr.)

Die Académie Française, 1635 von Kardinal Richelieu zur Pflege der französischen Sprache gegründet, ist die älteste der fünf wissenschaftlichen Akademien Frankreichs, die im Institut de France im Palais de l'Institut de France zusammengeschlossen sind. Die auf Lebenszeit ernannten Mitglieder der Akademie, 'les 40 Immortels', entscheiden darüber, ob ein Wort in

Der Pont des Arts führt über die Seine zum Institut de France

Métro-Station
Pont-Neuf

Buslinien
24, 27, 58, 70

Öffnungszeiten
Führung nach Voranmeldung: Secrétariat de l'Institut, 23, Quai de Conti, 75006-Paris

das von ihnen betreute und maßgebende Wörterbuch der französischen Sprache, das Dictionnaire de la Langue Française, aufgenommen wird und damit offiziell als 'französisches Wort' gilt.
Anläßlich des 350. Gründungstages wurde Staatspräsident Mitterrand eine erste Bearbeitung der 9. Auflage überreicht. Sie enthält 45 000 Wörter, die 8. Auflage von 1935 umfaßte ungefähr 35 000 Wörter.
Die anderen Akademien des Instituts arbeiten und fördern die Forschung auf den Gebieten der Altertumswissenschaft (Inscriptions et Belles Lettres, 1664), Naturwissenschaften (Sciences, 1666), Geistes-, Rechts- und Sozialwissenschaften (Sciences morales et politiques, 1832) und der Kunst (Beaux-Arts, 1816).

Entstehung

Ursprünglich hatte Kardinal Mazarin 1661 ein Kolleg gestiftet, das je 15 junge Adelige aus den vier neu zu Frankreich gekommenen Provinzen Artois, Elsaß, Piémont und Roussillon aufnehmen sollte. Dieses Collège des Quatre-Nations, das bis 1790 bestehen sollte, erhielt 1674–1691 ein Kolleggebäude mit Kapelle und Bibliothek, die der Architekt Louis Le Vau (1612–1670) entwarf. Napoleon I. verfügte 1805 die Verlegung der seit 1795 unter der Bezeichnung Institut de France zusammengefaßten fünf ehemaligen königlichen Akademien vom Louvre in das Palais.
Das Gebäude des l'Institut de France wurde auf dem linken Seineufer als städtebauliches Gegenstück zur Cour Carrée des → Louvre auf dem rechten Ufer konzipiert. Dadurch erklärt sich seine erstaunliche Größe für damals nur 60 Kollegbewohner und die repräsentative Form mit den typischen Merkmalen des klassischen französischen Barock: Betonung der Seiten an der Vorderfront durch Pavillons (vorgestellte Gebäude mit hochgezogenem Dach), Flächigkeit der Vorderfront und des Tambours (Untersatz der Kuppel) und enggestellte Säulen. Eine Besonderheit ist die halbkreisförmige Anordnung der Front. In ihrer Mitte erhebt sich hinter dem sechssäuligen Portikus die Kuppel der ehemaligen Kapelle.
Die Kapelle wurde zum großen Sitzungssaal umfunktioniert, in dem die

Institut de France, Entstehung (Fortsetzung)

Vollversammlungen der einzelnen Akademien und des gesamten Instituts stattfinden; hier werden die Nachfolger für verstorbene Mitglieder gewählt und neue Mitglieder in feierlicher Sitzung aufgenommen.

Mitgliedschaft

Trotz gegenteiliger Behauptungen seitens der Kritiker dieser Institution gilt die Mitgliedschaft in einer der Akademien in Frankreich heute immer noch als Höhepunkt einer Karriere. Den über die Grenzen Frankreichs hinaus bekannten Persönlichkeiten, die der Académie Française angehörten, wie Victor Hugo, Prosper Mérimée, Jean Cocteau, René Clair oder Eugène Ionesco, steht eine beträchtliche Anzahl großer Philosophen und Literaten gegenüber, denen die Aufnahme 'sous la Coupole', der 'Empfang unter der Kuppel', verweigert wurde, darunter so illustre Namen wie Blaise Pascal, Molière, Rousseau, Diderot, Balzac, Zola und Proust. 1980 wurde das erste Mal in der Geschichte der Akademie eine Frau als Mitglied aufgenommen: Marguerite Yourcenar (Académie Française), gefolgt von Yvonne Choquet-Bruhat (Académie des Sciences).
Das Hauptinteresse bei einem Besuch des Inneren gilt dem Großen Sitzungssaal unter der Kuppel, in dem die Grabplastik für Kardinal Mazarin zu sehen ist, die Antoine Coysevox nach einem Entwurf von Jules Hardouin-Mansart ausführte.

Bibliothèque Mazarine

Die ehemalige Privatbibliothek Mazarins im Ostflügel des Palais besitzt über 450000 Bände, Manuskripte und kostbare Inkunabeln (geöffnet: Mo.–Fr. 10.00–18.00 Uhr).

*Institut du Monde Arabe (IMA) — K 6

Lage
23, Quai St-Bernard (5. Arr.)

Am Seine-Ufer gegenüber dem Pont de Sully wurde 1988 der filigran wirkende hohe Bau des Institut du Monde Arabe eingeweiht. Das zwischen Orient und Okzident vermittelnde Kulturzentrum, dessen von Jean Nouvel

Südfront des Institut du Monde Arabe

Institut du Monde Arabe (Fortsetzung)

Métro-Station
Jussieu

Buslinien
24, 67, 87, 89

entworfene Architekturformen an arabische Bauweisen erinnern, besteht aus zwei parallelen schlanken Scheiben mit Bücherturm, Bibliothek, Vortragssälen, Museum und Dokumentationszentrum auf neun Etagen (geöffnet: Museum/Eintrittsgebühr: Di.–So. 13.00–20.00 Uhr; Bibliothek: Di. bis Sa. 13.00–20.00 Uhr; Dokumentationszentrum: Di.–Sa. 14.00–18.00 Uhr). Eine Besonderheit sind die quadratischen stockwerkhohen Glasscheiben der Südfront, die in Kombination mit ornamental durchlöcherten Blenden aus Metall das Tageslicht in die Räume projizieren. Das Museum und Dokumentationszentrum geben auf sieben Etagen mit Kalligraphie, Buchdruck, Münzen und Astrolabien, kostbaren Teppichen, Textilien und anderen Gebrauchsgegenständen bis hin zu zeitgenössischen Arbeiten einen umfassenden Einblick in die Kunst- und Kulturgeschichte der islamischen Welt. Vom Restaurant auf der Dachterrasse hat man einen herrlichen Blick über die → Cité hinweg zum → Arc de Triomphe, bei klarer Sicht sogar bis nach La → Défense.

*Invalides (Hôtel des Invalides) F 5

Lage
Avenue de Tourville (7. Arr.)

Das Hôtel des Invalides ist seiner ursprünglichen Bestimmung nach eine Wohnstätte für Kriegsversehrte und verfügte einstmals über 7000 Plätze. Heute gibt es nur noch wenige Pensionäre, die diesen schönsten, noch

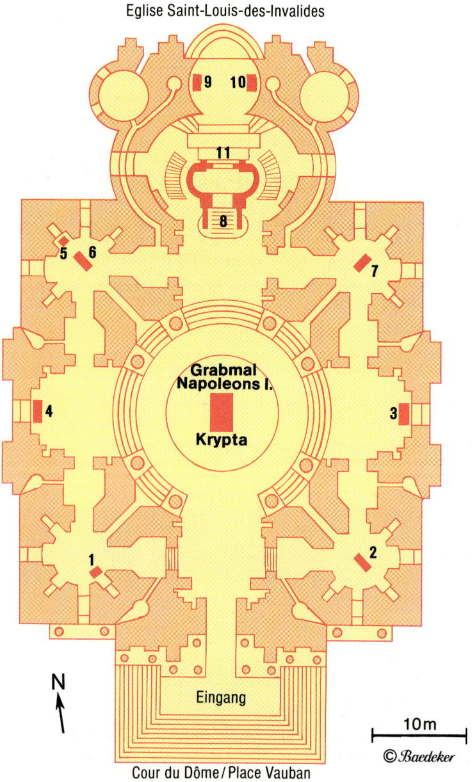

Eglise du Dôme des Invalides

Invalidendom
(Napoleons Grabkirche)

1 Grabmal für Napoleons Bruder Jérôme Bonaparte († 1860) in der Kapelle St-Jérôme
2 Grabmal für Napoleons Bruder Joseph Bonaparte († 1844)
3 Denkmal für den Festungsbaumeister Sébastien Le Prestre de Vauban († 1707) mit seinem Herzen
4 Grabmal des Marschalls Henri de La Tour d'Auvergne, Vicomte de Turenne († 1675)
5 Herz des Heerführers Théophile Malo Corret de La Tour d'Auvergne († 1800)
6 Grabmal des Marschalls Louis Hubert Lyautey († 1934)
7 Grabmal des Marschalls Ferdinand Foch († 1929)
8 Altar mit gedrehten Säulen und Baldachin
9 Grabmal des Generals Henri Bertrand († 1844)
10 Grabmal des Generals Géraud Christophe Michel Duroc († 1813)
11 Zugang zur Krypta: am Eingang zwei große Bronzestatuen; im Inneren rings um das Grabmal Napoleons I. zwölf die Siege des Kaisers symbolisierende Kolossalfiguren; im Hintergrund das Grabmal für Napoleons Sohn François Charles Joseph Bonaparte († 1832)

Invalidendom

vollständig erhaltenen Gebäudekomplex aus dem Paris des 17. Jh.s bewohnen. Die meisten Räume sind inzwischen von militärischen Verwaltungsstellen und Museen belegt. So ist das ⟶ Musée de l'Armée mit dem angeschlossenen Musée des Plans-Reliefs für militärgeschichtlich interessierte Besucher von großer Bedeutung.

Vor Ludwig XIV. wurden Kriegsinvalide, wenn überhaupt, nur von Hospitälern oder Klöstern medizinisch versorgt, waren dann aber meistens zur Bettelei gezwungen. Der Sonnenkönig gründete mit dem Hôtel des Invalides das erste Wohnheim für die Invaliden seiner Armee. Damals lag es noch außerhalb der Stadt und war von Gräbern und Bastionen umzogen. Zwischen 1671 und 1676 wurde es unter der Leitung des Architekten Libéral Bruant mit der Kirche Saint-Louis-des-Invalides als zentralem Mittelpunkt erbaut. Ihr Mittelschiff wird heute von Fahnen und Standarten geschmückt, Beutestücke der siegreichen französischen Armeen unter Napoleon I. für Liebhaber hervorragender Orgelkonzerte gilt die Kirche als Geheimtip. Da der schmucklose Sakralbau aber nicht dem Geschmack des Königs entsprach, beauftragte er Jules Hardouin-Mansart mit dem Bau einer zweiten, der 'Königlichen Kirche' (Eglise Royale) und späteren Eglise du Dôme des Invalides, die dieser 1706 vollendete.

Im Cour d'Honneur (Ehrenhof) des Hôtel des Invalides finden in der Hauptsaison abends musikalisch und mit Lichteffekten untermalte Historien-Darstellungen statt, 'Son et Lumière' genannt, die vor allem die Geschichte Napoleons erzählen. Eine Bronzestatue Napoleons als 'Kleiner Korporal' in zeitgenössischem Kostüm ist unter der Mittelarkade des Südpavillons zu sehen, am Eingang zur Gartenanlage vor der Nordfront des Invalidenhotels stehen im Zweiten Weltkrieg erbeutete deutsche Panzer. Die Esplanade des Invalides, der weite Vorplatz, der sich von hier bis zur Seine erstreckt, wurde 1704–1720 von Robert de Cotte ausgeführt.

Métro-Stationen
Latour-Maubourg, St.-François-Xavier, Invalides

Buslinien
28, 49, 63, 69, 82, 83, 92

Öffnungszeiten
1. 10.–31. 3.: tgl. 10.00–17.00;
1. 4.–30. 9.: 10.00–18.00

Eintrittsgebühr

***Dôme des Invalides**

Die 1675–1706 erbaute Eglise du Dôme des Invalides ist seit 1840 Grabkirche von Napoleon I. Das Werk des großen Architekten Jules Hardouin-

Invalides, Dôme des Invalides (Fortsetzung)

Grabmal Napoleons I.

Mansart ist der bedeutendste sakrale Prachtbau der französischen Klassik und gilt als Pendant zum weltlichen Meisterstück der Architektur jener Epoche, dem Schloß von → Versailles. Die mächtige, über 100 m hohe Kuppel (Dôme), die der Kirche ihren Namen gab, findet eine harmonische Ergänzung im Fassadenschmuck aus dorischen und korinthischen Säulen. Vom reichverzierten Kuppelsaal mit Gemälden von Charles de la Fosse, gelangt man zu einer offenen, kreisrunden Krypta – ihr Durchmesser entspricht dem der Kuppel von 11 m –, in der auf einem grünen Granitsockel der Sarkophag Napoleons aus rotem Porphyr steht. Ihn umgeben zwölf Statuen von James Pradier. Diese Siegesgöttinen erinnern an die zwölf siegreichen Feldzüge Napoleons zwischen 1797 bis 1815.
In einer Nische der Gruft Napoleons befindet sich seit 1969 das Grabmal seines einzigen legitimen Sohnes, Napoleons II., der König von Rom und Herzog von Reichstadt war, aber bereits 21jährig 1832 in Wien starb.

Grabstätten in den Seitenkapellen

In den umgebenden Seitenkapellen haben berühmte Männer der französischen Geschichte ihre letzte Ruhe gefunden, darunter Joseph Bonaparte (1768–1844, König von Spanien und ältester Bruder des Kaisers), Jérôme Bonaparte (1784–1860, König von Westfalen und Bruder Napoleons), Marschal von Turenne (1611–1675), Théophile de La Tour d'Auvergne (1743–1800, Heerführer), Marschall Lyautey (1854–1934), General Bertrand (1773–1844, Hofmarschall Napoleons auf Sankt Helena), General Duroc (1772–1813) Marschall Foch (1851–1929) und Marschall Vauban (1633–1707, Festungsbaumeister von Ludwig XIV.).

Jardin des Plantes J/K 6

Lage
57, Rue Cuvier
(5. Arr.)

Métro-Stationen
Jussieu, Austerlitz

RER-Station
Gare d'Austerlitz

Buslinien
24, 57, 61, 63, 65, 67, 89, 91

Der 235000 m² große Jardin des Plantes (Musée National d'Histoire Naturelle) bietet wißbegierigen Besuchern einen umfassenden Einblick in die naturgeschichtlichen Forschungsgebiete der Botanik (die Schule für Botanik enthält über 10000 Pflanzenarten), Mineralogie (u.a. Riesenkristalle), Zoologie, Ökologie und Paläontologie, der Lehre von den ausgestorbenen Tier- und Pflanzenarten. Gleichzeitig ist er ein Arbeitsplatz für Studenten der benachbarten Universität Paris-VII (Jussieu).
Anfang des 17. Jh.s legten die Ärzte von Ludwig XIII. hier einen Heilkräutergarten an, der sich bald zu einer großen Pflanzensammlung ausweitete. Eine Schule für Botanik und Pharmazie wurde eingerichtet, ab 1650 war der Garten für die Öffentlichkeit zugänglich. Georges Louis Leclerc de Buffon (1707–1788), ein adeliger Naturforscher, erweiterte den Garten zu einer Parkanlage, teils im englischen, teils im streng geometrischen, französischen Stil. Im 19. Jh. entstanden die Eisen- und Glaskonstruktionen der Galerien für Paläontologie, Botanik und Mineralogie mit Gewächshäusern, Vogelzwinger und Ausstellungsgebäuden links vom Haupteingang. Die 1636 gepflanzte Akazie zwischen den Galerien für Botanik und Mineralogie soll der älteste Baum von Paris sein.
Im rückwärtigen Teil, von der Seine aus gesehen, wurde ein kleiner Labyrinthhügel errichtet, den ein schöner Bronzetempel krönt – Zufluchtort gestriger und heutiger Romantiker.
Während der Französischen Revolution machte die Pariser Bevölkerung ihre erste Bekanntschaft mit wilden Tieren, die vom Versailler Königshof in den englischen Parkteil des Jardin des Plantes umgesiedelt wurden; 1795

Jardin des Plantes (Fortsetzung)

konnten die Pariser den ersten Elefanten bestaunen, 1826 die erste Giraffe, Napoléon sorgte für einen Bärenzwinger. Zu jener Zeit erhielt der Park auch seinen offiziellen Namen: Musée d'Histoire Naturelle. Die Grande Galerie de Zoologie an der Rue Geoffroy-St-Hilaire, seit 1965 geschlossen, konnte nach umfangreichen Restaurierungsarbeiten 1993 wiedereröffnet werden.

Öffnungszeiten

Für die naturwissenschaftlichen Gebäude im Park, der täglich außer Dienstag und an Feiertagen kostenlos zugänglich ist, gelten folgende Öffnungszeiten: Mineralogie, Paläobotanik und Paläontologie: 10.00 bis 17.00 Uhr; Tropisches Gewächshaus: 13.00–17.00 Uhr; Zoo: 7.15–18.00 Uhr; Ménagerie: 9.00–17.00 Uhr (Winter), 9.00–19.00 Uhr (Sommer); die Museen verlangen Eintrittsgebühr. Wer Lust verspürt, kann auch Botanikkurse belegen.

Jeu de Paume (Galerie Nationale du Jeu de Paume) G 4

Lage
Jardin des Tuileries, Place de la Concorde (1. Arr.)

Métro-Station
Concorde

Buslinien
24, 42, 52, 72, 73, 84, 94

In der nordöstlichen Ecke der Tuilerien-Gärten, links vom Eingang an der Place de la → Concorde, liegt das Jeu de Paume. Das ehemalige Ballspielhaus (von paume = Handfläche, mit welcher der Ball geschlagen wurde) ist ursprünglich in der Zeit des Zweiten Kaiserreiches (Napoleon III.) erbaut, aber 1931 erheblich umgestaltet worden.
Bis 1986 war hier die weltberühmte Sammlung impressionistischer Malerei des Louvre untergebracht, die heute am linken Seineufer im → Musée d'Orsay zu sehen ist. Die von Antoine Stinco innen neu gestaltete Nationalgalerie des Jeu de Paume zeigt seit ihrer Wiedereröffnung im Juni 1991 auf rund 2000 m² Ausstellungsfläche in zwei Etagen Wechselausstellungen zeitgenössischer Kunst (geöffnet: Di. 12.00–21.30 Uhr; Mi.–So. 12.00 bis 19.00 Uhr; Eintrittsgebühr).

Jeu de Paume – Nationalgalerie für zeitgenössische Kunst

La…, Le…, Les…

→ Hauptnamen

Südflügel des Louvre am Pont Royal

**Louvre H 5

Lage
34–36, Quai du Louvre (1. Arr.)
Tel. 40205050

Métro-Stationen
Louvre, Palais-Royal–Musée-du-Louvre

Buslinien
21, 24, 27, 39, 48, 67, 68, 69, 72, 75, 76, 81, 85, 95

Die lange und komplexe Geschichte des Louvre umfaßt acht Jahrhunderte Projekte, Erbauung, Zerstörung und Umbruch. Von Franz I. bis zu Ludwig XIV. vergrößerten Frankreichs Monarchen die mittelalterliche Wehrburg zum prachtvollen Palast, bis dann im Zeichen des Absolutismus der Hof plötzlich nach Versailles umzog und den Louvre halb fertig sich selbst überließ. Die Gebäude wurden alsbald Wohn- und Wirkstätte renommierter Künstler wie Fragonard und Chardin, bis unter Ludwig XVI. das Königtum vorübergehend in den Stadtpalast zurückkehrte, bevor dieser während der Französischen Revolution im Jahre 1793 schließlich zum Prototyp des modernen Kunstmuseums umfunktioniert wurde.
Seine enzyklopädisch aufbereitete Kunstkollektion entwickelte sich zum Vorbild für die humanistischen Museumskonzepte des 19. und 20. Jahrhunderts.

Querschnitt durch die Bauanlage des Grand Louvre

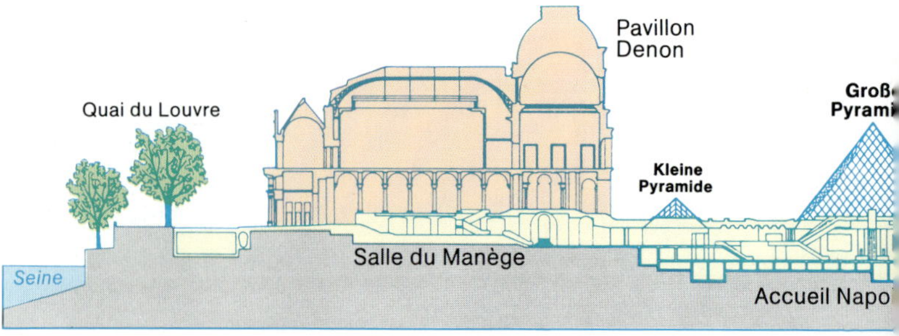

Allgemeines (Fortsetzung)

Bis zur Jahrtausendwende soll das Projekt Grand Louvre, das bereits seit 1981 im Gange ist, realisiert sein. Dann wird Frankreichs größtes Museum die Krönung der markanten Pariser Bauprojekte des ausklingenden Jahrhunderts darstellen.

Grand Louvre

Zum 200jährigen Geburtstag des Louvre wurde im November 1993 der zweite und zugleich wichtigste Bauabschnitt des Grand Lovre vollendet. Begonnen hatte er 1989 mit dem Auszug des Finanzministeriums aus dem nördlichen Richelieu-Flügel, in dem sich über 100 Jahre, seit dem Herzog von Morny, Minister Napoleons III., Frankreichs Wirtschafts- und Finanzministerium befand, das in neue Gebäude nach → Bercy umgesiedelt wurde. Wie die Einweihung des neuen Haupteingangs unter Peis Glaspyramide den ersten Bauabschnitt glanzvoll beendete, so markierte die Eröffnung der ebenfalls von Pei mitgestalteten Räume des Nordflügels am 18. November 1993 die Vollendung des zweiten. Damit hat sich die Ausstellungsfläche des Museums von 30000 m² auf 60000 m² verdoppelt, die nun über 30000 Exponaten Platz bieten. In einer letzten Phase, die bis voraussichtlich 1997 dauern soll, werden die bestehenden Räume des Südflügels umgestaltet und die Anordnungen der Museumsobjekte im Denon- und Sully-Flügel, abgesehen von den großen Werken der griechischen Sammlung, neu konzipert. Parallel zur Museumsumgestaltung wird die privatwirtschaftlich betriebene Carrousel du Louvre, die Unterkellerung des Hofes um den Arc du Carrousel, vorangetrieben, wo neben einer Tiefgarage mit über 700 Stellplätzen ein Dienstleistungszentrum mit Geschäften, Restaurants und Veranstaltungsräumen entsteht, das mit der Empfangshalle des Museums verbunden wird. Zudem werden die Palastfassaden restauriert und die Anlagen des Jardin du Carrousel erneuert.
Mit der Eröffnung der neugestalteten Säle in der ersten Etage des Sully-Flügels um die Cour Carrée im Dezember 1992 begann die Realisierung der geplanten Neuordnung der Gemäldesammlung des Louvre, die auch künftig nach nationalen Schulen gezeigt werden soll, da die französische Malerei mehr als die Hälfte der Museumsbestände ausmacht. Malschulen des Nordens werden in Zukunft im Richelieu-Flügel zu sehen sein, die des Südens werden wie bislang im südlichen Denon-Flügel ausgestellt, während die französische Malerei in erster Linie im vierflügeligen Sully-Flügel ihren Platz findet. Die bisherige Gliederung in sieben Abteilungen für die orientalische (inkl. islamische), ägyptische (inkl. koptische) und griechisch-etruskisch-römische Kunst der Antike sowie Skulpturen, Malerei, Kunsthandwerk und Graphik bleibt bestehen, jedoch ohne hermetische Abgrenzung der Gattungen. Während die Skulpturen schwerpunktmäßig im Erdgeschoß des Denon- und des Richelieu-Flügels zu sehen sind, sollen Malerei und Graphik einander näher gebracht werden.

Baugeschichte des Palastes

Der Palast des Louvre steht auf dem Platz einer mittelalterlichen Schutzburg, die Philipp August II. um das Jahr 1200 am rechten Seineufer errich

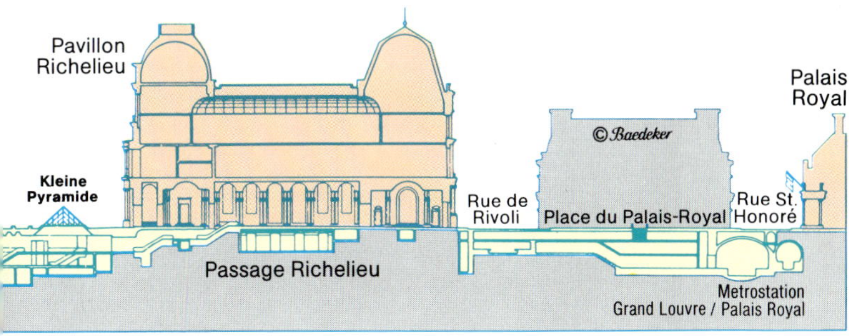

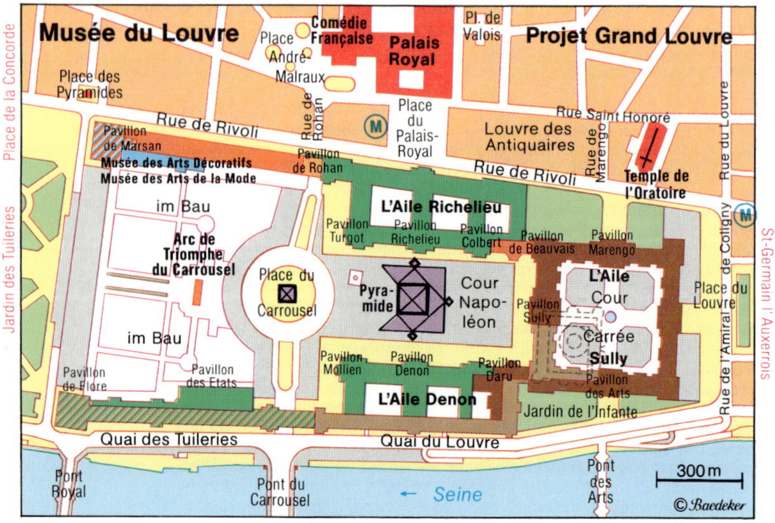

BAUPHASEN

- - - - - - um 1200 Philipp II. Augustus
1546 - 1610 Franz I. bis Heinrich IV.
1624 - 1670 Ludwig XIII., Ludwig XIV.
1806 - 1812 Napoleon I.
1816 Ludwig XVIII.
1852 - 1870 Napoleon III.
1874 - 1880 Dritte Republik
1981 - 1993 Fünfte Republik

Baugeschichte des Palastes (Fortsetzung)

ten ließ. Diese Uferseite trug damals den Namen Lupara, aus dem später die Bezeichnung Louvre entstand. Überreste der Wehrburg sind unterhalb der Cour Carée im Niveau Mezzanin zu besichtigen. Nachdem Ludwig IX. (der Heilige) die Burg um einen großen Saal und die Krypta erweitert hatte (Ausgrabungsfunde im Niveau Mezzanin), erweiterte Raymond du Temple unter Ludwig V. die bestehende Festung, die der König 1360 bezog, wenngleich der Palast auf der → Cité nach wie vor offizielle Residenz blieb. Bis zur Regierungszeit von Heinrich II. bewohnten die französischen Herrscher nur sporadisch den Stadtpalast. Ein detailliertes Zeugnis der Gebäudegeschichte zur Zeit Karls V. liefert das Stundenbuch "Très Riches Heures du Duc de Berry" der Gebrüder Limburg. Im 15. Jh. dient der Louvre vornehmlich als Waffenarsenal, da die Könige sich lieber in ihren Schlössern an der Loire aufhielten. Erst der 'Renaissance-König' Franz I. widmete sich in der ersten Hälfte des 16. Jh.s wieder dem Bau, ließ den Bergfried abreißen und beauftragte den Architekten Pierre Lescot und den Bildhauer Jean Goujon, nach italienischem Vorbild die rechtwinklig aufeinandertreffenden Hälften des West- und Südflügels des Alten Louvre um die heutige Cour Carrée anzulegen. Nach dem Tode von Franz I. wurden diese Teile unter Heinrich II. von denselben Meistern vollendet und 1566 um die Petite Galerie (im rechten Winkel zum Südflügel Lescots) erweitert. Fast gleichzeitg entstand nach dem Ableben Heinrichs II., nur 500 m vom Alten Louvre entfernt, im Westen ab 1564 der Tuilerien-Palast als Witwensitz für Katharina von Medici (entlang der heutigen Avenue du Général Lemonnier). Während der Regierungszeit Heinrichs IV. wurde dieser Palast durch den langen Südflügel (Galerie du Bord de l'Eau) entlang der Seine mit der Petite Galerie verbunden. Nach der Ermordung Heinrichs IV. zog seine Witwe in das Palais du → Luxembourg über. Ihr Sohn Ludwig XIII. ließ die

Baugeschichte des Palastes (Fortsetzung)

Cour Carrée und den Pavillon Sully vervollständigen, Ludwig XIV. beauftragte Le Brun und Le Vau mit der Neuausstaffierung der Petite Galerie und Claude Perrault mit der Errichtung der monumentalen Fassade am Ostflügel, heute die Colonnade genannt. Louvre- und Tuilerien-Palast wurden jedoch nur zeitweise bewohnt. Nachdem Ludwig XIV. die Residenz von Paris nach ⟶ Versailles verlegt hatte, verfielen die Gebäude derart, daß man Mitte des 17. Jh.s sogar ihren Abbruch erwog, bevor Ludwig XV. erste Renovierungsarbeiten einleiten ließ. Zu dieser Zeit kommt erstmals die Idee auf, im Louvre die königlichen Sammlungen großer Meisterwerke zusammenzufassen, 1776 wird die Grande Galerie zum Museum erklärt. Nach den Wirren der Revolution kann das Volk am 26. Mai 1791 dann zum ersten Mal die königlichen Gemächer besichtigen. Napoleon I. vergrößerte den Platz vor dem Tuilerienschloß (heute Jardin du Louvre und Place du Carrousel), auf dem er den Arc de Triomphe du Carrousel aufstellen läßt, und leitete den Bau des Nordflügels an der Rue de Rivoli ein. Unter Napoleon III. werden Louvre und Tuilerien vereint, läßt Baron Haussmann den Jardin du Louvre sowie Place und Square du Carrousel in der heutigen Form anlegen. Nur wenige Jahre später wird der Tuilerienpalast von der Kommune am 23. Mai 1871 in Brand gesetzt. Bevor das Feuer den Louvre erreicht hat, kann es gelöscht werden, der Tuilerienpalast aber wird völlig zerstört und nicht wieder aufgebaut. Im Herbst 1981 verabschiedet François Mitterand schließlich das ehrgeizige Projekt, aus dem Louvre 'das größte Museum der Welt' zu machen, den Grand Louvre, der als lebendiger, musealer Kulturtempel der Geschichte des historischen Ortes Rechnung tragen soll.

Außenansicht
Ostfront/ Kolonnaden

Für die Ostfront des Alten Louvre suchte Ludwig XIV. im Jahre 1665 durch die Ausschreibung eines Wettbewerbs die bedeutendsten Architekten der Zeit für eine besonders repräsentative Gestaltung zu gewinnen. Es beteiligten sich u. a. die Franzosen Jean Marot und Jacques Lemercier sowie der Italiener Gian Lorenzo Bernini, Architekt des Petersplatzes in Rom. Der

Harmonie von Tradition und Moderne: der alte Pavillon de Sully und die lichte Glaspyramide

Außenansicht, Ostfront/ Kolonnaden (Fortsetzung)

Entwurf, den Claude Perrault, Louis le Vau und Charles Lebrun in einer Gemeinschaftsarbeit vorlegten, gewann den Wettbewerb. Ihre Kolonnade, die man heute in voller Größe bewundern kann, stellt einen Kompromiß zwischen dem französischen Barock und klassischen italienischen Vorbildern dar: Die doppelsäulige Konstruktion mit Flachdach ist dem italienisch-klassischen Stil verpflichtet, die Betonung von Mitte (Dreieckgiebel) und Seitenteilen orientiert sich am typisch französischen Fassadenbau durch die Betonung von Mitte und Seitenabschluß.
Durch die Freilegung des Unterbaus erhebt sich die Kolonnade mit ihren 18 korinthischen Säulen in der beabsichtigten majestätischen Höhe und Distanz. Die klassische Strenge dieser Prunkfassade sollte durch eine Statuenreihe an der Dachbalustrade aufgelockert werden, die allerdings nicht zur Ausführung kam. Überhaupt wurden die Arbeiten nach dem Auszug des Hofes nach Versailles eingestellt und erst unter Napoleon I. zu Ende geführt. Aus dieser Zeit stammen die Darstellungen des Giebelfeldes (Minerva, 1811) und des darunterliegenden Reliefs über dem Torbogen (Siegesgöttin auf Viergespann) vom Anfang des 19. Jh.s; rechts und links oberhalb davon tragen Medaillons die Initialen Ludwigs XIV.

Cour Carrée

Die Gebäude um den quadratischen Hof der Cour Carée bilden den sogenannten Vieux Louvre (Alten Louvre), den eigentlichen Louvre-Palast, heute als Sully-Flügel bezeichnet. Hier befand sich die ursprüngliche Schutzburg von Philipp II. August. Die Lescot-Fassade wurde unter Heinrich II., die übrigen Flügel unter Ludwig XIII. und Ludwig XIV. begonnen und erst unter Napoleon I. fertiggestellt. Der Pavillon de l'Horloge, der besser unter dem Namen Pavillon Sully bekannte Uhr-Pavillon, ist im Stil der Lescot-Fassade angepaßt. Er wurde im 17. Jh. von Jacques Lemercier geschaffen worden, der auch den nördlichen Teil des Westflügels im nachempfundenen Renaissancestil hinzufügte.

Lescot-Fassade

Mit der südlichen Hälfte des Westflügels der Cour Carrée schufen der Architekt Pierre Lescot (1510–1578) und der Bildhauer Jean Goujon (1510 bis 1568) zwischen 1559 und 1574 ein Meisterwerk der Renaissance-Baukunst. Die Lescot-Fassade bringt in ihrer augenfälligen Harmonie zum Ausdruck, wie man während der Renaissance bemüht war, das Gleichmaß antiker Vorbilder in klarer und bescheidener, aber deswegen nicht schmuckloser Form wiederzubeleben – anders als z. B. der monumental ausgerichtete Klassizismus vom Ende des 18. Jh.s beim Bau von → Madeleine-Kirche und → Panthéon. Sowohl horizontal, im Wechsel der Tür- und Giebel-Partien mit den Fenstertrakten, wie vertikal – wenn man das niedrige Obergeschoß als Einheit mit dem Dach sieht –, fällt eine Dreiteilung auf. Dabei ist das Verhältnis Tür- zu Fenstertrakt und Geschoßhöhe zu hervorspringender Geschoßbegrenzung jeweils 1:3 angelegt. Die Rundbogenfenster des Erdgeschosses schaffen einen Arkadencharakter; im mittleren Stock flankieren je zwei Fenster mit Dreieckgiebeln ein Fenster mit Rundgiebel (Wiederholung des Dreierrhythmus!); das abschließende obere Stockwerk ist zu Recht für seinen wunderbaren Reliefschmuck von Jean Goujon an den Rundgiebeln berühmt, zwischen denen sich eine reich ornamentierte Balustrade spannt. Die Giebelreliefs stellen Allegorien dar: Natur (links: Ceres für Ackerbau, Neptun für Seehandel, Genuis mit Füllhorn), Krieg (Mitte: Kriegsgott Mars, Kriegsgöttin Bellona, Gefangene), Wissenschaft (rechts: Archimedes für Astronomie, Euklid für Geometrie, Genius der Wissenschaft).

Pavillon de Flore

Zwischen dem Pavillon de Flore und dem Pavillon de Marsan erstreckte sich bis 1871 der abgebrannte Tuilerien-Palast. Der Pavillon trägt seinen Namen nach dem Relief "Triumph der Flora" (1866) von Jean-Baptiste Carpeaux an der Seine-Seite.

Carrousel du Louvre

Zwischen der Place du Carrousel und dem Tuileriengarten entstehen derzeit unterirdisch Geschäftspassagen, Restaurants, Galerien, Versammlungsräume und ein großes Parkhaus, außerdem sind mehrere Ateliers und im Aile de Flore ein wissenschaftliches Zentrum mit Bibliothek, Malwerkstatt und spezielle Dienstleistungen für die verschiedenen Kunstrichtungen im Bau. Auch die Ecole du Louvre wird hier künftig ihren Sitz haben.

Carrousel du Louvre (Fortsetzung)

Die Ausführungen der Cour du Carrousel liegt bei der S.A.R.I. (Sociéte d'administration et de réalisation d'investissements), die auch beim Bau der Bürostadt La Défense wesentlich beteiligt war. Begonnen wurde mit dem Ausbau der riesigen unterirdischen Freizeitstadt, die den Namen Carrousel du Louvre tragen wird, Ende 1989 nach Beendigung der Außenarbeiten am Grand Louvre.

Arc de Triomphe du Carrousel

Der Arc de Triomphe du Carrousel, das frühere Prunktor zum Hof des Tuilerien-Palastes, ist eine Nachbildung des Triumphbogens des Septimius Severus in Rom. Er wurde 1806–1808 zur Erinnerung an die glorreichen Siege Napoleons I. von den Architekten Percier und Fontaine errichtet. Der Bildhauer F.-J. Bosio schuf 1828 die imposante Quadriga, die den Arc du Carrousel krönt. Durch die Zerstörung des Tuilerien-Palastes wurde der kleine Triumphbogen seiner Funktion als Palast-Tor beraubt und steht daher heute etwas isoliert. 'Carrousel' nannte man Reiter- und Maskenfeste, die sich aus den mittelalterlichen Turnierspielen entwickelten. Der Platz erhielt den Namen nach dem Carrousel zur Feier der Geburt des Dauphin, Sohn Ludwigs XIV., im Jahre 1662.

**Musée du Louvre

Öffnungszeiten, Führungen, Auskunft

Eintrittsgebühr

Haupteingang des Museums ist die Glaspyramide in der Cour Napoléon; ein weiterer Zugang besteht seit Ende 1993 vom Carrousel du Louvre; die Passage Richelieu zwischen der Place du Palais-Royal und der Cour Carée ist für Freunde des Louvre (Amis du Louvre), Gruppen, Auditoriums- und Restaurantbesucher reserviert; der Eingang Porte Jaujard neben den Tuilerien bleibt bis Mitte 1994 bestehen.
Geöffnet ist das Museum Mo., Mi.–So. 9.00–18.00 Uhr; montags können die drei Flügel abwechselnd bis 22.00 Uhr besichtigen werden, mittwochs das gesamte Museum. Täglich bis 22.00 Uhr zugänglich sind im Niveau Mezzanin die Wechselausstellungen, die Säle zur Geschichte des Louvre, die Ausstellung über den mittelalterlichen Louvre, die Museumsbuchhandlung, das Restaurant Grand Louvre und das Café du Louvre. Aufgrund der Umbauarbeiten am Großen Louvre sind mehrere Säle vorübergehend geschlossen; Auskunft über die aktuelle Situation erhält man am Informationsstand oder an den elektronischen Anzeigetafeln im Empfangsbereich unter der Pyramide. Allgemeine Auskunft: Tel. 40205151 (Anrufbeantworter); 40205317 (Empfangsstelle)
Führungen auf Kassette sind in sechs Sprachen erhältlich; Anmeldung zu Führungen und Workshops: Tel. 40205209 (Einzelbesucher), 40205177 (Gruppen); Gruppenreservierung: Tel. 40205760; Auskunft über Auditoriumsveranstaltungen: Tel. 40205299; Gesellschaft der Freunde des Louvre: Tel. 40205334.

*Glaspyramide, Hall Napoleon (Niveau Acceuil)

Den Haupteingang bildet die 1989 eingeweihte, knapp 22 m hohe Glaspyramide (675 Fenster) inmitten der Cour Napoléon. Dem Entwurf des amerikanisch-chinesischen Architekten Ieoh Ming Pei (geb. 1917) gemäß wird der Besucher von dieser lichten Pyramide aus in ein Untergeschoß (Hall Napoléon) geleitet, in dem sich Informationsstände, Kasse, Buchhandlung, Café, Restaurant, Auditoriumssäle, das Kupferstichkabinett und Räume für Wechselausstellungen befinden. Von dort aus erreicht man über Korridore und Rolltreppen die verschiedenen Kunstabteilungen der drei Hauptflügel.

Niveau Mezzanin

Bevor mit den Bauarbeiten am Louvre begonnen wurde, führten Archäologen in den beiden Innenhöfen Cour Carrée und Cour Napoléon Ausgrabungen durch, wobei sie die Überreste der Schutzburg Philipp II. Augustus (um 1200) mit ihrem Wehrturm und den Palast Karls V. (14. Jh.) freilegten. Eine zweiteilige Ausstellung erzählt die spannende Geschichte des Louvre, daran anschließend sind die Überreste der mittelalterlichen Krypta zu besichtigen.

Musée du Louvre

Projet Grand Louvre

HALL NAPOLEON
Niveau Accueil

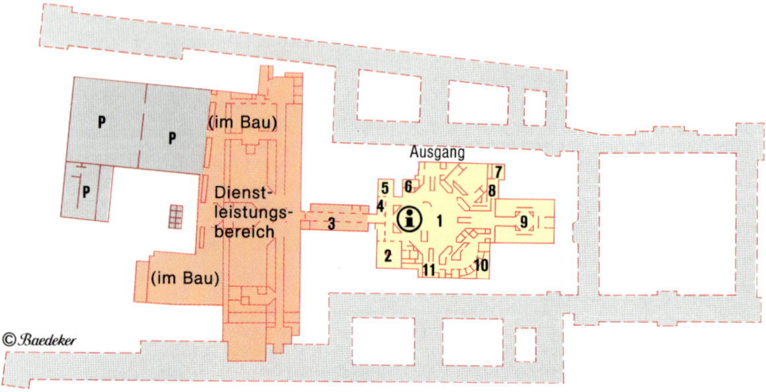

1 Haupteingang Pyramide
2 Museumsbuchhandlung
3 Post / Geldwechsel; Freunde des Louvre; Kupferstichkabinett
4 Café du Louvre
5 Restaurant Le Grand Louvre
6 Audiovisionsräume
7 Auditorium
8 Konferenzsäle
9 Wechselausstellungen
10 Führungen
11 Garderobe

HALL NAPOLEON

Niveau Mezzanin

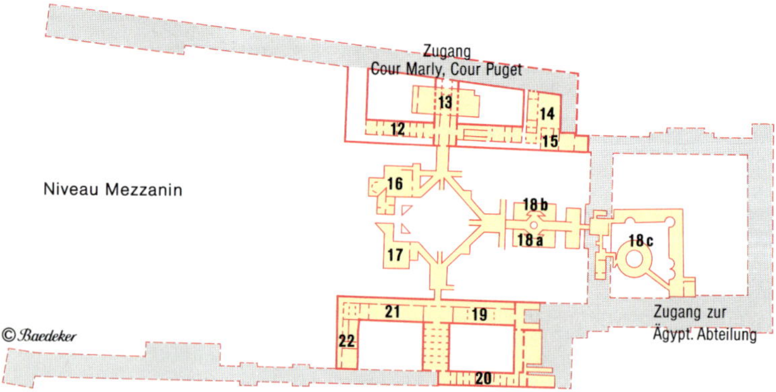

12 Wechselausstellungen
13 Französische Skulpturen
14 Kunst des Islam (persische und türkische Teppiche, 16. / 17. Jh.)
15 Taufbecken des hl. Ludwig (um 1300)
16 Caféteria
17 Museumsbuchhandlung
18a Geschichte des Louvre I
18b Geschichte des Louvre II
18c Der mittelalterliche Louvre
19 Griechische, etruskische und römische Altertümer (Eröffnung 1994 / 1995)
20 Spätantike und frühchristliche Kunst (Eröffnung 1997)
21 Italienische Skulpturen (Eröffnung 1994)
22 Deutsche und niederländische Skulpturen (Eröffnung 1995)

Aile Richelieu

Der im November 1993 eröffnete Richelieu-Flügel zeigt im Untergeschoß zeitgenössiche Wechselausstellungen, französische Skulpturen und Kunstwerke des Islam. Das Erdgeschoß um die überdachten Innenhöfe Cour Marly und Cour Puget ist französischen Skulpturen und orientalischen Altertümern gewidmet, der erste Stock präsentiert Kunsthandwerk, der zweite zeigt deutsche, flämische und niederländische Gemälde.

Aile Sully

Der östliche Museumsflügel um die Cour Carrée birgt im Untergeschoß die neue historische Abteilung des Louvre und Ausgrabungen der mittelalterlichen Krypta, im Erdgeschoß sind orientalische und ägyptische Altertümer der Pharaonen, koptische Kunst, antike griechische, etruskische und römische Arbeiten wie die berühmte Venus von Milo zu sehen, im ersten Stock werden Kunsthandwerk, ägyptische, etruskische, griechische und römische Altertümer wie die Nike von Samothrake und französische Malerei des 18. Jh.s gezeigt, der zweite Stock ist der französischen Schule des 17. und 18. Jh.s und graphischer Kunst vorbehalten.

Aile Denon

Im südlichen Denon-Flügel finden Besucher im Untergeschoß griechische, etruskische und römische Altertümer, spätantike Kunst, italienische, deutsche und niederländische Skulpturen, im Erdgeschoß sind ebenfalls antike griechische, etruskische und römische Arbeiten sowie italienische, deutsche, flämische und niederländische Skulpturen zu bewundern, im ersten Stock die Galerie d'Apollon mit dem Kronschatz, Gemälde aus Frankreich vom Mittelalter bis zum 19. Jh., aus Italien vom 11. bis 18. Jh., darunter Leonardo da Vincis "Mona Lisa", Gemälde aus Deutschland, Flandern und den Niederlanden vom 15. bis 17. Jh. sowie Nordische Schulen des 18. und 19. Jh.s, spanische und britische Meister und das Zeichenkabinett mit Arbeiten des 15. bis 19. Jahrhunderts.

Kunstsammlungen

Entstehung

Als erster französischer 'Sammlerkönig' gilt Franz I., der Gemälde, Skulpturen und Reproduktionen im italienischen Stil auf Schloß → Fontainebleau zusammentrug, darunter die für ihr rätselhaftes Lächeln bekannte "Mona Lisa". Einen ebenso kunstinteressierten Monarchen fand das Land dann später in der Person Ludwigs XIV., der die Sammlungen von Kardinal Mazarin und dem Bankier Jabach erwarb, zu denen u.a. Tizians "Grablegung" gehörte. Im Jahre 1000 zählte die königliche Kunstkollektion bereits über 2000 Gemälde. Am 10. August 1792 wurde dann das königliche Museum eröffnet, in welches ab 1794 Tausende von Kunstwerken einflossen, die von den französischen Armeen erbeutet wurden. Nach dem Sturz des Empire mit Ausnahme weniger Werke wie Veroneses "Hochzeit zu Kana" all seiner im Ausland beschlagnahmten Schätze enthoben, setzte der Louvre trotzdem die Erweiterung seiner Sammlungen fort. Im Laufe des 19. Jh.s wurden die Abteilungen der ägyptischen und orientalischen Antike ins Leben gerufen, später versuchten verschiedene Architekten nacheinander, eine sytematische Ordnung in das verwinkelte Museum zu bringen. Parallel entwickelten sich die sieben Abteilungen, die bis heute durch Neuerwerbungen und Schenkungen von mehr als 2700 Stiftern wichtige Ergänzungen erfahren haben.
Aus dem gewaltigen Museumsfundus, der mittlerweile über 30 000 Kunstwerke in sich vereint, kann hier nur eine allgemeine Übersicht der gezeigten Kunstrichtungen, -gegenstände und Epochen mit einer Auswahl der berühmtesten Exponate wiedergegeben werden.

Antike
Etruskische, griechische und römische Altertümer

Jede der drei Antikenabteilungen weist eine eigene Präsentation auf. Die antike Kunstgeschichte von den Anfängen des Hellenismus bis zu den letzten Tagen des römischen Reiches wird mit Marmor- und Bronzearbeiten, Fresken, Mosaiken, Gold-, Elfenbein- und Glasarbeiten einzigartig illustriert. Zu den Kostbarkeiten des Altertums gehören: der Sarkophag von Cerveteri (6. Jh. v. Chr.); griechische Skulpturen wie die Fries-Fragmente

Musée du Louvre

ERDGESCHOSS
(rez-de-chaussée)

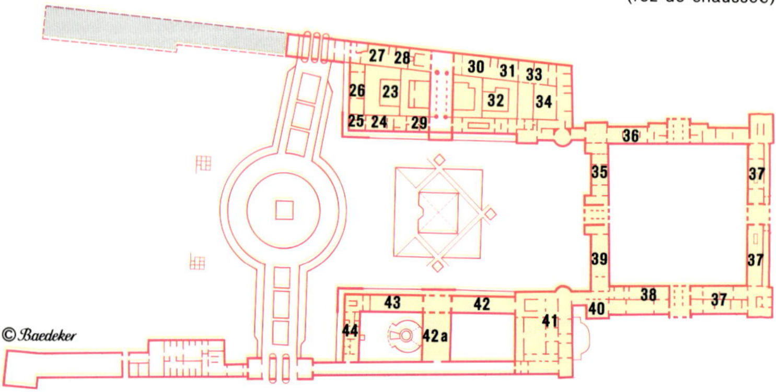

Skulpturen:
23 Cour Marly ("Marly-Pferde" von Guillaume Cousteau, 18. Jh.)
24 Romanische und gotische Kunst
25 Madonnen (14. Jh.)
26 Grabmal des Philippe Pot († 1493)
27 Diana-Statue (16. Jh.) aus Schloß Anet
28 Plastiken von Sarazin (18. Jh.)
29 Caféteria
30 Galerie Les Grands Hommes (Porträtbüsten von Pigalle, Houdon und Rude; 18. / 19. Jh.)
31 Tierbronzen von Barye
32 Cour Puget

Orientalische Altertümer:
33 Gudea-Statuen, Codex des Königs Hammurabi (2. Jt. v. Chr.)
34 Cour Khorsabad (Thronsaal von Khorsabad, 8. Jh. v. Chr.)
35 Syrische, mykenische, zypriotische und phönikische Kunst
36 Kapitell aus dem Thronsaal des Palastes von Susa (Ende 6. Jh.)

37 Ägyptische Altertümer (Mastaba für Akhout-hetep, 3. Jt. v. Chr.; Hockender Schreiber, um 2500 v. Chr.; Umgestaltung 1993–1995)

Griechische, etruskische und römische Altertümer:
38 Venus von Milo (2. Jh. v. Chr.)
39 Saal der Karyatiden
40 Parthenon-Fries der Panathenäen (5. Jh. v. Chr.)
41 Sarkophag von Cerveteri (6. Jh. v. Chr.)
42 Galerie Daru
42a Salle du Manège (Kopien antiker Büsten)

43 Italienische Skulpturen (Canovas "Amor u. Psyche", Michelangelos "Sklaven"; Umgestaltung bis 1994)

44 Deutsche u. niederländische Skulpturen (Eröffnung 1995)

Kunstsammlungen, Antike, etruskische, griechische und römische Altertümer (Fortsetzung)

vom Parthenon, dem unter der Leitung des Phidias 447–438 v. Chr. auf der Akropolis von Athen erbauten Tempel; Metopen vom Zeustempel zu Olympia aus dem 5. Jh. v. Chr., ein Geschenk Griechenlands für die Unterstützung der Franzosen während des Unabhängigkeitskrieges (1829); die "Venus von Milo" (→ Abb. S. 110) aus der Sammlung des Marquis de Rivière, eine 1820 auf der Insel Melos (frz. Milo) gefundene Statue der Aphrodite aus dem 2. Jh. v. Chr., die auf eine Schöpfung aus dem 4. Jh. v. Chr. zurückgeht und als eine der vollkommensten antiken Darstellungen weiblicher Schönheit gilt; die dorische "Dame von Auxerre" (um 630 v. Chr.), eines der ältesten Beispiele für griechische Statuarik; die ionische "Hera von Samos" (um 560 v. Chr.), deren zylindrische Form auf mesopotamische Einflüsse schließen läßt; der anmutige "Kopf Rampin" (um 550 v. Chr.) eines Reiterdenkmals, dessen Torso im Akropolismuseum von Athen aufbewahrt wird; "Apollo Sauroktónos" und die "Knidische Aphrodite", Kopien nach Praxiteles aus dem 4. Jh. v. Chr.; die mit ausgebreiteten Schwingen über der Museumslandschaft wachende "Nike von Samothrake" (→ Abb. S. 110), das Standbild einer hellenistischen Siegesgöttin (Ende des 3. oder Anfang des 2. Jh.s v. Chr.).; der "Borghesische Fechter" (1. Jh. v. Chr.); die Büste des Agrippa (1. Jh. n. Chr.), Schwiegersohn und Berater von Kaiser Augustus; der Kopf eines jungen Prinzen aus der Familie der Antonier (2. Jh. n. Chr.); der Altar des Domitius Ahenobarbi (1. Jh. v. Chr.) vom Neptun-Tempel in Rom; die "Geburt des Tiber" (1. Jh. v. Chr.); Fragmente der Ara Pacis, Friedensaltar von Kaiser Augustus in Rom; an-

ERSTER STOCK
(premier étage)

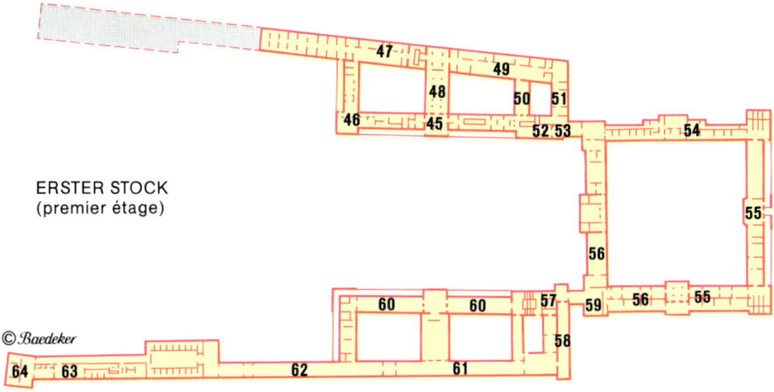

45 Teesalon

Kunsthandwerk:
46 Salons Napoleons III.
47 Zimmer Madame Recamier
48 Schatz von St-Denis
49 Tapisserie "Jagden Kaiser Maximilians" (um 1535)
50 Galerie Scipion
51 Schatz des Ordens vom Hl. Geist
52 Sammlung Rothschild
53 Rotunde Jean de Boulogne
54 Ebenholzschrank von André-Charles Boulle (17. Jh.)
55 Ägyptische Altertümer (Eröffnung 1994 / 1995)
56 Griechische, etruskische und römische Altertümer
57 Nike von Samothrake (3. / 2. Jh. v. Chr.)

58 Apollo-Galerie (Kronjuwelen, u. a. 137-karätiger "Regent-Diamant" von Philipp von Orléans; Krönungskrone Ludwigs XV., 1722)

Gemälde:
59 Frankreich (18. Jh.)
60 Frankreich (19. Jh.) (David, Ingres, Gericault, Delacroix)
61 Italien ("Mona Lisa" / "La Joconde" von Leonardo da Vinci)
62 Italien (Caravaggio, Fra Angelico, Giotto, Leonardo da Vinci, Raffael, Veronese, Tintoretto; Umgestaltung 1994 / 1995)
63 Zeichenkabinett (15. - 19. Jh.)
64 Spanien (Goya, Greco, Velasquez)

ZWEITER STOCK
(deuxième étage)

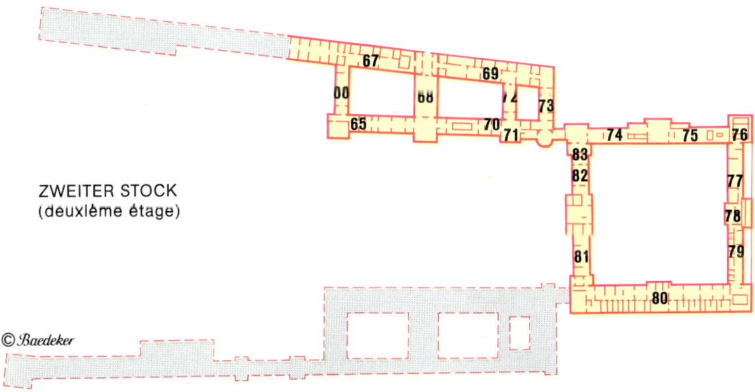

Deutsche, niederländische und flämische Gemälde:
65 Vermeer
66 Ruysdael, Rembrandt
67 Van Dyck
68 "Maria de Medicis" – Zyklus von Rubens
69 Brueghel, Dürer, Cranach, Holbein
70 Van Eyck

Französische Gemälde (17. / 18. Jh.):
71 Jean le Bon, Fouquet, Pietà von Avignon
72 Schule von Fontainebleau
73 Poussin
74 La Tour, Lorrain
75 Le Brun, Jouvenet
76 Rigaud
77 Watteau, Le Moyne, Chardin
78 Aquarelle, Miniaturen
79 Boucher, Greuze
80 Fragonard, Vigée-Lebrun, David Ingres, Gericault, Delacroix, Chassériau (Eröffnung 1996)
81 Kollektion Thomy Thiery, Corot, Sammlung Moreau Nelaton
82 Sammlung Beistegui
83 Kartons von Le Brun

Kunstsammlungen, Antike, etruskische, griechische und römische Altertümer (Fortsetzung), orientalische Altertümer

tike Bronzen wie der "Apollo von Piombino" (um 500 v. Chr.), Gebrauchsgegenstände, darunter ein etruskischer Spiegel mit Ritzdekor (3. Jh. v. Chr.); eine Sammlung römischer Sarkophage aus dem 2. und 3. Jh. n. Chr.; Fresken und Mosaiken aus Rom und Griechenland (u. a. "Urteil des Paris", Mosaik aus Antiochia, 2. Jh. n. Chr.) sowie griechische Vasen von der sog. geometrischen (9./8. Jh. v. Chr.) bis zur hellenistischen Keramik (2. Jh. v. Chr.). Mit Napoleon und seinen Ägyptenfeldzügen verlagerte sich das Interesse für die Antike auf den Orient. Später folgten Ausgrabungen, die zum Teil von eigenen Institutionen des Louvre ausgeführt wurden, ergänzt durch Neuzugänge und Schenkungen sowie die eingegliederten Sammlungen der Nationalbibliothek. Hauptwerke der das archaische Mesopotamien, Sumer und Akkad umfassenden Abteilung sind: die Stele von Naram-Sin, König von Agde um 2270 v. Chr., zur Erinnerung an seinen Sieg über die Barbaren im Zagros-Gebirge; verschiedene Gudea-Statuen des sumerischen Fürsten von Lagasch aus dem 3. Jt. v. Chr.; Dekorteile der Paläste von Nimrud und Ninive, vor allem aber von Khorsabad, Residenz König Sargons II. (721–705 v. Chr.), deren gewaltige Ausmaße die 4 m hohen assyrischen Flügelstiere erahnen lassen. Glanzstück ist die Gesetzesstele des Hammurabi (1792–1750 v. Chr.), König des ersten babylonischen Reiches. Den 2,25 m hohen konischen Basaltzylinder bedeckt eine kolonnenartige Keilschrift in akkadischer Sprache, die exemplarische Richtsprüche des Herrschers beinhaltet.

Ägyptische Altertümer

Die Ägyptische Abteilung, 1826 von Jean-François Champollion, dem Entzifferer der Hieroglyphen, gegründet, berichtet von Zivilisation und Kunst des Alten, Mittleren und Neuen Reiches in Ägypten bis zur christlichen Ära. Zu den umfangreichen Zeugnissen der frühen Nilbewohner zählen: die majestätische Stele des Königs Ouadji, genannt die Stele des Schlangengottes Zet, aus der Thinitischen Zeit um 3100 v. Chr.; die Stele des Antef, einem hohen Verwaltungsbeamten unter Thutmosis III. (um 1490–1439 v. Chr.); ein Dolch mit Elfenbeingriff vom Dschebel el-Arak aus der frühdynastischen Epoche (um 3300 v. Chr.); eine Dreiecksharfe aus der Saitischen Epoche (7./6. Jh. v. Chr.); die Kopfplastik von König Didufri, Nachfolger von Keops im Alten Reich (um 2250 v. Chr.); der in einem Sarkophag der 5. Dynastie in Sakkara entdeckte, aus bemaltem Sandstein gefertigte "Hockende Schreiber" (um 2500 v. Chr.); die eindrucksvolle Holzplastik eines Verwaltungsbeamten aus Memphis und seiner Frau (um 2350 v. Chr.); die Sandsteinstatue des Obersten Propheten Amenemhatankh (um 1850 v. Chr.); eine Büste des Königs Amenophis IV.-Echnaton (um 1365–1349 v. Chr.); ein Sarkophag des Kanzlers Imeneminet (8. Jh. v. Chr.) sowie koptische Stein- und Holzreliefs, Wandteppiche und liturgisches Bronzegerät aus der Blütezeit der christlichen Ära (5.–7. Jh.).

Skulpturen

Die Bestände des während der Restaurationszeit aufgelösten Musée des Monuments Français bildeten den Grundstock der Skulpturensammlung, die hernach eine stetige Bereicherung erfuhr. Unter den zahlreichen Arbeiten des 12.–19. Jh. sind vor allem zu nennen: der romanische Kapitellschmuck "Daniel zwischen den Löwen" (11. Jh.) aus der ehemaligen Pariser Kirche Sainte-Geneviève; die "Madonna aus der Auvergne" (12. Jh.); die meisterhafte gotische Skulptur "Königin von Saba" (um 1180); die normannische "Madonna von Maisoncelles" (14. Jh.); die Herrscherfigur Karls V. (um 1390); das Grabmal des Philippe Pot, Groß-Seneschall von Burgund († 1493); der gotische Sankt-Georgs-Altar von Michel Colombe (Anfang 16. Jh.); Jean Goujons Basrelief vom Brunnen der Unschuldigen (1547–1549); Germain Pilons Gruppe der "Drei Grazien", Träger der Urne mit dem Herzen Heinrichs II. (um 1560); eine Bronzefigur der Königin Anna von Österreich von Simon Guillan (1643); Pugets "Milo von Kroton" (1862) aus dem Park von Versailles; "Die Pferde von Marly" von Guillaume Coustou (1739–1745); Houdons grazile "Diana" (1790); Canovas neoklassizistische Marmorkomposition der von Amor durch einen Kuß wiederbelebten Psyche (1793); Pigalles "Merkur", seinen Fersenflügel anlegend (1744); kraftvolle Tierstudien von Bayre und Rudes "Neopolitanischer Fischer" (1833); James Pradiers "Satyr und Bacchantin" (1834) sowie Michelange-

Kunstsammlungen, Skulpturen (Fortsetzung)

los grandiose Meisterwerke: der "Sterbende Sklave" und "Rebellischer Sklave" (1513–1515), ursprünglich für das Grab von Papst Julius II. entworfen als irdisches Pendant zur Apotheose des Heiligen Vaters.

Gemälde

Nur wenige Museen der Welt können mit einer vergleichbaren Vielfalt an Formaten, Kunstströmungen und Schulen aufwarten wie die Gemäldesammlung des Louvre. Zurückgehend auf das Bilderkabinett von Franz I., das später unter Ludwig XIV. eine erhebliche Bereicherung erfuhr und durch spektakuläre Erwerbungen vervollständigt wurde, bietet die Sammlung heute einen breitgefächerten Überblick über die Entwicklung der europäischen Malerei. Fast zwei Drittel der Exponate entfallen auf Arbeiten der französischen Schule vom Mittelalter bis zum 19. Jahrhundert.

Französische Schule

Hauptwerke des ausgehenden Mittelalters sind die von einer tragischen Noblesse getragene "Pietà von Villeneuve-les-Avignon" (15. Jh.), die vermutlich von Enguerrand Quarton stammt, das von einem unbekannten Künstler gefertigte "Bildnis von König Johann dem Guten" (um 1360), das älteste bekannte französische Tafelbild, und Jean Fouquets Porträt von Karl VII. (um 1445). Beispielhaft für die Fontainebleauer Schule des 16. Jh.s sind die meisterhaften Porträts der Familie Clouet, die die Würdenträger des Königreiches verewigte, allegorienbeladen spielt Antoine Carons "Massaker der Triumviren" (1566) auf die Greueltaten der Glaubenskriege an. Anfang des 17. Jh.s kommen neue Impulse aus Italien, entstehen Georges de La Tours nächtliche Szenen bei Kerzenschein (u.a. "Madeleine bei der Wache"/ → Abb. S. 110, "Heiliger Thomas" und "Heiliger Joseph als Tischler", um 1630–1640), die realistischen Milieustudien von Louis Le Nain (u.a. "Die Bauernfamilie", um 1643), beginnt mit den mythologisch-lyrischen Bildern von Nicholas Poussin (u.a. "Die Inspiration der Poeten", um 1630) und von Claude Gellée, genannt Le Lorrain (u.a. "Kleopatras Ankunft in Tarsus", 1642/1643), die große Zeit des Klassizismus, feiert die Historienmalerei mit den lebenssprühenden Porträts von Charles Le Brun (u.a. "Kanzler Séguier beim Einzug Ludwigs XIV. in Paris", um 1655) und den feierlichen Darstellungen eines Hyacinthe Rigaud (u.a. "Ludwig XIV.", 1701) wahre Triumphe.

Für die französische Malerei des 18. Jh.s eröffnen sich neue Wege durch den von der Comedia dell'Arte inspirierten Farbenkünstler Antoine Watteau, der 'galante' Stimmungen zu zaubern weiß (u.a. "Pierrot", 1718). Aufgelockerte, sittenfreiere Themen und Formen bis hin zur Libertinage zeigen Boucher ("Dianas Ruhe nach dem Bade", um 1750) und Fragonard ("Badende", um 1770). Der Neo-Klassizismus erhält mit Louis Davids "Schwur der Horatier" (1784) sein Manifest, Meisterwerk des Künstlers bleibt indessen "Die Kaiserkrönung Napoléons I. in Notre-Dame von Paris am 2. Dezember 1804" (1805–1807; → Abb. S. 110). Zu den herausragenden Vertretern der Romantik gehört Géricault mit der dramatischen Szene auf dem "Floß der Medusa" (1819). Eine Revolution leidenschaftlicher Gefühle, Farben und Bewegung bringt "Die Freiheit auf den Barrikaden" (1830) von Eugène Delacroix, sein Ölgemälde "Dante und Vergil" löste geradezu einen Skandal aus, eher romantisch wirkt hingegen sein Porträt von Frédéric Chopin (1838). Aufgrund seiner poetischen Frische und Vorliebe für ein eigenwilliges Lichterspiel kann Camille Corot (u.a. "Erinnerungen an Mortefontaine", 1864) als Wegbereiter der Impressionisten eingestuft werden. Eine wechselnde Lichtintensität verwenden auch andere Landschaftsmaler wie Theodore Rousseau in seinem "Waldrand in Fontainebleau". "Die Badende von Valpinçon" (1808) und "Das türkische Bad" (1862) von Jean-Dominique Ingres lassen den Bewunderer der harmonischen Kompositionen Venezianischer und Florentiner Meister erkennen.

Italienische Schule

Der zweitgrößte Anteil der Gemälde des Louvre entfällt auf die italienische Malerei von der zweiten Hälfte des 13. bis zum Ende des 18. Jahrhunderts. Zur Frühzeit der florentinischen Schule gehört die "Madonna mit den Engeln" (um 1270) von Cimabue aus der Kirche San Francisco von Pisa. Giottos "Vogelpredigt" (um 1300) von der Predella des Altars des hl. Franz von Assisi zeigt bereits die Auseinandersetzung mit der Dreidimensionalität. Den Beginn der Renaissance des Quattrocento markieren Fra Angeli-

Rätselhafte Mona Lisa

Nike von Samothrake

Venus von Milo

Jagden Maximilians

Krönung Napoleons I.

Wachende Madeleine

Madonna von Autun

Abreise Katharina de Medicis

Karl I. von England

Kunstsammlungen, Gemälde, Italienische Schule (Fortsetzung)

cos von der byzantinischen Strenge befreite, perspektivische “Marienkrönung” (1434/1435) aus der Kirche San Domenico von Fiesole und sein “Martyrium von St. Cosmo und St. Damian” (1440). Eine geometrisch überdachte Tiefe erzeugt auch Andrea Mategna (“Kalvarienberg”, 1459), während feine, kurvenreiche Linien und durchsichtige Farben die verklärten Gesichter auf den allegorischen Fresken (um 1483) Sandro Botticellis kennzeichnen. Die Blütezeit der italienischen Renaissance vom Ende des 15. Jh.s bis zur ersten Hälfte des 16. Jh.s ist mit einer hervorragenden Werksammlung Leonardo da Vincis vertreten, darunter “Die Verkündigung” (1475), “Die hl. Anna Selbdritt” (um 1506) und die mit wunderbarer Grazie lächelnde “La Gioconda” (1503 – 1505, frz. “La Joconde”; ⟶ Abb. S. 110). Die für ihr rätselhaftes Lächeln weltberühmte Dame stellt vermutlich Mona Lisa Gherardini dar, seit 1495 Gattin des florentinischen Patriziers Francesco di Zanobi del Giocondo. Die Schönheit der Gesichtsmodellierung im Wechselspiel des Lichtes verliert heute leider durch die schützende Panzerglasscheibe vor dem Bild. Weitere Kostbarkeiten des 16. Jh.s sind die 1507 von Raffael in Florenz ausgeführte “Heilige Familie”, besser unter dem Namen “Die schöne Gärtnerin” bekannt, und das ebenfalls von Raffael gemalte “Bildnis des Höflings und Schriftstellers Balthazar Castiglione” (1516), Tizians zart-melancholische “Grablegung” (um 1525) und die gewaltige “Hochzeit zu Kana” (1563) von Paolo Veronese. “Der Tod der Jungfrau Maria” (um 1605) von Caravaggio rief seinerzeit aufgrund der realistisch dargestellten Szene einen Skandal hervor, während Guido Renis elegant-theatralische “Entführung der Helena” (1631) zu den bewundertsten Gemälden seiner Zeit avancierte. Herausragendes Werk des 18. Jh.s ist Francesco Guardis um 1770 entstandener Bilderzyklus über die Festlichkeiten anläßlich der Krönung des Dogen Alve Mocenigo IV. in Venedig.

Deutsche, flämische und niederländische Schule

Die Meisterwerke der deutschen, flämischen und altniederländischen Malerei reichen von der Spätgotik über die Renaissance bis zum 17. Jahrhundert. Zu den flämischen Hauptwerken gehören “Die Madonna von Autun” (um 1435; ⟶ Abb. S. 110) von Jan van Eyck, Hans Memlings “Bildnis einer alten Frau” (um 1470), die Genreszene “Der Geldverleiher und seine Frau” (1514) von Quentin Metsys und “Die Bettler” (1568) von Peter Breughel d. Ä., das auf die Revolte der Greusen gegen Philipp II. von Spanien anspielt. Peter Paul Rubens, der die flämische Schule des 17. Jh.s nachhaltig beeinflußte, hat einen eigenen Raum für den hagiographischen Medici-Zyklus erhalten, der 21 Gemälde vereint (⟶ Abb. S. 110), die von Maria von Medici für das Palais du Luxembourg in Auftrag gegeben wurden (1622–1625). In der unvollendeten Studie “Helène Fourment und zwei ihrer Kinder” (um 1636) drückt Rubens zärtliche Gefühle für seine junge Familie aus. Daneben beeindrucken Anton van Dycks imposantes Porträt “Karl I. von England” (um 1635; ⟶ Abb. S. 110) und Jakob Jordaens “Vier Apostel” aus der ersten Periode des Künstlers (1617 bis 1631). Unter den alten Niederländern sind alle großen Namen vertreten wie Hieronymus Bosch mit dem fast surrealistisch anmutenden “Narrenschiff” (um 1490), Frans Hals mit der kühnen Charakterstudie der “Zigeunerin” (1628–1630), Jan Vermeer van Delft mit dem poetischen Stimmungsbild “Die Spitzenklöpplerin” (1664) und dem “Astronom” (1668), Jakob van Ruisdael mit “Der Sonnenstrahl” (um 1670) und vor allem Rembrandt mit seinen Selbstbildnissen, der rührenden Schöpfung “Die Jünger von Emmaus” (1648), dem packenden Porträt von Henrickje Stoffels, Gefährtin seiner letzten Lebensjahre, und dem Aktbild der “Bethseba im Bad”, den Brief Davids in Händen haltend, der ihr seine Liebe erklärt (1654). Wenngleich bescheidener, so birgt auch die Sammlung deutscher Meister bedeutende Werke, darunter das elegante “Selbstbildnis” (1493) des zweiundzwanzigjährigen Albrecht Dürer, die flanierende “Venus” (1529) von Lucas Cranach d. Ä. sowie “Anna von Cleve” (1539) und das in Basel entstandene Reformatorporträt “Erasmusmus von Rotterdam” (1523) von Hans Holbein d. J.

Englische Schule

Die englische Schule des 18. und 19. Jh.s ist vertreten mit Bildnissen von Gainsborough (“Konversation im Park”) und seinem Rivalen Reynolds (“Master Hare”, Kinderbildnis von 1788/1789), Raeburn, Thomas Law-

Louvre, Gemälde, Englische Schule (Fortsetzung)

rence, John Constable ("Die Bucht von Weymouth", 1824), William Turner ("Landschaft", um 1830) und Edward Burne-Jones ("Die Tochter des Königs", 1865/1866).

Spanische Schule

Zu den Meisterwerken der spanischen Malerei vom 14. bis 18. Jh. gehören El Grecos "Christus am Kreuz, bewundert von zwei Stiftern" (um 1585), "Der Klumpfuß" (1642) von José Ribera, "Das Begräbnis des hl. Bonaventura" (um 1630) von Francesco de Zurbarán, der eine typisch sevillianische Farbgebung zeigende "Junge Bettler" (1650) von Esteban Murillo, die Velázquez zugeschriebene "Infantin Margarita" (Tochter Philipps IV., um 1654) und eine wunderbare Porträtserie von Francisco Goya, darunter "Don Evariste Perez de Castro" (1805), der Arzt und Abgeordnete "Ferdinand Guillemardet" (1798) und die stolze "Marquesa de la Solana" (um 1810).

Kunsthandwerk

Die umfangreiche Abteilung für Kunsthandwerk zählt zu ihren Schätzen die 1793 übereigneten Reichtümer des Klosters St-Denis und die Kostbarkeiten der königlichen Möbellager sowie wertvoller französischer Privatsammlungen. Zu sehen sind mittelalterliche Glasfenster, liturgisches Gerät und Bronzen, darunter das Reiterstandbild Karls des Großen (9. Jh.), byzantinische Elfenbeinarbeiten wie das Hrabaville-Triptychon (Mitte 10. Jh.), ein Diptychon aus dem 5. Jh., der Suger-Adler (Porphyr-Vase mit Goldschmuck, 12. Jh.), Töpferwaren und Majolika der Palissy-Schule, Figuren Heinrichs IV. und Maria de Medicis (um 1610), der Kronschatz in der Apollo-Galerie mit der von Gabriel Lemonnier 1855 gefertigten Krone der Kaiserin Eugénie, der Krönungskrone Ludwigs XV. und dem 1698 in Indien gefundenen, 1717 von Philipp von Orléans erworbenen 137karätigen 'Regent-Diamant', Silbergeschirr von Thomas Germain, ein Kabinett von Molitor, Goldschmiedearbeiten von Froment-Meurice, das chinesische Teeservice der Königin Marie-Amélie, prächtige Gobelins, darunter "Die Jagden Maximilians" (Brüssel, um 1530; → Abb. S. 110), sowie Möbel und Bronzen aus den Königsgemächern der St-Cloud- und Tuilerienpaläste des 17. und 18. Jahrhunderts.

Graphik

Über 120000 Zeichnungen befinden sich im Besitz des Louvre. Zur außergewöhnlichen Sammlung graphischer Künste gehören Arbeiten der Hofmaler Le Brun, Pierre Mignard und Antoine Coypel, allein 4500 Stiche von Rembrandt sowie Arbeiten von Leonardo da Vinci ("Isabella d'Este", um 1490), Pisanello, Jacopo Bellini, Veronese, Raffael, Füssli, Goya, Dürer, Corot, Delacroix und den Impressionisten.

Musée des Arts Décoratifs, Musée des Arts de la Mode

Der Westpavillon des nördlichen Flügels (Pavillon de Marsan) enthält das eigenständige Musée des Arts Décoratifs. Dieses Kunstgewerbemuseum (geöffnet: Mi.–Sa. 12.30–18.00 Uhr, So. 11.00 bzw. 12.00–18.00 Uhr) birgt eine reiche Sammlung von Möbeln und Gebrauchsgegenständen vom Mittelalter bis zur Neuzeit sowie ein Modemuseum. Zu den Raritäten des Musée des Arts de la Mode gehören kostbare Roben von Chanel, Dior, Worth, Cardin u.a. berühmten Modeschöpfern (geöffnet: Mi.–Sa. 12.30 bis 18.00 Uhr, So. 11.00–18.00 Uhr).

*Luxembourg H 6

*Jardin du Luxembourg

Lage
Boulevard Saint-Michel (6. Arr.); Haupteingang: Place Edmond Rostand

Kinder und Studenten aus dem nahen → Quartier Latin sind Stammpublikum im Jardin du Luxembourg, nach den Tuilerien der bekannteste Park von Paris. Er wurde im 17. Jh. zur gleichen Zeit wie das Palais du Luxembourg angelegt, im 19. Jh. gab ihm der Architekt J. F. Chalgrin (1739 bis 1811) sein heutiges Aussehen.

Das große achteckige Wasserbecken mit Springbrunnen wird von zwei Terrassen flankiert. Dieser mittlere Teil des Parks ist nach dem Muster der

Jardin und Palais du Luxembourg

französischen Klassik symmetrisch mit geraden Linien gestaltet, während die äußeren Partien mit ihren geschlungenen Wegen und verträumten Ecken zwischen unregelmäßig plazierten Baumgruppen den aufgelockerten englischen Gärten nachempfunden sind. Mehrere Statuen von bedeutenden Männern und Frauen aus Kunst und Politik säumen die Terrassen und Spazierwege. Beliebter Treffpunkt ist die pittoreske, unter Bäumen versteckte Fontaine des Médicis gegenüber der Ostfront des Palais. Das Wasserbecken mit Renaissance-Monument, dessen Giebel die Flußgötter der Rhône und der Seine zieren, wurde um 1620 angelegt und erinnert an die frühere Besitzerin, Maria von Medici, die Mutter Ludwigs XIII.; das große Becken ist meist von Kindern umlagert, die ihre Segelboote schwimmen lassen – an einem Stand kann man auch welche leihen; die Kleineren sitzen begeistert vor dem Grand Guignol, einem Kasperletheater in der Nähe der Tennisplätze im südwestlichen Teil.

Bis vor wenigen Jahren machten noch ältere Frauen im Park die Runde, um im städtischem Auftrag Gebühren für Sitzgelegenheiten zu kassieren; heute sind Stühle und Bänke zum Ausruhen gratis. Bei Einbruch der Dunkelheit ertönen die Signalpfeifen der Parkwächter, die wenig später die großen Tore zur Nacht abschließen.

Jardin du Luxembourg (Forts.),

Métro-Station
Odéon

RER-Station
Luxembourg

Buslinien
21, 27, 38, 82, 84, 85, 89

Öffnungszeiten
tgl. 9.00 Uhr bis Einbruch der Dunkelheit

Palais du Luxembourg (Musée du Luxembourg)

Das Palais du Luxembourg ist Sitz des französischen Senats, der als 2. Kammer zusammen mit der Assemblée Nationale (→ Palais Bourbon) das Parlament von Frankreich bildet. Es ist mit Ausnahme der Ausstellungsräume im Museum nur in Teilen und nur sonntags für die Öffentlichkeit zugänglich.
Maria von Medici, Gemahlin Heinrichs IV., hatte den Besitz 1612 von Herzog Franz von Luxemburg erstanden, um dort ihren Witwensitz errichten

Lage
19, Rue de Vaugirard (6. Arr.)

Métro-Station
Odéon, Luxembourg

Luxembourg, Palais (Forts.)

RER-Station
Luxembourg

Buslinien
58, 83, 84, 85

Öffnungszeiten
Museum: tgl. 11.00–18.00, Do. bis 22.00

Eintrittsgebühr

zu lassen – ihrem Wunsch gemäß im florentinischen Stil ihrer Heimat. Die Architekten des 1615–1631 nach Plänen von Salomon de Brosse erbauten Schlosses folgten jedoch ganz der französischen Tradition: Haupt- und Seitenflügel, die von den Kuppelbauten der Pavillons mit hochgezogenem Dach eingefaßt sind, formen einen Ehrenhof (Cour d'Honneur); die Wohnräume in der 'klassischen' Aufeinanderfolge von Garderobe, Cabinet, Antichambre und Chambre (Schlafzimmer) bilden jeweils eine Einheit; zwei große Galerien waren für Gemäldezyklen bestimmt. Maria von Medici konnte das Schloß allerdings nie nutzen, da sie kurz nach dessen Fertigstellung fliehen mußte – sie hatte das politische Intrigenspiel gegen ihren Widersacher, Kardinal Richelieu, verloren; 1642 starb die Königin im Exil in Köln. Nach wechselndem Besitz bestimmte Napoleon I. das Palais zum Senatsgebäude und ließ es von J. F. Chalgrin umbauen.

Der berühtem Medici-Zyklus mit den Lebensstationen der Fürstin, gemalt von Peter Paul Rubens, befindet sich heute im → Louvre; das geplante Gegenstück für Heinrich IV. kam nicht zur Ausführung.
Die Bibliothek, von Eugène Delacroix zwischen 1845 und 1847 mit beachtenswerten Wandgemälden ausgeschmückt, ist leider nicht zu besichtigen.

*Madeleine — G 4

Lage
Place de la Madeleine (8. Arr.)

Métro-Station
Madeleine

Buslinien
24, 42, 52, 84, 94

Die Kirche der hl. Maria Magdalena (Eglise Sainte Maria Madeleine), von der Bevölkerung La Madeleine genannt, stellt mit ihren 54 korinthischen Säulen ein pseudogriechisches Bauwerk von beachtlichen Ausmaßen dar; es ist 108 m lang, 43 m breit, die Säulenhöhe beträgt 15 m.

In der Baugeschichte der Madeleine spiegeln sich die Wirren der französischen Geschichte vom Ende des Ancien Régime bis zum Bürgerkönigtum wider: 1763 erfolgte unter Ludwig XI. die Grundsteinlegung einer kreuzförmig angelegten Barockkirche mit Kuppel. Unter Ludwig XVI. war eine klassizistische Umgestaltung nach dem Vorbild des noch im Bau befindlichen → Pantheon geplant, die Kuppel sollte indessen stärker betont werden. Während der Revolutionszeit kam der Bau dann ganz zum Erliegen. Verschiedene Pläne für eine vollkommen andere Nutzung als Börsen-, Parlaments- oder Bankgeäbude wurden erörtert und wieder verworfen, bis Napoleon I. sich 1806 dafür entschied, eine Ruhmeshalle der Armee im Stil des Parthenon auf der Athener Akropolis zu errichten, dann aber kurz vor seiner Abdankung doch wieder einem Kirchenbau den Vorzug gab. Ludwig XVIII., Protagonist der Restauration, wollte hier eine Sühnekirche für die Opfer der Revolution erstehen lassen. Unter dem Bürgerkönig Louis-Philippe wurde die der hl. Maria Magdalena geweihte Kirche schließlich 1842 als 'griechischer Tempel' vollendet.

Gipfelfries

Der 1833 von Philippe-Henri Lemaire angefertigte Gipfelfries an der Hauptfront, die 1991–1993 restauriert worden ist, stellt das Jüngste Gericht dar, die Bronzetür trägt Reliefbilder, die sich auf die Zehn Gebote beziehen.

Inneres

Vestibül, Schiff und der halbrunde Chor im Innern erhalten ihr Licht durch drei große Kuppeln; hier kann man prachtvolle Skulpturen des 19. Jh.s bewundern, darunter "Die Taufe Christi" von François Rude. Die Gewölbezwickel sind mit Reliefs der zwölf Apostel, der Hauptaltar mit einer Marmorgruppe (1837, Himmelfahrt der Maria Magdalena) ausgestattet. Über dem Altar zeigt ein gewaltiges Fresko Konstantin den Großen, Friedrich Barbarossa, Johanna von Orléans, Ludwig den Heiligen, Michelangelo, Raffael, Dante, Kardinal Richelieu, Napoleon und andere illustre Persönlichkeiten der abendländischen Geschichte. Die Cavaillé-Coll-Orgel wird für ihre Konzerte gerühmt.

Maisons-Laffitte

Das eindrucksvolle Château de Maisons wurde 1642–1651 von François Mansart für den Präsidenten des königlichen Gerichtshofes (Parlement), René de Longueil, erbaut. Es ist das bedeutendste Zeugnis für die frühe Epoche der klassischen französischen Schloßbaukunst im 17. Jahrhundert. Hier wurden zum ersten Mal von Mansart die hohen Giebelfenster angelegt, die später als 'Mansarden' in den architektonischen Sprachgebrauch eingingen.
Ihren Namen erhielt die Residenz nach dem früheren Besitzer Laffitte, Bankier und Premierminister unter dem Bürgerkönig Louis-Philippe.
Die gesamte Inneneinrichtung stammt aus der Zeit des 17./18. Jahrhunderts. Besonders beachtenswert sind die zahlreichen Doppelpilaster mit ihrer feinen Zeichnung und die königlichen Gemächer im ersten Stock, zu denen ein prachtvolles Spiegelkabinett gehört.

Lage
20 km nordwestlich von Paris (N308)

RER-Station
Maison-Laffitte

Öffnungszeiten
Mo.–Fr. 9.00–12.00, 14.00–18.00, Sa. 14.00–16.00; So. 14.00–19.00

Eintrittsgebühr

*Malmaison

Das im westlichen Vorort Rueil-Malmaison gelegene Schloß Malmaison enthält viele Erinnerungsstücke an Kaiser Napoleon I. und Kaiserin Joséphine. Seit dem Jahre 1906 ist es französisches Nationalmuseum (Musée National du Château de Malmaison).
Schloß Malmaison wurde 1620 im frühen Barockstil erbaut und 1799 von Joséphine de Beauharnais, der ersten Gemahlin von Napoleon Bonaparte, gekauft. Nach ihrer Scheidung lebte die Kaiserin hier zurückgezogen und allein. Sie starb 1814 in Malmaison, 10 Monate bevor Napoleon – nach dem Scheitern der '100 Tage' – sich hier von Familie und Vaterland verabschiedete, um sich danach endgültig ins Exil auf der Insel Sankt Helena zu begeben. Napoleon III. kaufte das Anwesen im Gedenken an seine Großmutter zurück, ließ es anschließend restaurieren und vermachte es dem Staat zu Beginn dieses Jahrhunderts.
Die Innenausstattung zeigt den Stil des Empire. Die meisten Gegenstände gehören zum Schloß, einige stammen aus den Schlössern von Saint-Cloud und → Fontainebleau sowie aus dem ehemaligen Palast der → Tuilerien. Im Erdgeschoß liegen das Billardzimmer, der Goldene Salon mit kostbarem Porzellanservice aus Sèvres, der Musiksalon mit Originaleinrichtung von 1812 (u.a. eine Harfe von Joséphine und das Klavier ihrer Tochter Hortense), das Eßzimmer, dessen vergoldetes Tafelservice ein Krönungsgeschenk der Stadt Paris von 1804 darstellt, das Rats- und Arbeitszimmer mit Mobiliar aus Saint Cloud und Compiègne sowie die im ursprünglichen Zustand erhaltene Bibliothek. Die Räume im 1. Stock umfassen die Gemächer des Kaisers und seiner Gemahlin, darunter der Salon de Marengo mit dem 1801 entstandenen Wandbild der siegreichen Schlacht bei Marengo von Louis David.

Lage
Rueil-Malmaison 16 km westlich von Paris (N 13)

RER-Station
La Défense

Buslinie
158 A (ab La Défense)

Öffnungszeiten
Mo., Mi.–So. 10.00–12.00, 13.30–17.00; Di. und Fei. geschlossen

Führungen

**Marais — J/K 5/6

Das Stadtviertel Le Marais (Quartier du Marais) ist etwa identisch mit dem 4. Arrondissement. In den letzten 30 Jahren wurde hier in kostspieliger Restaurationsarbeit ein Kapitel Pariser Stadtgeschichte vor Ruin und Abbruch gerettet.

Der Marais, dessen städtebauliches Glanzstück die geschlossene → Place des Vosges darstellt, gilt als die Geburtsstätte des 'Hôtel', der glanzvollen Pariser Stadtwohnung des französischen (Land-)Adels – als Palais bezeichnete man unter dem Ancien Régime dagegen nur Wohngebäude der königlichen Familie. Die große Zeit der aristokratischen Stadt-

Lage
4. Arr.

Métro-Stationen
Saint-Paul, Rambuteau

Buslinien
20, 29, 67, 69, 75, 76, 79, 96

Entstehung (Fortsetzung)

paläste waren das 16. und 17. Jh., als Paris zur glanzvollen Metropole Europas aufstieg und sich die feine Gesellschaft in den Adelspalästen des Marais traf. Charakteristisch für die Anlage eines Hôtel jener Zeit sind der stets zur Straße hin gelegene Ehrenhof (Cour d'Honneur), ein Haupttrakt mit Seitenflügeln und die rückwärtige Terrasse mit Garten. Gegen Ende des 17. Jh.s verlor das Quartier seine Attraktivität für den Adel und das reiche Bürgertum, die dem Hofe nach → Versailles folgten oder in den → Faubourg Saint-Germain umzogen. Danach siedelten sich zunehmend Handwerker und kleine Händler im Viertel an. Die Revolution hinterließ böse Narben, die Hôtels verfielen oder wurden zum Neubau von Wohnhäusern von der Bevölkerung abgetragen, auch einzelne Restaurationsbemühungen im 19. Jh. änderten nichts.

Sanierung

Erst 1962 begann die französische Kultusverwaltung unter André Malraux mit den dringendsten Aufgaben zur Erhaltung des städtebaulich und historisch wertvollen Areals. Dabei wurden die fast vergessenen Hôtels wiederentdeckt. Zwar rief die Sanierung des Viertels das Spekulantentum auf den Plan, doch blieb die gewachsene Atmosphäre des Marais-Viertels erhalten. Inzwischen hat es sich zum 'Quartier branché' entwickelt, in dem neben alten Handwerksbetrieben moderne Boutiquen, schicke Designerläden, Gourmettempel, Luxusherbergen und kleine Kunstgalerien eingezogen sind. Bei einem Bummel durch die engen Gassen spürt man den diskreten Charme der Bourgeoisie, beeindruckt das lebendige Nebeneinander von mittelalterlicher Kulisse und modernem Einwohneralltag. Besonders sehenswerte Hôtels sind:

Hôtel de Sens
Bibliothèque Forney

1, Rue du Figuier, Tel. 42781460; Métro: Saint-Paul
Das 1475–1507 von den Erzbischöfen von Sens erbaute Hôtel ist eines der ältesten Wohngebäude von Paris. Es beherbergt die Forney-Bibliothek mit wertvollen Dokumenten über bildende Kunst und Industrietechnik (geöffnet: Di.–Fr. 13.30–20.00 Uhr, Sa. 10.00–20.00 Uhr).

Eines der ältesten Wohngebäude in Paris: Hôtel de Sens

Hôtel d'Aumont
Tribunal administratif de Paris

7, Rue de Jouy; Métro: Saint-Paul
Das Adelspalais wurde 1630–1650 von Louis Le Vau errichtet und 1656 von François Mansart umgestaltet. Heute ist im Hôtel d'Aumont das Pariser Verwaltungsgericht untergebracht.

Hôtel de Beauvais

68, Rue François-Miron, Tel. 887 7431; Métro: Saint-Paul
In dem 1658–1660 von Antoine Lepautre erbauten Hôtel de Beauvais wohnte der junge Wolfgang Amadeus Mozart 1763 während seines Aufenthaltes in Paris.

Hôtel d'Hallwyll

28, Rue Michel-le-Comte; Métro: Rambuteau
Das 1765 von Claude-Nicolas Ledoux entworfene Hôtel d'Hallwyll war einst die Residenz von Necker und seiner Tochter Mme de Staël, die mit ihrem Werk "De l'Allemagne" für lange Zeit in Frankreich die Vorstellungen von 'deutschen Dichtern und Denkern' prägte.

Hôtel Amelot de Bisseuil
Hôtel des Ambassadeurs de Hollande

47, Rue Vieille-du-Temple;
Métro: Rambuteau
Das von Antoine Lepautre entworfene, 1657–1660 errichtete Hôtel Amelot de Bisseuil ist heute Sitz der niederländischen Botschaft (Hôtel des Ambassadeurs de Hollande).

Archives Nationales

Das zu Beginn des 19. Jh.s gegründete französische Nationalarchiv gehört zu den größten seiner Art weltweit. Mit dem modernen Gebäude des CARAN (Centre d'Acceuil et de Recherche des Archives Nationales, 11, Rue des Quatre-Fils, 75003 Paris, Tel. 40276418) wurde in jüngerer Zeit ein notwendiger Erweiterungsbau für die Bestände geschaffen.

Hôtel de Rohan-Soubise, Musée de l'Histoire de France

60, Rue des Francs-Bourgeois; Métro: Rambuteau, Saint-Paul
Das 1704–1712 unter der Ägide von Pierre Alexis Delamaire entstandene Hôtel mit kolonnadengesäumtem Ehrenhof wurde für die Prinzessin Soubise erbaut und 1808 seiner jetzigen Bestimmung übergeben. Es enthält im ersten Stock mehrere Millionen Urkunden zur Geschichte Frankreichs vom 7. Jh. bis zum Zweiten Weltkrieg, die im Musée de l'Histoire de France (geöffnet: tgl. außer Di. 14.00–17.00 Uhr) zusammengefaßt sind, darunter eine Papyrusrolle aus dem Jahre 629, unterzeichnet von König Dagobert, Briefe der Jungfrau von Orléons, das Testament Napoleons und Berichte von Jean Moulin, einer Hauptfigur der Résistance.
Unter den königlichen Gemächern verdienen die Rokoko-Räume besondere Beachtung, vor allem der 1700 vollendete, kapriziöse 'Salon ovale', ein Meisterwerk von Germain Boffrand und den Malern Natoire, Boucher und van Loo.

Hôtel de Rohan-Strasbourg

87, Rue Vieille-du-Temple; Métro: Rambuteau, Saint-Paul
Das ebenfalls von Delamair konzipierte Adelspalais birgt notarielle Urkunden; besichtigt werden können nur die Wechselausstellungen des Hauses. Den zweiten Ehrenhof ziert das lebendige Hochrelief "Die Sonnenpferde des Apollon" von Robert Le Lorrain aus dem 18. Jahrhundert.

Hôtel Libéral Bruand
Musée Bricard

1, Rue de la Perle; Métro: Saint-Paul, Chemin Vert (→ Abb. S. 118)
Das Museum in dem 1685 fertiggestellten Adelspalais, das der Architekt Libéral Bruand für sich selbst errichten ließ, beherbergt eine umfangreiche Sammlung zur Geschichte des Schlosserhandwerks von der Römerzeit bis zur Gegenwart (geöffnet: Di.–Sa. 14.00–17.00 Uhr; Aug. geschlossen).

Hôtel Guénégaud
Musée de la Chasse et de la Nature

60, Rue des Archives; Métro: Rambuteau
Das 1651 für den französischen Schatzmeister François de Guénégaud von François Mansart erbaute Hôtel wird heute vom Musée de la Chasse et de la Nature genutzt, das auf eine Sammlung des jagdbegeisterten Industriellen François Sommer zurückgeht. Das Museum wartet mit alten Schußwaffen, Jagdmessern und Trophäen auf sowie Tierstudien von François Desportes (1661–1743) und Jagdszenen von Lucas Cranach, Pieter Bruegel d. Ä., Rubens, Chardin und Oudry (geöffnet: Mo., Mi.–So. 10.00 bis 12.30, 13.30–17.30 Uhr).

Das Musée Bricard erzählt die Geschichte des Schlosserhandwerks

Hôtel Lamoignon
Bibliothèque Historique de la Ville de Paris

24, Rue Pavée;
Métro: Saint-Paul
In dem 1584 von Jean-Baptiste Androuet du Cerceau vollendeten Hôtel Lamoignon befindet sich die Bibliothek der Stadtgeschichte von Paris, die auch regelmäßig Sonderausstellungen veranstaltet (geöffnet: Mo.–Sa. 9.30–18.00 Uhr).

Hôtel Carnavalet

→ Musée Carnavalet

Hôtel Salé

→ Musée Picasso

Place des Vosges

→ dort

Hôtel de Béttune-Sully

62, Rue Saint-Antoine;
Métro: Saint-Paul
Das prachtvolle Adelspalais, 1624 von Jean Androuet du Cerceau entworfen, diente Maximilian de Béttune-Sully, Minister Heinrichs IV., als Stadtresidenz. Der Ehrenhof und Skulpturenschmuck der Fassade zum Garten hin sind besonderes sehenswert. Heute ist hier die Caisse Nationale des Monuments Historiques et des Sites untergebracht, die sich dem Denkmalschutz historisch wertvoller Bausubstanz widmet.

Hôtel de Donon
*Musée Cognacq-Jay

8, Rue Elzévir;
Métro: Saint-Paul
Das für Sieur Méderic de Donon im 16. Jh. errichtete Hôtel wurde bis 1991 vollkommen renoviert, um hernach das bis 1989 am Boulevard des Capucines untergebrachte Musée Cognacq-Jay aufzunehmen. Die kostbare Sammlung, die der Kaufhausgründer Ernest Cognacq und seine Frau Louise Jay 1928 der Stadt vermachten, zeigt künstlerische Meisterwerke des 'Siècle des lumières' (18. Jh.), darunter Arbeiten von Fragonard, Boucher und Watteau.

Marché aux Puces H 1

Der Flohmarkt, das Königreich des 'bric à brac', liegt zwischen der Porte de Clignancourt und der Porte de Saint-Quen, hinter der Ringautobahn an der nördlichen Stadtgrenze von Paris. Wenn man von der Métro-Station Porte de Clignancourt auf den Flohmarkt zugeht, ist man zuerst etwas enttäuscht über die Reihen von Ständen mit Jeans, Lederwaren und billigem Kleidungssortiment, die entlang der Gehsteige aufgebaut sind; der eigentliche Flohmarkt beginnt aber erst hinter der Autobahnunterführung. Auch hier ist das Angebot recht gemischt: fabrikneue Mode ist ebenso vertreten wie wertloser Plunder und echte (?) Antiquitäten: Bilder, Möbel, Bücher und Geschirr – man sollte sich allerdings beim Kauf seiner Sache sicher sein. Wer nichts Bestimmtes sucht, kann sich ganz der Atmosphäre dieses Durcheinanders von wertvollen alten Gegenständen, gekonnt gemachten Imitationen und Krimskrams überlassen.
Mehrere Bezirke des Flohmarktes haben sich auf bestimmte Artikel spezialisiert und tragen eigene Namen: Malik: Kleidung, Brillen, Schallplatten, CDs; Jules-Vallès: Bauernmöbel; Paul-Bert: Geschirr, Puppen; Serpette: Möbel aus den dreißiger Jahren; Cambo: Hausrat, Bilder; Biron: wertvolle Antiquitäten; Vernaison: Stilmöbel, Nippesfiguren und das legendäre Restaurant Louisette, berühmt geworden durch seine Chansonniers.

Lage
Nördliche Grenze des 18. Arr.

Métro-Station
Porte de Clignancourt

Buslinien
56, 85, PC

Öffnungszeiten
Sa.–Mo. 7.30–19.00

Monnaie H 5

Die 1771–1777 erbaute, ehemals königliche, heute staatliche Münze (Monnaie de Paris; Hôtel de la Monnaie) ist eines der wenigen Baudenkmäler im frühen Stil Louis XVI., die Paris besitzt. Am Ende der Regierungszeit Ludwigs XV. nach Plänen von Jacques Denis Antoine begonnen, ist ihre Architektur durch den Verzicht auf große Dekoration, wie sie im Barock und Rokoko üblich waren, gekennzeichnet. Das Portal an der 117 m langen Hauptfassade trägt allegorische Darstellungen von Handel und Landwirtschaft.
Die Prägung von Kleingeld (monnaie) findet seit 1973 in Pessac (Gironde) statt. Die Ateliers am Quai de Conti, die man besichtigen kann (geöffnet: Di., Fr. 14.15–14.45 Uhr), haben indessen das Privileg für Sondermünzen in Gold und Silber behalten. Das Museum erzählt über die Geschichte der Münze von der Renaissance bis zur Gegenwart (geöffnet: Do., So. 13.00 bis 18.00 Uhr, Mi. 13.00–21.00 Uhr).

Lage
11, Quai de Conti (6. Arr.)

Métro-Stationen
Pont Neuf, Odéon

Buslinien
24, 27, 58, 78

*Montmartre G/H 3

Für den Namen Montmartre gibt es zwei gängige Erklärungen. Einmal wird er von 'Mont de Mercure' (Berg des Merkur) abgeleitet, nach einem dem Merkur geweihten römischen Tempel, der hier gestanden haben soll. Eine zweite Etymologie ist im Zusammenhang mit der Legende um den heiligen Dionysius, den ersten Bischof von Paris, entstanden. Dieser soll hier mit seinen Gefährten Rustikus und Eleutherius enthauptet worden sein (→ Saint-Denis); Montmartre bedeutet demnach 'Mont des Martyrs' (Berg der Märtyrer).

Heute versteht man unter Montmartre dreierlei: La Butte Montmartre, den Hügel (129 m ü.d.M.) mit → Sacré-Cœur, Place du Tertre, kleinen Theatern und Revuen wie Michous verrückter Travestieshow in der Rue des Martyrs, das Montmartre-Wohnviertel und schließlich das Vergnügungsviertel am Boulevard de Clichy mit zahlreichen Erotik-Etablissements, die sich um das legendäre Moulin Rouge und in den angrenzenden Seitenstraßen befinden.

Lage
im nördlichen Teil der Stadt (18. Arr.)

Métro-Stationen
Place Clichy, Blanche, Pigalle, Anvers, Abbesses

Buslinien
30, 31, 60, 80, 85, Montmartrobus (54, 55), 95

La Butte Montmartre

Auf der Butte Montmartre spielen nicht nur Legenden, sondern wurde auch Geschichte gemacht. Seit dem 12. Jh. trug der Hügel ein mächtiges Benediktinerinnenkloster, Saint-Pierre-de-Montmartre, das 1794 dem Erdboden gleichgemacht wurde – heute erinnert nur noch der Name der Place des Abbesses an die Äbtissinnen des Klosters. Während der französischen Revolution erhielt der Hügel vorübergehend den Namen des Revolutionsführers Jean-Paul Marat: Mont-Marat. 1871 war Montmartre dann Schauplatz des blutigen Beginns und noch blutigeren Endes der Pariser Kommune, deren Verteidiger hier wie auf den Buttes Chaumont letzten Widerstand gegen die Truppen der bürgerlich-reaktionären Regierung Thiers leisteten. Weltruhm erlangte das ehemalige Weinbauerndorf, das erst 1860 eingemeindet wurde, durch die Künstlerkolonie, die sich vor der Jahrhundertwende auf der Butte bildete und von überall her Sänger, Schriftsteller und Maler anzog, darunter Manet, van Gogh, Toulouse-Lautrec, Utrillo, Apollinaire, Max Jacob, Picasso, Braque, Vlaminck, Emile Bernard, Courteline und Mac Orlan. Picassos Atelier, das Bateau-Lavoir, wurde zum Mittelpunkt der Kubistenbewegung, während das Lapin Agile mit seinen Chansonniers zum Treffpunkt der Pariser Bohème avancierte. Nach dem Ersten Weltkrieg verlagerte sich das künstlerische und intellektuelle Zentrum zunehmend in das Viertel um den → Montparnasse.
Geblieben sind vor allem aber nicht nur die Erinnerungen. Obwohl Kunst und Kommerz auf der Place du Tertre ein und dasselbe geworden sind und man sich über den Zuckerbäckerstil von Sacré-Cœur streiten mag: Wenn man sich Zeit nimmt, durch die engen Gäßchen und über die steilen Treppen von Montmartre zu schlendern und die vielen, oft ganz unverhofften Ausblicke auf Paris zu genießen, erfährt man hier eindringlich, was Paris zu bieten hat: eine unglaubliche Vielfalt der Eindrücke.

Funiculaire

Da Montmartre immerhin der höchste 'Berg' von Paris ist, verkehrt hier die einzige Seilbahn (Funiculaire) der Stadt zwischen der Place Saint-Pierre und Sacré-Cœur (tgl. 6.45 bis 0.45 Uhr).

Moulin Rouge am Boulevard de Clichy

Auf der Place du Tertre bieten Maler und Porträtisten ihre Dienste an

Place du Tertre

Der von kleinen Cafés und Restaurants gesäumte ehemalige Dorfplatz auf der Butte Montmartre ist neben → Sacré-Cœur eine der meistbesuchten touristischen Attraktionen von Paris. Maler, Porträtisten und Karikaturisten aller Nationalitäten stellen hier aus und bieten ihre Dienste an, die allerdings in der Regel weniger mit Kunst als mit dem Souvenirhandel zu tun haben.
Die niedrigen Häuschen aus dem 18. Jh., darunter das 1790 erbaute ehemalige Bürgermeisteramt (Nr. 3), bilden eine malerische Kulisse für den Touristenrummel, der das ganze Jahr auf dem Platz herrscht.

Sacre-Cœur

→ dort

Saint-Pierre-de-Montmartre

Die Kirche Saint-Pierre in der Rue du Mont-Cenis ist der Überrest des ehemaligen mächtigen Benediktinerinnen-Klosters aus dem 12. Jh., dessen letzte Äbtissin 1794 unter der Guillotine starb. Vier schwarze Marmorsäulen im Chor und an der Westseite des Innenraums stammen noch aus der merowingischen Kirche, die an der Stelle eines römischen Merkur-Tempels im 7. Jh. hier errichtet worden war. Die heutige Kirche ist vor allem ein Werk der Frühgotik, die Weihe des Chors fand 1147 im Beisein des katholischen Reformators Bernhard von Clairvaux statt.

***Musée du Vieux-Montmarte**

Einen kurios-sentimentalen Einblick in die vergangenen Tage des Montmarte-Viertels vermittelt das kleine Museum in der Rue Cortot (Nr. 12). In dem pittoresken Gebäude aus dem 17. Jh. wohnten viele Künstler, die später internationalen Ruhm erlangten. 1876 hatte Auguste Renoir hier sein Atelier, später kamen Susanne Valadon und Sohn Utrillo, Emile Bernard, Maximilian Luce und Maurice Delcourt.
Zu den Exponaten des Museums gehören das originale Lapin-Agile-Schild, Plakatentwürfe von Théophile Steinlen (v.a. für das vielbesuchte Kabarett 'Le Chat Noir') und humorvolle Milieustudien von Francisque Poulbot (geöffnet: Di.–So. 11.00–18.00 Uhr).

Montmartre (Fortsetzung), Place des Abesses

An der dreieckigen Place des Abesses zieht eine der schönsten Metrostationen von Paris die Aufmerksamkeit auf sich mit einem Jugendstileingang von Hector Guimard. Gegenüber steht die aus Beton mit roter Backsteinverkleidung erbaute, 1904 geweihte Kirche Saint-Jean-L'Evangeliste, die Anatole de Baudot in einfachen, klaren Formen entworfen hat.

Place Emile Goudeau, Le Bateau-Lavoir

Die kleine Place Emile Goudeau mit ihren schattenspendenden Bäumen ist durch das von außen eher unscheinbar wirkende, verwinkelte Haus Nr. 13. (13, Rue Ravignan – bevor der Platz einen eigenen Namen erhielt) als Geburtsstätte des Kubismus bekannt geworden. Eine lange Reihe berühmter Künstler hatte ihr Atelier im Bateau-Lavoir, lebte hier oder kam als Gast, darunter Paul Gauguin, Juan Gris, Otto Freundlich, Max Jacob, André Salmon, Brancusi, Modigliani und natürlich Pablo Picasso, der sich hier 1904 niederließ und in den darauffolgenden Jahren seine "Demoiselles d'Avignon" schuf, das erste kubistische Bild der Kunstgeschichte. Heizung und fließendes Wasser gab es zu jener Zeit nicht, an Elektrizität war garnicht zu denken. 1970 brannte das Gebäude ab, wurde aber später von der Stadt in seiner originalen Fassung wiederaufgebaut und mit modernen Künstlerateliers ausgestattet.

Le Lapin Agile

Um die Ecke in der steilen Rue des Saules (Nr. 22) trifft man auf ein weiteres Relikt der Jahrhundertwende, den 'flinken Hasen' (Lapin Agile). Seinen Namen verdankt das Kabarett dem von André Gill gezeichneten Aushängeschild, auf dem ein Hase aus dem Kochtopf springt. Illustre Künstler traten hier auf, darunter der von Toulouse-Lautrec so trefflich verewigte Chansonnier Aristide Bruant und sein Freund Frédéric Gerard, 'Père Fredé' genannt, die ihr meist bürgerliches Publikum mit geistreichen, freizügig-frechen Liedern begeisterten. Auch heute finden hier talentierte Künstler mit ihren Chansons ein breites Publikum – nur ist alles etwas teurer geworden.

Musée de la Vie Romantique

Das Museum in der Rue Chaptal (Nr. 16) birgt zahlreiche Erinnerungen an die künstlerisch-literarischen Zirkel im Salon des niederländischen Malers Ary Scheffer (1795–1858). In der mondänen Villa der Restaurationszeit verkehrten einst George Sand und Chopin, Delacroix, Liszt, Ingres, Lamartine und Turgenjew (geöffnet: Di.–So. 10.00–1740 Uhr).

Zwischen Place de Clichy und Place Pigalle

Am südwestlichen Rand des Montmartre-Hügels liegt zwischen Place Pigalle und Place de Clichy der Boulevard de Clichy, einer der nächtlichen Anziehungspunkte von Paris mit dem traditionsreichen Moulin Rouge (→ Abb. S. 120). Am Boulevard und in den angrenzenden Seitenstraßen, die auf die Place Pigalle, Place Blanche und Place de Clichy zulaufen, findet man alles, was das Geschäft mit der Erotik zu bieten hat: Sex-Shops, Porno-Shows, Striptease-Lokale, freizügige Kabarets und Revuen, Bars und Prostitution.

Cimetière de Montmartre

→ Friedhöfe

Montparnasse

G 6

Lage
An der Grenze zwischen 6. und 14. Arr.

Das Viertel Montparnasse ist heute durch seine 59 Stockwerke hohe Tour Maine-Montparnasse fast bekannter als durch die ehemaligen Künstlerkolonien, deren letzte Reste noch im südlichen Teil des 14. Arrondissements überdauert haben.
Waren um die Jahrhundertwende bis zum Ersten Weltkrieg der → Montmartre und im ersten Jahrzehnt nach dem Zweiten Weltkrieg das Viertel → Saint-germain-des-Prés die Treffpunkte von Künstlern und Intellektuellen, so übernahm Montparnasse in den zwanziger und dreißiger Jahren diese Rolle. In den Cafés, Bars und Restaurants an der Kreuzung Boule-

Gare de Montparnasse

Echelles du Baroque

Métro-Stationen
Vavin, Edgard-Quinet, Montparnasse-Bienvenue

Buslinien
28, 48, 58, 68, 82, 89, 91, 92, 94, 95

vard du Montparnasse und Boulevard Raspail trafen sich Simone de Beauvoir und Jean-Paul Sartre, Ernest Hemingway, Henry Miller und James Joyce im Dôme, Coupole, Select oder Rotonde. Hier arbeiteten die Maler Henri Matisse, Wassily Kandinsky, Amedeo Modigliani und Marc Chagall. Das Café-Restaurant Closerie des Lilas war das Reich der Dichter Paul Fort und Guillaume Apollinaire und ein Stammlokal von Jean-Paul Sartre.

Tour Maine-Montparnasse

Öffnungszeiten
Sommer: tgl. 9.30–23.30;
Winter: tgl 10.00–22.00,

Eintrittsgebühr

*Panoramablick

Heute wird das Viertel von der Tour Maine-Montparnasse an der Avenue du Maine (Nr. 33) beherrscht, ein 209 m hoher Turm, der von den Architekten Beaudouin, Cassan, de Marien und Saubot entworfen und zwischen 1969 und 1972 realisiert wurde. Vom Panorama-Restaurant (56. Etage) und der Freiluftterrasse (59. Etage) genießt man einen bis zu 40 km weiten Blick über Paris, der sich durchaus mit dem vom Eiffelturm vergleichen läßt; Teleskope rücken den Horizont in greifbare Nähe. In dem 20minütigen Film "Paris jamais vu" (kostenlos) von Albert Lamorisse werden wunderschöne Luftaufnahmen der Seinemetropole gezeigt, die ihre Ergänzung in Wechselausstellungen zur Pariser Geschichte finden.

Gare de Montparnasse

Neben der Tour erheben sich die Gebäude des zu Anfang der siebziger Jahre neu gestalteten Bahnhofs Montparnasse, von dem aus die Züge in den Westen Frankreichs fahren. Auf der Höhe der Brücke Cinq-Martyrs-du Lycée-Buffon wurde mit der Gare de Vaugirard zu Beginn der neunziger Jahre ein neuer Bahnhofstrakt eingeweiht, von dem aus seit 1991 der Hochgeschwindigkeitszug TGV zum Atlantik verkehrt. Das künftige Verkehrsaufkommen wird auf rund 60 Mio. Fahrgäste pro Jahr geschätzt. Die Überdachung der Gleise mit der Gartenanlage 'Jardin de l'Atlantique' fungiert als Verbindungsglied zwischen den Stadtteilen Vaugirard und Plaisance.

Sanierung

Hinter dem Bahnhof hat die Stadt seit den sechziger Jahren eines der größten und radikalsten Sanierungsprogramme in Paris durchgeführt.

Montparnasse, Sanierung (Fortsetzung)

Einst ein durch sein Ambiente von Künstlern wie dem naiven Maler Henri Rousseau bevorzugtes Viertel, verfiel die Gegend zwischen der Rue Vercingetorix und der Rue Commandant René Mouchette zunehmend, bis eine nahezu flächendeckende Neugestaltung von ca. 80 ha erfolgte. Die entstandenen funktionalen Beton-Klassizismen, deren Wohnhäuser oft eher Theaterkulissen gleiche, bleiben indessen umstritten.

Echelles du Baroque, Amphithéâtre

Als jüngstes Beispiel ragt seit 1986 das Büro- und Appartementgebäude der Echelles du Baroque (→ Abb. S. 123) an der Place de Séoul aus dem Häusermeer. In dem nach innen zu mit blauem Glas verkleideten Ellipsenbau und dem dazugehörigen 'Amphitheater' sind 270 Wohnungen untergebracht. Der katalanische Architekt Ricardo Bofill wurde auch durch seine monumentalen Gebäudekomplexe in Marne-la-Vallée und Saint-Quentin-en-Yvelines bekannt (→ Allgemeines, Villes Nouvelles).

Cimetière de Montparnasse

→ Friedhöfe

Mosquée de Paris J 6

Lage
39, Rue Geoffroy-Saint-Hilaire (5. Arr.)

Métro-Stationen
Monge, Censier-Daubenton

Das moslemische Gebetshaus, in dem sich auch das islamische Institut für Religionswissenschaft befindet, wurde 1922–1926 erbaut und mit einem 33 m hohen Minarett versehen. Der Gebetssaal kann täglich außer freitags besichtigt werden. Nicht vergessen: Die religiösen Gebräuche gebieten, daß man vor dem Betreten des Raumes die Schuhe auszieht.
Zu dem Gebäudekomplex gehören noch ein türkisches Bad (Hammam) und ein kleines arabisches Restaurant.

*Musée Carnavalet K 5

Lage
23-29, Rue de Sévigné (3. Arr.)

Métro-Stationen
Saint-Paul, Chemin-Vert

Buslinien
29, 69, 76, 96

Öffnungszeiten
Di., Mi., Fr.–So. 10.00–17.40; Do. 10.00–20.00

Eintrittsgebühr

Carnavalet ist eine spöttische Verdrehung des Namens der früheren Besitzerin, der Witwe des bretonischen Sire de Kernevenoy. Das Hôtel wurde im 16. Jh. vermutlich von Pierre Lescot, dem Architekten der Renaissance-Fassade des → Louvre, errichtet. Das Eingangsportal mit Löwenskulpturen von Jean Goujon und der gegenüberliegende Trakt stammen noch aus dieser Zeit. Die anderen Flügel um den Eingangshof, in dessen Mitte eine beachtenswerte Statue Ludwigs XIV. (1698) von Antoine Coysevox steht, sind im 17. Jh. von François Mansart umgestaltet worden. Zwischen 1677 und 1696 bewohnte Madame de Sévigné das Hôtel de Carnavalet. Ihre über 1500 Briefe an ihre Tochter, in denen sie das Leben in Paris und am Hof von Versailles schildert, sind ein äußerst wertvolles Dokument über das Zeitalter des Sonnenkönigs.
Um die Jahrhundertwende wurde das Hôtel für die musealen Zwecke des hier seit 1880 untergebrachten stadtgeschichtlichen Museums von Paris erheblich ausgebaut. Als man für die kontinuierlich wachsenden Bestände erneut zusätzlichen Raum benötigte, wurde das Museum 1989 um das benachbarte Hôtel Le Peletier de Saint-Fargeau erweitert. Der nüchterne Stil dieses 1686–1690 unter der Leitung des Architekten Pierre Bullet entstandenen Baus läßt den Einfluß von François Blondel erkennen.

Musée de l'Histoire de Paris

In den liebevoll gestalteten Ausstellungsräumen des Hôtel Carnavalet vermittelt eine umfassende Sammlung von Gemälden, Skulpturen, Kupferstichen, Fayencen, Möbeln und Gebrauchsgegenständen verschiedenster Art dem Besucher einen lebendigen Einblick in die Geschichte der Stadt von den gallo-römischen Anfängen über das Mittelalter bis zur Regierungszeit Ludwig XVI.; die neuen, 1991 um vier weitere Säle ergänzten Abteilungen im Hôtel Le Peletier de Saint-Fargeau sind den stadtgeschichtlichen Entwicklungen von der Französischen Revolution bis zur Gegenwart gewidmet. Zu den Höhepunkten gehören die Galerie Sévigné,

Musée Carnavalet: Ludwig XIV. ...

... und Lescot-Apotheke

Musée Carnavalet (Fortsetzung)

die Kollektion Bouvier, das Atelier des Juweliers Fouquet d'Alphonse Mucha (1900) und der 1924 von José Maria Sert entworfene Ballsaal der Madame de Wendel.

Musée Condé

→ Chantilly, Grand Château

Musée d'Art Moderne de la Ville de Paris

→ Palais de Tokyo

**Musée de Cluny (Hôtel de Cluny) H 6

Lage
6, Place Paul-Painlevé (6. Arr.)

Métro-Stationen
Cluny-La Sorbonne, Saint-Michel, Odéon

Das frühere Hôtel de Cluny, heute Museum mittelalterlicher Kunst und Kultur, steht auf dem Gelände einer römischen Thermenanlage, deren Überreste im Winkel des → Boulevard Saint-Michel mit dem Boulevard Saint-Germain liegen.
Anfang des 14. Jh.s erwarb die burgundische Benediktiner-Abtei von Cluny das Areal, um darauf ein Pariser Domizil für ihre Äbte einzurichten; der Bau des Hôtel de Cluny wurde 1485–1510 unter der Leitung von Abt Jacques d'Amboise durchgeführt. Neben dem Hôtel de Sens (→ Marais) ist das im spätgotischen Flamboyantstil errichtete Hôtel de Cluny das einzige aus dem Spätmittelalter erhaltene vornehme Wohnhaus in Paris. Es wechselte schon im Mittelalter häufig den Besitzer, verfiel nach der Fran-

Buslinien
21, 24, 27, 38, 63, 85, 86, 87, 96

Öffnungszeiten
tgl. (außer Di., Fei.)
9.30–12.30,
14.00–17.15

Eintrittsgebühr

zösischen Revolution, wurde 1833 von dem Kunstsammler Alexandre du Sommerard erworben, kam dann 1842 in staatlichen Besitz und ist seit 1844 Museum. Heute birgt das Musée de Cluny eine hervorragende Sammlung mittelalterlicher Kunstgegenstände, deren Grundstock die Privatsammlung des Altertumsforschers Alexandre du Sommerard darstellt.
Im Cour d'honneur (Ehrenhof) entfaltet sich der ganze Reiz dieser an der Grenze zwischen Spätgotik und Renaissance entstandenen Anlage. Der schöne Brunnen stammt aus dem 15. Jahrhundert.

Erdgeschoß

Die ausgestellten mittelalterlichen Wandteppiche gehören zu den kostbarsten Arbeiten des Landes. Im Erdgeschoß hängt die älteste Tapisserie, L'Offrande du Cœur, eine delikate Liebeserklärung, die im 15. Jh. in den Niederlanden produziert wurde. Zu sehen sind hier ferner romanische und gotische Skulpturen, darunter vier Apostelstatuen (1245–1248) der Sainte-Chapelle, 21 Königsköpfe (1210–1230) von der Westfassade der Notre-Dame, die in den Wirren der Französischen Revolution verlorengingen und erst 1977 wieder aufgefunden worden sind (Saal IX), sowie ein Steinsarkophag aus dem 7. Jh. (Saal X).
Der Saal XII gehört den mächtigen Gewölben der römischer Thermen (s. unten). Das Frigidarium (Kaltwasserbad) ist der am besten erhaltene Raum der Thermen, 20 m lang, 12 m breit und 16 m hoch. Die Pfeiler, die das Kreuzgewölbe an der Nordseite tragen, haben Abschlußsteine, die Schiffsschnäbeln ähnlich sehen. Man nimmt daher an, daß die reichen Pariser Händler, die Schiffe besaßen, die 'nautes', die Thermen finanziert haben. Die Reste des Jupitertempels von der Ile de la → Cité, die unter dem Chor von → Notre-Dame ausgegraben wurden und hier im Frigidarium ausgestellt sind, tragen eine Widmung der Nautes. Sie sind als Autel des Nautes (Altar der Nautes) bekannt und zeigen die ältesten Skulpturen (gallische und römische Gottheiten), die man in Paris bisher gefunden hat (1. Jh. n. Chr.).

Erster Stock

Im ersten Stock werden Email- und Goldschmiedearbeiten aus dem 7. bis 13. Jh. gezeigt, darunter neun von zwanzig westgotischen Weihekronen, die Mitte des 19. Jh.s in der Nähe von Toledo entdeckt wurden (Saal XIII). Zu sehen sind außerdem mittelalterliche Glasmalereien (Saal XVI) sowie französische, italienische und spanische Fayencen (Saal XVII). Zu den Prunkstücken zählt ein vergoldeter Altarvorsatz (11. Jh.) aus dem Basler Münster, der von Kaiser Heinrich II. gestiftet wurde (Saal XIX).
Den Höhepunkt der Gobelinsammlung stellt derweil in einem eigens hierfür angelegten Rundsaal die berühmte Teppichserie der Dame mit dem Einhorn (15. Jh.) dar, die wahrscheinlich aus einem Brüsseler Atelier stammt. Bei den sechs Episoden der Dame auf ihrer blauen Insel handelt es sich vermutlich um eine Allegorie der fünf Sinne sowie der weltlichen Sinnesfreuden.
An den Wänden der spätgotischen Kapelle, früher das Oratorium der Äbte, ist auf wertvollen Wandteppichen (15. Jh.) aus Auxerre in 23 Szenen die Legende des hl. Stephanus (Saint-Etienne) zu sehen (Saal XX).

Thermes de Cluny

Die eindrucksvollen Reste des um 200 erbauten und 380 zerstörten Thermenpalastes liegen im Garten des Musée de Cluny. Die kulturhistorisch überaus bedeutsamen Ruinen, deren Überdachung geplant ist, sind bislang zwar nicht zugänglich, aber von außen einsehbar.
Lediglich das große Frigidarium ist durch den Anbau des Hôtel de Cluny vollständig erhalten geblieben (s. Saal XII). Die anderen Räume sind ein Caldarium (Heißwasserbad), ein Tepidarium (Lauwarmes Bad), zwei Gymnasien (Sporthallen) und ein 10 m langes Schwimmbecken.

Musée de la Marine

→ Palais de Chaillot

*Musée de l'Armée F 5

Lage
Hôtel des Invalides (7. Arr.)

Métro-Stationen
Latour-Maubourg, St-François-Xavier, Invalides

RER-Station
Invalides

Buslinien
28, 49, 63, 69, 82, 92

Eintrittsgebühr
Musée des Plans-Relief

In den verschiedenen Flügeln um den Ehrenhof des Hôtel des → Invalides ist das Armee-Museum untergebracht, das 1794 als Artillerie-Museum gegründet wurde und sich in der Zwischenzeit eine beachtliche Sammlung von Rüstungen und Uniformen, Waffen, Zeichnungen, Stichen und Kuriositäten aller Epochen und Länder zugelegt hat. Neben Andenken an Napoleon I. finden sich andere Erinnerungsstücke zu Ehren bekannter Generale sowie Pläne französischer Feldzüge. Einige Gegenstände aus der Zeit der Spätgotik und Renaissance, darunter Arbeiten von Nürnberger Büchsenmachern, sind von außerordentlichem kunstgeschichtlichem Wert.
Die Eingänge zum Museum (geöffnet: 1. 10.–31. 3.: tgl. 10.00–17.00 Uhr; 1. 4.–30. 9.: tgl. 10.00–18.00 Uhr) befinden sich jeweils in der Mitte der Seitenfronten des Ehrenhofes. Im Erdgeschoß werden ab 14.00 Uhr Dokumentarfilme über die Weltkriege gezeigt.
Wie sein Vorgänger zeigt das in Renovierung begriffene Musée des Plans-Reliefs Konstruktionen von Burgen, Schlössern und Hafenanlagen in Frankreich.

Musée de l'Homme

→ Palais de Chaillot

Musée des Monuments Français

→ Palais de Chaillot

Skulpturenallee in der Zentralhalle des Musée d'Orsay

**Musée d'Orsay G 5

Lage
62, Rue de Lille (7. Arr.)
Haupteingang: 1, Rue de Bellechasse

Métro-Station
Solférino

RER-Station
Musée d'Orsay

Buslinien
24, 63, 68, 69, 73, 83, 84, 94

Öffnungszeiten
Di., Mi., Fr., Sa. 10.00–18.00, So. 9.00–18.00, Do. 10.00–21.45; 20. 6.–20. 9.: ab 9.00 geöffnet

Führungen
tgl. 11.00, 13.00; Do. 19.00 Betrachtungen zu einem bestimmten Werk

Eintrittsgebühr

Zur Weltausstellung wurde sie nach Plänen von Victor Laloux errichtet: die Gare d'Orsay, eine riesige Glas-Eisen-Konstruktion, von einer Glaskuppel bekrönt und von den palastartigen Fassaden des Hôtel d'Orsay an drei Seiten umgeben, hingestreckt am Ufer der Seine, gegenüber dem Tuileriengarten. Betrat man die weite Eingangshalle, so erblickte man keine Bahnsteige, wie sonst üblich: die Schienenstränge des Fernverkehrs nach Südwestfrankreich verliefen mehrere Meter tiefer. Doch je stärker die Lokomotiven wurden, desto mehr Waggons konnten sie ziehen, und die Bahnsteige der Gare d'Orsay wurden zu kurz. 1939 wurde hier der Fernverkehr eingestellt, das imposante Gebäude war nur mehr eine Station für Vorortzüge, bis es auch diese Funktion an die Schnell-Métro (RER) verlor. 1973 wurden Bahnhof und Hôtel unter Denkmalschutz gestellt, und Pläne reiften, das Gebäudeensemble zu einem Museum umzugestalten. Unter der Leitung der Architekten Pierre Colboc, Renaud Bardon und Jean-Paul Philippon vollzog sich der Umbau, für die Innengestaltung zeichnete die Architektin Gae Aulenti verantwortlich.
Im Jahre 1986 öffnete das Musée d'Orsay seine Pforten: ein Museum mit 17200 m² Ausstellungsfläche für die Epoche zwischen 1848 und 1916. Der Rundgang durch das Museum ist chronologisch aufgebaut, großen Themen und künstlerischen Techniken – einschließlich Musik und Literatur – folgend. Die Werke innerhalb der Stil-Familien werden, wenn möglich, nach dem jeweiligen Künstler geordnet dargeboten (z. B. Säle für Daumier, Courbet, Van Gogh, Carpeaux-Platz, Rodin-Terrasse). Nur im Ballsaal wurde die Komposition von Skulpturen und Gemälden vor allem nach ihrer Einfügung in den 1900-Rokoko-Dekor ausgewählt.
Zeitgenössische Ereignisse und geistige Bewegungen zu den Werken werden in separaten Sälen dokumentiert (Einführung in die Geschichte, Datenpassage, Pressepassage).

Degas: "Die Tanzschule"

Monet: "Frauen im Garten"

A Ingres und der Ingrismus, Delacroix, Chassériau, Historien- und Porträtmalerei 1850-1880
B Daumier, Sammlung Chauchard, Millet, E. Rousseau, Corot, Realismus, Courbet
C Puvis de Chavannes, Gustave Moreau, Degas vor 1870
D Manet, Monet, Bazille und Renoir vor 1870, Fantin-Latour, Freilichtmalerei, Sammlungen Personnaz und Eduardo-Mollard, Realismus, Orientalismus
E Saal der Oper
F Oberer Pavillon: Architektur 1850-1900 Viollet-le-Duc, Pugin, Morris Webb, Mackmurdo, Jeckyll, Godwin, Sullivan
G Dossier 1
H Dossier 2
I Dossier 3
J Fotografie und grafische Künste
K Impressionismus: Sammlung Moreau-Nélaton, Whistler, Manet, Degas, Monet, Renoir, Pissarro, Sisley, Cézanne, Degas (Pastelle)
L Van Gogh, Sammlung Gachet, Redon (Pastelle)
M Rousseau der Zöllner Schule von Pont-Aven: Gauguin, E. Bernard, Sérusier Neoimpressionismus: Seurat, Signac, Cross, Luce
N Toulouse-Lautrec, kleinformatige Bilder
O Dossier 4 (auf drei Etagen) Abstieg zur mittleren Ebene: Dossier 5, Presseecke, Sammlung Kaganovitch, Datentafeln
P Kunst und Raumschmuck der Dritten Republik
Q Barrias, Coutan, Fremiet, Gérôme, Rodin
R Desbois, Rosso, Bartholomé, Bourdelle, Maillol, J. Bernard
S Malerei des 'Salon' 1880-1900, Naturalismus, ausländische Schulen, Symbolismus
T Malerei nach 1900: Bonnard, Denis, Vallotton, Vuillard, Roussel; Übergang zum 20. Jahrhundert
U Jugendstil in Frankreich und Belgien: Guimard Schule von Nancy: Gallé, Carabin, Charpentier, Dampt
V Guimard
W Internationaler Jugendstil
X Wien, Glasgow, Chicago
Y Dossier 6
Z Dossier 7

Musée d'Orsay

Kartenvorverkauf
Fnac, 49, Rue Etienne Marcel, Tel. 40494900;
in Deutschland: Institut für Bildungsreisen, D-78464 Konstanz, Tel. 07531/5802-0

Durch den Eingang des einstigen Hotels auf der Westseite betritt man das Empfangsgebäude mit Buchladen und Café. Die ursprüngliche, tieferliegende Gleisanlage dient jetzt als Skulpturenallee, die links und rechts in Erdgeschoßhöhe von Ausstellungsräumen für Gemälde, Fotografie und Architektur eingefaßt wird.
Während sich die Glaskuppel weiterhin sichtbar über der Zentralhalle wölbt (138 m lang, 40 m breit, 32 m hoch; → Abb. S. 127), wurden die Stockwerke des ehemaligen Hotels sowie der einstige Bahnhofswandelgang in Ausstellungsräume umgewandelt.

Second Empire

Der Bewunderer des Second Empire (Zweiten Kaiserreiches) findet gleich im Erdgeschoß Skulpturen der Florentiner wie die "Comédie Humaine" von Ernest Christophe, die Baudelaire zum Gesang XX (Le Masque) seiner "Fleurs du Mal" inspirierte. Das Aufkommen der polychromen Plastik und die in Europa zu dieser Zeit bevorzugte Orient-Mode lassen sich u.a. an Charles Cordiers "Nègre du Soudan" ablesen.

**Impressionisten-Sammlung

Zur Eröffnung des Musée d'Orsay wechselte die berühmte Impressionisten-Sammlung aus dem → Jeu de Paume hierher. Alle großen Meister dieser Stilrichtung, mit der zwischen ca. 1870 und 1900 die Moderne in der Malerei begann, sind nun in der oberen Galerie vertreten: Edouard Manet und sein berühmtes "Le déjeuner sur l'herbe", das 'historische' Hauptwerk der Sammlung, Claude Monet, Camille Pissarro, Alfred Sisley, Auguste Renoir, Edgar Degas; ebenso die Nach-Impressionisten Vincent van Gogh, Paul Gauguin, Paul Cézanne und die Pointillisten Georges Seurat und Paul Signac sowie der Außenseiter Henri de Toulouse-Lautrec.
Die Kunst der Salonmaler ist u.a. durch Cabanel und Bouguereau im Erdgeschoß vertreten, naturalistische Malerei wird in der mittleren Ebene gezeigt, wo auch die Symbolisten (u.a. Sir Edward Burne-Jones) ausgestellt sind. Zu den plastischen Gemälden des Realismus zählen Werke von Octave Tassaert und Gustave Courbet.

Im Musée d'Orsay: kunstvolle Keramik ...

... und van Goghs "Eglise Auvers-sur-Oise"

Musée d'Orsay (Fortsetzung)

Im Anschluß an die Skulpturen von Maillol und Rodin und die dem internationalen Jugendstil (Art Nouveau) gewidmeten Türmen, die u.a. Möbel von Hector Guimard und Henry van der Velde sowie Glas- und Emailarbeiten

Schreibtisch im Art-Nouveau-Stil von Henry van der Velde

von Emile Gallé präsentieren, endet der Rundgang bei den 'Quellen des 20. Jahrhunderts' und den Anfängen des Films. Die Fotographie wird durch rund 10000 Werke von der Daguerreotypie (1839) bis zum Ende des Ersten Weltkrieges dokumentiert (z.B. Félix Nadar, Clarence White und Gustave Le Gray).

Musée du Louvre

→ Louvre

*Musée Guimet — E 5

Lage
6, Place d'Iéna
(16. Arr.)

Métro-Stationen
Iéna, Trocadéro

Buslinien
32, 63, 82

Öffnungszeiten
tgl. (außer Di.)
9.45–17.10

Eintrittsgebühr

Das Musée National Guimet enthält die bedeutendste Sammlung indischer, indonesischer, japanischer, nepalesischer und tibetanischer Kunst in Frankreich. Den Grundstein zu dem fernöstlichen Kunstschatz, der hier zu besichtigen ist, legte der Lyoner Industrielle und Forschungsreisende Emile Guimet (1836–1918) Ende des letzten Jahrhunderts mit der Schenkung seiner Sammlung an die Stadt Paris. Seither wurde der Bestand in Zusammenarbeit mit der angegliederten Forschungsstelle für ostasiatische Kultur kontinuierlich ausgebaut.
Besondere Beachtung verdienen im Erdgeschoß die Khmer-Skulpturen (6.–13. Jh.) aus Kambodscha, Bronzen aus Java, Schmuck, Malereien und religiose Gegenstände des Lamakultes aus Nepal und Tibet, darunter als besondere Kostbarkeit tanzende Dakhini in Goldbronze.
Im ersten Stock wird eine Einführung in die indische Kunst vom 3. Jt. v. Chr. bis ins letzte Jahrhundert gegeben, darunter kostbare buddhistische Reliefs der Schule von Amaravati (1.–3. Jh.), Skulpturen aus Gandhara (1.–6. Jh.) und der 'Kosmische Tanz Shivas'. Zu den chinesischen Kunstgegenständen auf diesem Stockwerk gehören Lackmöbel, Jadearbeiten, Bronzen und Vasen (u.a. Elephantenvase, 10. Jh. v. Chr.). Die Keramiksammlung im zweiten Obergeschoß vermittelt einen umfassenden Einblick in die Keramikkunst Chinas, darunter kostbare Porzellanarbeiten von der Tang-Periode bis zur Compagnie des Indes. Vertreten sind hier zudem Korea mit kleinen Bronzen und Japan mit Theatermasken, Schmuck und Malerei (u.a. der Paravent der Portugiesen, 16. Jh.).

Hôtel Heidelbach

Im angegliederten Hôtel Heidelbach (19, Avenue d'Iéna) ist seit 1991 die Galeries du Panthéon buddique du Japon et de la Chine untergebracht.

Indische Kunst im Musée Guimet: Engel ... *... und Schmetterling (um 1600)*

Musée Guimet,
Hôtel Heidelbach
(Fortetzung)

Hier können rund 300 asiatische Kunstwerke bewundert werden, darunter allein 250 aus Japan (u.a. Buddha-Figuren des 6.–15. Jh.s und 23 Kopien der Statuen des Tempels Tôji von Kyôtô).

*Musée Marmottan E 5

Lage
2, Rue Louis-Boilly
(16. Arr.)

Métro-Station
La Muette

Buslinien
32, 63, PC

Öffnungszeiten
Di.–So. 10.00–
17.30

Eintrittsgebühr

Das neben dem → Bois de Boulogne angesiedelte Museum besitzt unter Freunden des Impressionismus einen ausgezeichneten Ruf. Den Grundstock der Sammlung schufen gegen Ende des 19. Jh.s der Großindustrielle Jules Marmottan und sein Sohn Paul. Sie vermachten ihre Villa mit der Kunstkollektion 1934 dem Institut de France, aber erst die späteren Schenkungen von Donop de Monchy 1948 und von Monets Sohn Michel 1966 ließen hier ein Mekka des Impressionismus entstehen.
Zu den Kunstschätzen des Museums gehören Meisterwerke von Monet, darunter das berühmte, namensgebende Bild "Impression, soleil levant" (1872), ferner "Train dans la Neige" (1875), "Le Pont de l'Europe" (1877), "Le Parlement" (1905) und Studien zu den "Nymphéas". Daneben sind Gemälde von Renoir, Sisley und Pissarro zu sehen, die aus dem persönlichen Besitz des Malers stammen. Beachtung verdienen außerdem die italienischen Tafelbilder (14./15. Jh.), burgundischen Wandteppiche (16. Jh.), spätgotischen deutschen Skulpturen und Holzfiguren aus Mecheln (15./16. Jh.) sowie die Einrichtungen im Stil des Empire mit Gouachen von Carmontelle, Büsten von Bosio und Schloßansichten von Carle Vernet.

Musée National d'Art Moderne

→ Centre Pompidou

*Musée National des Arts Africains et Océaniens — N 7

Auf Anregung des Marschalls Lyautey wurde am Westeingang des Bois de → Vincennes anläßlich der Kolonialaustellung "La France d'Outre-mer" im Jahre 1931 von Albert Laprade das Museum für afrikanische und ozeanische Kunst errichtet. Die damals am Eingang aufgestellte goldene Minervastatue, die Frankreich in seiner zivilisatorischen Rolle symbolisieren sollte, steht heute auf der Place de la Dorée. Den neoklassizistischen Bau zieren eine Pfeilerreihung und ein monumentales Wandrelief von Alfred Janniot, das die Beziehungen zwischen den ehemaligen Überseekolonien und dem Mutterland behandelt.

In den farbenfrohen Ausstellungsräume ist Kunst aus den Maghreb-Staaten (Marokko, Algerien, Tunesien), Afrika und Ozeanien (Polynesien, Australien) zu bewundern, im Untergeschoß wartet ein Aquarium mit Fossilien, Amphibien und bunten Fischen aus exotischen Gewässern auf.

Zu den Exponaten aus Afrika gehören Fruchtbarkeitsfiguren der Dogon in Niger, phantasievolle, die Naturverbundenheit ausdrückende Masken und Fetische aus Ghana und der Elfenbeinküste, künstlerisch gestaltete Gebrauchsgegenstände der Akan-Stämme und kostbare Metallarbeiten der durch den Goldhandel reich gewordenen Ashanti, Bronzearbeiten aus Benin, traditionelle Gewänder und magische Utensilien aus Kamerun sowie Königsmasken aus Zaïre. Die Kunst des Maghreb lebt vom Erfindungsreichtum der Ornamentik, der sich in fein gearbeiteten Stickereien, filigranem Schmuck und wunderschön verzierten Möbeln widerspiegelt.

Zu den magisch anmutenden Kunstgegenständen Ozeaniens gehören geflochtene Masken aus Neuguinea, Trommeln in Statuenform aus Ambrym und Malékoula (Neue Hebriden), bizarre Puppen, symbolträchtige Skulpturen von Vanuatu und nordaustralische Gemälde auf Eukalyptusrinde, wie sie auch heute noch gefertigt werden.

Lage
293, Avenue Daumesnil (12. Arr.)

Métro-Station
Porte Dorée

Buslinien
46, PC

Öffnungszeiten
Mo., Mi.–Fr. 10.00–12.00, 13.30–17.30, Sa., So. 12.30–18.00

Führungen
Mi., Fr., Sa. 15.30

Eintrittsgebühr

**Musée Picasso — K 5

Ohne Zweifel ist André Malraux der geistige Urheber des Picasso-Museums. Auf seiner Initiative hin – er war damals Kultusminister – wurde ein Gesetz verabschiedet, nach dem die Begleichung von Erbschaftssteuern auch in Form von Kunstwerken erfolgen kann. So wurde der französische Staat nach dem Tode von Pablo Picasso Besitzer von 203 Gemälden, 159 Skulpturen, 30 Reliefs, 16 Papiercollagen, 88 Keramiken, über 3000

Lage
Hôtel Salé,
5, Rue de Thorigny
(3. Arr.)

Picasso: "Harlequin"…

… "Großes Stilleben"…

… und Frauenkopf

Musée Picasso (Fortsetzung)

Métro-Stationen
St-Sébastien-Froissard, Chemin-Vert, Saint-Paul

Buslinien
29, 96

Öffnungszeiten
tgl. (außer Di.) 9.15–17.15, Mi. 9.15–22.00

Eintrittsgebühr

Zeichnungen und Druckgraphiken sowie illustrierten Manuskripten und Korrespondenzen.
Gezeigt wird die Sammlung im Hotel Salé, einem prächtigen Stadtpalais mit halbrunden Seitenflügeln, das sich der Steuereinnehmer (daher der beziehungsreiche Beiname 'salé' = gesalzen) Albert de Fontenay von Jean Boullier errichten und von Martin Desjardin und den Brüdern Marsy aufwendig ausschmücken ließ.

Im reich stukkierten, nach Entwürfen von Roland Simounet sorgfältig restaurierten Museumsinnern beginnt der Rundgang mit Picassos "Mann mit Lamm". In Harmonie mit der Architektur der großzügig geschnittenen Räume, dem alten Figurenschmuck und einem Mobiliar von Diego Giacometto zeigen 20 Säle die Entwicklung des Künstlers von der Blauen Periode bis zu seinen jüngsten Werken, z. B. "Alter sitzender Mann" (1970/71): Saal 1: Jugendjahre, Blauer Periode (1895–1903); Saal 2: Von der rosa Periode zu den "Demoiselles d'Avignon" (1904–1906); Saal 3: Von den "Demoiselles d'Avignon" zu den Anfängen des Kubismus (1907–1917); Saal 5: Picassos Privatsammlung (Nachlaß), 1978–1985 im Louvre unter dem Titel "Schenkung Picassos" ausgestellt; Saal 6: Klassische Periode (1918–1924); Saal 7: Am Rande des Surrealismus, Verwandlungen (1925 bis 1929); Saal 8: Picasso als Graphiker; Saal 9: Badende Frauen (1928 bis 1931); Saal 10: Boisgeloup (1930–1935); Saal 11: Stierkampf, Kreuzigung, Minotauromachie (dreißiger Jahre); Saal 12: "Frauen bei der Toilette" (1938); Skulpturengarten: Plastiken (1929–1950); Saal 13: Die Musen (dreißiger Jahre); Saal 14: Keramik; Saal 15: Von "Guernica" bis zum Krieg (1935–1939); Saal 16: Krieg und Befreiung (1940–1947); Saal 17: Picasso und die Literatur; Saal 18: Vallauris (1948–1954); Saal 19: Cannes, Vauvenargues (1955–1961); Saal 20: Letzte Periode (1961–1973).
Bei der Auswahl der Werke, die Dominique Bozo federführend vornahm, wollte man das ganze Spektrum von Picassos Schaffen aufzeigen und zugleich alle Stilrichtungen, die der Künstler im Laufe seines Lebens intendierte und beeinflußte. In keinem anderen Museum der Welt ist diese Vielzahl zu finden und die Werklinie so vollständig und in gleichgewichtigen Abschnitten dargestellt.
Abgerundet wird die Picasso-Sammlung durch Werke von Künstlern, die seine Kreativität beeinflußten, darunter Cézanne, Renoir, Matisse, Derain, Braque, Miró und Rousseau.

*Musée Rodin G 5

Lage
77, Rue de Varenne (7. Arr.)

Métro-Station
Varenne

Buslinien
69, 82, 92

Öffnungszeiten
tgl. (außer Mo.):
1. 10.–31. 3.: 10.00–17.00
1. 4.–30. 9.: 10.00–18.00

Eintrittsgebühr

Der Bildhauer Auguste Rodin bewohnte das 1728–1731 erbaute, ehemalige Hôtel Biron bis zu seinem Tode im Jahre 1917. Mit der Schenkung eines Teils seiner Werke und seiner persönlichen Sammlungen konnte der Staat im selben Jahr das Museum eröffnen und den herrlichen Garten der Öffentlichkeit zugänglich machen.
Gezeigt werden Kopien in Originalgröße der monumentalen, weltberühmten Plastiken, darunter im Garten "Le Penseur" (Der Denker), "Les Bourgeois de Calais" (Die Bürger von Calais), "Ugolino", "L'homme qui marche" (Der Gehende) und die "Porte d'Enfer" (Eingang zur Hölle); zu den Arbeiten im Museum gehören mehrere Handstudien, darunter "La Main de Dieu" (Die Hand Gottes) und "La Cathédrale" (Die Kathedrale), ferner "Le Baiser" (Der Kuß), "L'Eternelle Idole" (Das ewige Idol), "La Prière" (Das Gebet), "La Source" (Die Quelle), "L'Age d'Airain" (Das eherne Zeitalter), "Je suis belle" (Ich bin schön), "La Tempête" (Der Sturm), "Psyché–Printemps" (Psyche-Frühling), "L'Appel aux Armes" (Der Ruf zu den Waffen), die Büste von Clémenceau und das Marmorwerk "Mozart", in Wirklichkeit eine Umwandlung des 1909 porträtierten Gustav Mahlers, "Eve" (Eva), "Saint-Jean-Baptiste" (Johannes der Täufer) und Modellstudien von Rodins Lebensgefährtin Rose Beuret, von Lady Sackville-West, der japanischen Tänzerin Hanako, von Balzac und Victor Hugo. Eine Vielzahl von

Rodin: "Der Kuß" …

… und "Die Kathedrale"

Musée Rodin (Fortsetzung)

Zeichnungen, Feder- und Bleistiftentwürfen, die persönlichen Möbel Rodins, Arbeiten von Camille Claudel (u.a. "Das Alter der Reife") und van Gogh ("Vater Tanguy") sowie ein Frauenakt Renoirs ergänzen die Ausstellung.
Eine Zeitlang wohnten zwei andere Künstler von Weltrang im damaligen Hôtel de Biron, ohne sich näher kennzulernen: ein junger Mann, der sich in einem Seitenflügel eingemietet hatte und Jean Cocteau hieß, und ein Deutscher, der als Sekretär für Rodin arbeitete – Rainer Maria Rilke.

**Notre-Dame J 5/6

Lage
Ile de la Cité (4. Arr.)

Métro-Station
Cité

RER-Station
Saint-Michel–Notre-Dame

Buslinien
21, 24, 38, 47, 81, 85, 96

Der Grundstein für den Bau der Cathédrale Notre Dame de Paris wurde 1163 gelegt. Ludwig IX., der Heilige, und der Domherr Maurice de Sully wollten auf der Ile de la → Cité eine in Stil und Schönheit ähnliche Kirche bauen lassen wie die des Abtes von → Saint-Denis, wo 1135 mit der ersten gotischen Kirche begonnen worden war. Die Bauzeit erstreckte sich über 150 Jahre, in denen alle Stilphasen der gotischen Baukunst – zum Teil von den anderen großen Kathedralen in Chartres, Reims und Amiens übernommen – in die Architektur der Kathedrale Notre-Dame eingingen (Stilgeschichte der Gotik: → Saint-Denis). Zwischen 1163 und 1182 wurde der Chor, 1180–1200 das Langhaus in frühgotischem Stil errichtet. Der Übergang zur Hochgotik zeigt sich an der Westfassade (= Hauptfassade; 1200 bis 1220) und dem 1230–1250 überarbeiteten Langhaus, reine Hochgotik kennzeichnet die Querhäuser (1250–1260) und den 1265–1320 veränderten Chor.
Wie später in Saint-Denis, leistete der große Restaurator des 19. Jh.s, Viollet-le-Duc, 1841–1864 an der fast verfallenen Kathedrale eine bewundernswürdige Restaurationsarbeit. Die 1992 begonnenen Restaurierungsarbeiten werden voraussichtlich zehn Jahre in Anspruch nehmen.

Notre-Dame de Paris

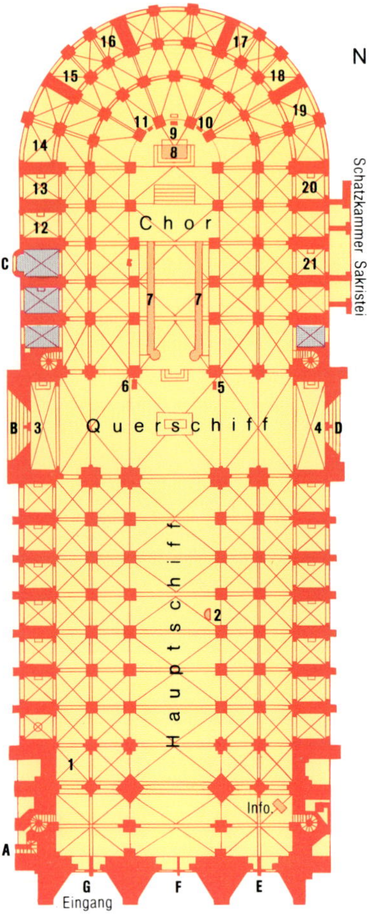

A Turmaufgang
B Portail du Cloître
C Porte Rouge
D Portail de Saint-Etienne
E Portail de Sainte-Anne
F Portail du Jugement Dernier
G Portail de la Vierge

1 Taufkapelle
2 Kanzel
3 Nordrose
4 Südrose
5 Notre-Dame
6 Saint-Denis
7 Chorgestühl
8 Hauptaltar
9 Pietà
10 Louis XIII
11 Louis XIV

GRABMALE
12 de Beaumont
13 de Juigné
14 de Noailles
15 de Quelen
16 de Belloy
17 Morlot
18 Darboy
19 d'Harcourt
20 Sibour
21 Affre

Ausgrabungen unter dem Vorplatz (Parvis) s. rechts

Ausgrabungen unter dem Vorplatz (Parvis)

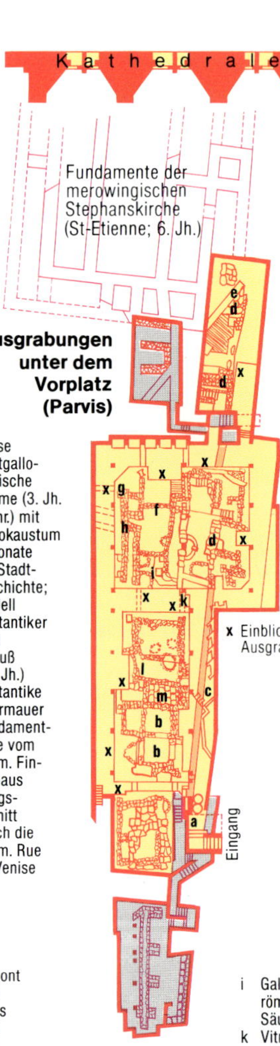

a Kasse
b Spätgallo-römische Räume (3. Jh. n.Chr.) mit Hypokaustum
c Exponate zur Stadtgeschichte; Modell
d Spätantiker Wall
e Abfluß (19. Jh.)
f Spätantike Quermauer
g Fundamentecke vom ehem. Findelhaus
h Längsschnitt durch die ehem. Rue de Venise
i Gallo-römischer Säulenfuß
k Vitrine mit Funden
l Kellerreste eines Hauses der Rue Neuve de Notre-Dame
m Gallo-römischer Raum mit Fliesen

x Einblick in die Ausgrabungen

30 m

Place du Parvis Notre-Dame

Einen unverstellten Blick auf die West- bzw. Hauptfassade hat man, auch bei größtem Touristenandrang, vom weiten Parvis, dem Vorplatz von Notre-Dame, der selbst sehenswerte Schätze der Vergangenheit im Untergrund birgt. Seit 1980 ist die 117 m lange Crypte archéologique (Archäologische Krypta) unter dem Parvis zugänglich, die Reste von Häusern aus dem 16.–18. Jh. (⟶ Cité), von der merowingischen Saint-Etienne-Kirche und von gallo-römischen Gebäuden zeigt, die bei den Bauarbeiten für die Tiefgarage entdeckt wurden. Der Eingang zu dieser übersichtlich mit Erläuterungen ausgestatteten historischen Grabungsstätte, die einmalig in ihrer Größe ist, befindet sich an der Fußgängertreppe zur Tiefgarage.

*Crypte archéologique (geöffnet: Aril–Sept. 10.00–16.30; Okt.–März: 10.00–17.30; Eintrittsgebühr)

Die Bronzeplatte in der Mitte des Parvis bezeichnet den administrativ-geographischen Mittelpunkt von Paris: Von hier aus sind alle Städteentfernungen berechnet.

Außenansicht

***Westfassade**

Das ausgewogene, monumentale Gesamtbild der Hauptfassade von Notre-Dame enthüllt bei näherer Betrachtung die Aufeinanderfolge der Bauabschnitte und damit die stilgeschichtliche Entwicklung zur Hochgotik. Die Portalzone (um 1200), die Fensterpartie (um 1220), die Maßwerkbalustrade über der Rosette und die unvollendeten Türme (1225–1250) veranschaulichen die fortschreitende Verfeinerung der gotischen Formensprache. Die dreifache vertikale Gliederung ist als Entsprechung zum dreischiffigen Langhaus zu sehen. Auch in der fünffachen horizontalen Gliederung (Portale, Königsgalerie, Fenster, Maßwerkgalerie, Türme) gibt es Entsprechungen im Inneren: Die Portalzone entspricht den Arkaden, die Königsgalerie der Empore und die Fensterzone den Hochfenstern im Inneren der Kathedrale.

Königsgalerie

Die Identität der Figuren der Königsgalerie über den Portalen war lange Zeit ungeklärt, da ihnen während der französischen Revolution die Köpfe abgeschlagen worden waren. Daß es sich nicht um die Darstellung jüdischer Könige handelt, sondern um Statuen der französischen Könige von Childebert I. (511–588) bis Philipp II. August (1180 bis 1223), ließ sich erst 1977 klären, als 21 der originalen Häupter wieder auftauchten, die heute im ⟶ Musée de Cluny ausgestellt sind.

Portale der Westfassade

Rechts an der Westfassade erblickt man das herrliche Portail de Sainte-Anne (Annenportal, 1210–20). Sein Tympanon erzählt im unteren Feld die Geschichte von Anna und Joachim, den Eltern der Heiligen Jungfrau Maria, mit der Verkündigung Mariä Geburt, der Begegnung unter der Goldenen Pforte und die Vermählung Mariens mit Joseph; in der Mitte sind dargestellt die Gottesmutter im Tempel, die Verkündigung und Geburt Jesu, Hirtenverkündigung, Herodes und die drei heiligen Könige; der obere Bereich zeigt die thronende Maria mit Jesus, umgeben von himmlischen Heerscharen, neben denen links und rechts die knienden Figuren eines Königs und eines Bischofs zu sehen sind, vermutlich die beiden Stifter der Kathedrale, Ludwig IX. und Maurice de Sully. Die Skulpturen des oberen und mittleren Abschnitts, 1165–1175 zunächst für ein anderes Portal angefertigt, sind die ältesten der Kathedrale. Die Bogenrundungen ziert der himmlische Chor, den Türpfeiler eine Statue des hl. Marcellus, Bischof von Paris (Kopie aus dem 19. Jh.), die Seitenwände schmücken französische Herrscher und Heilige. Die vier Figuren in den Nischen der Strebepfeiler sind von links nach rechts: der hl. Stephan, die 'triumphierende Kirche', die 'besiegte Synagoge' und der hl. Dionysius (⟶ Saint-Denis).

Im Giebelfeld des mittleren Portail du Jugement Dernier (Portal des jüngsten Gerichts, ursprünglich 1220–1230, im 18. Jh. zerstört und später von Viollet-le-Duc restauriert), wird unten von der Auferstehung der Toten berichtet, in der Mitte teilt der Erzengel Michael die Gerechten dem Himmel, die Verdammten der Hölle zu, darüber hält Christus (originalgotische Figur) das Weltengericht ab. Auf den Bogenrundungen wird links der Chor der Seligen von Abraham im Paradies empfangen, rechts die Hölle mit

Portale der Westfassade (Fortsetzung)

unheimlichen Dämonen illustriert, der Mittelpfeiler trägt eine Christusfigur (19. Jh.). Die Türpfosten erzählen die Parabel von den klugen (links) und den törichten Jungfrauen (rechts), die Seitenwände sind den zwölf Apostel (19. Jh.) vorbehalten, die Sockelreliefs stellen oben die Tugenden, unten die Laster dar; die Figuren der rechten Seite sind Originale.
Auf dem Tympanon des linken Portail de la Vierge (Marienportal, 1210 bis 1220) ist im unteren Türsturz die Bundeslade mit drei Propheten und drei Königen des Alten Testaments abgebildet, im mittleren Abschnitt die Grablegung von Maria, umgeben von Jesus und den Aposteln, darüber Mariä Himmelfahrt. In den Archivolten sind Engel mit Weihrauchgefäßen und Leuchtern zu sehen, Patriarchen, Propheten und die Vorfahren Christi, an den Türpforten und Seiten des Mittelpfeilers, der eine Marienstatue von Viollet-le-Duc aus dem 19. Jh. aufweist, die verschiedenen Monats- und Tierkreiszeichen. Auf den Seitenwänden sind links der hl. Dionysius (→ Saint-Denis) und Könige, rechts Johannes der Täufer, der hl. Stephanus, die hl. Genoveva und eine Papstfigur dargestellt.

Seitenfassaden

An den beiden Seitenfassaden zeigt sich der Formenreichtum der Hochgotik. In der nördlichen (1250–1260) vollendete Jean de Chelles 1250 die Querhausfront mit der Porte du Cloître, die zum ehemaligen Kreuzgang (cloître) führte. Das Portal des südlichen Querhauses, Porte de Saint-Etienne (Stephansportal), wurde von Pierre de Montreuil fertiggestellt. Die spitz, fast bis zur Rosette aufragenden Blendwerkgiebel der Portale und die in Glas und Rosettenbögen aufgelöste obere Wandhälfte der Querhausfront sowie der kühne Schwung der Strebepfeiler verleihen diesen Seitenfassaden das typische Aussehen und die Ausstrahlungskraft der hochgotischen Kathedrale.

Portale der Seitenfassaden

Im Bogenfeld des nördlichen Portail du Cloître (Domhofportal, 1250) wird im unteren Bereich von der Kindheit Jesu berichtet, in der Mitte vom Pakt des Diakons Theophilus mit dem Teufel und seiner Rettung durch Maria, darüber präsentiert der Bischof dem Volk den Pakt. An den Türpfeilern ist eine originale Marienstatue aus dem 13. Jh. erhalten, auf der Rosette (1270) umgibt Maria ein Figurenkranz alttestamentlicher Gestalten.
Wenige Schritte weiter nach Norden wird im Giebelfeld der von Pierre de Montreuil gefertigten kleinen Porte Rouge (Rote Pforte) Maria zwischen Ludwig IX. und seiner Gemahlin, Marguerite de Provence, dargestellt.
Das Portail Saint-Etienne (Stephansportal) zeigt in seinem Tympanon die Predigt und Gefangennahme des hl. Stephanus (unten), das Martyrium des Heiligen und seine Grablegung (Mitte) sowie seine Auferstehung (oben). Der Mittelpfeiler trägt eine Statue des hl. Stephanus.

Turmaufgang

Öffnungszeiten
Okt.–März
9.30–17.00
April–Sept.
9.30–18.00)

Eintrittsgebühr

Nachdem man den Aufstieg über 387 Stufen bezwungen hat, gehört der Blick über die Innenstadt aus 70 m Höhe zum schönsten, was ein Paris-Besuch bieten kann. Anders als vom → Eiffelturm, von → Sacré-Cœur oder von der Tour Maine → Montparnasse aus, liegt das historische Zentrum der Stadt um die → Cité mit → Hôtel de Ville, → Louvre, → Sorbonne, → Panthéon und → Ile Saint-Louis in greifbarer Nähe, zudem erfaßt das Panorama auch das moderne Paris bis hin zu den visionären Hochhäusern von → La Défense.

Innenansicht

Ausmaße

Die fünfschiffige Kathedrale erstreckt sich über eine Länge von 130 m und eine Breite von 48 m, die Höhe der Wölbung beträgt 35 m. Aufgrund dieser gewaltigen Dimensionen kann sie rund 9000 Personen aufnehmen, 1500 davon allein auf den Emporen. Infolgedessen bot der Sakralbau in der Vergangenheit vielfach den feierlichen Rahmen für große offizielle Anläße, darunter die Krönung Napoleons zum ersten Kaiser der Franzosen.
Die kraftvolle Geschlossenheit des Innenbaus mit seinen 75 Rundpfeilern wird durch indirekte Beleuchtung wirkungsvoll hervorgehoben.

Kathedrale Notre-Dame

Nordrose

Besondere Sehenswürdigkeiten

Eine Besonderheit der Innenarchitektur ist die Überarbeitung der frühgotischen Seitenwände des Langhauses, in dem die von St-Denis übernommene Empore über den Arkaden schon eingebaut war. Sie blieb erhalten – an ihrer Stelle findet man sonst in hochgotischen Seiten- und Querschiffen das Triforium. Darüber wurden die aus der Kathedrale von Chartres gelieferten, doppelten Spitzbogenfenster mit darübergesetzten Rundfenstern eingearbeitet.
Im ersten Langhausjoch hatte Viollet le Duc bei seiner Restaurierungsarbeit schon begonnen, die hochgotische, dreiteilige wieder in die frühgotische, vierteilige Gliederung rückzuwandeln. Da er dieses Vorhaben erfreulicherweise aufgab, kann man hier im Vergleich die größere Eleganz der hochgotischen Lösung erkennen.
Stilgeschichtlich interessant ist der Wandel vom romanischen Akanthus und der Blattornamentik der Kapitelle im Chor zu den gotischen Laubkapitellen im Langhaus.
Beachtung verdient die nördliche Fensterrose des Querschiffs mit 80 Ereignissen aus dem Alten Testament, die sich um Maria scharen (um 1255), die große Südrose (um 1270) des Querhauses stellt Christus dar, umgeben von den Aposteln, Märtyrern, den klugen und törichten Jungfrauen und die Matthäus-Geschichte. Am südöstlichen Vierungspfeiler steht seit 1855 eine schlanke Madonnen-Statue (um 1330), 'Notre-Dame de Paris' genannt, das bekannteste und hochverehrte Gnadenbild der Schutzpatronin der Kathedrale. Von der mittelalterlichen Ausstattung zeugen die um 1300 von Pierre de Chelles begonnenen Chorschranken; sie tragen 23 Reliefdarstellungen (1319–1351) aus dem Leben Christi bis zur Passion, von Jehan Ravy und seinem Neffen Jehan de Bouteiller in Stein gearbeitet, bemalt und zum Teil vergoldet. In der südöstlichen Chorkapelle findet man das burgundisch beeinflußte Grabmal des Jean Juvénal des Ursins († 1431), der im Mittelalter als 'Prévôt des marchands' die Handelsfreiheit der Schiffahrt auf Seine und Marne durchsetzte. In schwarzem und weißem Marmor gehalten, steht hier zudem das von Pigalle geschaf-

Notre-Dame, besondere Sehenswürdigkeiten (Fortsetzung)

fene, aufwendige Grabmonument des Grafen d'Harcourt († 1718). Erwähnung verdienen auch das feingeschnitzte Chorgestühl, eine Pietà von Nicolas Coustou und der barocke Hochaltar.
Die berühmte Cavaillé-Coll-Orgel gehört mit 8500 Pfeifen und an die 110 Registern zu den größten und klanggewaltigsten Orgeln Frankreichs. Jeden Sonntagabend um 17.45 Uhr finden kostenlose und daher vielbesuchte Orgelkonzerte in Notre-Dame statt. Täglich um 10.00 Uhr wird das Hochamt zelebriert.

Trésor

Öffnungszeiten
Mi., Sa., So.
14.30–18.00
(außer Ostern)

Eintrittsgebühr

In der Schatzkammer (Eingang rechts im Chor) können Besucher den 1862 von Viollet-le-Duc entworfenen Reliquienschrein sehen, der einen Nagel Christi, einen Dorn aus der Dornenkrone und ein Stück des Kreuzes beinhalten soll. Als Aufbewahrungsort für die Dornenkrone hatte Ludwig IX. ursprünglich die → Sainte-Chapelle errichten lassen. Ferner sind hier wertvolle Handschriften, kostbare Monstranzen, Kreuze, Meßkelche und der Krönungsmantel von Napoleon I. zu bewundern.

Opéra de la Bastille

→ Bastille

*Opéra-Garnier H 4

Lage
Place de l'Opéra
(9. Arr.)

Mit der Pariser Oper (Académie Nationale de Musique et de Danse) sollte ein 'Style Napoléon III' geschaffen werden. Des Ergebnis war ein neobarocker Prachtbau, üppiger und verspielter als die Bauten der gleichfalls der bürgerlichen Repräsentation dienenden Architektur der Gründerjahre in

Charles Garniers Opernhaus

Deutschland. Der bis dahin unbekannte Charles Garnier (1825–1898) gewann den Wettbewerb der Architekten, nach seinen Plänen wurde 1862 bis 1875 das damals größte Opernhaus der Welt gebaut, das über 11 000 m² Grundfläche verfügte, aber nur 2200 Sitzplätze aufwies.
Die Frontfassade ist dreifach horizontal gegliedert. Die sieben Bogen des Unterbaus werden von allegorischen Figuren flankiert (von links): Poesie (von Jouffroy), Musik (Guillaume), Idyll (Aizelin), Vortrag (Chapu), Gesang (Dubois), Drama (Fabuière), Tanz (Meisterwerk von Carpeaux; Original im → Musée d'Orsay), lyrisches Drama (Perraud). Über den Statuen sind Medaillons von Cimarosa, Haydn, Pergolesi und Bach zu sehen. Die auf 16 großen und 14 kleinen korinthischen Säulen ruhende Loggia ist mit den Büsten von Halévy, Meyerbeer, Rossini, Auber, Spontini, Beethoven und Mozart geschmückt, die Attika trägt vier vergoldete Gruppen, die Poesie und Ruhm verherrlichen sollen. An der Seitenfront der Rue Scribe liegt der Pavillon d'Honneur, der früher dem Staatspräsidenten einen direkten Zutritt von der Auffahrt zu seiner Loge ermöglichte. Heute sind dort eine kleine Bibliothek und ein Museum mit Opernrequisiten untergebracht (geöffnet: Mo. bis Sa. 11.00–17.00 Uhr).
Der Opernsaal kann nur zu bestimmten Zeiten besichtigt werden, immer zu bewundern ist hingegen die pompöse Ehrentreppe (Escalier d'Honneur) aus verschiedenfarbigem Marmor; das Foyer zieren allegorische Gemälde (1864–1874) von Paul Baudry. Im Jahre 1964 übernahm Marc Chagall die Ausführung des großen Kuppelgemäldes im Zuschauersaal, der ganz in Rot und Gold gehalten ist.
Seit Eröffnung der neuen Volksoper an der Place de la → Bastille, die im Frühjahr 1990 ihren Spielplan aufnahm, werden im Palais Garnier nur noch Gastspiele und Ballettaufführungen gegeben.

Opéra-Garnier (Fortsetzung)

Métro-Station
Opéra

RER-Station
Auber

Buslinien
20, 21, 22, 27, 29, 42, 52, 53, 66, 68, 81, 95

Öffnungszeiten
tgl. 10.00–16.30

Theaterkasse
Tel. 47 42 53 71

*Palais-Bourbon — G 5

In einer Achse mit der → Madeleine und dem Obelisken auf der → Place de la Concorde liegt das ehemalige Palais-Bourbon. Es ist Sitz der französischen Nationalversammlung (Assemblée Nationale), der 1. Kammer des französischen Parlaments – die zweite Kammer, der Senat, tagt im → Palais du Luxembourg. Bis 1946 trug das gesetzgebende Organ, die Bezeichnung Chambre des Députés (Abgeordnetenkammer).
Das Palais wurde 1722–1728 für die Herzogin Louise Françoise de Bourbon, legitimierte Tochter von Ludwig XIV. und Madame de Montespan, errichtet. Während der französischen Revolution beschlagnahmt und später zum Parlamentsgebäude umgebaut, ist es seit 1827 Tagungsort der französischen Volksvertretung.
In ihrer repräsentativen Gestaltung entspricht die 1806 vollendete Seine-Front mit ihrem Säulenvorbau aus der Zeit Napoleons I. der Hauptfront der → Madeleine-Kirche, die ebenfalls nach antikem Vorbild mit Säulen und Dreiecksgiebel geschaffen wurde. Die Monumentalplastiken vor dem zehnsäuligen Portikus des Palais stellen Minister französischer Könige dar (von links): Sully (unter Heinrich IV.), Michel de l'Hôspital (unter Franz I.), Henri II d'Agnesseau (unter Ludwig XV.) und Colbert (unter Ludwig XIV.). Die Allegorien im Giebelfeld, die Frankreich, eingerahmt von Freiheit und Ordnung, zeigen, schuf der Bildhauer Cortot 1839–1841. Links und rechts der Freitreppe symbolisieren Minerva die Weisheit und Themis die Gerechtigkeit.
Einen hervorragenden Eindruck von einer Platzanlage im vornehmen Adelsviertel → Faubourg Saint-Germain des 18. Jh.s gibt die Place du Palais-Bourbon auf der rückwärtigen Seite des Gebäudes. Die Fassade des Palais-Bourbon an diesem Platz ist aus dem 18. Jh. erhalten. Hier liegt der Eingang, den die Abgeordneten benützen.
Der unter dem Direktorium angelegte und 1826 von Jules de Joly umgestaltete halbrunde Saal der Nationalversammlung kann nach Voranmeldung auch während einer Sitzung der 577 Abgeordneten besichtigt wer-

Lage
Quai d'Orsay (7. Arr.)

Métro-Station
Chambre des Députés

Buslinien
24, 63, 83, 84, 94

Öffnungszeiten
Besichtigung und Teilnahme an einer Sitzung nur auf schriftl. Anfrage; Questure de l'Assemblée Nationale, 33, Quai d'Orsay, 75007 Paris

Palais-Bourbon (Fortsetzung)

den. Die kunstvolle Ausschmückung der Bibliothek mit Deckengemälden, die die Geschichte der Zivilisation erzählen, stammt von Delacroix aus den Jahren 1838–1847. Unter den mehr als 350000 Bänden und Dokumenten der Bibliothek befinden sich die originalen Aufzeichnungen vom Prozeß gegen die Jungfrau von Orléans.
Westlich des Palais schließt das vom Prinzen Condé 1722–1724 erbaute Hôtel de Lassy an, heute Residenz des Präsidenten der Assemblée Nationale. Nur wenige Schritte entfernt am Quai d'Orsay liegt das französische Außenministerium (Ministère des Affaires Etrangères).

Hôtel de Beauharnais, Hôtel de Salm

In der nahen Rue de Lille Nr. 78 beherbergt das Hôtel de Beauharnais die deutsche Botschaft; das ehemalige Hôtel de Salm, Rue de Lille Nr. 64, ist Residenz der Französischen Ehrenlegion.

*Palais de Chaillot E 5

Lage
Place du Trocadéro (16. Arr.)

Métro-Station
Trocadéro

Buslinien
22, 30, 32, 63, 82

Das nüchtern, zugleich aber sehr repräsentativ wirkende, zweiflügelige Palais de Chaillot erhebt sich auf einer kleinen Anhöhe über der Seine. Es wurde 1937 an Stelle des früheren Palais du Trocadéro nach einem Entwurf der Architekten Jacques Carlu, Louis-Auguste Boileau und Léon Azème errichtet. Die von gleißenden Bronzestatuen beidseitig flankierte, breite Hauptterrasse, die die beiden Flügel trennt und den wohl spektakulärsten Blick auf den gegenüberliegenden Eiffelturm bietet, diente 1937 als Eingang zur Weltausstellung.
In den weitläufigen Flügeln des Palais sind vier Museen eingerichtet worden. Der Westflügel beherbergt das Museum für Völkerkunde und das Marinemuseum, der Ostflügel das Museum der französischen Baukunst, das Kinomuseum und die französische Cinémathèque.

***Musée de la Marine**

Öffnungszeiten
Mo., Mi.–So.
10.00–18.00

Eintrittsgebühr

Das Marine-Museum zeichnet mit seinen Sammlungen das Bild der Geschichte der französischen Handels- und Kriegsmarine von der Galeere bis zum atombetrieben U-Boot nach. Bilder und Modelle von Schiffen und Hafenanlagen sowie nautische Geräte, alte Schiffahrtskarten, Galionsfiguren und Tauchgerät geben in 13 Sälen einen ausgezeichneten Überblick zur Seefahrtsgeschichte. Besonderes Interesse verdienen die 'Santa Maria' von Kolumbus (Saal 1), die 'Louis XV.', ein Spielzeug des jungen Königs (Saal 2), die 'Valmy', das letzte Segelschiff der Marine aus Ebenholz, Elfenbein und Silber (Saal 5), einige der ersten Dampfschiffe (Saal 5), die 'La Gloire', das 1859 vom Stapel gelaufene erste Panzerschiff der Welt (Saal 6) und das Atom-U-Boot 'Le Redoutable'.

***Musée de l'Homme**

Öffnungszeiten
Mo., Mi.–So,
9.45–17.15

Eintrittsgebühr

Das Museum für Völkerkunde zeigt auf einem Drittel seiner Fläche (insgesamt 10000 m²)die vorgeschichtlichen und völkerkundlichen Sammlungen des Museums. Der andere Teil ist Wechselausstellungen und der Bibliothek (über 180000 Bände) im obersten Stock vorbehalten. Im ersten Stock sind prähistorische Funde zu sehen, darunter der Mensch von Menton, ein Abguß der Venus der Hottentotten sowie die berühmte Venus von Lespugue, aus einem Mammutzahn geschnitzt. Die völkerkundliche Abteilung im 1. Stock ist Afrika gewidmet (u.a. Felszeichnungen aus dem Hoggar und mittelalterliche Fresken aus Abessinien sowie Skulpturen aus Westafrika). Im zweiten Stock sind völkerkundliche Sammlungen aus den arktischen Regionen, Asien und Amerika (hier vor allem die Kunst der Maya und Azteken) ausgestellt.

***Musée des Monuments Français**

Im östlichen Flügel des Palais de Chaillot ist ein Museum untergebracht, das bedeutende Kunstwerke Frankreichs in Reproduktionen und Modellen in Originalgröße vorstellt. Begonnen wurde mit der Einrichtung des Museums 1880 auf Initiative des Architekten Viollet-le-Duc. Höchst anschaulich wird hier eine Stilgeschichte von Skulptur, Malerei und Architektur präsentiert, die in einem chronologischen Überblick 12 Jahrhun-

Palais de Chaillot

derte französischer Kunstentwicklung von der Frühromantik bis zum Klassizismus umfaßt. Rechts in der Eingangshalle findet man die Wandgemälde (auf die drei Stockwerke des Pavillons verteilt), linker Hand im Ostflügel des Palais die Skulpturen-Abteilung.
Im Erdgeschoß sind Werke aus frühromanischer Zeit (ca. 800–1000) und Kryptengemälde aus Auxerre (Leben des hl. Stephanus, um 850) zu sehen. Der erste Stock birgt romanische Kunst (ca. 1000–1200), u.a. die eindrucksvolle Darstellung biblischer Geschichte von der Genesis bis zur Apokalypse aus der Abteikirche von Saint-Savin-sur-Gartempe in Vienne. Der zweite Stock ist Werken der Früh- und Hochgotik (ca. 1200–1400), der dritte Stock spätgotischer Kunst (ca. 1400–1550) gewidmet.
Die Skulpturensammlung birgt in chronologisch geordneter Abfolge: frühromanische Sarkophage (6./7. Jh.), die erste Grabplatte mit plastischer Darstellung (11. Jh.; Saal 1), romanische Türbogenplastiken und -reliefs sowie Kirchenportale aus dem 11. Jh. (Säle 2–6), die Architektur der Kreuzritter in Palästina (12./13. Jh.; Saal 7), frühgotische Reliefs und Plastiken nach den Originalen aus den Kathedralen von Chartres, Reims, Paris und Straßburg (12./13. Jh.; Saal 8), die hochgotische Grabkapelle der Herzöge von Burgund (14. Jh.; Säle 14 und 15), Arbeiten der Hoch- und Spätgotik (14./15. Jh.; Säle 16–18), Spätgotik und Frührenaissance (15./16. Jh.; Säle 19–21). Die Renaissance (16./17. Jh.) ist vertreten mit Werken von Jean Goujon (1510–1568), Ligier Richier (1500–1566) und Germain Pilon (1536–1590; Säle 22–24), die französische Klassik (Barock, 17./18. Jh.) mit Arbeiten von François Girardon (1628–1715), Antoine Coysevox (1640–1720), den Brüdern Nicolas (1658–1733) und Guillaume Coustou (1677–1746; Saal 25), der Rokoko (18. Jh.) durch Maurice-Etienne Falconet (1716–1791), Edem Bouchardon (1698–1762), Jean Antoine Houdon (1741–1828) und Jean Baptiste Pigalle (1714–85); bemerkenswert sind die Büsten von Voltaire, Mirabeau, und Rousseau (Säle 26 und 27). Zum Frühklassizismus des 19. Jh.s gehört u.a. die 'Marseillaise' des Arc de Triomphe (Saal 28).

Musée des Monuments Français (Fortsetzung)

Öffnungszeiten
Mo., Mi.–So.
9.00–18.00

Eintrittsgebühr

Palais de Chaillot (Fortsetzung)

*Musée du Cinéma**

Führungen Mo., Mi–So. 10.00, 11.00, 14.00, 15.00, 16.00

Eintrittsgebühr

Ein Muß für Cineasten ist der Besuch im liebevoll zusammengestellten Kinomuseum, das die Entwicklung des Films vom ersten Pantinoskop und den Aufnahme- und Wiedergabeapparaten der Gebrüder Lumière bis zu Kultfilmen der Gegenwart nachzeichnet. Schöpfer des Raritätenkabinetts war Henri Langlois, der seit den dreißiger Jahren unermüdlich alles sammelte, was mit Fotographie und Filmkunst zusammenhing, darunter Kinoplakate, Filmkulissen, Drehbücher und Kostüme. Kinofreunde können beim Anblick der gesammelten Requisiten in Erinnerung an berühmte Streifen ins Schwelgen geraten, so sind u.a. kostbare Roben aus "Vom Winde verweht" zu sehen, John Waynes Hut aus "Stagecoach", bizarre Straßenszenen aus dem expressionistischen Stummfilm "Das Kabinett des Dr. Caligari" von Robert Wienes und Fritz Langs Roboter aus "Metropolis".

Cinémathèque Française

Henri Langlois rief 1936 auch die französische Cinémathèque ins Leben; Eingang Avenue Albert-de-Mun. Hier werden täglich aus den umfangreichen Beständen drei bis vier ausgewählte Filme der Kinogeschichte vorgeführt.

Théâtre National de Chaillot

Unterhalb der großen Terrasse, zu deren Füßen in den Sommermonaten jugendliche Rollschuh- und Skatebordfahrer zu wahren Höchstleistungen auflaufen, befindet sich das Théâtre National de Chaillot mit zwei Bühnen und 3000 Zuschauerplätzen. Hier traten nach dem Zweiten Weltkrieg unter der Regie von Jean Vilar so illustre Schauspieler auf wie Gérard Philippe und Maria Casarès, seit 1981 sorgt Jérôme Savary für avantgardistische Aufführungen.

*Palais de Justice — J 5

Lage
4, Boulevard du Palais (1. Arr.)

Métro-Station
Cité

Buslinien
21, 24, 27, 38, 81, 85, 96

Öffnungszeiten
Mo.–Fr. 9.00–18.00

Justizpalast

An der Stelle des heutigen Justizpalastes, auf der Ile de la → Cité, legten die keltischen Gallier, später die Römer, schließlich die fränkischen Merowinger befestigte Plätze, Kastelle und Burgen an, befand sich die Wiege der französischen Königsmacht. Unter Ludwig IX., dem Heiligen (1226 bis 1270), erlangte die mittelalterliche Residenz mit der neuerrichteten Schloßkapelle (→ Sainte-Chapelle) ihre größte Prachtentfaltung. Schon bald aber zog das französische Königshaus in den → Louvre, nachdem der Palast 1358 von der aufständischen kaufmännischen Bürgerschaft unter Führung ihres Vorstehers Etienne Marcel gestürmt worden war (→ Hôtel de Ville). Seit dem 16. Jh. war der Palast Sitz des Obersten Gerichtshofes (Parlement), mit dessen Zustimmung erst königliche Gesetze rechtskräftig wurden. Dieses rein formelle Privileg schaffte, nach dem Aufstand der Fronde gegen die Königsmacht (1648–1652), ein junger König auf dem Weg zur absolutistischen Monarchie ab: Ludwig XIV. Die französische Revolution beseitigte ihrerseits sowohl den König als auch das Parlement, indem es seine sämtlichen Mitglieder aufs Schafott schickte. Die neuen (bürgerlichen) Gerichte zogen in das Gebäude, das

Palais de Justice (Fortsetzung)

man jetzt Palais de Justice nannte. Mehrfach durch Brände beschädigt und zerstört, erfuhr der Bau hernach verschiedene Umgestaltungen, bis das jetzige Gebäude um die Jahrhundertwende entstand; der Südflügel wurde erst 1911–1914 angefügt. Heute sind hier das Zivil- und Strafgericht untergebracht, der Südflügel am Quai des Orfèvres ist von der Kriminalpolizei belegt.

Besichtigung

Den Eingang markiert ein wunderschön gearbeitetes, schmiedeeisernes Tor (1787) aus der Zeit Ludwigs XVI. am Vorhof Cour de Mai, in dem früher alljährlich ein Maibaum gepflanzt wurde. Von hier führt ein Treppenaufgang zur Galérie Marchande (Halle der Händler), die zur Zeit Ludwigs IX. den Verbindungsgang vom Königspalast zur Sainte-Chapelle darstellte; bis zum Ausbruch zur französischen Revolution boten hier Händler in großem Gedränge ihre Waren an. Am Ende gelangt man zur Salle des Pas Perdus (Saal der verlorenen Schritte), deren Bezeichnung eine poetische Anspielung auf die verlorenen Prozeßmühen der hier Wartenden war. Der Saal befindet sich direkt über der Salle des Gens d'Armes der → Conciergerie, der alten Grande-Salle, Schmuckstück des Königspalastes, in dem die Monarchen wichtige Verträge unterzeichneten und offizielle Empfänge abhielten. Das neoklassizistische Dekor ist eine Rekonstruktion des Originals von Salomon de Brosse und stammt aus der Zeit der Restaurierungsarbeiten nach dem großen Brand von 1871. Von der Galérie Duc, benannt nach dem Architekten und großen Restaurator vieler bedeutender Baudenkmäler, Eugène Emmanuel Viollet-le-Duc (1814–1879), blickt man auf die Sainte-Chapelle und, am anderen Ende, auf die Cour des Femmes der → Conciergerie. Das Vestibule de Harlay zieren Statuen von Karl dem Großen, Philipp II. August, Ludwig IX. und Napoleon I., jenen Herrschern, die sich in besonderer Weise mit der Gesetzgebung befaßt haben. Zu besichtigen sind ferner die Chambre Dorée der ersten Zivilkammer (Première Chambre Civile), das frühere Schlafgemach von Ludwig IX., das zum Tagungssaal des Parlement umfunktioniert wurde, bevor dort ab 1793 die Salle de la Liberté eingerichtet wurde, in der das Revolutionstribunal über zweitausend Todesurteile fällte, darunter auch das von Marie-Antoinette. Die Ausschmückung im Neo-Renaissancestil stammt aus dem 19. Jahrhundert.

*Palais de la Découverte — F 4

Lage
Avenue Franklin-D.-Roosevelt (8. Arr.)

Métro-Stationen
Champs-Elysées-Clemenceau; Franklin-Roosevelt

Öffnungszeiten
tgl. außer Mo. 10.00–18.00

Eintrittsgebühr

Das Palais de la Découverte (= Palast der Entdeckung) ist im Westflügel des → Grand Palais untergebracht. Aufgabe dieses naturwissenschaftlichen Museums, das in seiner Aufmachung an das Deutsche Museum in München erinnert, ist es, die Geschichte der Naturwissenschaften und deren Ergebnisse in praktischer Weise dem Besucher zu vermitteln. Dazu dienen verschiedene Ausstellungssäle zum Thema Astronomie, Physik, Chemie, Biologie und Medizin, in denen man zahlreiche Experimente selbst durchführen kann. Höhepunkte sind der unserem Sonnensystem gewidmete große Saal und das Planetarium (Vorführungen: 14.00, 15.15 und 16.30 Uhr); zusätzliche Vorführungen und Filmvorträge (14.30 und 16.00 Uhr) ergänzen das Programm; Führungen werden nur in französischer Sprache abgehalten.

Palais de Tokyo — E 4

Lage
13, Avenue de Président-Wilson (16. Arr.)

Das frühere Palais d'Art Moderne, das heute in Musée d'Art Moderne de la Ville de Paris (Ostflügel) und das Centre National de la Photographie (Westflügel) gegliedert ist, wurde zur Weltausstellung 1937 errichtet. Seine Architekten Aubert, Dastugne, Dondel und Viard schufen ein funktionales Gebäude in der Bauhaus-Tradition, die auch am benachbarten → Palais

Allegorische Skulpturen ...

... vor dem Palais de Tokyo

Métro-Station
Iéna,
Alma-Marceau

Buslinien
32, 63, 82, 92

de Chaillot zu spüren ist. Antike Anklänge sind hier wie dort vorhanden. Die Allegorien auf "Stärke" und "Sieg" im Peristyl (Säulenhof) sowie am Wasserbecken die Allegorie auf "Frankreich" (1927) stammen vom Bildhauer Antoine Bourdelle (1861–1929). Von 1993 bis voraussichtlich 1995 befindet sich das Palais in Umgestaltung.

Centre National de la Photographie

derzeit im Umbau

Im März 1984 wurde das Centre National de la Photographie (CNP) mit einer Medienbibliothek im Palais de Tokyo heimisch. Sein Gründer Robert Delpire, ein profilierter Herausgeber von Fotobüchern, sorgte seither für renommierte Ausstellungen zur internationalen Fotographie; außerdem wurden im Centre preisgekrönte fotographische Bücher verfaßt, darunter Werke über Henri Cartier-Bresson, Robert Doisneau, Lartigue, Newton und Duane Michals. Während der Umbauarbeiten im Palais de Tokyo finden die Ausstellungen des CNP in der Fondation Rothschild (Rue Berryer) statt.

***Musée d'Art Moderne de la Ville de Paris (MAM)**

Öffnungszeiten
Di., Do.–So.
10.00–17.30,
Mi. 10.00–20.30

Eintrittsgebühr

Im Ostflügel des Palais de Tokyo wurde 1961 das Städtische Museum für Moderne Kunst eingerichtet, in dem Besucher heute einen umfangreichen Einblick in die europäischen Kunstströmungen der klassischen Moderne erhalten, ergänzt durch interessante zeitgenössische Wechselausstellungen. Während des Umbaus werden mehrere Ausstellungsräume bis 1995 geschlossen, die Hauptwerke sind jedoch weiterhin zu besichtigen.
Zur Sammlung bedeutender Nachimpressionisten gehören u. a. Werke von Paul Cézanne, André Dunoyer de Segonzac und Maurice Utrillo, Aquarelle von Georges Rouault aus der Zeit zwischen 1905 und 1907, Landschaften von Raoul Dufy und seine monumentale "Fée Electricité", eine Allegorie der Elektrizität und ihrer Kräfte zur Weltausstellung 1937. Teile der Sammlung, so Toulouse-Lautrec und Redon, wurden ab 1986 vom → Musée d'Orsay übernommen. Außerdem sind zu sehen Pablo Picassos "Evocation", das erste Bild der blauen Periode (1901), Stilleben von Georges Braque, "Les Disques" (1918) von Fernand Léger, Robert Delaunays großfor-

matiges Gemälde "L'Equipe de Cardiff" (1913), mehrere Bilder der Fauves, darunter "La Pastorale" (1905) von Henri Matisse und "La Phare de Collioure" (1905) von André Derain sowie Arbeiten von Albert Marqueu, Maurice de Vlaminck, Suzanne Valadon und Amedeo Modigliani. Zu den ausgestellten Skulpturen gehören Werke von Jacques Lipchitz, Chavigné und ein hölzerner "Orphée" von Ossip Zadkine.

Palais de Tokyo, Musée d'Art Moderne de la Ville de Paris (Fortsetzung)

Palais Royal

H 4/5

Das Palais Royal (Königliches Palais) dient heute als Amtssitz für den Staatsrat (Conseil d'Etat) und die oberste Kulturbehörde (Secrétariat de la Culture et de la Communication).
Unweit des → Louvre ließ Kardinal Richelieu (1585–1642) sich zwischen 1634 und 1639 den Palast erbauen, den er später dem König vermachte. Nach dem Tod Ludwigs XIII. übersiedelte dessen Witwe, Anna von Österreich, in das Stadtpalais, das von da an Palais Royal genannt wurde. Ihr Sohn, Ludwig XIV., zog 1652 in den Louvre zurück, um wenig später, nach einer Zwischenstation im Schloß von → Vincennes, seinen Hofstaat nach → Versailles zu verlegen. Danach ging das Palais aufgrund einer Schenkung des Königs an das Haus Orléans über. Ludwig Philipp von Orléans, Philippe-Egalité genannt, da er sich als Adliger mit den Grundsätzen der Revolution solidarisierte, was ihn nicht vor der Guillotine bewahrte, ließ das Palais in seiner heutigen Form Ende des 18. Jh.s umgestalten und den kleinen Park mit Kolonnaden, Geschäften und Mietwohnungen anlegen.
Am 13. Juli 1789 leitete der Advokat und Journalist Camille Desmoulins unter diesen Kolonnaden eine revolutionäre Versammlung, der am nächsten Tag der Sturm auf die → Bastille folgte. Vor und während der Revolution und im ersten Kaiserreich war das Palais ein gesellschaftlicher Treffpunkt mit Restaurants, Cafés, Spielsälen und Bordellen. Bei der Beset-

Lage
Place du Palais Royal (1. Arr.)

Métro-Station
Palais Royal–Musée du Louvre

Buslinien
21, 27, 39, 48, 67, 69, 72, 74, 81, 85, 95

Den Hof des Palais Royal beherrschen Daniel Burens Streifenplastiken

Palais Royal (Fortsetzung)

zung von Paris durch die Alliierten, 1814, soll der deutsche Feldmarschall Blücher 6 Millionen Francs in den Spielsälen des Palais Royal verloren haben. Sie wurden 1830, ebenso wie die Bordelle, geschlossen. – Zu den illustren Mietern der Wohnungen gehörten u.a. Colette und Jean Cocteau.

Buren-Plastiken

Eine Passage zwischen dem Palast und der Comédie Française führt zum Innenhof, den seit 1986 die umstrittenen 'Colonnes'-Plastiken von Daniel Buren prägen, geometrisch plazierte, schwarz-weiß gestreifte Säulen, die zwischen den historischen Gebäuden wie Pilze aus dem Boden wachsen.

*Panthéon — J 6

Lage
Place du Panthéon (5. Arr.)

Métro-Station
Cardinal-Lemoine

RER-Station
Luxembourg

Buslinien
84, 89

Öffnungszeiten
April–Sept.
tgl. 10.00–18.00,
Okt.–März
tgl. 10.00–12.30,
14.00–17.30

Eintrittsgebühr

Das Panthéon, ursprünglich als Kirche gebaut, ist die nationale Gedenk- und Grabstätte berühmter Männer Frankreichs. Im Jahre 1756 begann der Architekt Jacques-Germain Soufflot (1713–1780) im Auftrag Ludwigs XV. mit einer als Prachtbau geplanten Kirche an der Stelle einer verfallenen Abtei der heiligen Genoveva (Sainte-Geneviève), Schutzpatronin von Paris (→ Saint-Etienne-du-Mont). 1790, zehn Jahre nach dem Tod von Soufflot, war die Kirche mit der Vollendung der Kuppel fertiggestellt und wurde während der Französischen Revolution 1791 auf Beschluß der Nationalversammlung in ein 'Panthéon français' umgewandelt – unter einem 'Pantheon' verstand man im Altertum einen Tempel, der allen nationalen Gottheiten gewidmet war. Hernach wurden 42 Fenster des ehemaligen Kirchbaues zugemauert, so daß der außen kalte, innen düstere Eindruck eines Mausoleums entstand, der das Gebäude bis heute charakterisiert.

Die Architektur des Panthéon markiert am deutlichsten die Abkehr vom verspielten Rokoko (Louis XV.-Stil), wie er beispielsweise beim Hôtel de Soubise im → Marais zu finden ist, der seinerseits eine Reaktion auf den klaren, 'klassischen' französischen Barockstil unter Ludwig XIV. war. Das Panthéon stellt das erste Pariser Gebäude im klassizistischen Stil dar, der die architektonische Schlichtheit und Monumentalität der klassischen Antike neu zu beleben suchte. Er wurde maßgebend für die Zeit vor und nach Napoleon I., was sich an den gewaltigen Bauten von → Arc de Triomphe, → Madeleine und → Bourse erkennen läßt.

Panthéon – letzte Ruhestätte vieler großen Männer Frankreichs

Panthéon (Fortsetzung)

Mit seinem Entwurf wollte Soufflot sich von seinem Vorbild Sir Christopher Wren, Erbauer der Saint Paul's Cathedral in London, abheben. Er schuf daher einen weit vorgezogenen Portikus an der Hauptfassade, der dem Betrachter die Sicht auf die Kuppel nimmt, die dadurch gleichsam schwebend über dem Unterbau ruht. Der Dreiecksgiebel auf 18 korinthischen Säulen trägt die Inschrift "Den großen Männern das dankbare Vaterland" und zeigt ein Relief von David d'Angers zur Geschichte der französischen Nation: Links erscheinen u.a. Mirabeau, Voltaire und Rousseau, rechts Napoleon und seine Generäle.
Das Innere war von Soufflot ganz auf Durchsicht und Klarheit angelegt. Diese Helligkeit sollte zum einen durch viele Fenster, zum anderen durch schlanke Säulen – sogar in den kuppeltragenden Teilen – erreicht werden. Konstruktionsmängel erzwangen derweil die Verwendung mächtiger Pfeiler, der Umwandlung zur Grabstätte fiel schließlich ein Großteil der Fenster zum Opfer. Die Kuppel ließ Napoleon I., unter dem das Panthéon vorübergehend als Kirche diente, mit dem Fresko "Himmelfahrt der heiligen Genoveva" (1811) ausschmücken. In mehreren Fresken an den Seitenwänden, die Puvis de Chavannes geschaffen hat, ist ferner das Leben der Heiligen dargestellt. Andere zeigen Karl den Großen, Ludwig IX. und Jeanne d'Arc. Zu den illustren Persönlichkeiten Frankreichs, die hier ihre letzte Ruhe gefunden haben, gehören neben den erwähnten Philosophen u.a. auch die Schriftsteller Victor Hugo und Emile Zola, der Mathematiker Monge und der Résistance-Kämpfer Jean Moulin, dessen Asche 1964 vom Friedhof Père-Lachaise in den Panthéon überführt wurde.

Paristoric G 3

"Paris, wie kann ich Dich kennenlernen?" – "Indem ich Dir meine Geheimnisse offenbare ..." Mit diesem poetischen Dialog beginnt die Multivisionsschau Paristoric, die in 40 Minuten einen originellen Blick auf die faszinierende Seinemetropole ermöglicht. Mit Hilfe von 30 computergesteuerten Diaprojektoren wird bei Musik von Verdi über Ravel bis Edith Piaf auf einer 14 m breiten Leinwand die 2000jährige Geschichte der französischen Hauptstadt erzählt. Vom gallo-römischen Lutetia ausgehend, werden die unterschiedlichen historischen Etappen aufgezeigt, die unter verschiedenen Herrschern entstandenen Architekturperioden und ihre noch heute sichtbaren Zeugnisse bis hin zu François Mitterands Jahrhundertbauten der Moderne. Begleitet wird der 1990 von Charles und Michel Ruty initiierte, in sieben Sprachen kommentierte Film von den Zitaten großer Dichter und Philosophen, die von Paris inspiriert worden sind. Für den Neuling wie den Kenner eine gelungene Vorführung über die 'schönste Stadt der Welt'.

Lage
78, Boulevard des Batignoles (17. Arr.)

Métro-Stationen
Villiers, Rome

Öffnungszeiten
So.–Do. 9.00 bis 18.00, Fr., Sa. 9.00–21.00; Aufführungen jede volle Stunde

Eintrittsgebühr

*Pavillon de l'Arsenal K 6

Im anno 1878 als Privatmuseum für Aquarelle entworfenen Pavillon de l'Arsenal wurde im Dezember 1988 ein Dokumentations- und Informationszentrum zur Pariser Stadtgeschichte eröffnet.
Hier werden auf 1600 m^2 Ausstellungsfläche die Entwicklung der Stadt und ihre Architektur präsentiert. Den Höhepunkt der Dauerausstellung "Paris, die Stadt und ihre Projekte" (800 m^2) bildet ein 40 m^2 großes Modell der Hauptstadt im Maßstab 1:2000. Ergänzende Wechselausstellungen illustrieren alle drei Monate ein stadtgeschichtliches Thema, auch im Vergleich mit anderen europäischen Metropolen. Eine weitere Ausstellung unterrichtet über aktuelle Projekte, die gerade in Paris realisiert werden.

Hervorragendes Informationsmaterial zur französischen Architekturgeschichte liefern zudem das Dokumentationszentrum und eine Fotothek.

Lage
21, Boulevard Morland (4. Arr.)

Métro-Station
Sully Morland

Öffnungszeiten
Di.–Sa. 10.30–18.30, So. 11.00–19.00; Dokumentationszentrum und Fotothek: Di.–Sa. 14.00–18.00

Père-Lachaise

→ Friedhöfe

*Petit Palais F 4

Lage
Avenue W.-Churchill (8. Arr.)

Métro-Station
Champs-Elysées-Clemenceau

Buslinien
28, 49, 72, 73, 83

Öffnungszeiten
tgl. (außer Mo.)
10.00–17.40

Eintrittsgebühr

Zusammen mit dem → Grand Palais zur Weltausstellung 1900 errichtet, weist das 'kleine Palais' dieselben architektonischen Merkmale auf wie sein großes Pendant gegenüber. Prächtig erhebt sich das von einer Kuppel überragte Hauptportal, eindrucksvoll ergänzt durch einen reichen Skulpturenschmuck.
Neben interessanten Wechselausstellungen, die sich meist kulturgeschichtlichen Themen widmen, beherbergt das Musée du Petit Palais seit 1902 wertvolle Kunstsammlungen der Stadt Paris, die zu einem erheblichen Teil auf bedeutenden Schenkungen und Stiftungen basieren. So brachten die Gebrüder Dutuit Kunstwerke der Antike, des Mittelalters und der Renaissance ein sowie Gemälde (u.a. von Rembrandt und Rubens), Zeichnungen, Bücher, Majolika, Email und Keramiken; die Sammlung Tuck enthält vor allem Möbel, Wandteppiche und Plastiken des 18. Jahrhunderts. Die Galerie Zoubaloff zeigt Gemälde des 19. Jh.s vom Klassizismus bis zu den Impressionisten, darunter Gemälde von Gros, Géricault, Ingres, Delacroix, Millet, Corot, Courbet, Cézanne, Monet und Pissaro. Besondere Beachtung verdienen auch die anmutigen Skulpturen von Jean-Baptiste Carpeaux.

Place Charles-de-Gaulle

→ Etoile

Place de la Concorde

→ Concorde

Place de l'Etoile

→ Etoile

*Place des Vosges K 5

Lage
Östliches Zentrum (4. Arr.)

Métro-Stationen
Saint-Paul, Bastille

Buslinien
20, 29, 65, 69, 76, 96

Mit der Place des Vosges im östlichen Teil des → Marais besitzt Paris seinen ältesten, in einem weiten, harmonisch-einheitlichen Stil angelegten öffentlichen Platz, der Vorbild für die Gestaltung anderer Plätze wie der Place Dauphine am Pont Neuf, → Place Vendôme und → Place de la Concorde war. Mit Fertigstellung der 1605–1612 unter Heinrich IV. geschaffen Anlage, damals Place Royale genannt, hatte der Marais als vornehmes Aristokratenviertel seine Bestätigung gefunden. Es entstand eine großartige Festkulisse, die ein unbekannter Architekt nach den Vorstellungen der Renaissance-Baukunst symmetrisch gestaltet hatte: Hier fanden Turnierspiele, prachtvolle Staatsempfänge und Hochzeiten des Hofes statt. Trotz eines Verbotes von Kardinal Richelieu war die Place Royale auch ein bevorzugter Ort für Duelle. Im Palais Nr. 11 trafen sich renommierte Litera-

Place des Vosges im Herzen des Marais-Viertels

Place des Vosges (Fortsetzung)

ten im Salon von Marion Delorme, im Haus Nr. 1 bis kam 1626 Madame de Sévigné zur Welt, die mit den Briefen an ihre Tochter ein beredtes Zeugnis jener Epoche hinterlassen hat, Ende des 17. Jh.s residierte der Kanzelredner Bossuet im Pavillon Nr. 17.
In die ziegelroten, mit aufstuckiertem, hellem Haustein durchbrochenen Fassaden des Königsplatzes gliedern sich im Norden der Pavillon de la Reine, im Süden der Pavillon du Roi ein, gekennzeichnet durch die Initialen Heinrichs IV., diese königlichen Wohngebäude, die höher und staatlicher aufgerichtet wurden als die anderen Häuser, fungieren gleichzeitig als Torbauten. Die übrigen der 38 Pavillons waren Privatbesitz.

Während der Regierungszeit Ludwigs XIV. verlor der Platz seine Bedeutung, Anfang des Jahres 1800 wurde er dann in Place des Vosges (Platz der Vogesen) umbenannt – das Département Vosges hatte als erstes Steuern an das neue Regime der Republik Frankreich abgeführt.
Heute dient die Platzanlage, die 1987–1989 sorgfältig restauriert worden ist, mit ihren Bäumen und Springbrunnen vor allem als Spielplatz für Kinder und erholsamer Treffpunkt von Leuten aus dem Marais-Viertel. In den Arkaden haben sich kleine Antiquitätengeschäfte, Galerien und Cafés etabliert.

Reiterstandbild von Ludwig XIII.

Die Mitte des Platzes bildet ein kleiner Garten mit einem 1819 errichteten Reiterstandbild, das Ludwig XIII. zeigt; die Marmorstatue führten Dupaty und Cortot aus.

Musée Victor Hugo

Das Haus Nr. 6 in der Südostecke der Place des Vosges war 1832–1848 Domizil von Victor Hugo, an den zahlreiche Exponate in dem heute als Museum eingerichteten Gebäude erinnern, darunter das von Hugo selbst entworfene Dekor des chinesischen Salons, architektonische Skizzen und Zeichnungen des Meisters; bemerkenswert sind auch die Möbel von Juliette Drouet (geöffnet: Di.–So. 10.00–17.40 Uhr).

Place Vendôme – Meisterwerk klassischer Baukunst

Place du Tertre

→ Montmartre

*Place Vendôme G/H 4

Lage
Westliches Zentrum (1. Arr.)

Métro-Stationen
Madeleine, Opéra, Concorde

Buslinien
21, 24, 27, 29, 42, 52, 68, 72, 84, 94, 95

Eine einmalige Platzanlage, die in ihrer ursprünglichen Form vom Ende des 17. bzw. Anfang des 18. Jh.s erhalten ist, findet sich nördlich der → Tuileries: die Place Vendôme.

Jules Hardouin-Mansart, einer der bedeutendsten Baumeister des 'Grand Siècle' unter Ludwig XIV., entwarf den Platz als 'Place Louis-le-Grand', zwischen 1686 und 1701 kamen Fassaden hinzu, bis 1720 dauerte der Ausbau der Gebäude. Eigentlich sollten darin die königlichen Akademien (→ Institut de France), die Münze (→ Monnaie), die königliche Bibliothek und ein Hotel für ausländische Gesandte untergebracht werden. Der Geldmangel des Königs verschaffte der Stadt die Nutzungsrechte, die sie an Adelige und reiche Bürger verkaufte. Diese errichteten hinter dem Fassadenteil Ehrenhöfe mit anschließendem Garten im Stil der adeligen Hôtels (→ Marais).

Der Charme dieses Platzes, eines der herausragenden Beispiele harmonischer Stadtarchitektur in Europa, besteht in der Geschlossenheit und Unversehrtheit des einheitlichen Entwurfes. Hier sind königlicher Repräsentationsstil und bürgerliche Nüchternheit eine geglückte Verbindung eingegangen, die nach der sorgsamen Restaurierung der Platzanlage zu Beginn der neunziger Jahre im neuen Glanz erstrahlt. Wie auf der von der Nordseite zur Oper führenden Rue de la Paix findet man auch auf der Place Vendôme berühmte Juweliergeschäfte wie Boucheron, Van Cleef et Arpels und Cartier. Im Hotel Ritz waren u. a. Ernest Hemingway, Scott Fitzgerald

Place Vendôme (Fortsetzung)

und Gertrude Stein in der 'Bar Américain' Stammgäste. – Im Haus Nr. 12 starb im Oktober 1849 der Komponist Frédéric Chopin im Alter von nur 39 Jahren.

Colonne de la Grande Armée

Die Colonne de la Grande Armée in der Mitte des Platzes erzählt in einem spiralförmig ansteigenden Bronze-Relief von den Ruhmestaten der französischen Armee. Die Säule ersetzte ein Reiterstandbild Ludwigs XIV., das 1792 den Wirren der Französischen Revolution zum Opfer fiel. Napoleon I. ließ statt dessen das 44 m hohe Monument 'zum Ruhme der Armee' aufstellen, das eine Imitation der Trajansäule in Rom darstellt. Als Krönung erhielt die Vendôme-Säule eine Statue, die Napoleon im Gewand eines römischen Cäsars zeigt. 1814 schmolz man die Figur für ein Reiterstandbild Heinrichs IV. auf der Pont-Neuf ein, 1833 konnte eine neue ihren Platz einnehmen. Während der Pariser Kommune (1871) wurde die Säule schließlich umgestürzt, später jedoch mit einer Kopie des napoleonischen Standbildes wieder aufgestellt.

Quais

H–K 5/6

Lage
Zentrum (Seine-Ufer zwischen Pont d'Austerlitz und Pont des Arts)

Métro-Stationen
Cité, Saint-Michel

Die Uferpromenaden (Quais de la Seine) waren ursprünglich zweistöckig begehbar. Heute ist die 'untere Etage' auf dem rechten Ufer ganz, auf dem linken teilweise vom Autoverkehr beschlagnahmt. So muß man sich mit dem Spaziergang auf der oberen Ebene neben dem flutenden Verkehr zufrieden geben, wird aber entschädigt durch das herrliche Panorama des Pariser Zentrums um die Seine-Inseln. Die schönsten Spaziergänge auf den Quai-Anlagen der Seine macht man zweifellos auf der → Ile Saint-Louis und der Ile de la → Cité.

Bouquinisten

Ein Mekka des Antiquariats sind die Auslagen der Bouquinisten (bouquin = Buch, Schmöker), die in ihren Holzkästen (boîtes) alte und neue Bände,

Bouquinistenstände am Seine-Ufer

Quais, Bouquinisten (Fortsetzung)

Plakate, Stiche und ähnliches anzubieten haben; manche der freien Buchhändler haben sich auch spezialisiert, z. B. auf französische Klassiker, alte Gravuren, die Stadt illustrierende Bücher, Postkarten, Kunstbücher, Krimis oder Ausstellungsplakate, so daß Sammler hier angenehme Überraschungen erleben können. Noch bis Mitte des 19. Jh.s war es üblich, seine Kästen jeden Abend nach Hause zu tragen, heute öffnen die meisten Bouquinisten gegen 12 Uhr mittags und schließen bei Einbruch der Nacht.

Renovierung

Die früher staatseigenen Seine-Ufer und -Brücken gingen 1988 in die Zuständigkeit der Stadt über, die ein umfangreiches Renovierungsprogramm für die Uferanlagen eingeleitet hat, die 1991 von UNESCO in die Liste des Weltkulturerbes aufgenommen worden sind.

*Quartier Latin — H/J 6/7

Lage
Zentrum (5. Arr.)

Métro-Stationen
Saint-Michel, Cardinal-Lemoine, Monge

Buslinien
63, 84, 86, 89

Studentenviertel

Das Quartier Latin wird im Norden von der Seine, im Süden vom Boulevard de Port-Royal, im Osten vom Boulevard Saint-Marcel und vom Boulevard de l'Hôpital begrenzt. Im Westen sind die Übergänge zum Viertel → Saint-Germain, etwa auf Höhe der Métro-Sation Odéon, fließend. Neben der Universität → Sorbonne (Paris-IV) sind hier die meisten 'Grandes Ecoles' beheimatet, Frankreichs renommierte Elitehochschulen, die nicht zur Universität gehören, darunter die Ecole Polytechnique und Ecole Normale Supérieure, sowie die Universitäten Censier (Université de Paris-III) und Jussieu (Universités de Paris-VI et -VII). Das Panorama der Gelehrsamkeit vervollständigen das → Collège de France und traditionsreiche Gymnasien wie das Lycée Henri IV neben dem → Panthéon, das Lycée Louis-le-Grand hinter der Sorbonne und das Lycée Saint-Louis am Boulevard Saint-Michel.

Als es gegen Ende des Mittelalters auf der → Cité um Notre-Dame für die Latein- und Theologieschulen zu eng wurde, zogen sie auf das linke Seine-Ufer. Dort entwickelte sich das Quartier Latin, vom Volksmund nach der offiziellen Umgangssprache der gelehrten Herren, dem Lateinischen, so benannt.

Das Studentenviertel ist heute auch touristischer Anziehungspunkt. Geboten wird eine Vielzahl von Kinos, Diskotheken und Restaurants, vor allem der arabischen, griechischen und asiatischen Küche. In nicht wenigen der kleinen Lokale geht man nach dem Essen einen Stock tiefer, um in alten Kellergewölben Musik, Theater oder Poesie zu lauschen.

Théâtre de la Huchette

Im Théâtre de la Huchette (23, Rue de la Huchette; 80 Plätze) wird seit über 30 Jahren jeden Abend dieselbe, meist ausverkaufte Vorstellung gegeben: die beiden weltberühmten Einakter von Eugène Ionesco "La Cantatrice chauve" ('Die kahle Sängerin') und "La Leçon" ('Die Unterrichtsstunde').

Shakespeare & Company

Eine legendäre Institution des Antiquariats findet man am Square Viviani. Hier bietet George Whitemans origineller Buchladen "Shakespeare & Company" alte Werksausgaben von William Shakespeare bis James Joyce.

Saint-Julien-le-Pauvre

Die am Quai Saint-Michel hinter dem Square René-Viviani gelegene Kirche gehört heute der griechisch-orthodoxen Gemeinde. Errichtet wurde der Sakralbau von der Mitte des 12. bis zur Mitte des 13. Jh.s im hochgotischen Stil. Im 15. und 16. Jh. hielt man hier die Rektorwahlen der Universität → Sorbonne ab; den Beginn der Vorlesungen verkündete ihre Glocke. Den Innenraum der Kirche beherrscht heute eine Ikonostase von 1901.

*Rambouillet

Lage
56 km südwestlich von Paris (N 10 und N 306)

Obwohl Sommersitz der französischen Staatspräsidenten, kann das Château de Rambouillet besichtigt werden. Der Graf von Toulouse, ein legitimierter Sohn von Ludwig XIV. und Madame de Montespan, kaufte 1706 das Schloß, das an der Stelle eines alten Landsitzes (Manoirs) erbaut wor-

den war. An den verschiedenen Überresten aus der Zeit der Gotik, der Renaissance und des Barock ist abzulesen, daß es ständig erweitert und renoviert wurde. Im Jahre 1783 erwarb Ludwig XVI. Schloß Rambouillet, das ihm, ebenso wie seinen Vorgängern und Nachfolgern, als Jagdschloß diente. Er ließ für Marie-Antoinette eine Molkerei (Laiterie de la Reine) in der Form eines griechischen Tempels anlegen und eine Schäferei einrichten, in der bis heute Merinoschafe gezüchtet werden. Napoleon I. machte das Schloß zu seiner Residenz. Seit 1959 wird die Anlage als Sommersitz des Präsidenten und für gelegentliche Ministerratssitzungen benutzt.
Die reiche Innenausstattung, darunter kunstvolle Delfter Kacheln und wunderschöne Stilmöbel, ist äußerst geschmackvoll zusammengestellt. Besondere Beachtung verdienen das 1556 vollendete Marmorzimmer, der Sitzungssaal im Stil des 18. Jh.s, die von Napoleon 1809 eingerichteten Badezimmer und der Ballsaal mit Tapisserien aus Aubusson.
Nach der Besichtigung laden Schloßpark und Wald von Rambouillet zu erholsamen Spaziergängen ein.

Rambouillet (Fortsetzung)

Eisenbahn
ab Gare Montparnasse

Öffnungszeiten
Schloß:
Mo., Mi.–So. 10.00–12.00, 14.00–17.00 (im Sommer bis 18.00);
Park: tgl. 7.00 bis Sonnenuntergang

Eintrittsgebühr

*Rue de Rivoli — G–J 4/5

Die Rue de Rivoli auf dem rechten Seine-Ufer verbindet die Place de la → Concorde mit dem → Marais, wo die Rue Saint-Antoine ihre Verlängerung zur Place de la → Bastille herstellt.
Interessantester und ältester Teil ist der Bereich zwischen der Place de la Concorde und der Place du Louvre, begleitet also die gesamte Nordseite der → Tuilerien und den bis 1993 für das Museum umgestalteten Nordflügel des → Louvre. Dieser Abschnitt erhielt seine Gestalt unter Napoleon I., der auch der Straße ihren Namen gab: Rivoli, nahe Verona gelegen, war Schauplatz seines Sieges über Österreich im Italienfeldzug von 1797. Planung (1802–1811) und Baudauer zogen sich allerdings über mehrere Jahre hin. Erst 1833, zwölf Jahre nach Napoleons Tod, war die Anlage der Straße, die traditionelle, einheitliche Fassaden und Rundbogenarkaden mit neuzeitlichen Bauten (vermehrte Stockwerkzahl, Dachkonstruktion aus Metall) verband, beendet – aber nicht abgeschlossen: 1853 führte der Stadtarchitekt des modernen Paris, Baron Haussmann, die Rue de Rivoli mit der Rue Saint-Antoine weiter bis zur Place de la Bastille.
Während der Französischen Revolution – die heutige Straße war noch von einem Gewirr von Häusern und Gassen überzogen – stand zwischen der Place des Pyramides und der Rue Castiglione eine Reithalle, in der 1789 die Konstituierende Versammlung einen Sitzungssaal einrichtete. Daran, daß hier 1792 die Erste Französische Republik ausgerufen wurde, erinnert eine Tafel am Haus Nr. 230. Im Haus Nr. 210 schrieb der russische Dichter Iwan Turgenjew 1862 seinen berühmten Roman “Väter und Söhne”, das Haus Nr. 194 war 1812–1814 Domizil des französischen Diplomaten und Schriftstellers René de Chateaubriand.
Der napoleonische Teil der Rue de Rivoli lädt heute, wie eh und je, zum Promenieren unter den Arkaden ein. Ein Schaufensterbummel führt an Juweliergeschäften, Kunstgalerien, Antiquitätenläden, Kaffee- und Teestuben vorbei. Zwischen Louvre und → Hôtel de Ville sind drei der größten Kaufhäuser von Paris angesiedelt: Samaritaine, Belle Jardinière und der Bazar de l’Hôtel de Ville (BHV).
An der Place des Pyramides steht ein jüngst neu vergoldetes Reiterstandbild der Jeanne d’Arc von Emmanuel Frémiet.

Lage
Zwischen Place de la Concorde und Marais-Viertel (1. und 4. Arr.)

Métro-Stationen
Concorde, Palais-Royal–Musée du Louvre, Tuileries, Châtelet

Buslinien
21, 67, 69, 74, 75, 81, 85

Jeanne d’Arc-Denkmal

Rue Mouffetard — J 6/7

Die enge Rue Mouffetard zieht sich vom Hügel Sainte-Geneviève, nicht weit von → Panthéon und → Saint-Etienne-du-Mont, hinunter zur Place des Gobelins. Die von kleinen, im oberen Teil vornehmlich griechischen

Lage
5. Arr.

Farbenfrohe Pariser Gasse: Rue Mouffetard

Rue Mouffetard (Fortsetzung)

Métro-Stationen
Cardinal-Lemoine, Place Monge, Censier-Daubenton, Les Gobelins

Buslinien
27, 47, 67, 83, 91

Restaurants gesäumte Straße hat etwas von ihrem mittelalterlichen Charakter bewahrt. Schon zu gallo-römischer Zeit nahmen die Einwohner Lutetias diesen Weg, wenn sie nach Süden reisten. Daran, daß die Gasse damals aufgrund der wenig einladenden Gerüche, die die Abfälle der ansässigen Fleischer und Gerber versursachten, ein eher abstoßender Ort war, erinnert nur noch ihr Name (moufette = ekelhaft, übelriechend).
Heute gehört sie längst zu den pittoresken Pariser Straßen mit alten Läden, windschiefen Häusern aus dem 16.–18. Jh. und gemütlichen Kneipen, darunter das beliebte "La Pomme de Pin" an der Place de la Contrescarpe, im 16. Jh. Stammlokal von Rabelais und den Pleiade-Mitgliedern Du Bellay, Ronsard und Ponthus de Tyard.
Der bunte Markt im unteren Abschnitt der 'Mouffe', auf dem man alles vom frischen Gemüse und Obst über vorzügliche Käsesorten bis zu Fisch und Geflügel erstehen kann, lohnt besonders am Sonntagvormittag einen Besuch.

Rue Royale

G 4

Lage
Nördlich der Place de la Concorde (8. Arr.)

Métro-Stationen
Concorde, Madeleine

Buslinien
24, 42, 52, 84, 94

Die im 18. Jh. angelegte Rue Royale, die die Place de la → Concorde und die → Madeleine-Kirche verbindet, ist eine der vornehmsten Straßen von Paris. Viele ihrer Bauten aus dem 18. Jh. stehen heute unter Denkmalschutz.
Eleganz und hohe Preise haben Tradition bei den hier angesiedelten Luxusgeschäften, darunter das Porzellanhaus Villeroy et Boch, mehrere renommierte Juwelierläden, das für sein Tafelgeschirr gerühmte Christofle, die vielgepriesene Delikatessenhochburg Fauchon und der Herrenausstatter Cerutti. Mehr als eine Legende ist das ausgezeichnete Restaurant Maxim's (Haus Nr. 3) mit seiner atemberaubenden Jugendstil-Dekoration aus der Zeit der Belle Epoque.

*Sacré-Cœur H 2

Die Basilika des Heiligen Herzens Jesu (Basilique du Sacré-Cœur de Montmartre) zählt zu den Wahrzeichen von Paris. Hoch auf dem → Montmartre-Hügel gelegen, leuchten ihre Kuppeln weithin über die Stadt.

Lage
35, Rue du Chevalier de la Barre (18. Arr.)

Métro-Stationen
Anvers, Abbesses

Buslinien
30, 54, 80, 85
Montmatrobus (55)

Öffnungszeiten
1. 10.–31. 3.:
tgl. 9.00–18.00;
1. 4.–30. 9.:
tgl. 9.00–19.00

Eintrittsgebühr

Nach der Niederlage Frankreichs gegen Preußen und nach der Niederschlagung der Pariser Kommune (1871) leisteten die französischen Katholiken das Gelöbnis, auf dem Hügel von Montmartre ein Gotteshaus als Zeichen der Besinnung und der Hoffnung zu errichten. Nachdem die Nationalversammlung 1873 dem Beschluß zugestimmt hatte, wurde 1876 unter Leitung von Paul Abadie mit dem Bau begonnen, der sich wegen des Sandsteinuntergrunds als schwierig und langwierig erwies; erst 1910 konnte die Basilika fertiggestellt und 1919 geweiht werden.

Die Bauweise, oft als 'Zuckerbäckerstil' bezeichnet, wurde von der Sakralarchitektur der Kirche St-Front in Perigeux inspiriert und ist romanisch-byzantinischen Kirchen nachempfunden. Das Innere der Basilika, das schwer und überladen wirkt, beeindruckt in erster Linie durch seine Ausmaße (100 m lang, 50 m breit). Das gewaltige Mosaikbild im Chor zeigt Christus mit flammendem Herzen, rechts den Erzengel Michael und die Jungfrau von Orléans, links Ludwig XVI. mit Familie.
Sehr lohnend ist der Aufstieg zur Kuppel (Zugang links vom Haupteingang; Eintrittsgebühr). Für die Mühe wird man mit einem großartigen Rundblick über Paris erfreut. Aber auch von der breiten Freitreppe vor der Kirche, beliebter Treffpunkt der Jugend wie der Kleinkunst, hat man einen der schönsten Ausblicke auf die Stadt; bei gutem Wetter sieht man in beinahe gerader Linie Notre-Dame, dicht davor das Kulturzentrum → Centre Pompidou, etwas rechts davon die → Opéra-Garnier, dahinter der Dôme des → Invalides.

Auf den Stufen von Sacré-Cœur trifft sich die Jugend aus allen Nationen

**Saint-Denis

Lage
Saint-Denis (nördlicher Vorort) 4,5 km nördlich (A 1)

Métro-Station
Saint-Denis-Basilique

Buslinie
156 (ab: Porte de la Chapelle)

Öffnungszeiten
1. 10.–31. 3.:
Mo.–Sa.
10.00–17.00,
So. 12.00–17.00;
1. 4.–30. 9.:
Mo.–Sa.
10.00–19.00;
So. 12.00–19.00

Die Basilika von Saint-Denis ist die Grabstätte des Nationalheiligen Denis (Dionysius) und der Könige Frankreichs, in ihr wurden die Königsinsignien und das königliche Kriegsbanner, die 'Oriflamme', aufbewahrt und die königlichen Chroniken geführt; mehrere Äbte stellten auch die Regenten des Königreiches. Über zwölf Jahrhunderte lang versammelten sich fast alle französischen Monarchen in der architektonisch einzigartigen Nekropole zur letzten Ruhe – von Dagobert I. († 639) bis zu Ludwig XVIII. († 1824).
Mit dem Bau von Fassade und Chor der Basilika setzt man in der Kunstgeschichte den Beginn der Gotik an – die Kathedralen von Chartres, Senlis und Meaux wurden nach dem Vorbild von Saint-Denis errichtet. Die mittel- und nordeuropäische Gotik als Stilepoche der Architektur, Malerei und Bildhauerei entstand in Frankreich, in der französischen Provinz Ile-de-France mit Paris als Zentrum. Die gotische Kunst entwickelte sich zwischen Romanik und Renaissance und umfaßt den Zeitraum vom 12. bis zum Anfang des 16. Jahrhunderts. Der Begriff stammt von dem italienischen Kunstschriftsteller Giorgio Vasari (1511–1574), der die Gotik vom Standpunkt der italienischen Renaissance als barbarische, d.h. nordländische Kunstform abwertete und sie mit den Goten in Zusammenhang brachte. Geschichtsbegeisterung der Romantik leitete im 19. Jh. eine zuerst unkritisch-überschwengliche, dann wissenschaftlich-neutrale Neubewertung der Gotik ein, die heute als Höhepunkt in der Geschichte mittelalterlicher Baukunst gelten kann.
Saint-Denis ist seit frühchristlicher Zeit ein wichtiger Wallfahrtsort. Der Missionar, Märtyrer und erste Bischof von Paris, der hl. Dionysius, soll nach seiner Enthauptung auf dem → Montmartre, seinen Kopf in den Händen tragend, bis zu dem Ort gegangen sein, an dem er begraben werden wollte. An dieser Stelle wurde schon im 5. Jh. eine Kirche gebaut, im 7. Jh. eine Abtei angeschlossen. Unter dem Abt Suger (1081–1151) begann im 12. Jh. der Umbau der romanischen zur gotischen Basilika mit den frühgotischen Teilen: Fassade und Vorhalle (1137–1140) und Chor (1140–1143). Erst ein Jahrhundert später wurde die noch erhalten gebliebene Mittelkirche abgerissen, wurden Hochchor, Quer- und Langhaus unter der Leitung von Pierre de Montreuil († 1264), dem Architekten Ludwigs IX. (→ Sainte-Chapelle), im hochgotischen Stil errichtet. Über die Jahrhunderte war die Basilika von Saint-Denis vom Verfall bedroht; Anfang des 19. Jh.s begann man mit Restaurierungsarbeiten, die schließlich von Viollet-le-Duc 1858

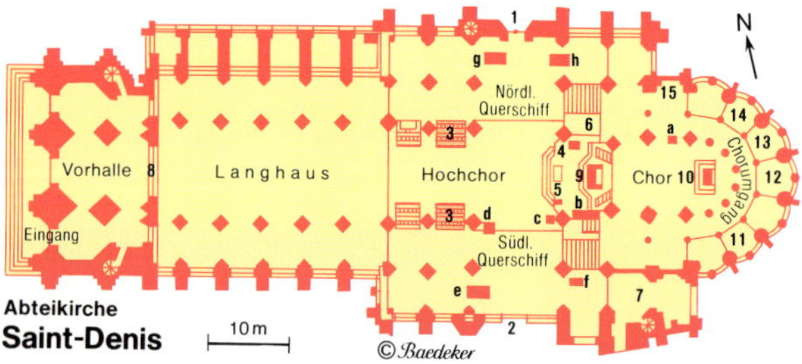

Abteikirche
Saint-Denis

1 Porte des Valois
2 Südportal (13. Jh.)
3 Chorgestühl (von Gaillon)
4 Bischofsthron
5 Marienfigur mit Jesuskind (aus St-Martin-des-Champs)
6 Zugang zur Krypta
7 Schatzkammer
8 Cavaillé-Coll-Orgel

ALTÄRE
9 Hauptaltar
10 St-Denis
11 Kreuzigung
12 Kindheit Jesu
13 St-Pérégrin
14 St-Eustache
15 Evangelisten (Mosaikreste)

GRABDENKMALE
a Clovis
b Dagobert Ier/Nantilde
c Pépin le Bref (Pippin)
d Charles Martel
e François Ier/Claude de France
f Charles V
g Louis XII/Anne de Bretagne
h Henri II/Catherine de Médicis

Baugeschichte (Fortsetzung)

bis 1879 nach historischen Vorlagen betrieben wurden und die Basilika in ihrem heutigen Erscheinungsbild wiederherstellten.

Außenansicht

Außen vereint die frühgotische Westfassade erstmalig die Merkmale der gotischen Baukunst: einfacher, klarer Aufbau (die historisierenden Zusätze stammen aus dem 19. Jh.), symmetrische Anordnung der Türme (der Nordturm wurde nach einem Blitzschlag 1837 abgetragen), Übergang von Rund- zu Spitzbögen, Anlage eines Rundfensters (das an den Kathedralen der Hochgotik später zu großen Rosetten ausgebaut wird), drei Portale (Bezug zur hl. Dreifaltigkeit), auf die sich die Bildhauerkunst der sakralen Gotik konzentriert.
Die Portalskulpturen sind bis auf die Gewändefiguren (Mittelportal: die törichten und die klugen Jungfrauen, rechts: die Monate, links: die Tierkreiszeichen) nicht mehr im Original erhalten.
Das Tympanon des Mittelportals zeigt das Jüngste Gericht (restauriert), rechts: die Kommunion des hl. Dionysius (Nachbildung), links: sein Martyrium mit den Gefährten Rustikus und Eleutherius (Nachbildung).
Mit seinem Zinnenkranz und den wuchtigen seitlichen Strebepfeilern hat der Sakralbau äüßerlich noch etwas von jener 'Wehrhaftigkeit' bewahrt, welche die romanischen Kirchen, die als 'Gottes-Burgen' erbaut wurden, kennzeichnete.

Innenansicht

Das Kircheninnere (108 m lang, fast 30 m hoch) beeindruckt mit seinen hochaufstrebenden Säulen und den 37 je 10 m hohen Fenstern. Es gliedert sich in Vorhalle (Turmhalle), dreischiffiges Langhaus, Hochchor, Vierung, Querschiffe und Chor.
Das letzte und vielleicht wesentlichste Element der Gotik, von der Hochgotik vollendet entwickelt, wird hier sichtbar: die 'Architektur des Lichts'. Dabei bedeutet Licht nicht einfach Helligkeit, sondern es ist tatsächlich am Aufbau und der räumlichen Gliederung des Bauwerks beteiligt: Erst durch den Lichteinfall – qualitativ durch den Einfallswinkel, quantitativ durch die Lichtmenge bestimmt – wird die Höhe und die Tiefe des Raums lebendig und erlebbar. Die Wand als tragender Teil wird aufgelöst und durch große Fensterflächen ersetzt. Die tragende Funktion fällt dem Kreuzrippengewölbe zu, das die Gewölbelast auf den Stützen- und Gliederbau der Pfeiler und Säulen überträgt – die Strebepfeiler an den Außenwänden sind für die Stabilisierung verantwortlich. Durch die Verwendung von Spitzbögen werden schließlich eine freie Raumgliederung und größere Gewölbehöhe ermöglicht.
Abgesehen vom Zusammentreffen von frühgotischer Architektur (Turmhalle und Chor) und Hochgotik birgt die Basilika noch die Besonderheit, daß auch das Triforium, der Laufgang zwischen den Arkaden und den Hochfenstern der Seiten- und Querschiffe, Fenster erhalten hat.

Königsgräber

Von wenigen Ausnahmen abgesehen, sind alle Könige und Königinnen Frankreichs, ihre Kinder und einige besonders treue Diener der Krone in der Basilika Saint-Denis beigesetzt worden. Die Grabstätten wurden während der Revolution geplündert, die Gebeine ruhen aber seit 1817 wieder in der Kirche.
In der Krypta wurden zwei Gemeinschaftsgräber angelegt, das eine für das Königshaus Bourbon, zu dem Ludwig XVI. gehörte, das andere für die Gebeine von rund 800 Mitgliedern der Königsfamilien der Merowinger, Kapetinger, Orléans und Valois. Etliche der Grabdenkmäler sind Meisterwerke der französischen Renaissance, insbesondere das reich in Marmor und Bronze ausgeführte Mausoleum von Ludwigs XII. († 1515) und seiner Gemahlin Anne de Bretagne († 1514), um 1517–1531 geschaffen (im nördlichen Querschiff), das Grabmal Heinrichs II. († 1559) und seiner Gemahlin Katharina von Medici († 1589), 1573 von Germain Pilon vollendet (im nördlichen Querschiff), der Sarkophag Dagoberts I. (13. Jh.) mit einer Statue der Königin Nantilde und seines Sohnes Clovis II. (rechts vom Hochaltar) sowie das von Philibert de l'Orme entworfene Grabmal von Franz I. (1494 bis 1547) im südlichen Querschiff.

**Sainte-Chapelle J 5

Lage
4, Boulevard du Palais (1. Arr.)

Métro-Station
Cité

Buslinien
21, 24, 27, 38, 81, 85, 96

Öffnungszeiten
1. 10.–31. 3.:
tgl. 10.00–16.20;
1. 4.–30. 9.:
tgl. 10.00–17.20

Eintrittsgebühr

Die Sainte-Chapelle (Heilige Kapelle), eine zweigeschossige Palastkapelle, gilt als das Kleinod unter den gotischen Bauwerken von Paris. Nur selten, zu ganz besonderen Anlässen, werden hier Messen, sehr häufig dagegen Konzerte veranstaltet. Den Zugang zur Kapelle findet man gleich links hinter dem großen Gitter-Portal im Haupteingang des → Palais de Justice.
In weniger als 33 Monaten wurde das Wunderwerk der Hochgotik 1245 bis 1248 vermutlich von Pierre de Montreuil im Auftrag von Ludwig IX., dem Heiligen, erbaut. Die Sainte-Chapelle war als Aufbewahrungsort für überaus kostbare Reliquien der Christenheit vorgesehen, die Ludwig IX. vom Kaiser von Byzanz erworben hatte – der Kaufpreis dafür war 2½mal höher als die Baukosten der Kapelle. Die ehemalige Schloßkapelle stand damals im großen Hof des königlichen Palastes, der sich an der Stelle des heutigen Palais de Justice befand. Im 18. Jh. wurde dann ein Flügel des Justizpalastes mit einer Längsseite der Kapelle verbunden. Über 30 Jahre (1802 bis 1837) diente sie hernach als Aktenarchiv, bis man sie 1841–1867 restaurierte.
In dem links vom Haupteingang des Justizpalastes gelegenen Innenhof erhebt sich die Sainte-Chapelle auf einer Länge von 33 m und einer Breite von 17 m. Von außen ist nur die Turmspitze, 'la flèche', mit eine Höhe von 76 m, sichtbar; die Giebelhöhe der Kapelle beträgt 42 m.

Chapelle basse

Die Unterkapelle (Chapelle basse) war einst für die Dienerschaft bestimmt. Ihr nur 6,60 m hohes Gewölbe wird nicht zur Abstützung, sondern zur Auflockerung von 14 knapp an den Mauern entlang laufenden Säulen mitgetragen.

Chapelle haute

Obere Kapelle

Die obere Kapelle ist die eigentliche Sainte-Chapelle. Sie war den Reliquien geweiht und dem König, der königlichen Familie und den Würdenträgern vorbehalten. Die Reliquien – ein Splitter vom Kreuz Christi, der Zweig der Dornenkrone, ein Nagel vom Kreuz – befinden sich heute in der Schatzkammer von → Notre-Dame. Wenn man die Oberkapelle betritt, beeindruckt als erstes das überwältigende Spiel des Lichts, das die irdische Schwerkraft des Mauerwerks aufzuheben scheint. Das herrliche Gewölbe wird von ebenfalls 14 Strebepfeilern getragen (22 m hoch), die 4×15 m großen Fenstern Halt geben. Außer einem niedrigen Sockel aus Blendarkaden, der Märtyrerszenen trägt, gibt es keine Wände – und keine Stützpfeiler oder -säulen. Die größte Sehenswürdigkeit der Kapelle sind die mit über 1000 verschiedenen biblischen Szenen versehenen Glasgemälde, die das Innere der Sainte-Chapelle mit allen Farben des Regenbogens füllen. Ein Drittel der Glasmalereien (die unteren) sind originalgetreu restauriert, die anderen stammen noch aus dem 13. Jahrhundert. Die spätgotische Fensterrose, mit apokalyptischen Darstellungen, stammt aus der Zeit Karls VIII. (1493 bis

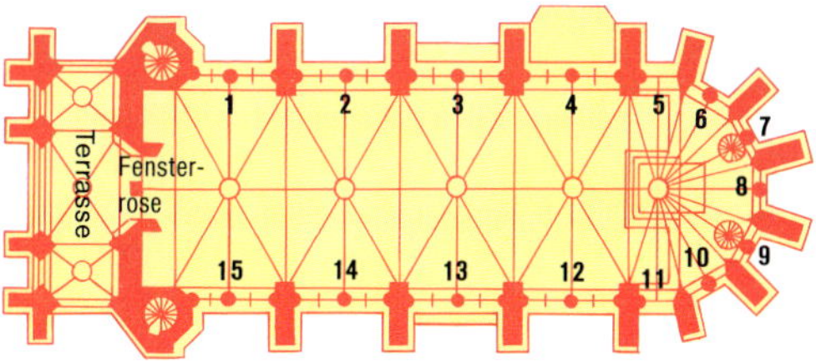

Sainte-Chapelle
Heilige Kapelle

N

10 m

© Baedeker

CHAPELLE HAUTE
OBERE KAPELLE

SZENENFOLGE DER GLASMALEREIEN (ca. 615 qm Gesamtfläche; z. T. ergänzt)

1 Schöpfungsgeschichte
Adam und Eva, Noah, Jakob
2 Auszug aus Ägypten; Josef
3 Pentateuch
Levi, Moses' Gesetze
4 Deuteronom
Josua, Ruth und Boas
5 Richter: Gideon, Samson
6 Jesaja, Wurzel Jesse
7 Johannes der Evangelist
Leben der Maria
Kindheit Jesu
8 Christi Passion
9 Johannes der Täufer; Daniel
10 Weissagungen des Hesekiel
11 Jeremias; Tobias
12 Judith; Hiob
13 Esther
14 Könige Samuel, David, Salomo
15 Legende vom Heiligen Kreuz
Entdeckung des Kreuzes Christi
Erwerb der Reliquien durch
Louis IX und Übergabe
Einweihung der Heiligen Kapelle

Sainte-Chapelle, Chapelle haute (Fortsetzung)

1498). An die Strebepfeiler des Langhauses angelehnt, stehen Statuen der zwölf Apostel, nur die Hälfte davon sind Originale (3, 4, 6, 11, 12, 13). Im dritten Joch (links) waren zwei Nischen dem König und der Königin vorbehalten. Von seinem Oratorium im 12. Joch (rechts) konnte Ludwig IX. ungesehen der Messe beiwohnen. In der Apsis bemerkt man eine kleine Plattform, einen Holzbaldachin, der früher den Reliquienschein trug. Zwei kleine Holztreppen, die linke im Original, führen hinauf. Nur die französischen Könige hatten den Schlüssel zum Reliquienschrein, dessen Inhalt sie am Karfreitag dem versammelten Hofstaat zeigten.

*Saint-Etienne-du-Mont — J 6

Lage
Place Sainte-Geneviève (5. Arr.)

Métro-Stationen
Cardinal Lemoine, Maubert-Mutualité

RER-Station
Luxembourg

Buslinien
47, 84, 89

Ab 1492 wurde die heutige Kirche für die Bediensteten des ehemals hier ansässigen Benediktinerklosters errichtet. Sie ist dem hl. Stephan (Etienne) geweiht. Verehrt wird hier aber auch die hl. Genoveva, die Schutzheilige von Paris, die im 5. Jh. die Stadt vor der Zerstörung durch den Hunnenkönig Attila bewahrt haben soll. Nach ihr ist das Viertel um die Kirche Montagne-Sainte-Geneviève benannt.
Von der späten Gotik bis zur späten Renaissance reichen Bauzeit und Architekturstile. 1540 wurden Chor und Querhaus, 1610 das Langhaus vollendet. Sie weisen noch einen gotischen Grundriß und ein Sternengewölbe über der Vierung mit einem 5,5 m tief hängenden Schlußstein, dem sog. 'Lamm Gottes', auf, sind aber schon durch die schmucklosen Rundpfeiler im Stil der Renaissance gekennzeichnet. Die Fassade (1610–1618), in reicher Dekoration von Claude Guérin geschaffen, ist im reinen Renaissancestil gehalten; das Türmchen an der rechten Seite ist wahrscheinlich ein Überbleibsel eines früheren Baues aus dem 13. Jahrhundert.

Eine architektonische Besonderheit für eine Renaissancekirche stellt das ansonsten nur in gotischen Sakralbauten übliche Triforium dar, das in halber Höhe das Mittelschiff wie eine Galerie umzieht. Berühmt ist die Kirche für ihren Lettner (1530–1541, Mittelstück aus Marmor) mit Wendeltreppen an den Seiten, der nach Entwürfen von Philibert de l'Orme entstand. Rechts davon, am Eingang der Marienkapelle, findet man die Grabinschriften für den Philosophen Blaise Pascal (1623–1662) und den Dramatiker Jean Baptiste Racine (1639–1699), die in der Kirche bestattet sind. Links, vor der übernächsten Seitenkapelle, steht ein Sarkophag, in dem ein Stein des Grabes der hl. Genoveva aufbewahrt sein soll. Glasmalereien aus der Erbauungszeit bergen das nördliche ("Apokalypse", 1614) und das südliche Seitenschiff ("Gleichnis vom Gastmahl", 1586).

Pfarrkirche des Hallenviertels: Saint-Eustache

Saint-Eustache J 5

Lage
Rue Rambuteau
(1. Arr.)

Métro-Station
Les Halles

RER-Station
Châtelet-
les-Halles

Buslinien
29, 67, 74, 85

Saint-Eustache, die Pfarrkirche des Hallenviertels (→ Les Halles), ist dem frühchristlichen Märtyrer Eustachius, Schutzpatron der Jäger, geweiht, und stellt den letzten Pariser Sakralbau der Gotik dar, der bereits den aufkommenden Geist der Renaissance erkennen läßt.
Unter Franz I. wurde 1532 der Grundstein gelegt, aber erst 1640 war die Kirche fertiggestellt. In Anlehnung an → Notre-Dame wurden der kreuzförmige Grundriß, der fünfschiffige Aufbau, das Triforium (Laufgang unter den Fenstern) und das Netzgewölbe nach gotischem Vorbild gewählt. An den Pfeilern wird der eigenartige Charakter der Bauweise am deutlichsten: die der Gotik nachgebildeten Pfeiler sind außen nochmals mit Renaissance-Säulen besetzt.
Mit 88 m Länge, 44 m Breite und 34 m Höhe (Deckengewölbe) ist ein beeindruckender Kirchenbau entsprechend der Größe und Bedeutung der Pfarrei geschaffen worden.
Die 1631 nach Zeichnungen von Philippe de Champaigne ausgeführten Chorfenster zeigen die Apostel, die Kirchenväter und den hl. Eustachius. Dieser ist ebenfalls auf einem Gemälde von Simon Vouet (um 1635) über dem linken Türbogen zu sehen (Martyrium).
Beachtenswert ist das in einer Chornische links der Apsis befindliche Grabmal von Jean-Baptiste Colbert, Finanzminister Ludwigs XIV., das der Bildhauer Coysevox nach einem Entwurf von Le Brun geschaffen hat.

Kirchenkonzerte

Saint-Eustache ist berühmt für seine große Ducroquet/Gonzalès-Orgel und seine Kirchenkonzerte, die sonn- und feiertags um 11.00 Uhr beginnen. In der Kirche fanden die Uraufführung des "Te Deum" von Hector Berlioz (1855) und der "Messe von Gran" von Franz Liszt (1866) statt. Eindrucksvoll ist auch die alljährliche Sankt-Hubertus-Messe zur Eröffnung der Jagdsaison.

*Saint-Germain-des-Prés H 5/6

Lage
6. Arrondissement

Métro-Stationen
Saint-Germain-des-Prés, Mabillon Odéon

Buslinien
39, 48, 63, 70, 86, 87, 95, 96

Das Viertel Saint-Germain-des-Prés, durch die Existentialisten-Zirkel um Jean-Paul Sartre und Simone de Beauvoir (beide: → Berühmte Persönlichkeiten) sowie andere renommierte Schriftsteller und Künstler in den vierziger und fünfziger Jahren bekannt geworden, schließt sich an den westlichen Teil des → Quartier Latin an. Ungefähre Grenzen sind die Seine (im Norden), die Rue des Saints-Pères (im Westen), die Rue de Vaugirard (im Süden) und die Métro-Station Odéon (im Westen).
Eine Vielzahl von kleinen Kunstgalerien, die Kunstakademie von Paris (Rue Bonaparte) und eine Reihe legendärer Cafés und Restaurants lassen bis heute etwas vom Künstler- und Intellektuellenmilieu dieses Viertels spüren. Sartre und seine Lebensgefährtin hatten ihren Stammplatz im Café Flore am Boulevard Saint-Germain, dort lasen, arbeiteten und diskutierten sie mit vielen anderen Größen des Pariser Geisteslebens. Um die Ecke liegen zwei weitere berühmte Kulturstätten: das Café Aux Deux Margots, in dem einst André Gide, Jean Giraudoux, Ernest Hemingway und André Breton verkehrten, und die Brasserie Lipp, in dem sich ebenfalls die Literatenwelt auf einen 'petit noir' traf. Bekannt ist Saint-Germain-des-Prés auch für seine ausgezeichneten Jazz-Bars, Boutiquen und Designerläden, bunte Märkte und urgemütliche Bistros. Wie im benachbarten → Quartier Latin bieten Kinos hier das ganze Jahr hindurch ein hervorragendes Filmprogramm – ausländische Filme laufen fast alle in Originalversion.

Rundgang

Bei einem Bummel durch das Quartier kann man etwas von jenem unverwechselbaren Charme der Seinemetropole entdecken, die sie für Generationen zur Stadt der Träume gemacht hat. Neben der alten Abteikirche lädt ein winziger, von Haselnußsträuchern umstandener Park zum Verweilen ein; die Skulptur "Hommage à Apollinaire" stammt von Picasso, der sein Atelier in der Nähe hatte.

Saint-Germain-des-Prés: Blumenmarkt ...

... und bunte Obststände

Ältestes Pariser Café-Restaurant: Le Procope

Place de Furstemberg

Weiter führt der Weg zur Rue de Furstemberg, die sich zu einem kleinen romantischen Platz unter schattigen Platanen erweitert. Ursprünglich war die nach Wilhelm Egon Graf von Fürstemberg benannte idyllische Place de Furstemberg der Ehrenhof der Abtei Saint-Germain-des-Prés, an dem sich Stallungen und Unterstellplätze für Kutschen befanden. In der Rue de Furstemberg Nr. 6 hatte Eugène Delacroix, der große Maler der Romantik, seine letzte Wohnung, die heute mit Erinnerungsstücken und Dokumenten des großen Malers als Museum eingerichtet ist (geöffnet: Mo., Mi–So. 9.45 bis 12.30, 14.00–17.15 Uhr). Gegenüber im Haus Nr. 5 wohnte vorübergehend der Dichter der "Antigone", Jean Anouilh; das Theaterstück wurde 1944 mit Erlaubnis der deutschen Besatzung in Paris uraufgeführt – obwohl es durch das antike Thema geschickt verdeckt, deutlich zum Widerstand aufrief.

Musée Delacroix

Procope

Schlendert man weiter zur Rue de l'Ancienne Comédie, kann man im eleganten Procope, dem ältesten Pariser Café-Restaurant, eine Pause einlegen. Ein Sizilianer namens Francesco Procopio dei Coltelli hatte es 1686 gegründet und schon bald entwickelte sich das 'Procope' zum Treffpunkt der Pariser Intellektuellen, in dem die Philosophen der Aufklärung, später die Feuerköpfe der Revolution und die Dichter der Romantik verkehrten.

*Eglise Saint-Germain-des-Prés

Die Kirche Saint-Germain-des-Prés am gleichnamigen Platz ist die ehemalige Abteikirche einer hier seit dem 8. Jh. angesiedelten und in der Französischen Revolution zerstörten reichen Benediktinerabtei. Seit der Heiligsprechung (754) des Pariser Bischofs Germanus trägt sie dessen Namen. Schon im 6. Jh. stand hier auf den Wiesen (prés) an der Seine eine Kirche, die zur Grabstätte der Merowingerkönige Childerich I., Chlothar II. und Childerich II. wurde (Plünderung während der Revolution). Mehrfach von den Normannen zerstört, wurde der Sakralbau um die Jahrtausendwende im spätromanischen (Hauptschiff) und frühgotischen Stil (Chor 1163 fertiggestellt) wieder aufgebaut. Von den ehemaligen Abteigebäuden sind der Abtpalast (16./17. Jh.), die Wohngebäude des Priors, und Reste der zerstörten Marienkapelle erhalten. Im rechten Querschiff befinden sich das von Kaspar Marsy entworfene Grabmal des polnischen Königs und Titularabtes Johannes II. Kasimir Wasa (†1672) und eine Marmorstatue des hl. Franz Xaver (St. François-Xavier) von Wilhelm Coustou. In der dem hl. Benedikt geweihten, zweiten rechten Seitenkapelle des Chors sind die Grabplatten des Philosophen René Descartes (†1650) sowie der Gelehrten Johannes Mabillon (†1707) und Bernard de Montfaucon (†1719) zu sehen, in der Kapelle der Jungfrau Maria eine Muttergottesstatue von Dupaty (1822).

Saint-Germain-des-Prés, Eglise Saint-Germain-des-Prés (Fortsetzung)

*Saint-Germain-en-Laye

In Saint-Germain-en-Laye, dem Geburtsort des französischen Komponisten Claude Debussy, ist eine der alten Königsresidenzen der Ile-de-France zu besichtigen. Bereits im 12. Jh. wurde auf Geheiß von Ludwig VI. auf dem Plateau über der Seine ein Schloß erbaut, das Franz I. abreißen und neu errichten ließ; nur die Sainte-Chapelle, Vorläuferin der gleichnamigen Kapelle in Paris, und der Donjon (Wehrturm) blieben erhalten. Im 18. Jh. verfiel das Renaissance-Schloß und wurde erst unter Napoleon III., zusammen mit der Kapelle 1862–1867 restauriert.
Im Schloß von Saint-Germain kam 1638 Ludwig XIV. zur Welt, der als Sonnenkönig in die Geschichte Frankreichs einging, 1919 wurde im ersten Saal des heutigen archäologischen Museums der separate Friedensvertrag mit Österreich unterzeichnet.
Die Kapelle, die wahrscheinlich ein Werk des Baumeisters der → Sainte-Chapelle auf der → Cité, Pierre de Montreuil, ist, wurde 1245 begonnen und gehört zu den frühen hochgotischen Kunstwerken der Ile-de-France.
Berühmt ist Saint-Germain auch für seine 1668–1673 angelegten Schloßterrassen und den Park, ein Meisterwerk des Landschaftsarchitekten Le Nôtre. Hier bietet sich ein wunderschöner Blick über die Seine nach Paris.

Lage
Saint-Germain-en-Laye (westlicher Vorort) 20 km westlich von Paris

RER-Station
Saint-Germain-en-Laye

Öffnungszeiten
Schloß und Museum:
tgl. (außer Di.)
9.45–12.00,
13.30–17.15

Eintrittsgebühr

Seit 1867 besteht in den Räumen des ehemaligen Königsschlosses ein archäologisches Museum (Musée des Antiquités Nationales), das eine vorzügliche Sammlung von Ausgrabungen aus ganz Frankreich besitzt, von prähistorischen Funden wie der auf die Steinzeit datierten Venus von Brassempouy bis hin zu bronzezeitlichen, keltischen und gallo-römischen Fundstücken.

Musée des Antiquités Nationales

Saint-Germain-l'Auxerrois H 5

An der Place du Louvre, dem vor der Ostfassade des Sully-Flügels neben dem Louvre angelegten Platz, stehen das Bürgermeisteramt (Mairie Annexe) des 1. Arrondissements und die ehemals königliche Pfarrkirche Saint-Germain-l'Auxerrois, die dem hl. Germanus, Bischof von Auxeree, geweiht ist.
Aus dem Stilgemisch der heutigen Kirche mit romanischem Turm (12. Jh.) – seine Glocken läuteten am 24. August 1572 die blutige Bartolomäusnacht ein –, gotischem Chor (13. Jh.), Schiff und Vorhalle im spätgotischen Flamboyantstil (15. Jh.) sowie einem Renaissance-Portal (1570), sticht die 1435–1439 erbaute Vorhalle als ein markantes Beispiel spätgotischer Kunstauffassung hervor. Besondere Beachtung verdient zudem das von Le Brun entworfene Kirchengestühl (1684), das der königlichen Familie vorbehalten war.
Viele Künstler, die während des 17. und 18. Jh.s im Dienst der französischen Könige standen, sind in dieser Kirche beigesetzt worden, darunter die Architekten Louis Le Vau und Robert de Cotte, die Maler François Boucher, van Loo, Jean-Siméon Chardin und Jean-Marc Nattier sowie die Bildhauer Antoine Coysevox und Brüder Nicolas und Guillaume Coustou.

Lage
2, Place du Louvre (1. Arr.)

Métro-Stationen
Louvre, Pont Neuf

Buslinien
21, 67, 69, 72, 74, 81, 85

*Saint-Séverin J 6

Lage
1, Rue des Prêtres-Saint-Séverin (5. Arr.)

Métro-Station
Saint-Michel

RER-Station
Saint-Michel–Notre-Dame

Buslinien
21, 24, 27, 38, 85, 96

Die im unteren Teil des → Quartier Latin gelegene Kirche Saint-Séverin ist nach dem im 6. Jh. hier lebenden Eremiten Severinus benannt und gilt als eines der schönsten Bauwerke im Style flamboyant, der überschwenglich 'flammenden' Kunst der Spätgotik. Die Besichtigung sollte man mit einem der hervorragenden Orgelkonzerte verbinden, die hier regelmäßig gegeben werden.
Die Kirche steht an der Stelle einer ehemaligen Kapelle und einer zuletzt von den Normannen zerstörten kleinen Kirche. Mit dem heutigen Bau wurde Anfang des 13. Jh.s begonnen, im 15. Jh. wurde er vermutlich durch einen Brand teilweise wieder zerstört, bevor man ihn 1450–1520 im spätgotischen Stil zu Ende führte.
Die drei ersten Joche des Langhauses sind im einfachen Stil des 13. Jh.s gehalten; ab dem 4. Joch schließen sich schlanke Pfeiler mit kunstvoll gearbeiteten Kapitellen und einfallsreicher gestalteten Schlußsteinen an. Im Chor, dessen doppelter Umgang von besonderer Schönheit ist, schufen die Baumeister in einem wunderbar feinadrig und vielfältig gegliederten Netzgewölbe ein Meisterwerk der spätgotischen Epoche. Die Glasmalereien der ersten drei Joche stammen aus dem Chor der Eglise → Saint-Germain-des-Prés und stellen Apostel dar (14. Jh.). Die anderen Fenster des Langhauses entstanden im 15. Jahrhundert. Im schroffen Gegensatz dazu stehen die modernen Chorfenster, 1966 von Jean Bazaine ausgeführt. Der kleine Kirchgarten, der über dem alten Friedhof liegt, wird von Beinhäusern umgeben.

*Saint-Sulpice H 6

Lage
Place Saint-Sulpice (6. Arr.)

Métro-Station
Saint-Sulpice

Buslinien
39, 48, 58, 63, 70, 84, 86, 87, 89, 96

Als neue Pfarrkirche 1634 von der Abtei von → Saint-Germain-des-Prés in Planung gegeben, wurde die Kirche wegen finanzieller Schwierigkeiten erst 1766 mit der Vollendung der Fassade fertiggestellt. Nicht weniger als sechs Architekten waren mit ihrem Bau beschäftigt.
Die ursprünglichen Pläne des Florentiner Architekten Jean-Nicolas Servandoni (1695–1766), vor der Kirche einen halbrunden Platz mit gleichförmiger Häuserfront anzulegen, kamen nicht zur Ausführung. In seiner heutigen Form wurde der Platz 1808 geschaffen, der 1844 aufgestellte Brunnen mit den Figuren der vier Prediger Bossuet, Fénélon, Massillon und Fléchier stammt von Louis Visconti.
Die schlichte Fassade, nach dem Vorbild der St.-Pauls-Kathedrale des Londoner Architekten Sir Christopher Wren gestaltet, ist das Werk von Servandoni. Mit ihrer doppelten Säulenreihe, oben ionisch, unten dorisch, ist sie ein seltenes Beispiel einfacher, schmuckloser Klassizistik. Den 73 m hohen Nordturm errichtete 1777 Jean François Chalgrin, der 68 m hohe Südturm blieb unvollendet. Das Kirchenschiff, 1646 von Christophe Gamard begonnen und ab 1655 von Louis Le Vau weitergeführt ist im Innern mit einem Tonnengewölbe abgeschlossen. Die beeindruckende Weiträumigkeit findet ihre Ergänzung in hohen Seitenfenstern, die eine gleichmäßige Verteilung des Lichtes garantieren.

Sehenswertes im Inneren

Die beiden Wasserbecken am Eingang sind ursprünglich Geschenke der Republik Venedig an Franz I.; Ludwig XV. vermachte sie später an die Kirche. Rechts in der ersten Seitenkapelle zeigen drei 1861 vollendete Fresken von Eugène Delacroix, dem großen Meister der Romantik, St. Michaels Kampf mit dem Drachen, die Vertreibung Heliodors aus dem Tempel und Jakobs Ringen mit dem Engel. Die zehn, 1734 begonnenen Statuen an den Chorpfeilern von Edme Bouchardon stellen Christus, Maria und die acht Apostel dar. In der Marienkapelle (Chorumgang) ist neben vier Gemälden von Carle van Loo (1705–1765) und dem Kuppelgemälde von François Lemoyne (1688–1737) eine Marmorstatue der Himmelskönigin von

Prediger-Brunnen vor der Kirche Saint-Sulpice

Saint-Sulpice (Fortsetzung)

Jean-Baptiste Pigalle (1714–1785) zu sehen. Die gewaltige Cliqout-Orgel von 1781 wurde 1860 von Cavaillé-Coll umgebaut und vergrößert; ihre Orgelkonzerte genießen einen ausgezeichneten Ruf.
In der Kirche Saint-Sulpice wurde 1822 die Ehe zwischen Victor Hugo und Adèle Foucher geschlossen, 1841 heiratete Heinrich Heine hier die Schuhverkäuferin Crescencia Eugénie (genannt Mathilde) Mirat.

Saint-Vincent-de-Paul

J 3

Lage
Place Franz Liszt (10. Arr.)

Métro-Station
Poissonnière

Buslinien
32, 42, 43, 49

Der aus Köln stammende Architekt Jacob Ignaz Hittorf (1792–1867) schuf die Pläne zu dieser 1844 fertiggestellten Kirche, die als das bedeutendste sakrale Bauwerk unter dem Bürgerkönig Louis-Philippe (1830–1848) gelten kann. Hittorf verband die christliche Architekturform einer fünfschiffigen Basilika mit römischen (Triumphbogen) und griechischen Elementen (ionische und korinthische Säulen). In der prächtigen Innenausstattung fällt das Fresko (1849–1853) "Prozession der Heiligen" von Hippolyte Flandrin und die Altarplastik von François Rude (1784–1855) auf.

Seine-Brücken

Allgemeines

Manche erinnern an einen Katzenbuckel, andere liegen brettschwer über dem Wasser oder häkeln so zart Ufer an Ufer, als wären sie von Feenhand gemacht. Einst hochwassergefährdet, erscheinen sie heute wie für die Ewigkeit in den Flußgrund gepflanzt: die Pariser Brücken. Seit 1991 stehen sie auf der Liste des Kulturwelterbes der UNESCO, bis zur Jahrtausendwende wird der größte Teil von ihnen einer umfangreichen Restaurierung unterzogen. Im eigentlichen Stadtgebiet wird die Seine von 35 Brücken

Allgemeines (Fortsetzung)

überspannt; allein 13 stellen im Zentrum die Verbindung zu und zwischen den beiden Seine-Inseln → Cité und → Ile Saint-Louis her. Sie gehören zu den ältesten Brückenbauwerken, während die anderen flußauf- und abwärts in der Mehrzahl im 19. Jh. entstanden. Die Brücken im mittelalterlichen Paris waren Promenadenziel und Treffpunkt, Handels- und Kommunikationszentren, wurden mit Ladengeschäften und den darüberliegenden Wohnungen der Kaufleute bebaut. Als man die Brücken zu Beginn der Neuzeit zu Verkehrswegen ausbaute, verloren sie diese Funktion, verschwanden die alteingesessenen Geschäfte und Wohnungen. – Als neueste Verkehrsverbindung über die Seine wird in naher Zukunft neben dem Pont d'Austerlitz der Pont Genty die Gare de Lyon mit der Gare d'Austerlitz verbinden.

***Pont Alexandre III**
F 4/5

Zwischen dem Großen und dem Kleinen Palais führt die Avenue Alexandre III südlich zu dem 1896–1900 anläßlich der Weltausstellung erbauten 107,5 m langen Pont Alexandre III, der mit allegorischen Statuen (1989 neu vergoldet) überreich geschmückt ist und eine herrliche Aussicht, besonders auf den Invalidendom, eröffnet.

Pont au Change
J 5

Die beiden Holzbrücken aus dem 14. Jh., Pont aux Changeurs und Pont Marchand, die sich zwischen → Châtelet und → Conciergerie befanden, wurden unter Ludwig XIII. durch den Pont au Change ersetzt. Dieser nahm die Bewohner, die Kaufleute, Galanterie-Händler, Schatzkämmerer und Geldwechsler der alten Brücken auf. Während der Revolution wurden die zum Tode Verurteilten über den Pont au Change zur Place de la → Concorde gekarrt, wo die Guillotine auf sie wartete. 1859/60 wurde die Brücke schließlich in eine Linie zum heutigen Boulevard du Palais gerückt.

***Pont des Arts**
H 5

Der gußeiserne Pont des Arts, von den Parisern Passerelle genannt und Fußgängern vorbehalten, verbindet seit 1802 den → Louvre mit dem auf der gegenüberliegenden Seite liegenden → Institut de France.

Pont Alexandre III

Seine-Brücken (Fortsetzung)

Pont de la Concorde
G 4/5

Auf der Höhe des → Palais Bourbon verbindet der Pont de la Concorde den gleichnamigen Platz mit dem linken Seineufer. Für den Bau der Brücke (1787–1791) wurden u. a. Steine der abgetragenen → Bastille verwendet. Auf dem rechten Ufer geht der Blick von der Brücke zur Place de la → Concorde mit dem Obelisken und der dahinterliegenden → Madeleine-Kirche. Flußabwärts liegen auf derselben Seite der Seine die → Tuileries und der → Louvre. In einiger Entfernung steigt die Ile de la → Cité mit den Türmen von → Notre-Dame aus der Seine auf. Auch der Dom und das → Hôtel des Invalides sowie der Eiffelturm (→ Tour Eiffel) auf dem linken Ufer sind gut sichtbar.

Pont Marie
J 5/6

Die fünfbogige Brücke, die von der → Ile Saint-Louis zum rechten Seineufer hinüberführt, trägt den Namen ihres Architekten, des Bauunternehmers Christophe Marie, der sie 1614–1635 im Auftrag Ludwigs XIII. errichtete. 1658 brach bei einer großen Überschwemmungskatastrophe ein Teil der Brücke weg, wobei 121 Menschen den Tod fanden. Als 1740 eine erneute Hochwasserkatastrophe Paris heimsuchte, konnte man alle Bewohner der Brücke rechtzeitig evakuieren. Ein Jahr später wurde ein Verbot erlassen, neue Häuser auf den Seine-Brücken zu errichten; die alten fielen nach und nach dem Abriß zum Opfer. Im 19. Jh. wurde der ‘Eselsrücken’ des Pont Marie schließlich für den Verkehr begradigt.

***Pont Neuf**
H 5

Eine beliebte Fangfrage zur Pariser Stadtgeschichte lautet: “Welches ist die älteste Brücke von Paris?” – Antwort: die “neue Brücke” (Pont Neuf), 1578–1607 erbaut und im 19. Jh. restauriert. Sie ist eine der schönsten und mit 330 m zugleich die längste der alten Seine-Brücken und überspannt die beiden Flußarme an der westlichen Spitze der → Cité; der Square du Vert-Galant wurde erst später aufgeschüttet.
Bei seinem Bau wurde der Pont Neuf sofort mit den Attributen einer modernen Verkehrsbrücke ausgestattet: Fahrwege und Bürgersteige. 1985 verhüllte der Verpackungskünstler Christo für zwei Wochen ihre 12 Brückenbögen als ‘Skulptur’ mit 40000 m² champagnerfarbenem Stoff.

Pont Royal
G/H 5

Nach mehreren Fehlschlägen, von der → Cité flußabwärts, in Höhe der → Tuilerien, eine hochwasserbeständige Brücke zu errichten, waren die öffentlichen Gelder verbraucht. Daran, daß Ludwig XIV. schließlich aus seiner Privatschatulle den Brückenbau finanzierte, der 1685–1689 nach Plänen von Jules Hardoiun-Mansart ausgeführt wurde, erinnert der Name der Königsbrücke. Ihr ‘Rücken’ wurde 1850 zur Abflachung des Fahrwegs abgetragen.

Sorbonne H/J 6

Lage
Rue des Ecoles, Place de la Sorbonne (5. Arr.)

Métro-Stationen
Odéon, Cluny-la-Sorbonne, Maubert-Mutualité

RER-Staion
Cluny-la-Sorbonne

Buslinien
21, 27, 38, 63, 85, 86, 87

Öffnungszeiten
Mo.–Fr. 8.00–20.00

Die einflußreichen Domherren (chanoines) im mittelalterlichen Paris werden oft als besitz- und machtgierig beschrieben. Robert de Sorbon, Domherr und Beichtvater Ludwigs IX., des Heiligen, scheint eine Ausnahme gewesen zu sein. Er richtete 1257, mit Unterstützung des Königs, ein Kolleg (la Sorbonne) ein, in dem mittellose Theologie-Studenten auf seine Kosten wohnen und studieren konnten. Das Kolleg entwickelte sich bald zu einer führenden Theologieschule, wurde Universität, verlor jedoch am Ausgang des Mittelalters wieder an Bedeutung. Kardinal Richelieu bewahrte als Rektor der Universität Sorbonne ihre Gebäude vor dem Verfall und ließ sie von Jacques Lemercier 1624–1642 zum Teil neu errichten. Umfangreiche Erweiterungen wurden unter Napoleon I. vorgenommen, der die Sorbonne zur staatlichen Universität erhob. Der heutige Bau entstand zwischen 1885 und 1901 nach Plänen des Architekten Nénot mit 22 großen Hörsälen, 38 Unterrichtsräumen, 37 Dozentenzimmern, 240 Laboratorien, Bibliothek, Sternwarte und zahlreichen Verwaltungsräumen.
Im Mai 1968 war die Sorbonne eines der Zentren der Studentenunruhen, die sich in der Folge zum Generalstreik in Frankreich ausweiteten. Seither

Sorbonne (Fortsetzung)

ist sie durch eine tiefgreifende Universitätsreform in vier Universitäten aufgespalten, die hier ihren Hauptsitz und einige Abteilungen haben. Die meisten Fachbereiche dagegen sind über die ganze Stadt und die Vororte verteilt. Insgesamt gibt es im Großraum Paris heute 13 Universitäten.
Die Hauptfassade an der Rue des Ecoles ist mit allegorischen Darstellungen der Wissenschaften geschmückt. Beim Sekretariat, rechts vom Haupteingang, kann man die Erlaubnis zur Besichtigung des größten Hörsaals, des Grand Amphithéâtre, erfragen. Er bietet Platz für 2700 Personen und zeigt das berühmte Wandbild "Der hl. Hain" des klassizistischen Malers Puvis de Chavannes.

Chapelle de la Sorbonne

Die Kapelle im Ehrenhof der Sorbonne (Chapelle de la Sorbonne) wurde zwischen 1635 und 1684 erbaut (wenn geschlossen, beim Pförtner nachfragen: 1, Rue de la Sorbonne, unter dem Torbogen). Im südlichen Querbau befindet sich die Grabstätte von Kardinal Richelieu († 1694), ein Werk von François Girardon (1628–1715) nach Entwürfen von Charles Le Brun (1619–1690).

Théâtre Français H 5

Lage
Place André-Malraux (1. Arr.)

Métro-Station
Palais Royal-Musée du Louvre

Buslinien
21, 27, 39, 48, 69, 72, 81, 95

Öffnungszeiten
Vorverkauf:
tgl. 11.00–18.00;
Tel. 40150015

Das Théâtre Français (→ Abb. S. 25), Frankreichs ältestes Nationaltheater, ist das Haus der Staatsschauspielgruppe Comédie-Française. Gegründet wurde die Comédie-Française 1680 von Ludwig XIV., ausgehend von einer Schauspieltruppe, die Molière bis zu seinem Tode im Jahre 1673 leitete. 1812 machte Napoleon die Mitglieder des Ensembles per Dekret zu Staatsschauspielern, deren Direktor bis heute von der Regierung bestellt wird.
Das Gebäude wurde 1786–1790 erbaut und ab 1792 von der Comédie-Française belegt, brannte aber schon 1799 vollständig ab und wurde 1807 wiederaufgebaut. Die heutige Fassade stammt von 1867, die Innenausstattung aus der Jahrhundertwende, als man 1900 eine umfangreiche Restaurierung und Vergrößerung vornahm. Im Foyer kann der Theaterbesucher den Sessel Molières sehen, in dem dieser einen Blutsturz erlitten haben soll, sowie die bekannte Büste des greisen Voltaire (1781) von Jean-Antoine Houdon.
Die Comédie-Française führt vor allem klassische Stücke auf, darunter die Dramen und Komödien von Corneille, Racine, Molière, Marivaux und Beaumarchais, aber auch 'moderne Klassiker' wie Paul Claudel, Jean Giraudoux, Jean Anouilh und Samuel Beckett.

Thermes de Cluny

→ Musée de Cluny

**Tour Eiffel (Eiffelturm) E 5

Lage
Quai Branly (7. Arr.)

Métro-Stationen
Ecole Militaire, Bir Hakeim, Trocadéro

RER-Station
Champ-de-Mars-Tour Eiffel

Ungeachtet der ständig wiederholten Zweifel an der Haltbarkeit seiner Konstruktion hat der stählerne Eiffelturm nach achtjähriger Generalüberholung 1989 seinen 100. Geburtstag gefeiert. Im Jahre 1932 mußte er den Rang des höchsten Bauwerks der Erde an das Empire State Building in New York abgeben (heute ist der CN Tower in Toronto/Kanada mit 553,35 m der höchste Bau) und wird doch jährlich von fast 6 Mio. Personen besucht. Die Tour Eiffel ist und bleibt 'das' Wahrzeichen von Paris.
Entworfen und berechnet wurde der zur Weltausstellung 1889 eingeweihte Turm von dem aus Dijon stammenden Ingenieur Alexandre Gustave Eiffel (1832–1923). Er hatte das Tragwerk des nach ihm benannten Turms so

Eiffelturm – technisches Bravourstück der Weltausstellung 1889

ausgelegt, daß auch unter extremer Windbelastung das reine Konstruktionsgewicht ausreicht, um ein Umkippen auszuschließen. Zudem reduzierte sich der für Vollflächen berechnete Staudruck durch die Vergitterung etwa um die Hälfte, so daß eine doppelte Absicherung gegen ein Umstürzen gewährleistet ist. 307 m hoch (320,75 m bis zur Antennenspitze), erstand 'la dame de fer' aus 15000 Stahlteilen, die 2,5 Millionen Nieten zusammenhielten. Ursprünglich verteilte die Konstruktion das Gesamtgewicht von 7500 Tonnen so, daß sich am Boden nur ein Druck von 4 kg pro 1 cm² ergab (das entspricht etwa dem Druck, den ein normalgewichtiger Erwachsener auf die Sitzfläche eines Stuhles ausübt). Da aber niemals Einzelteile ausgetauscht, sondern immer neue Betonschichten angebracht wurden, hatte sich das Gewicht zuletzt auf 11 000 Tonnen erhöht. Im Verlauf der Renovierung ersetzte man 1500 Betonteile durch Stahlplatten.

Bei der Errichtung des Turms gab es heftige Proteste der Bevölkerung, und die Baugesellschaft mußte sich zur Übernahme aller Schadensforderungen verpflichten, falls der Turm einstürzen und Gebäude beschädigen sollte. Dazu ist es aufgrund der nachweislich doppelt gegen Umsturzgefahr abgesicherten Turmkonstruktion nie gekommen. Die 'Entschlakkungskur' der achtziger Jahre hat die Sicherheit zusätzlich verstärkt. Nach der Modernisierung ist nun auch die oberste Plattform in 274 m Höhe (mit Orientierungstisch) per Aufzug zu erreichen. Hat man von hier oben bei schönem Wetter einen freien Rundblick bis zu 70 km Entfernung, so bieten die erste und zweite Plattform (57 m bzw. 112 m hoch) den Vorteil, daß die umliegenden Stadtteile noch in gut sichtbarer Nähe sind. Hier gibt es Restaurants, ein Postamt (mit Sondermarke "Tour Eiffel") und ein Kino, das in einer audiovisuellen Schau über die Geschichte des Eiffelturms informiert. Bei Dunkelheit wird der symbolträchtige Turm prächtig angestrahlt.

Das umstrittene Monument inspirierte zahlreiche Künstler, darunter Signac, Seurat, Dauzat, Dufy, Utrillo, Chagall, Legrand und Robert Delaunay, der in einer ganzen Serie von Ölbildern die Dynamik der filigranen Konstruktion einzufangen suchte.

Buslinien
42, 69, 80, 82, 87

Öffnungszeiten
Sept.–Juni:
So.–Do.
10.00–23.00,
Fr., Sa.
10.00–24.00;
Juli/Aug.:
tgl. 10.00–24.00

Eintrittsgebühr

*Panoramablick

*Tuileries G/H 4/5

Lage
Zwischen Louvre und Place de la Concorde (1. Arr.)

Métro-Stationen
Tuileries, Concorde

Buslinien
24, 42, 52, 68, 69, 72, 73, 84, 94

Öffnungszeiten
9.00 Uhr bis Einbruch der Dunkelheit

Eine der größten und bekanntesten Parkanlagen von Paris sind die Tuilerien-Gärten (Jardins des Tuileries). Hier standen einst Ziegelbrennereien (tuileries), nach denen Katharina von Medici das Schloß benannte, das sie, in der ganzen Länge der heutigen Avenue du Général Lemonnier, 1563 neben dem → Louvre errichten ließ. 1664 gab Colbert, Finanzminister Ludwigs XIV., den Auftrag zur Anlage der Tuilerien-Gärten an André Le Nôtre, der später auch den Park von → Versailles schuf. Während der Tage der Kommune von Paris (1871) ging der Palast in Flammen auf und wurde nicht wieder aufgebaut.

Die Barock-Statuen der geflügelten Pferde von Coysevox bewachen den Eingang an der Place de la → Concorde, durch den man über Terrassen und Rampen zu dem großen achteckigen Wasserbecken gelangt, das von Büsten und Standbildern der Bildhauer Coustou und Coysevox (18. Jh.) umringt ist; die Kopie einer Büste von Le Nôtre ziert den Treppenaufgang zum → Jeu de Paume.
In der Mittelallee genießt man einen einmaligen Blick auf den Obelisk der Place de la → Concorde, die → Champs-Elysées und den → Arc de Triomphe in der einen Richtung, auf den kleinen Triumphbogen und die Glaspyramide des → Louvre in entgegengesetzter Richtung.
Links und rechts der großen Allee kann man auf Bänken, unweit von Maillol-Skulpturen und dem bronzenen Dreyfus-Denkmal des Künstlers Tim, im Schatten ausruhen, in einem der Freiluftcafés eine Erfrischung zu sich nehmen oder den Boules-Spielern zusehen.
In diesem nördlichen Teil gibt es außerdem Freiluftcafés, ein Marionetten-Theater und kleine Reitesel für die Kinder, die auch ihre Segelboote auf dem großen Bassin am anderen Ende der Mittelallee schwimmen lassen können.

Tuilierien-Gärten: Erholsame Pausen neben romantischen Skulpturen

*UNESCO F 6

Das UNESCO-Gebäude ist der Sitz der 1946 ins Leben gerufenen UN-Organisation für Erziehung, Wissenschaft und Kultur (United Nations Educational, Scientific and Cultural Organization), der heute über 170 Mitgliedsstaaten angehören. In dem markanten Gemeinschaftswerk der Architekten Marcel Breuer (USA), Pier Luigi Nervi (Italien) und Bernard Zehrfuss (Frankreich) ist ein Stück moderner Architekturgeschichte verkörpert. Die Halle des 1955–1958 trapezförmig angelegten Konferenzgebäudes wird von einem Wandgemälde Pablo Picassos ("Sieg von Licht und Frieden über Finsternis und Tod") geschmückt, zwei Wände tragen Keramiken ("Mauer des Mondes", "Mauer der Sonne") nach Entwürfen von Joan Miró; zudem sind im Inneren Bronzereliefs von Hans Arp und Wandteppiche von Le Corbusier zu sehen. Das Rasengelände zieren eine Plastik ("Liegende") des Engländers Henry Moore und ein schwarzes Stahl-Mobile von Alexander Calder (USA). Im japanischen Garten erinnert ein Engelskopf an die von der Atombombe zerstörte Kirche Nagasakis (Japan).

Lage
7, Place de Fontenoy (7. Arr.)

Métro-Stationen
Ségur,
Ecole Militaire

Buslinien
28, 49, 87

Öffnungszeiten
Besichtigung nach Voranmeldung
Tel. 45680371

Val-de-Grâce H/J 7

Die imposante Barockkirche Val-de-Grâce ist Teil einer gut erhaltenen Klosteranlage des 17. Jh.s, das heute als Militärhospital dient. Anna von Österreich, Gemahlin Ludwigs XIII., hatte die Gebäude für die Benediktinerinnen erworben und ein Gelübde getan, dem Kloster bei der Geburt eines Thronfolgers eine Kirche zu schenken – sie war in 23jähriger Ehe kinderlos geblieben. 1645 löste sie ihr Versprechen ein, nachdem sie 1638 einem Sohn, dem späteren Ludwig XIV., das Leben geschenkt hatte. Jacques Lemercier übernahm auf Wunsch der Königin den Bau der Kirche, Gabriel le Duc führte ihn 1667 zu Ende. Resultat war die einzige Pariser Barockkirche, deren Architektur in dieser Weise maßgebend von Rom, der Hauptstadt des barocken 17. Jh.s, geprägt ist.
Die Hauptfassade gestaltete der Architekt Lemercier in Anlehnung an das Vorbild der Santa-Susanna-Kirche in Rom: die doppelstöckige Gliederung der Fassade wird wiederholt, aber kraftvoller und aufwärtsstrebender. Die Kuppel, dem Petersdom nachempfunden, wirkt belebter durch Vasenplastiken, Fenster und Fries mit Reliefs der königlichen Lilie und der Initialen "A" und "L", während der Tambour eine stark plastische Ausformung erfahren hat mit weit hervorstehenden Pilastern, überragenden Simsen und eingeschnittenen Fenstern.
Auch das Innere der Kirche ist durch die plastische Gestaltung der Gesamtarchitektur und der Schmuckwerke bestimmt. Das Langhaus mit Tonnengewölbe ist in drei Joche unterteilt, denen jeweils Seitenkapellen angegliedert sind. Die Rundbogen werden von Reliefdarstellungen der Tugenden geziert, in den Medaillons sind die Vorfahren Jesu dargestellt. Die Vierung wird durch einen Stufenunterbau und den sich darüber erhebenden säulengetragenen Baldachin betont – Vorbild war wiederum der Baldachin über dem Hochaltar des Petersdoms von G. L. Bernini. Die Kuppel (Höhe 40 m, Durchmesser 17 m) wurde 1665 von Pierre Mignard mit dem riesigen Fresko "Gottvater umgeben von Heiligen und Märtyrern" ausgestattet. In der Kapelle links vom Chor ist das Porträt von Anna von Österreich in einem Kuppelfresko zu sehen, die Kapelle rechts, früher der Nonnenchor, ist Ludwig IX., dem Heiligen, geweiht.

Lage
277, Rue Saint-Jacques (5. Arr.)

Métro-Station
Saint-Jacques

RER-Station
Port-Royal

Buslinien
21, 27, 38, 83, 91

*Vaux-le-Vicomte

Das Château de Vaux-le-Vicomte, 6 km nordöstlich von Melun gelegen, gilt als eines der schönsten Adelsschlösser Frankreichs und war Vorbild für

Vaux-le-Vicomte (Fortsetzung)

Lage
55 km südöstlich von Paris (A 4, A 6)

Eisenbahn
ab Gare de Lyon/ Melun

Öffnungszeiten
1. 4.–31. 10.:
10.00–18.00,
1. 11.–31. 3.:
11.00–17.00

Eintrittsgebühr

die Schloß- und Gartenarchitektur von → Versailles. Die Geschichte des Traumschlosses begann 1641, als der junge Nicholas Fouquet, später Finanzminister Ludwigs XIV., den alten Herrensitz erwarb. Durch geschickte Spekulationen wohlhabend geworden, ließ Fouquet das alte Schlößchen 1656 abreißen und verpflichtete die drei größten Baumeister seiner Zeit für den Neubau: den Architekten Louis Le Vau, den Dekorateur Charles Le Brun und den Gartenarchitekten André Le Nôtre. In der relativ kurzen Bauzeit von fünf Jahren entstand eine prachtvolle Einheit aus Schloß und Parkanlage, für die Fouquet die gewaltige Summe von zehn Millionen Livres (französische Pfund) aufbringen mußte. Drei Ortschaften wurden für den Garten umgesiedelt, auf der Baustelle waren zeitweilig mehr als 18000 Arbeiter beschäftigt. Lange konnte sich Fouquet seines Besitzes allerdings nicht freuen. Nachdem er trotz aller Warnungen den jungen Ludwig XIV. am 17. August 1661 zum spektakulären Fest von Vaux eingeladen hatte, ein rauschender Abend, zu dem Molière eigens die Komödie "Les Facheux" verfaßte, wurde Fouquet nur drei Wochen später wegen Bereicherung im Amt angeklagt und zu lebenslanger Kerkerhaft verurteilt; Vaux-le-Vicomte war beschlagnahmt worden.
Die eindrucksvolle Schloßanlage brachte Ludwig XIV. zu dem Entschluß, selbst das schönste Schloß von ganz Frankreich zu besitzen. Als Grundlage für dieses Vorhaben beanspruchte er einen Teil der beschlagnahmten Schätze, darunter kostbare Vasen, Statuen, sogar Bäume und Pflanzen. Zudem übernahm er die drei Architekten Le Vau, Le Brun und Le Nôtre, die für ihn das Schloß der Schlösser, das symbolträchtige, prachtvollste Zentrum der absolutistischen Macht in ganz Frankreich schufen: Versailles.
Das durch seinen Wassergraben wie auf einer Insel thronende Schloß von Vaux-le-Vicomte blieb von den Wirren der Französischen Revolution weitgehend verschont. Zwischen 1975 und 1980 wurden die Gebäude und der Park schließlich von Grund auf restauriert. Im oberen Stock sind die Privatgemächer Fouquets überwiegend im Original erhalten. Im Keller können Besucher die Küche, den Speisesaal des Gesindes und den Weinkeller besichtigen. Hernach sollte man sich Le Nôtres Parkanlage zuwenden, einem Meisterwerk der französischen Gartenarchitektur. Die durch Haupt-, Quer- und Diagonalachsen systematisch gegliederte Parkanlage wird durch kunstvolle Wasserspiele, imposante Figurengruppen und überdimensionale Statuen wie der des Herkules aufgelockert. In den alten Stallungen ist ein Kutschenmuseum eingerichtet worden.
Für einen Besuch besonders attraktiv sind im Sommer die Samstage, wenn das Schloß zwischen Mai und September ab 20.30 Uhr von mehr als 1000 Kerzen erleuchtet wird. Jeden zweiten und letzten Samstag von April bis Oktober finden von 15.00 bis 18.00 Uhr die Wasserspiele statt.

Versailles K 6

Lage
ca. 20 km südwestlich von Paris (A 13, N 10)

RER-Station
Versailles-Rive gauche (Linie C 5)

Bahn
Zug ab Gare Montparnasse oder Gare St.Lazare

Versailles (97000 Einw.), einst die glanzvolle Residenz der französischen Könige, ist heute die Hauptstadt des Département Yvelines. Hauptverkehrsader der Stadt ist die breite Avenue de Paris, die sich auf der Place d'Armes mit der Avenue de St-Cloud und der Avenue de Sceaux vereinigt. Unweit südlich von der Place d'Armes steht die 1686 für den König und den Hof erbaute Salle du Jeu de Paume (Jeu de Paume war ein dem Tennis ähnliches Ballspiel), in der 1789 die Nationalversammlung stattfand. Weiter südlich liegt die Kathedrale St-Louis aus dem 18. Jahrhundert. Westlich der Place d'Armes befinden sich in der Rue de l'Indépendance-Américaine der ehem. Grand-Commun (jetzt Militärhospital; 1682 von Mansart erbaut) und die schön ausgestattete Bibliothèque Municipale. Im nördlichen Teil der Stadt lohnt die 1684–1686 von Mansart errichtete Kirche Notre-Dame ebenso einen Besuch wie das Musée Lambinet (18. Jh.), in dem u.a. Möbel, Gemälde, Kupferstiche und Waffen zu sehen sind. An der Ostseite der weiten Place d'Armes stehen die von Mansart erbauten Ecuries Royales (1679–1685; Marställe; heute Kasernen), in denen einst 2500 Pferde

1 Temple de l'Amour	7 Gare Rive Droite (Bahnhof)	13 Petites Ecuries Royales
2 Petit Trianon	8 Musée Lambinet	14 Mairie (Rathaus)
3 Grand Trianon	9 Notre-Dame	15 Gare Rive Gauche (Bahnhof)
4 Musée des Voitures	10 Préfecture	16 Palais des Congrès
5 Bassin d'Apollon	11 Palais de Justice	17 Bibliothèque
6 Bassin de Neptune	12 Grandes Ecuries Royales	18 Orangerie

Allgemeines (Fortsetzung)

und 200 Wagen untergebracht werden konnten. Hauptattraktion der Stadt ist jedoch das längst in die UNESCO-Liste des 'Kulturerbes des Welt' aufgenommene Schloß von Versailles, das mit seinen Parkanlagen zu den faszinierensten und historisch bedeutsamsten Sehenswürdigkeiten Europas zählt. Seine Architektur und Innenausstattung, der Park und schließlich die gesamte Hofhaltung der französischen Könige im 17. und 18. Jh. dienten vielen europäischen Königs- und Fürstenhöfen der Zeit als Vorbild.

**Château de Versailles

Öffnungszeiten, Führungen

Chapelle Royale, Grands Appartements du Roi et de la Reine, Galerie des Glaces, Musée de l'Histoire de France: Di.–So. 9.00–17.30 Uhr (Eintritt frei). Appartements et Cabinets intérieurs du Roi, Opéra Royale: Di–So. 9.45–18.30 Uhr; Führungen 13.30 Uhr; Eintrittsgebühr; Eingang C. Appartements de Madame de Pompadour et de Madame de Berry: Di–Fr. 11.00 bis 14.00 Uhr; Führungen; Eintrittsgebühr; Eingang C 2. Cabinets intérieurs de la Reine et de la Dauphine: Führungen Mi–Fr. 15.30 Uhr; Eintrittsgebühr; Eingang C 2. Deutsche Führungen nach Voranmeldung: Conservation du Musée, Bureau d'Action Culturelle, poste 320, Tel. 39500020.

Geschichte

Ein kleines Jagdschloß, ursprünglich 1631–1634 im Auftrag Ludwigs XIII. von Philibert Le Roy erbaut, wurde in den Jahren 1661–1710 von Ludwig XIV., dem Sonnenkönig (Roi Soleil), zum Residenzschloß ausgebaut. Zunächst wurden dem Jagdschloß um die Cour de Marbre durch den Baumeister Louis Le Vau († 1670) die beiden östlichen Flügel angefügt. Dann wurde 1676 Jules Hardouin-Mansart als Schloßbaumeister berufen, der die Anbauten Le Vaus um ein Stockwerk erhöhte und an der Gartenseite die Spiegelgalerie sowie die langen Nord- und Südflügel errichtete. Zuletzt folgten die beiden klassizistischen Pavillonbauten an der Cour Royale, von Gabriel (18. Jh.) und Dufour (1820). An dem Riesenbau, der, abgesehen von den Frondiensten der Bauern, 500 Millionen Goldfranken gekostet haben soll und 10 000 Bewohner faßte, waren bis 36 000 Menschen und

Flußallegorien vor der Hauptfassade von Versailles

Geschichte (Fortsetzung)

6000 Pferde gleichzeitig beschäftigt. Die Innenausstattung schuf Charles Le Brun, als Gartenarchitekt zeichnete André Le Nôtre verantwortlich. Die Nachfolger Ludwigs XIV. haben nichts Wesentliches verändert oder hinzugefügt (Rokoko-Gemächer und klassizistisches Kleines Trianon von Ludwig XV., Erweiterung der Gartenanlagen durch Ludwig XV. und Ludwig XVI.). Rund ein Jahrhundert lang (1682–1789) war Versailles die Residenz der französischen Könige. Die Prinzipien absolutistischer Herrschaft verlangten, daß der Hochadel sich ständig am Hof aufhielt, und Versailles, das Schloß und die Anlagen, waren der Rahmen für die absolute Machtfülle der französischen Monarchie.

Im Jahre 1789 wurden die französischen Reichsstände nach Versailles berufen; der dritte Stand (neben Adel und Klerus) konstituierte sich als Nationalversammlung und tat damit den ersten Schritt zur Revolution. Am 5./6. Oktober 1789 wurde Ludwig XVI. aus Versailles abgeholt und gezwungen, nach Paris in die Tuilerien überzusiedeln, womit Versailles seine Bedeutung verlor. Im Krieg 1870/1871 wurde Versailles am 19. September 1870 von deutschen Truppen besetzt und war bis zum 6. März 1871 Sitz des deutschen Hauptquartiers; am 18. Januar 1871 fand im Spiegelsaal des Schlosses die Proklamation des Deutschen Reiches statt. Nach dem Ersten Weltkrieg wurde am 28. Juni 1919 im gleichen Spiegelsaal der Friedensvertrag von Versailles unterzeichnet. Im Juni 1978 verübten bretonische Separatisten einen folgenschweren Bombenanschlag auf das Schloß.

Außenansicht

Schon die Außenansicht des Schlosses ist beeindruckend. Drei breite Straßen laufen auf der Place d'Armes vor dem Schloß zusammen. Zu beiden Seiten der mittleren Avenue de Paris sieht man die ehemaligen königlichen Marställe, die Mansart 1679–1685 schuf. Durch das Gitterportal gelangt man in den Vorhof, an dessen Grenze zum Königlichen Hof (Cour Royale) ein Reiterstandbild Ludwigs XIV. von 1835 aufgestellt ist. Dieser früher der königlichen Familie vorbehaltene Hof verengt sich zum Marmor-

Außenansicht (Fortsetzung)

hof (Cour de Marbre), der bis 1830 etwas erhöht und mit farbigem Marmor ausgelegt war. Der Eingang zum Schloß, der gleichzeitig Durchgang zum Park ist, befindet sich rechter Hand im Königlichen Hof.
Die Gebäudeteile, die den Marmorhof U-förmig umfassen, sind die ältesten und gehörten zum Jagdschloß Ludwigs XIII. Hier befinden sich im ersten Stock die königlichen Privatgemächer. Um die zwei Längsseiten des ehemaligen Jagdschlosses legte Le Vau einen weiteren Gebäudering für die Repräsentationsräume (Große Appartements, 1. Stock) und die Wohnräume der Thronfolger(innen) im Erdgeschoß. Mansart verband diese beiden Komplexe auf der Breitseite zum Park hin durch den Spiegelsaal (1. Stock) und erweiterte die Schloßanlage um den Nord- und den Südflügel. Mit der von Mansart und Cotte entworfenen Schloßkapelle und der von Jacques-Ange Gabriel ausgeführten Oper wurde das Schloß in seiner heutigen Form fertiggestellt. Die Parkfassade mit dem hervorstehenden Mittelteil weist eine Länge von 680 m auf.

****Schloßinneres**

Daß die Pracht, die das Schloß im Inneren entfaltet, selbst zeitgenössische Königshäuser beeindruckte, kann auch der heutige Besucher nachvollziehen. Von den vielen Räumlichkeiten sind besonders sehenswert:

Galeries des Batailles

Schlachtengalerie
In der 120 m langen und 13 m breiten Galerie der Schlachtengemälde, die sich fast über die gesamte Länge des Südflügels hinzieht, werden 14 Jahrhunderte französischer Geschichte in Gemälden dargestellt; 82 Büsten berühmter Heerführer säumen die Bildwände und die korinthischen Säulen im Mittelteil der Galerie.

Salle du Sacre

Krönungssaal
Das Gemälde von Jacques Louis David (1748–1825), das die Krönung Napoleons I. und der Kaiserin Joséphine zeigt, gab dem Raum seinen Namen. Zur Zeit Ludwigs XIV. diente der Saal als Kapelle.

Grands Appartements de la Reine: Escalier de la Reine

Treppe der Königin (1679–1681)
Die prächtige Treppe mit verschiedenfarbigem Marmor und vergoldeten Bronzereliefs an der Deckenleiste und über den Türen führt zu den Prunk- und Privatgemächern der Königin. Im Mittelteil des Absatzes im 1. Stock birgt eine Nische das Wappen des Königs.

Salle des Gardes de la Reine

Saal der Garde der Königin
Die Deckengemälde und Marmorwände sind aus der Zeit Ludwigs XIV. erhalten, die Gemälde (1676–1681) stammen von Noël Coypel (1628 bis 1707). Das mittlere achteckige Gemälde zeigt Jupiter auf einem silbernen, von zwei Adlern gezogenen Wagen. Die vier Bilder in den Wölbungen stellen göttliche Tugenden in antiken Beispielen dar.

Antichambre de la Reine

Vorzimmer der Königin
Im Vorzimmer warteten die Besucher, die von der Königin im Audienzzimmer oder im Schlafzimmer empfangen wurden. Die Gemälde in den Deckenwölbungen, unter Ludwig XIV. entstanden, zeigen berühmte Frauengestalten des Altertums (1673; Claude Vignon); aus derselben Zeit datieren auch die vier Gobelins.

Salon de la Reine

Audienzsaal, Thronsaal der Königin
Aus der Zeit von Maria Theresia von Österreich (nicht zu verwechseln mit der österreichischen Kaiserin gleichen Namens) ist nur noch das Deckengemälde mit Allegorien auf Künste und Wissenschaften (1671; Michel Corneille) erhalten, da Marie-Antoinette den Audienzsaal 1785 in seiner jetzigen Form umgestalten ließ. Das große (Gobelin-)Porträt von Ludwig XV. schuf P. F. Cozette 1770 nach einem Entwurf von Michel van Loos.

Chambre de la Reine

Schlafzimmer der Königin
Im Schlafzimmer der Königin, das 1671–1680 für die Gemahlin Lud-

Schloßinneres, Chambre de la Reine (Fortsetzung)

wigs XIV., Maria Theresia von Österreich, eingerichtet worden ist, kamen 19 Prinzen und Prinzessinnen zur Welt; in diesem Raum empfingen die Königinnen auch ihre Privataudienz.
Die Einrichtung aus der Zeit Maria Theresias wurde 1729–1735 durch die Rokoko-Decke mit dem Abbild der vier Tugenden einer Königin (Barmherzigkeit, Überfluß, Klugheit, Treue) nach einem Entwurf von Robert de Cotte ergänzt, die Ausführung in Grisaille-Malerei lieferte François Boucher 1703 bis 1770. Marie-Antoinette ließ die (Gobelin-)Medaillons mit den Bildnissen der Kaiserin Maria Theresia von Österreich, des Kaisers Joseph II. und ihres Gemahls, Ludwigs XVI., hinzufügen. Das links vom Bett der Königin stehende Schmuckschränkchen (1787; Schwerdtfeger) war ein Geschenk der Stadt Paris an Marie-Antoinette zwei Jahre vor der Revolution.

Petits Appartements de la Reine

Privatgemächer der Königin
Vom Schlafzimmer der Königin aus zugänglich sind ihre Privatgemächer, die im Stil der Zeit Marie-Antoinettes ausgestattet sind (1770–1781).

Salon de la Paix

Salon des Friedens
Der Salon wurde 1680–1686 als Gegenstück zum Salon des Krieges auf der anderen Seite der Spiegelgalerie ausgeführt. Das Deckengemälde schuf Le Brun, das Bild Ludwigs XVI. über dem Kamin Lemoyne.

Galerie des Glaces

Spiegelsaal
Nach der Annektierung Lothringens gewann Ludwig XIV. im Frieden von

▼ *Blick vom Bassin d'Apollon über die Allée Royale zum Schloß des Sonnenkönigs*

Schloßinneres, Galerie des Glaces (Fortsetzung)

Nimwegen (1678) auch die Freigrafschaft Burgund, wodurch Frankreichs Vormachtstellung in Europa gefestigt wurde. In diesem Jahr beschloß der König den Bau einer Galerie, die mit den Salons des Friedens und des Krieges zu beiden Enden das Kernstück des Schlosses vervollständigte und in ihren allegorischen Darstellungen Ludwig XIV. als Herrscher über Krieg und Frieden feierte.
Der weltberühmte Spiegelsaal, der 73 m lang, 10 m breit und 12 m hoch ist, entstand nach Plänen von Jules Hardouin-Mansart (1646–1708), die Innenausstattung entwarf Charles Le Brun (1619–90), der Direktor der staatlichen Gobelin-Manufakturen. Wie alle Galerien in den Hôtels, Palais und Schlössern wurde der Spiegelsaal als Durchgangsraum zwischen den Gemächern des Königs und der Königin genutzt, in dem die Höflinge ihre Aufwartung machten. Nur selten fanden hier Festlichkeiten statt. Seinen Namen erhielt der Saal von den 17 Spiegelbogen (mit je 18, d.h. insgesamt 306 Segmenten), die den 17 Rundbogenfenstern der Parkseite gegenüberliegen. In diesem historischen Saal wurden 1871 das Deutsche Reich proklamiert und 1919 der Versailler Friedensvertrag unterzeichnet. Seit der 1980 abgeschlossenen Restaurierung ist er mit echtem wie imitiertem Mobiliar, Figuren und Kronleuchtern (vieles davon in goldbronziertem Plastikmaterial) ausgestattet, die vor und während der Revolution entfernt oder zerstört worden waren. Die Gemälde im Tonnengewölbe des Spiegelsaales bilden in ihrer Gesamtheit des monumentalste Deckengemälde Frankreichs; es erzählt die Geschichte der Regentschaft Ludwigs XIV. bis zum Frieden von Nimwegen.

Spiegelsaal

Porträt von Ludwig XVI.

Schloßinneres (Fortsetzung), Salon de l'Œil de Bœuf

Vorzimmer des Königs mit dem 'Ochsenauge'
Der nach dem querliegenden Ovalfenster benannte Salon wurde 1701 angelegt und enthielt Gemälde des italienischen Malers Veronese, die durch Bilder der königlichen Familie ersetzt wurden. Bemerkenswert ist der "Kinderfries" (53 m), der, wie die Puttengruppe der spielenden Kinder im Park, den Wunsch des alternden Königs nach 'mehr Jugendlichkeit und weniger Ernst' zum Ausdruck bringt.

Chambre du Roi

Schlafzimmer des Königs
Im ehemaligen Hauptsaal des Jagdschlosses von Ludwig XIII. wurde 1701 das Schlafzimmer Ludwigs XIV. eingerichtet, in dem der König am 1. 9. 1715 starb. Hier fanden die berühmten Zeremonien morgens ("Lever du Roi") und abends ("Coucher du Roi") statt, bei denen ihre Majestät Audienzen gab. Nach jahrelangen kostspieligen Arbeiten war 1980 die Einrichtung gemäß den Vorlagen der Originale wiederhergestellt.

Cabinet du Conseil

Zimmer des Staatsrates
Zu Zeiten Ludwigs XV. und XVI. wurden in diesem Ratszimmer alle wichtigen Staatsbeschlüsse gefaßt. Die 1755 nach Entwürfen von Jacques-Ange Gabriel erfolgte Raumausstattung gilt als Meisterwerk des französischen Rokoko.

Petits Appartements du Roi

Privatgemächer des Königs
Vom Zimmer des Staatsrates aus sind die Privatgemächer des Königs zugänglich. Sie wurden von J. A. Gabriel ab 1755 für Ludwig XV., der sich hier von der Etikette des Hofzeremoniells erholte, im Rokokostil eingerichtet. Im ersten Raum, dem Schlafzimmer, starb Ludwig XV. am 10. 5. 1774.

Salon de la Guerre

Salon des Krieges
Der Salon eröffnet eine einmalige Perspektive durch den Spiegelsaal bis zum gegenüberliegenden Salon des Friedens (beide aus derselben Zeit)

Schloßinneres, Salon de la Guerre (Fortsetzung)

auf der einen Seite und durch die Salons der Grands Appartements (Staatsräume) auf der andren Seite. Das große ovale Stuckrelief zwischen den Durchgängen von Antoine Coysevox (1640–1720) verherrlicht Ludwig XIV.

Salon des Apollo

Grands Appartements: Salon d'Apollon

Das Deckengemälde "Apollo auf dem Sonnenwagen begleitet von den Jahreszeiten" von Charles de la Fosse, einem Schüler Le Bruns, ist das zentrale Allegorie-Thema, von dem sich der Zusatztitel Ludwigs XIV., 'Le Roi Soleil' (Sonnenkönig) ableitet. In diesem einstigen Thronsaal, dessen Wände mit kostbaren Gobelins ausgehängt sind, begegnet man über dem Kamin auch dem bekannten Bild des Königs im Hermelinmantel.

Salon des Merkur

Salon de Mercure

In den drei Salons des Apollo, des Merkur und des Mars sind von der Innenraumgestaltung nur noch die Deckengemälde mit den prächtigen Rahmenformen aus der Entstehungszeit der "Grands Appartements" (1670–80) original erhalten (der Marmor wurde durch Holz und Stoffbespannung der Wände ersetzt). Die "Grands Appartements" waren die Staatsräume, in denen der König von 6.00 bis 10.00 Uhr Hof hielt. Die Widmung und die antiken Gottheiten sollten die Königsherrschaft Ludwigs XIV. in Bezug zur abendländischen Geschichte setzen.

Salon des Mars

Salon de Mars

Im ehemaligen Gardesaal, mit einem Deckengemälde von Audran versehen, hängt das vielgerühmte Bild "Marie-Antoinette mit ihren drei Kindern" (1787) von Madame Vigée-Le Brun.

Salon der Diana (1675–1680)

Salon de Diane

Das Deckenbild der "Diana, die Jagd und Seefahrt leitet" schuf Gabriel Blanchard, die Büste Ludwigs XIV. (1665) lieferte Lorenzo Bernini.

Salon der Venus

Salon de Vénus

Wie im Salon der Diana ist der Stil der siebziger Jahre des 17. Jh.s in der ernsten und kalten Marmordekoration erhalten geblieben. Ursprünglich für alle sieben Grands Appartements kennzeichnend, entsprach dieser Stil dem Streben des jungen Sonnenkönigs nach Ruhm, Macht und Zeugnissen für die Nachwelt – immer mit einem Blick auf das Vorbild der Antike. Nicht nur die Marmorwände und Säulen, sondern auch die antikisierenden Statuen, darunter "Ludwig XIV. als römischer Cäsar", sowie die Deckengemälde stehen in diesem Zusammenhang: Titus und Berenike, Antonius und Kleopatra, Jason und Medea, Theseus und Ariadne, Europa und Jupiter, Amphitrite und Poseidon.

Salon des Überflusses (um 1680)

Salon d'Abondance

Die Göttin des Überflusses schüttet ihr Füllhorn aus so lautet das Thema der Deckenmalerei von R. A. Houasse, einem Schüler Le Bruns. In diesem Raum wurde anläßlich von Empfängen das Buffet gereicht.

Salon des Herkules (1710–1736)

Salon d'Hercule

Das Deckengemälde mit dem "Triumph des Herkules" (1733–1736) stammt von François Lemoyne; die Bilder "Eliezer und Rebecca" (über dem Kamin) und "Die Mahlzeit beim Pharisäer Simon", beide von Veronese, waren Geschenke an Ludwig XIV. von der Republik Venedig.

Schloßkapelle

La Chapelle

In der 1699 von Jules Hardoiun-Mansart begonnenen und 1710 von seinem Schwager, Robert de Cotte, vollendeten Kapelle finden am 1. So. im Monat, Oster- und Pfingstsonntag sowie am 1. 11. Gottesdienste um 17.30 Uhr statt. Die einst der königlichen Familie vorbehaltene Empore mit ihrer hochgezogenen korinthischen Kolonnade liegt auf der Höhe der Königsgemächer. Jeden Dienstag um 17.30 Uhr finden in der Schloß-

Château, La Chapelle (Forts.)

kapelle Konzerte des Forschungszentrums für Barockmusik statt, das 1988 in Versailles eingerichtet wurde.

Musée d'Histoire de France

Museum der Geschichte Frankreichs
Das im Nordflügel untergebrachte Museum über die Französische Geschichte berichtet mit seinen Gemälden und Plastiken von der Zeit der Kreuzzüge bis ins 19. Jahrhundert. Von besonderem Interesse sind die Arbeiten des 16. und 17. Jh.s von Laurent de la Hyre, Philippe de Champaigne und Noël Hallé.

Opéra Royal

Königliche Oper
Das nur im Rahmen von Führungen zu besichtigende Opernhaus wurde von Jacques-Ange Gabriel für Ludwig XV. entworfen. In nur zweijähriger Bauzeit konnte es bis 1770 zur Hochzeit des späteren Ludwig XVI. mit Marie-Antoinette fertiggestellt werden. Wie an der Ostfassade des → Louvre und in der Schloßkapelle von Versailles wird eine ionische Säulenkolonnade verwendet. Goldbronze, Marmor und Spiegelwände passen die geschmackvolle Ausstattung der Oper in die Innenarchitektur des Schlosses ein.

**Parc de Versailles

Öffnungszeiten
tgl. von Sonnenaufgang bis -untergang

Besichtigung der Bosketts
Salle de Balle, la Colonnade, les Dômes, les Bains d'Apollon: während der Großen Wasserspiele 3. 5.–4. 10.: 1., 3., 4. So. im Monat 11.15 und 15.30; Auskunft: Office du Tourisme, 7, Rue des Réservoirs, Tel. 39503622

Schloß und Park von Versailles bilden eine Einheit: Der riesige Park hätte ohne das Schloß keinen Bezugspunkt und verlöre seine Funktion als verlängerter Repräsentationsrahmen des Königshofes. Das Schloß erschiene allein als ungetümer Gebäudekomplex, dessen geballte Repräsentationskraft nicht in die für ihn gestaltete Parklandschaft ausstrahlen könnte.
Die Baugeschichte weist diesen Zusammenhang nach: Die Pläne für den Park waren schon fertig, bevor die endgültigen Pläne der Spiegelgalerie und der Seitenflügel für das Schloß Gestalt annahmen. Die Realisierung der Parkanlage folgte wiederum der Erfordernis, den Repräsentationsraum des Schlosses in den Park hinaus zu erweitern.
Der über 800 ha große Park von Versailles gilt als das bedeutendste Beispiel für die französische Gartenbaukunst des 17. Jahrhunderts. Sein Architekt, André Le Nôtre (1613–1700), Sohn eines Gärtners der königlichen → Tuileries, hat hier nach den Arbeiten in den Tuilerien und im Schloßpark von → Vaux-le-Vicomte sein Meisterstück geschaffen. Die Wesensmerkmale der französischen Gärten jener Zeit, ihre Symmetrie mit einer durch geometrische Formen gebändigten Natur, entsprechen dem Ideal der französischen Klassik, die in solchen Schöpfungen den Ausdruck für die Beherrschung der Natur durch den Menschen sah. Der Zusammenhang zwischen Schloß und Park als erweitertem Repräsentationsraum königlicher Macht zeigt sich hier in seiner fundamentalen Bedeutung: Das monumentale Schloß symbolisiert die absolute Macht des Monarchen über die Menschen vor dem Park, der mit seiner 'beherrschten' Natur dem Sonnenkönig das Bild seiner selbst auch als Bezwinger der Natur widerspiegelt. Am deutlichsten und direktesten geschieht dies in den großen Wasserbecken und im Grand Canal, wo das Wasser künstlich in Ruhe gehalten wird. Den französischen Gärten von Le Nôtre wurden im 18. Jh. unter Ludwig XVI. die nach englischem Prinzip entworfenen Gärten neben dem Petit Trianon hinzugefügt. Der Gegensatz beider Stile ist offensichtlich. Die englische Gartenlandschaft war eine künstliche Anlage 'unverfälschter' Natur – mit der Möglichkeit, in der Kulisse des aufgebauten Mini-Dorfes 'echtes' Landleben zu mimen.
Die Trianon-Schlösser mit Gärten waren der einzige private Bereich der Könige in Versailles, im übrigen Park und im Schloß waren sie, wie alle Angehörigen des Königshofes, den Regeln der Etikette und der Repräsentation unterworfen.

Bassin de Neptune

Das Wasserbecken entstand 1679–1684 nach Entwürfen von Le Nôtre. Die Brunnenskulpturen (ab 1740) von Adam, Bouchardon und Lemoyne zeigen in der Mitte Neptun mit dem Dreizack und seine Gemahlin Amphi-

Bassin de Neptune (Fortsetzung)

trite mit dem Zepter, flankiert von Okeanos auf einem Einhorn und Proteus mit Meerestieren und -pflanzen.

Parterres

Die Parterres (Freiterrassen) erstrecken sich vor der Steinterrasse, die, um einige Stufen erhöht, die vier Bronzestatuen von Bacchus, Apollo, Antonius und einem Silen trägt sowie zwei schöne Marmorvasen mit Reliefs von Antoine Coysevox, auf denen der Türkenkrieg und die Friedensschlüsse von Aachen und Nimwegen dargestellt sind.
Auf der Parterre du Nord werden die kosmischen Kräfte von 24 Statuen jeweils in Vierergruppen veranschaulicht: Jahres- und Tageszeiten, die Elemente, die Erdteile, Temperamente und Dichtungsgattungen. Die mittlere Parterre d'Eau zieren zwei Wasserbecken mit 24 Bronzefiguren, allegorische Darstellungen der französischen Flüsse. Der südliche Teil der Parterre du Midi ist mit reichen Blumenornamenten geschmückt. Unterhalb der Parterres beeindruckt die Anlage der Orangerie (1684–1686), deren Mittelgalerie 155 m lang ist. Dahinter erstreckt sich der von der königlichen Schweizer Garde angelegte See, Pièces d'Eau des Suisses genannt. Auf der Parterre de Latone wird von Leto (lat. Latona) berichtet, der Gattin des Zeus. Die Figurengruppe des Wasserbeckens zeigt sie mit ihren Kindern Diana und Apollo auf der Flucht vor den bösen Bauern Lykiens zu Zeus, der die Bauern bestrafte und in Frösche verwandelte.

Salle de Bal

Das Bosquet de la Salle de Bal (Bosquet des Rocailles), ein Amphitheater für Spiel und Tanz, ist nur während der Wasserspiele zu besichtigen.

Allée Royale

Die Königsallee wird auch als 'grüner Teppich' (Tapis Vert) bezeichnet. Sie verbindet die Bassins der Latona und des Apollo in der großen Längsachse des Parks.

Colonnade

Jules Hardouin-Mansart schuf 1685 mit dem Arkadenrund aus ionischen Marmorsäulen einen eleganten Ort für Festlichkeiten (Besichtigung nur im Rahmen von Führungen).

Bassin d'Apollon

Die 1670 von Jean-Baptiste Tuby gefertigte Gestalt des Apollo auf dem Sonnenwagen ist eine Allegorie auf Ludwig XIV., den 'Sonnenkönig'.

Kanal

Der Grand Canal (Großer Kanal) und der Querarm des kleinen Kanals wurden zu Zeiten Ludwigs XIV. von goldenen Gondeln befahren, die ein Geschenk der Republik Venedig waren.

Grand Trianon (tgl. außer Mo., Fei. 9.45–12.00, 14.00–17.00)

Nach Plänen von Jules Hardouin-Mansart und Robert de Cotte ließ Ludwig XIV. 1678–1688 ein kleines Schloß, Grand Trianon, errichten. Hier hatte er einen 'privaten' Bereich, befreit von der Etikette des Hofes. Je ein Flügel des Schlosses war ihm und seiner Favoritin, Madame de Maintenon, vorbehalten. Napoleon I. ließ das verfallene Grand Trianon restaurieren. Die Innenausstattung präsentiert sich deshalb zum Teil im Barock-Stil, zum Teil im Empire-Stil (Mobiliar).

Petit Trianon (tgl. außer Mo., Fei. 14.00–17.00)

Das kleine Trianon-Schloß, Petit Trianon, wurde 1763–1767 von Jacques-Ange Gabriel für die Favoritinnen Ludwigs XV. erbaut. Ludwig XVI. schenkte es später Königin Marie-Antoinette.

Le Hameau de la Reine

An der Stelle des Botanischen Gartens von Ludwig XV. wurde für Marie-Antoinette ein 'englischer Garten' angelegt, in dem ein Miniaturdorf mit Bauernhof, Molkerei, Mühle und Taubenhaus entstanden. Beachtung verdienen auch der Temple de l'Amour (1778), der Belvedere-Pavillon (1777), das Theater der Königin (1780) und der von Jacques-Ange Gabriel 1750 konzipierte Französische Pavillon.

Bosquet des Dômes

Von den schönen Pavillons Bosquet des Dômes sind noch die Sockel, Statuen und Reliefs erhalten. In der Mitte des 'Wäldchens' steht eine Titanengruppe von Gaspard Marsy.

Bosquet des Bains d'Apollon

Die berühmte Apollo-Gruppe wurde nachträglich mit romantischem Dekor ausstaffiert. Am nordwestlichen Rand dieses Bosquet befindet sich die Ile des Enfants, eine Puttengruppe spielender Kinder (1710) aus der Zeit des alternden Ludwig XIV., der 'mehr Jugend' dargestellt sehen wollte.

Musée des Voitures

Im Musée des Voitures befindet sich eine Sammlung von Staatskarossen, Schlitten, Sänften und Pferdegeschirren aus barocker Zeit.

Vidéothèque de Paris

→ Les Halles

**La Villette

M 2

Lage
Nordosten (19. Arr.)

Métro-Stationen
Porte de Pantin (Westen), Porte de la Villette (Osten)

Buslinien
150, 152, 139, PC

Auskunft
Tel. 40037503

Im Nordosten von Paris entstand seit Mitte der achtziger Jahre auf einem 35 ha großen Gelände unter Leitung der Architekten Bernard Tschumi und Adrian Fainsilber mit dem Parc de la Villette ein neuer Erholungs- und Freizeitpark mit kultureller Funktion. Bei der Wahl des Standortes spielten zwei Faktoren eine Rolle: Zum einen lag hier ein während der Ära de Gaulle erbauter Schlachthof, der seit 1974 nicht mehr genutzt wurde; zum anderen stand hier eine Markthalle in der Gußeisentechnik des 19. Jh.s, die man zu erhalten gedachte. Sechs Jahre dauerten die Umbauarbeiten, bis im März 1986 die Cité des Sciences et de l'Industrie eröffnet wurde, ein 270 m langes und 47 m hohes Gebäude mit glasverhängter Fassade und vier riesigen, blauen Stahldachträgern als Metallfachwerk.

Parc de la Villette

Museum für Technik und Naturwissenschaften: Cité des Sciences et de l'Industrie

Cité des Sciences et de l'Industrie

Öffnungszeiten Di.–So. 10.00–18.00; Auskunft: Tel. 40058000; Eintrittsgebühr

Nach den Worten seines Direktors Maurice Levy handelt es sich bei der Cité des Sciences et de l'Industrie eher um 'ein großes Kommunikationswerkzeug denn ein Museum'. Hier sollen Technik und Naturwissenschaften jedermann zugänglich gemacht und dem Besucher die nationale Entwicklung, der Stand der Forschung und weiterführende Tendenzen verdeutlicht werden. Außerdem soll die Cité eine Plattform zum Gedankenaustausch für alle französischen Unternehmen, die auf diesem Gebiet tätig sind, darstellen.

Explora

Über dem zentralen Platz des Technikmuseums, wo jeder Besuch beginnt, wölben sich kreisrunde Kuppeln, durch welche das Sonnenlicht über ein System von beweglichen Spiegeln hereingeholt wird. Die Innenausstattung lieferte das 1:1-Modell einer amerikanischen Raumstation. Von hier führen Rolltreppen zur Dauerausstellung 'Explora', die auf rund 30000 m² vier Themen umfaßt: 'Sprache und Kommunikation' (Sprache, Informatik, Mathematik, Schall, Licht, Gehirn, Kunst und Technik), 'Von der Erde zum Universum' (Astronomie und Raumfahrt), 'Das Abenteuer Leben' (Biosphäre, Bauwesen, Verkehrsmittel, Technik, Naturwissenschaften, Archäologie) und 'Die Materie und das Wirken des Menschen' (Die Erde und ihre Ressourcen, Energie, Aufbau der Materie, Herstellung von Grundstoffen und Produkten). Daneben stehen 10000 m² für Sonderausstellungen (u.a. Kunststoffe, Telekommunikation, Transporttechnik, Mode, Ernährung, Eureka-Projekte) und Tagungen zur Verfügung. Weitere Einrichtungen sind eine Fotothek, Kinemathek, Videothek und Phonothek. Wer möchte, kann Videofilme ansehen, Experimente durchführen oder interaktiv am Computer arbeiten. Überall wird versucht, durch eine spielerische Kontaktaufnahme, unter Einbezug möglichst vieler Sinnesorgane, den Lernprozeß zu motivieren und zu intensivieren. Mit Blick auf die Ariane-Rakete oder Hydro- und Meristemkulturen kann man hernach bei einer Tasse Kaffee ausruhen und eine Kleinigkeit zu sich nehmen.

Aquarium

Im Untergeschoß wird mit der Rekonstruktion des Biotops der Mittelmeerküste die spezifische mediterrane Flora und Fauna vorgestellt.

Cité des Sciences et de l'Industrie (Fortsetzung), Inventorium

Um Freude an Wissenschaft und Technik bereits bei den ganz Jungen zu erwecken, wurde das Kinderparadies 'Inventorium' mit zwei Abteilungen für Drei- bis Sechsjährige bzw. Sechs- bis Zwölfjährige eingerichtet. Durch den vergnügten Hausbau auf einer 'Baustelle' z.B. sollen Teamarbeit und Führungskraft trainiert werden, während an den Computerterminals das logische Denken geschult wird. Der Minitel schließlich dient den Größeren als Einstieg in das Informatikzeitalter.

Mediathek

Für ein breites Publikum mit wissenschaftlich-technischem Interesse wurde im Untergeschloß die Mediathek angelegt, die neben mehr als 300000 Bänden, 5000 Zeitschriften und 1000 Lernprogrammen im Jean-Painlevé-Saal auch eine Sammlung internationaler Dokumentarfilme auf Videoplatten besitzt.

Cinaxe, 3D-Kino-Louis-Lumière, Planetarium

Zum Abschluß kann man noch der Cinaxe, einem durch drei Zylinderpaare beweglichen Vorführsaal für Geschwindigkeitsexperimente (Zugang von außen), dem 3D-Kino Louis-Lumière (Geschoß 0) oder dem Planetarium im Explora-Bereich einen Besuch abstatten.

Argonaute

Vor dem Südeingang der Cité ist ein 1957 gebauter, französischer U-Boot-Jäger zu besichtigen, der rund 400000 km unter Wasser zurückgelegt hat.

La Géode

Vorstellungen Di.–So. stündl. 10.00–21.00; Auskunft: Tel. 40058000; Eintrittsgebühr

Die Südfassade der Cité spiegelt sich in einem Wasserbecken und dem gegenüber in einem weiteren Bassin scheinbar schwimmenden Kino La Géode (→ Abb. S. 190). Den futuristischen Kugelbau von 36 m Durchmesser umgibt ein Mantel aus poliertem Chromnickelstahl. Nachts wird die Metallkugel von unten her angestrahlt und synthetisiert ihren eigenen Sternenhimmel. Im Innern umgibt den bequem in Schalensitzen liegenden Besucher die zur Projektionswand gewordene Hohlkugel aus hauchdünnen perforierten Aluminiumblechen. Auf der 1000 m² großen 172-Grad-Leinwand mit 12-Kanal-Stereoton und 12000 Watt werden Dokumentarfilme gezeigt, die extra für diese Kugel mit einer Spezialkamera nach dem kanadischen System 'Omnimax' gedreht wurden. Der riesige, computergesteuerte Projektor arbeitet mit einer 15-Kilowatt-Lampe (herkömmliche

U-Boot-Jäger Argonaute

Farbenfrohe Folie

La Villette, La Géode (Fortsetzung)

Projektoren haben in der Regel nur 1,5 kW), während die Bilder der 70-mm-Filme fast zehnmal so groß sind wie das gewöhnliche 35mm-Format. Da der Andrang für die Vorstellungen groß ist, empfiehlt es sich, rechtzeitig Karten zu reservieren.

Maison de la Villette

In der alten Rotunde beim Parkeingang Porte de la Villette, wo einst die Veterinäre untergebracht waren, kann man sich über die Lokalgeschichte informieren (geöffnet: Di.–So. 10.00–18.00 Uhr).

Zénith

Am Ostrand des Parks liegt der von den Architekten Philippe Chaix und Jean-Paul Morel geschaffene Konzertsaal Zénith, dessen 6400 Plätze vor allem für Rockkonzerte und Variétés genutzt werden.
Seinen Namen verdankt der Bau dem benachbarten roten Flugzeug der Marke Zénith.

La Grande Halle

Öffnungszeiten
Di.–Fr., So. 10.00–19.00
Sa. 10.00–22.00;
Eintrittsgebühr

Die Große Halle, ehemals Halle aux Bœufs (Ochsenhalle) genannt, beeindruckt durch die elegante Architektur ihrer 1867 fertiggestellten Gußeisenkonstruktionen. Innerhalb von zwei Jahren wurde der Bau durch die Architekten Bernhard Reichen und Philippe Robert konserviert, umgebaut und 1985 von Präsident Mitterrand eingeweiht. Auf einer Fläche von 20 000 m^2 befinden sich Räume für Ausstellungen, Konzerte, Theatervorstellungen und Veranstaltungen aller Art.

Folies

In den umgebenden, großzügig angelegten Grünflächen kann man in einem der dekorativen 'Folies'-Häuschen eine Erfrischung zu sich nehmen.

Théâtre Paris-Villette

Für die Umgestaltung des Théâtre Paris-Villette zum Stadttheater mit 300 Plätzen zeichnete der Architekt Bernard Guillaumot verantwortlich. Hier werden vornehmlich zeitgenössische Autoren aufgeführt.

Cité de la Musique

Im Süden des Parks wurde 1991 die Cité de la Musique eröffnet, die nach Plänen des Architekten Christian de Portzamparc entstand. Der Westteil ist den Unterrichtsräumen des neuen Musikkonservatoriums vorbehalten, während im Ostteil ein Konzertsaal (1200 Plätze) und andere öffentliche Veranstaltungsräume eingerichtet wurden. Außerdem sind hier das Musée de la Musique aus der Rue Madrid (u. a. über 4000 Musikinstrumente), ein Tonstudio und das Institut de Pédagogie Musicale untergebracht.

*Vincennes N/O 7/8

*Bois de Vincennes

Lage
Südöstlicher Stadtrand (12. Arr.)

Métro-Stationen
Porte Dorée, Château de Vincennes

RER-Station
Vincennes

Buslinien
46, 86, PC

Öffnungszeiten
Sommer: 9.30–20.00;
Winter: 9.30–17.00

Das Gegenstück zum → Bois de Boulogne im Westen ist die etwa ebenso große Parkanlage des Bois de Vincennes an der südöstlichen Peripherie von Paris. Er liegt unmittelbar am Boulevard Périphérique und wird im Osten und Süden von der Marne begrenzt.
Unter Philipp II. Augustus wurde der Wald im 13. Jh. mit einer 12 km langen Mauer umzäumt, damit der König mit seinen Gästen ungestört zur Jagd gehen konnte. Schon im 17. Jh. zog das umfriedete Waldgebiet immer mehr Spaziergänger an, die durch sechs in die Mauer gebrochene Öffnungen Zugang zum beliebten Ausflugsgebiet erhielten. Ludwig XV. ließ das Areal neu aufforsten, 1798 wurde ein Übungsplatz für die Artellerie eingerichtet. Napoleon III. gab schließlich den Auftrag zur Umänderung des Bois nach englischem Vorbild, er veranlaßte Baron Haussmann den Gravelle-See und einen Reiterpfad anzulegen und übergab das Gelände der Stadt Paris zur Anlage eines Parks. Wander- und Reitwege, herrliche Seen wie der Lac de Saint-Mandé und der Lac Daumesnil locken heute gleichermaßen Erholungssuchende wie Besucher des Schlosses und des Zoologischen Gartens. Im Bois de Vincennes befinden sich auch die Cartoucherie

Bois de Vincennes (Fortsetzung)

mit dem Théâtre de Soleil (→ Praktische Informationen, Theater) und der Hippodrome de Vincennes (→ Praktische Informationen, Sport) sowie das → Musée National des Arts Africains et Océaniens

Lac Daumesnil

Sowohl auf einem Rundweg wie auf den beiden Inseln (Café-Restaurant), die man über eine kleine Brücke erreicht, kann man den Daumesnil-See bei einem Spaziergang kennenlernen. Ein Bootsverleih lädt zu einer Fahrt im Ruderboot ein; Freunde des Radsports können auch Fahrräder mieten.

Parc Floral

Wer sich für Blumen und seltene Pflanzen interessiert, sollte den Botanischen Garten an der Esplanade du Château aufsuchen, der 1969 anläßlich der Blumenschau von D. Collin auf einer Fläche von 31 ha geschaffen wurde. Hier finden alljährlich Blumen-, aber auch Kunstausstellungen statt. Ein Exotarium zeigt exotische Fische und Reptilien. Geboten werden ferner ein Skulpturengarten, ein See, Kinderspielplatz und Restaurant. Für Freunde der Landschaftsarchitektur und tropischen Pflanzenwelt empfiehlt sich die Besichtigung der Schule von Breuil (Ecole de Breuil, Route de la Pyramide) und des Tropischen Gartens (Jardin Tropical, 45 bis, Avenue de la Belle Gabrielle).

Ecole de Breuil, Jardin Tropical

Lac des Minimes

Am Minimes-See gibt es ebenfalls Ruderboote und auf der kleinen Halbinsel ein Café-Restaurant.

*Zoo de Vincennes

Lage
Nahe Porte Dorée

Métro-Station
Porte Dorée

Buslinien
87, PC

Öffnungszeiten
tgl. 9.00–17.30

Eintrittsgebühr

Der im Westteil des Waldes neben dem Lac Daumesnil gelegene Zoo von Vincennes wurde für die Kolonialausstellung des Jahres 1931 ins Leben gerufen. Der Zoologische Garten ist mit den vielen weitläufigen Freigehegen großzügig angelegt und harmonisch in das Erholungsgebiet des Bois de → Vincennes eingepaßt. Die große Zahl einheimischer und außereuropäischer Wildtiere – rund 600 Säugetiere und 1200 Vögel – verteilt sich auf ein Gelände von 17 ha, auf dem auch beheizte Hallen für den Winteraufenthalt der Tiere vorhanden sind. Von dem 72 m hohen künstlichen (Beton-) Felsen in der Mitte des Parks überblickt man den Bois de Vincennes mit dem Schloß und – bei guter Sicht – den Ostteil von Paris.

*Château de Vincennes

Lage
Avenue de Paris, 94300 Vincennes

Métro-Station
Château de Vincennes

RER-Station
Vincennes

Buslinie
56

Öffnungszeiten
Sommer: tgl. 10.00–18.00;
Winter: tgl. 10.00–16.15

Eintrittsgebühr

Die Geschichte des Schlosses von Vincennes ist an seiner heutigen Gestalt, in der sich mittelalterliche Kunst des Festungsbaus und barocke Schloßarchitektur verbinden, gut abzulesen. Die neuntürmige Wehranlage mit dem prächtigen Burgfried umschließt einen weiteren Innenhof mit vier Pavillons aus dem 17. Jahrhundert.

Vincennes Vergangenheit beginnt im 11. Jh., als die königliche Krone den St. Maur Klosterwald erwarb. Seither gehörte der Bois de Vincennes (s. oben) den französischen Königen, die im 12./13. Jh. einen Jagdsitz anlegten, der im 14. Jh. zur Fluchtburg ausgebaut wurde und im 15. Jh. schließlich zum bevorzugten Aufenthaltsort ihrer Majestäten avancierte. Mit der Niederlage der Fronde im Jahre 1652 erhielt das Schloß eine neue Funktion: Es wurde das Gefängnis der Gegner der absolutistischen Monarchie, darunter der Große Condé, Prinz von Conti und Kardinal Retz, dann ein Jahrhundert später der Gegner der Monarchie überhaupt, darunter Diderot und Mirabeau wie auch der Marquis de Sade, der hier einige Jahre seines Lebens als Gefangener verbrachte. Im 17. Jh. ließ Kardinal Mazarin unter der Leitung von Le Vau den symetrischen Pavillon du Roi und den Pavillon de la Reine anlegen, in denen 1661 der 22jährige König Ludwig XIV. mit seiner Gemahlin Maria Theresia von Österreich die Flitterwochen verlebte. Zu Beginn des 18. Jh.s wurde im 'Teufelsturm' auf der Ostseite des Schlosses eine Porzellanmanufaktur eingerichtet, die man jedoch 1759 nach Sèvres verlegte. Von Napoleon I. als Arsenal benutzt, wurde das Schloß unter Napoleon III. von Violett-le-Duc renoviert. Weitere umfangreiche Restuarierungsarbeiten wurden 1944 nötig, da die deutschen Truppen das Schloß bei ihrem Abzug schwer beschädigt hatten.

Château de Vincennes (Forts.), Donjon

Das um 1330 vollendete, eindrucksvolle Festungsbauwerk war Wachtturm und Wohnburg zugleich. Der fünfstöckige, 52 m hohe Bergfried besitzt 3 m dicke Mauern, ist an den Ecken mit vier Rundtürmen, außerdem mit einem eigenen Graben, zusätzlichen Mauern und einem Wehrgang gesichert. Die Turmzimmer, die einst als Gefängniszellen dienten, sind seit 1934 als Museum eingerichtet.

Gemächer

Im Erdgeschoß sind die Küche und Vorratskammern zu besichtigen, im ersten Stock liegen Empfangs- und Arbeitsraum, im zweiten Stock die Schlafzimmer des Königs und die Schloßkapelle. Der dritte Stock birgt die Gemächer der königlichen Familie und die Schatzkammer, der vierte Stock die Räume des Gefolges, der fünfte Stock die Waffenkammer. Von der Dachterrasse hat man einen fantastischen Rundblick.

Sainte-Chapelle

Nach dem Vorbild der ⟶ Sainte-Chapelle des Königspalastes auf der Ile de la ⟶ Cité begonnen, blieb der gotische Charakter – durchbrochene Giebel, Auflösung der Wände, spätgotischer Formenreichtum – dieser 1379–1552 entstandenen Schloßkapelle erhalten, obwohl sie erst in der Renaissance-Zeit ihre Vollendung fand; aus dieser Zeit stammen auch die prachtvollen Renaissance-Fenster im Chor. Im nördlichen Oratorium befindet sich das Grabmal des Duc d'Enghien, des letzten Prinzen von Condé, den Napoleon I. im Jahre 1804 in Vincennes erschießen ließ. Eine Säule vor den Schloßmauern unterhalb der Tour de la Reine erinnert an die Hinrichtung des Prinzen.

Pavillons Royale

Der Pavillon de la Reine und Pavillon du Roi sind die letzten Schloßbauten, die von Louis Le Vau 1654–1661 ausgeführt wurden. Der Pavillon der Königin war Wohnsitz von Anna von Österreich, der Mutter des Königs. Im Pavillon des Königs starb am 9. März 1661 der Bauherr, Kardinal Mazarin.

Praktische Informationen von A bis Z

Anreise

Mit dem Auto

Die schnellsten Autobahn-Verbindungen sind: aus Norddeutschland über Aachen – Belgien zur Autobahn A 1 (Autoroute du Nord); aus Süddeutschland und Österreich über Strasbourg zur Autobahn A 4 (Autoroute de l'Est), die über Nancy und Reims führt; aus der Schweiz über Dijon zur Autobahn A 6 (Autoroute du Soleil). Die Kilometerentfernungen über Nationalstraßen (Routes Nationales) sind kürzer, die Fahrt dauert aber länger.
Die französischen Kraftstoffpreise, in ganz Frankreich einheitlich vom Staat festgelegt, liegen etwas über dem europäischen Durchschnitt; bleifreies Benzin (sans plomp) ist an allen großen Tankstellen erhältlich.
Höchstgeschwindigkeiten:
in Ortschaften: 60 km/h.
auf Nationalstraßen in der Regel: 90 km/h,
auf vierspurigen Nationalstraßen mit Mittelstreifen: 110 km/h,
auf Autobahnen (gebührenpflichtig/péage): 130 km/h.

Mit dem Bus

Paris ist ein bevorzugtes Ziel für Städtetouren. Viele Reiseveranstalter bieten preisgünstige Busreisen in die französische Hauptstadt an. Auskunft zum Fahrplan des Europabusses erteilt die Deutsche Touring GmbH, (Am Römerhof 17, 60486 Frankfurt am Main, Tel. 069/79030).

Mit der Eisenbahn

Aus Norddeutschland fahren die Züge durch Belgien zum Nordbahnhof (Gare du Nord); aus Süddeutschland, Österreich und der Schweiz zum Ostbahnhof (Gare de l'Est).
Bahnhöfe: → dort

Mit dem Flugzeug

Die schnellste Art, um nach Paris zu kommen, ist das Flugzeug. Preiswerte Rückflugtickets für Linienflüge zum Super-flieg & spar-Tarif werden von Lufthansa und Air France angeboten (→ Fluggesellschaften); Charterflüge sind noch günstiger. Direktverbindungen nach Paris bestehen von den deutschen Flughäfen Berlin, Bremen, Dortmund, Dresden, Düsseldorf, Frankfurt am Main, Friedrichshafen, Hamburg, Hannover, Kiel, Köln/Bonn, Leipzig-Halle, München, Münster-Osnabrück, Nürnberg, Paderborn-Lippstadt, Stuttgart, Westerland (Sylt); von den österreichischen Flughäfen Innsbruck, Salzburg und Wien sowie von den Schweizer Flughäfen Basel/Mulhouse, Bern, Genf, Lugano und Zürich.
Flughäfen: → dort

Antiquitäten

Geschäfte

La Cour aux Antiquaires (→ Abb. S. 192)
54, Faubourg St-Honoré (8. Arr.), Tel. 40734399
Métro: Concorde; geöffnet: Di.–Sa. 10.30–19.00 Uhr
In 18 kleinen Boutiquen findet man alles von Stilmöbeln des 17. Jh.s über Kuperstiche bis zu chinesischem Porzellan.

Le Louvre des Antiquaires
2, Place du Palais-Royal (1. Arr.), Tel. 42972700
Métro: Palais-Royal; geöffnet: Di.–So. 11.00–19.00 Uhr
Auf drei Etagen bieten 250 Antiquitätenhändler Möbel und Kunstgegenstände aller Epochen.

◀ *Kugelkino La Géode*

La Cour aux Antiquaires

Antiquitäten (Fortsetzung)

Le Village Suisse
78, Avenue de Suffren (15. Arr.), Tel. 43066990
Métro: La Motte-Picquet; geöffnet: Di.–Sa. 11.00–19.00 Uhr
Rund 100 Geschäfte der gehobenen Preisklasse.

Viertel

Carré Rive Gauche
Rue du Bac, Rue de Beaune, Rue de Lille, Rue de l'Université, Rue des St-Pères, Quai Voltaire
Métro: Bac; geöffnet: Mo. nachmittag–Sa. 10.00–12.00, 14.00–19.00 Uhr

Village Saint-Paul
Zahlreiche Geschäfte in den Rues St-Paul, des Jardins St-Paul, de l'Ave-Maria, auf dem Quai des Célestins
Métro: Sully-Morland; geöffnet: tgl. Di.–Sa. 11.00–19.00 Uhr

Auktionshaus

Hôtel des Ventes Drouot Richelieu
9, Rue Drouot (9. Arr.), Tel. 48002020
Métro: Richelieu-Drouot, Le Peletier; geöffnet: Mo.–Sa. 11.00–18.00 Uhr (Aug. geschlossen); 17 Säle auf drei Etagen.

Apotheken (Pharmacies)

Rund um die Uhr geöffnet

Pharmacie Dhéry/Galeries des Champs-Elysées
84, Avenue des Champs-Elysées (8. Arr.), Tel. 45620241
Métro: George V

Nachts geöffnet

Pharmacie des Arts
106, Boulevard Montparnasse (14. Arr.), Tel. 43265620
Métro: Vavin; geöffnet: Mo.–Sa. bis 24.00 Uhr, So. 20.00–24.00 Uhr

Apotheken (Fortsetzung)

Pharmacie d'Italie
61, Avenue d'Italie (13. Arr.), Tel. 43311972
Métro: Tolbiac; geöffnet: Mo.–Sa. bis 24.00 Uhr, So. 20.00–24.00 Uhr

Pharmacie Opéra
6, Boulevard des Capucines (2. Arr.), Tel. 42658829
Métro: Opéra; geöffnet: tgl. bis 24.30 Uhr

Ärztliche Hilfe

Krankenversicherungsschutz

Nach den Verordnungen der EG haben Versicherte deutscher Krankenkassen Anspruch auf Leistungen, wenn sie während eines Frankreichaufenthaltes erkranken. Evtl. anfallende Arztrechnungen können nach Rückkehr bei der betreffenden Krankenkasse eingereicht werden (Erstattung gemäß dem üblichen Satzungen). – Wer die Kosten bereits in Frankreich erstattet haben möchte (Eigenbeteiligung), muß sich vor Reiseantritt bei seiner Krankenkasse einen Anspruchsausweis (Vordruck E 111) besorgen. Vom behandelnden Arzt in Frankreich erhält man dann eine Bescheinigung über die vorgenommene Behandlung (feuille de soins). Sie ist – ebenso wie ggf. erhaltene Rechnungen über Medikamente – bei der Securité sociale vorzulegen (Centre 461, 'relations internationales', 173 Rue de Bercy, F-75012 Paris, Tel. 40195300).

Notarzt

S.O.S. Médicin (rund um die Uhr), Tel. 47077777

Bereitschaftsdienst

S.O.S. Docteur nuit, Tel. 43377777
Service de Garde des Médecins de Paris (20.00–8.00), Tel. 45339911
der Praktischen Ärzte (médecins généralistes de Paris), Tel. 45423700

In dringenden Fällen

AUMP (Association pour les urgences médicales de Paris), Tel. 48284004
SAMU (Service Aide d'Urgence), Tel. 45675000

Krankenhausaufnahme in Notfällen

Ambulance de l'Assistance Publique
Tel. 43782626 (rund um die Uhr)

Zahnärztlicher Notdienst

S.O.S. dentaire (20.00–24.00)
Tel. 43376100

Deutschsprachige Ärztin

Dr. Brigitte Scholz
21, Boulevard Richard Lenoir (11. Arr.), Tel. 47008743

Ausflüge

In der Umgebung von Paris findet man einige sehr lohnende Ausflugsziele, deren Besuch sich bei einem längeren Aufenthalt in der französischen Hauptstadt anbietet. Sie sind gut mit öffentlichen Verkehrsmitteln oder mit Reiseveranstaltern zu erreichen; die Anschriften dieser Unternehmen können beim Office du Tourisme (⟶ Auskunft) erfragt werden.

Breteuil
Schloß und Park

Lage: ca. 35 km südwestlich von Paris
Das restaurierte Schloß aus dem 17. Jh. ist eine historische Attraktion und passender Rahmen für Konzerte und Veranstaltungen des Festival Estival de Paris (⟶ Veranstaltungskalender). Die Pläne für den Park des Schlosses entwarf der bedeutende Gartenarchitekt André Le Nôtre.

Champs
*Rokokoschloß

Lage: ca. 20 km östlich von Paris
Im ehemaligen Dorf Champs-sur-Marne steht das zu Beginn des 18. Jh.s von Madame de Pompadour (eigtl. Jeanne Antoinette Poisson), der offi-

Champs, Rokokoschloß (Fortsetzung)

ziellen Geliebten Ludwigs XV., prächtig ausgestattete Rokoko-Schloß, das 1935 in Staatsbesitz überging. Mit seiner gut erhaltenen Einrichtung, darunter kunstvolle Holztäfelungen und der Salon Chinois, vermittelt es einen großartigen Eindruck vom Stil der Epoche 'Louis-Quinze'. Sehenswert ist auch der Park, der von Claude Desgots, einem Neffen Le Nôtres, angelegt und Anfang des 20. Jh.s liebevoll restauriert worden ist.

Chantilly

→ Sehenswürdigkeiten von A bis Z

Compiègne

*Schloß

*Wald

Lage: ca. 85 km nordöstlich von Paris
Die auf dem linken Ufer der Oise gelegene Stadt Compiègne (44 000 Einw.) war seit der Merowingerzeit ein Lieblingssitz der Herrscher von Frankreich und ist auch heute mit ihrem großen Schloß und dem ausgedehnten Wald ein beliebtes Ausflugsziel. Hier wurde 1430 Jeanne d'Arc von den Burgundern gefangengenommen und den Briten ausgeliefert. Im Wald von Compiègne, der heute durch zahlreiche Wanderwege erschlossen ist, stand der Eisenbahnwagen (Nachbau kann besichtigt werden), in dem am 11. November 1918 der Waffenstillstand mit Deutschland unterzeichnet wurde. Das Schloß, 'Palais', welches 1751–1788 von Jacques-Ange Gabriel in schlichten klassizistischen Formen für Ludwig XV. errichtet wurde, beherbergt ein Nationalmuseum und eine Kutschensammlung.
Im Hôtel de Ville (Rathaus, 1505–1511) befindet sich das Musée de la Figurine historique mit geschichtlich bedeutsamen Figuren. Westlich vom Rathausplatz steht das Hôtel de Songeons (18. Jh.) mit dem Musée Vivenel, zu sehen sind hier u.a. Skulpturen, Gemälde und Zeichnungen, Keramiken und Emailarbeiten. Die Kirche St-Antoine (13./16. Jh.) sowie die frühgotische, im 15. Jh. veränderte Kirche St-Jacques mit 49 m hohem Turm sind ebenfalls zu besichtigen.

Ecouen
*Musée de la Renaissance

Lage: ca. 20 km nördlich von Paris
In dem reizvollen Städtchen (4500 Einw.) lädt das 1541–1555 erbaute Schloß, das heute als Museum für Renaissance-Kunst, Musée National de la Renaissance, eingerichtet ist, zu einer Besichtigung ein. Beachtung verdient ferner die Stadtkirche St-Acceuil mit spätgotischem Chor und schönen Fenstern aus dem 16. Jahrhundert.

Euro Disney

→ Sehenswürdigkeiten von A bis Z

Fontainebleau

→ Sehenswürdigkeiten von A bis Z

Maisons Laffitte

→ Sehenswürdigkeiten von A bis Z

Malmaison

→ Sehenswürdigkeiten von A bis Z

Meudon

Lage: ca. 9 km südwestlich von Paris
Bei gutem Wetter empfiehlt sich die Anreise per Schiff auf der Seine.
In der in Terrassen über dem linken Seine-Ufer ansteigenden Vorstadt Meudon (30–153 m ü.d.M.; 52 000 Einw.) hatten einst illustre Künstler, Politiker und Musiker ihr Domizil. Hier lebten die Dichter Ronsard und Rabelais sowie die Romanciers Balzac und Céline. Richard Wagner schrieb 1841 in der Avenue du Château (Nr. 27) seinen "Fliegenden Holländer". Auch Hans Arp wohnte seit 1926 vorrübergehend in Meudon, bevor er 1941 nach Nizza zog.

*Terrasse de Meudon

Westlich über der Altstadt (100 m ü.d.M.), mit einer schönen Kirche aus dem 16./18. Jh., erstreckt sich die Terrasse de Meudon (zugänglich bis zur Dunkelheit), die eine schöne Aussicht auf das Seine-Tal und Paris eröffnet. An ihrer Südwestecke ist ein astrophysikalisches Observatorium in dem 1871 zerstörten und später umgebauten Schloß von Meudon eingerichtet worden. Von der Terrasse in westlicher Richtung gelangt man über eine eiserne Treppe und den zum Schloß gehörigen Park in den Bois de Meudon, der mit seinen verwunschenen Teichen wie der Etang de Villebon und der Etang de Trivaux ein beliebtes Ausflugsziel der Pariser bildet.

Bois de Meudon

Meudon (Fortsetzung), *Villa des Brillants, Musée Rodin

Nahe am nordöstlichen Stadtrand verbrachte der Bildhauer Auguste Rodin die letzten 20 Jahre seines Lebens in der Villa des Brillants, wo er im Park zusammen mit seiner Lebensgefährtin Rose Beuret begraben wurde. Zu den Arbeiten des Musée Rodin gehören Skizzen, Entwürfe und Gipsabgüsse des Künstlers (u.a. "Honoré de Balzac", 1891; "Victor Hugo", 1890; "Porte de l'Enfer", 1880).

Musée de Meudon

Ein Museum in dem ehemals von Armande Béjart, Gattin des berühmten Komödiendichters Molière, bewohnten Landhaus in der Rue des Pierres (Nr. 11) zeigt eine Ausstellung zur Schloßgeschichte und interessante Erinnerungsstücke prominenter Bürger der Stadt (u.a. von Wagner, Courbet und Rodin).

Bellevue

Ebenfalls auf einer Seine-Terrasse erbaut, schließt sich nordwestlich der Villenort Bellevue an. Hier entstand Mitte des 18. Jh.s für Madame de Pompadour, die Favoritin Ludwigs XV., das seinerzeit berühmteste Lustschlößchen Europas, das den Wirren der Französischen Revolution zum Opfer fiel.

Rambouillet

→ Sehenswürdigkeiten von A bis Z

St-Cloud

Lage: ca. 12 km südwestlich von Paris

Am linken Seine-Ufer erstreckt sich die wunderschön gelegene Pariser Vorstadt St-Cloud (28 000 Einw.), die seit 1967 Sitz von Interpol ist. Zwischen St-Cloud und Sèvres erstreckt sich auf einer Hochfläche der etwa 450 ha große, von André Le Nôtre im 17. Jh. angelegte Park von St-Cloud, der von einem 'Laterne de Démosthène' genannten Plateau in seinem östlichen Teil eine herrliche Aussicht auf Paris und das Seine-Becken gewährt. Etwa 500 m nördlich kann man die Wasserspiele der Grande Cascade (1734) bewundern, die aus der Werkstatt Antoine Lepautres und Hardouin-Mansarts stammen, sowie den Springbrunnen Grand Jet, der sein Wasser an bestimmten Sonntagen (abwechselnd mit → Versailles) 42 m hoch schleudert. Der Pavillon de Breteuil, südöstlich unterhalb des Plateaus, ist Sitz des Bureau international des Poids et Mesures, wo die Urmaße aus Platin für das Meter und Kilogramm aufbewahrt werden (unzugänglich).

*Parc de St-Cloud

St-Germain-en-Laye

→ Sehenswürdigkeiten von A bis Z

Sceaux

Schloß

Lage: ca. 10 km südwestlich von Paris

Der malerisch auf einem Hügel thronende Ort besitzt ein 1856 vollendetes Schloß, das an der Stelle der ehemaligen Residenz von Finanzminister Colbert erbaut wurde, das den Wirren der Französischen Revolution zum Opfer fiel. Im Schloß informiert das Musée de l'Ile de France über Geschichte Kunst, Literatur und Folklore des Landes (→ Museen), in der Orangerie, 1685 von Jules Hardouin-Mansart entworfen, finden von Juli bis Oktober Kammer- und Solistenkonzerte statt. Der 228 ha große Park zählt zu den Meisterwerken von André Le Nôtre.

Senlis

Lage: ca. 50 km nordöstlich von Paris

Die altertümliche Stadt Senlis (15 300 Einw.) war vom 3. Jh. bis 1790 Sitz eines Bischofs. Am Nordostrand der Altstadt steht die kunsthistorisch ehemalige Kathedrale Notre-Dame (1153–1184), die ein reich mit Skulpturen geschmücktes Hauptportal und ein schönes Inneres hat. Nahe der Kathedrale sind Reste der gallorömischen Stadtmauer und eines mittelalterlichen Schlosses (Jagdmuseum) erhalten, in der westlichen Vorstadt befinden sich die Ruinen eines römischen Amphitheaters.

*Notre-Dame

Sèvres

Lage: ca. 10 km südwestlich von Paris

Lohnend ist ein Abstecher zu der auf dem linken Seineufer erbauten Vorstadt Sèvres (20 500 Einw.). An der Nordseite ihrer Grande Rue, dicht bei der Seine-Brücke, befindet sich am gleichnamigen Platz die berühmte Porzellanmanufaktur, die 1738 in Vincennes gegründet, 1756 nach Sèvres verlegt und 1876 in das jetzige Gebäude übertragen wurde (Führungen;

*Porzellan manufaktur

Ausflüge, Sèvres, Porzellanmanufaktur (Fortsetzung), *Musée Céramique

Juli und August geschlossen). Im Erdgeschloß und im ersten Stock kann man im 1824 von Alexandre Brongniart eingerichteten Musée National de Céramique lakierte Töpfereien, orientalische Keramik, Fayencen und eine umfangreiche Porzellansammlung (u.a. eine 3,15 m hohe Neptunvase von 1867) besichtigen.

Thoiry

Lage: ca. 50 km westlich von Paris

*Réserve Africaine

Das harmonisch wirkende Schloß (17. Jh) weist eine reizvolle Innenausstattung auf. Im dazugehörigen, kreisförmig angelegten Park befinden sich ein zoologischer Garten und ein Afrika-Naturpark, ein Freigehege mit vielen Tieren, das im Auto durchfahren wird.

Vaux-le-Vicomte

→ Sehenswürdigkeiten von A bis Z

Versailles

→ Sehenswürdigkeiten von A bis Z

Auskunft (Renseignements)

Im Ausland

Deutschland

Französisches Fremdenverkehrsamt
Westendstr. 47,
D-60325 Frankfurt am Main
Tel. 069/7560830

Österreich

Französisches Verkehrsamt
Hilton Center 259, Landstrasser Hauptstr. 2
A-1030 Wien
Tel. (0222) 757062

Schweiz

Französisches Verkehrsbüro
Löwenstr. 59, CH-8022 Zürich
Tel. (01) 2113085/6

In Paris

Office du Tourisme et des Congrès de Paris

Das Französische Fremdenverkehrsamt, Office du Tourisme et des Congrès de Paris, hilft Besuchern bei der weiteren Reiseplanung, gibt Informationensbroschüren über Paris, Stadtpläne und Museumsführer heraus, unterstützt bei der Hotelsuche, hilft Kongreßteilnehmern und steht für jegliche Auskunft zur Verfügung.

Zentralbüro

Bureau d'Accueil Central (8. Arr.)
127, Avenue des Champs-Elysées, Tel. 47236172, Fax 47235691; geöffnet: tgl. 9.00–20.00 Uhr; geschlossen: 1. Jan., 1. Mai. und 25. Dez.

Gare d'Austerlitz

Arrivée grandes lignes (13. Arr.), Tel. 45849170; geöffnet: Mo.–Sa. 8.00 bis 15.00 Uhr.

Gare de l'Est

Hall d'arrivée (10. Arr.), Tel. 46071773; geöffnet: Mo.–Sa. in der Hauptsaison 8.00–21.00 Uhr, in der Nebensaison 8.00–20.00 Uhr.

Gare de Lyon

Sortie grandes lignes (12. Arr.), Tel. 43433324; geöffnet: Mo.–Sa. in der Saison 8.00–21.00 Uhr, in der Nebensaison 8.00–20.00 Uhr.

Gare du Nord

18, Rue de Dunkerque (10. Arr.), Tel. 45269482; geöffnet: in der Saison Mo.–Sa. 8.00–21.00 Uhr, So. 13.00–20.00 Uhr, in der Nebensaison Mo.–Sa. 8.00–20.00 Uhr.

Auskunft (Forts.), Gare de Montparnasse

15, Boulevard de Vaugirard, Arrivée grandes lignes (15. Arr.), Tel. 43221919; geöffnet: Mo.–Sa. in der Saison 8.00–21.00 Uhr, in der Nebensaison 8.00–20.00 Uhr.

Tour Eiffel

Champs-de-Mars (7. Arr.), Tel. 45512215; geöffnet: Mai–Sept. tgl. 11.00 bis 18.00 Uhr.

Mairie de Paris

Bureau d'acceuil, 29, Rue de Rivoli (4 Arr.), Tel. 42764343; geöffnet: Mo.–Sa. 9.00–18.00 Uhr.

Bureau des Congrès

127, Avenue des Champs-Elysées (8. Arr.)
Tel. 49525391, Fax 49525300

SNCF-Generalvertretung

Generalvertretung der Französischen Eisenbahnen (SNCF) in Deutschland: Rüsterstr. 11, D-60325 Frankfurt am Main, Tel. 069/728444

Services Touristiques der RATP

Die Städtischen Verkehrsbetriebe RATP (⟶ Verkehrsmittel) unterhalten zwei Büros, in denen allgemeine Auskünfte gegeben und Touristenkarten für Bus, Métro und RER verkauft werden:
53 bis, Quai des Grand-Augustins (6. Arr.), Tel. 43464203; Métro: Pont-Neuf, St-Michel
Place de la Madeleine (8. Arr.), Tel. 42653181; Métro: Madeleine

SITU

Elektronische Wegweiser, die auf Tastendruck arbeiten. Man gibt die gesuchte Adresse ein und erhält die günstigsten Bus- und Metro-Verbindungen auf Papier ausgedruckt.

Passeport Tourisme Minitel

Kleines Handbuch in deutscher Sprache für das französische Bildschirmtelefon Minitel; erhältlich beim Französischen Fremdenverkehrsamt.

Région Ile-de-France

Comité Régional de Tourisme
101, Rue de Vaugirard (6. Arr.), Tel. 42227440
Schriftliche Auskünfte und Informationsschriften über die Région Ile-de-France.

Auskunft Speziell für Jugendliche

Auf die Wünsche und Fragen jugendlicher Reisender haben sich folgende Institutionen spezialisiert:

Centre d'Information et de Documentation de la Jeunesse (CIDJ)
101, Quai Branly (15. Arr.), Tel. 45664020
Métro: Bir-Hakeim; geöffnet: Mo.–Sa. 9.00–19.00 Uhr
Auskunft aller Art über Unterkunft, Veranstaltungen, Jobs.

Service Parisien d'Accueil aux Etudiants Etrangers
6, Rue Jean Calvin (5. Arr.), Tel. 47072622
Métro: RER Luxembourg; geöffnet: Mo.–Fr. 9.00–18.00Uhr
Empfangsbüro für ausländische Studenten: allgemeine Auskünfte über Unterkunft, Veranstaltungen, Studium in Frankreich.

Autohilfe

Automobilclubs

Automobile Club de France (ACF), 6–8, Place de la Concorde (8. Arr.), Tel. 42653470
ACIF, 14, Avenue de la Grande Armée (17. Arr.), Tel. 43806858
ADAC (Paris), 63, Avenue de Grande Arméae, Tel. 45004295

Pannenhilfe (Touring Secours)

Pannenhilfe ist rund um die Uhr unter folgenden Rufnummern zu erreichen:
ADAC, Tel. 43596713
Allo S.O.S., Tel. 47079999

Notruf (Police)

Telefonischer Notruf: 17

Autohilfe (Fortsetzung), Tankstellen

Durchgehend geöffnete Tankstellen sind:
Garage Saint-Honoré, 58, Place du Marché Saint-Honoré (1. Arr.)
Antar, 42, Rue Beaubourg (3. Arr.)
Shell, 109, Rue de Rennes (6. Arr.)
Esso, 1, Avenue Matignon (8. Arr.)
Total, 53, Rue Marcadet (18. Arr.)

Autoverkehr

Hinweis

Pariser Stadtverkehr erfordert – neben ausreichender Fahrpraxis – besondere Wendigkeit und Umsicht beim Einpassen in den Verkehrfluß.

Taxi- und Busspur

Die breiten Markierungsstreifen am Fahrbahnrand von mittleren und großen Verkehrsadern kennzeichnen die Taxi- und Busspur, die von Privatwagen (bis 20.30) nicht benützt werden darf. Es drohen nicht nur Strafmandate, sondern auch Hupkonzerte von wütenden Taxi- und Busfahrern, die den Eindringling notfalls aus ihrem 'Revier' hinausschieben.

Einfahrt in Hauptstraßen

Zwar gilt 'rechts vor links', doch kann man sich bei der Einfahrt von kleinen Straßen auf eine großen Boulevard oder bei der Einfahrt in den Kreisverkehr nicht auf sein Vorfahrtsrecht verlassen.

Parken am Straßenrand

Auf ebener Fläche sollte man keinen Gang einlegen und nicht die Handbremse ziehen! Dann übersteht der Wagen am besten die Ein- und Ausparkmanöver der Nachbarn. Das gilt natürlich nur dort, wo Parken erlaubt ist (in der Regel darf die Parkzeit in den Straßen zwei Stunden nicht überschreiten). Ansonsten: Suchen Sie unbedingt einen offiziellen Parkplatz, oder fahren Sie in ein ⟶ Parkhaus. Die Polizei geht scharf gegen Falschparker vor. Abgeschleppte Autos auszulösen ist sehr kostspielig, ganz zu schweigen vom Ärger mit den Behörden!

Parkautomaten

In den am Straßenrand mit der Bezeichnung 'Payant' markierten Zonen ist das Parken erlaubt. Voraussetzung ist zwischen 9.00 und 19.00 Uhr die Bezahlung einer Parkgebühr, die man im nächsten Parkautomaten entrichten kann. Man drückt hierfür zunächst die grüne Taste des Parkautomaten und wirft anschließend soviel Münzgeld (1, 2, 5 oder 10 Francs) ein, bis die gewünschte Parkzeit auf der Digitalanzeige des Automaten erscheint. Nun drückt man erneut die grüne Taste, um den Parkschein zu erhalten, den man gut sichtbar, am besten auf dem Amaturenbrett seines Wagens, hinterlegt.

Bäder (Piscines)

Freibäder

Les Amiraux
6, Rue Hermann, La Chapelle; Métro: Simplon
Geöffnet: Mo. 14.00–19.30 Uhr, Di.–Sa. 7.00–19.30 Uhr, So. 8.00–18.00 Uhr.

Cachan
2, Avenue de l'Europe; Busse: 184, 187
Geöffnet: Mo.–Sa. 10.00–20.00 Uhr (Mi. bis 22.00 Uhr), So. 9.00–18.00 Uhr.

Hallenbäder

Chatillon-Malakoff, Stade Nautique
57, Rue Jean-Bouin; Métro: Chatillon – Etienne-Dolet
Geöffnet: Mo.–Do. 10.00–20.00 Uhr, Fr. 10.00–22.00 Uhr, Sa., So. 9.00 bis 19.00 Uhr.

Georges Vallerey
148, Avenue Gambetta; Métro: Porte des Lilas
Geöffnet: Mo., Mi., Fr.–So. 10.00–20.00 Uhr, Di., Do. 10.00–22.00 Uhr.

Bäder, Hallenbäder (Fortsetzung)

Molitor
Porte Molitor; Métro: Michele-Ange-Molitor
Geöffnet: Mo., Do. 12.00–13.45 Uhr, 17.30–19.30 Uhr, Di. 12.00–13.45 Uhr, 19.30–21.00 Uhr, Mi. 10.00–19.30 Uhr, Fr. 12.00–14.00 Uhr, 19.30 bis 21.00 Uhr, Sa. 12.00–19.30 Uhr.

Hallen- und Freibäder

Butte-aux-Cailles
5, Place Paul Verlaine; Métro: Place Italie
Geöffnet: Di.–So. 9.00–19.00 Uhr.

*Aqua-Boulevard
4, Rue Louis Armand; Métro: Balard
Geöffnet: tgl. 9.00–24.00 Uhr
Das größzügig ausgestattete Spaßbad, das die Form eines riesigen Kreuzfahrtschiffes aufweist, bietet auf einem Gelände von 3,5 ha ein Wellenbad, Wasserrutschen, Hammams, Whirlpools, einen künstlichen Strand, Restaurants, Boutiquen, Golf, Tennis und Squash.

Einrichtungen für Körperbehinderte

Edouard-Pailleron
30, Rue Edouard-Pailleron; Métro: Boivar
Geöffnet: Mo.–Fr. 12.00–13.45 Uhr, 17.00–19.30 Uhr (Di., Do. bis 21.00 Uhr); Sa. 12.00–19.30 Uhr, So. 8.30–18.00 Uhr.

Bernard-Lafay
79, Rue de la Jonquère; Métro: Porte-de-Clichy
Geöffnet: Di., Do., Fr., Sa. 7.00–17.15 Uhr, So. 8.00–17.15 Uhr.

Bahnhöfe (Gares)

Die sechs großen Bahnhöfe sind alle an das Métro-Netz angeschlossen die Namen von Bahnhof und Métro-Station entsprechen sich.
Gare du Nord, Gare de l'Est, Gare de Lyon, Gare d'Austerlitz und Gare Montparnasse bieten ein Touristen-Informationsbüro der Stadt Paris (⟶ Auskunft).

Auskunft

Auskunft über Bahnpreise und Fahrpläne erhält man für alle Bahnhöfe unter der Rufnummer 30615050.

SNCF

Auskunft: Tel. 45825050; Reservierungen: Tel. 45656060.

Wichtiger Hinweis

In Frankreich müssen die Fahrkarten von den Fahrgästen bei der Abfahrt selbst entwertet werden!

Bahnhöfe

Gare d'Austerlitz (auch Gare d'Orleans)
55, Quai d'Austerlitz (13. Arr.); Tel. 45841418
Züge von und nach Süd- und Südwestfrankreich, Spanien, Portugal.

Gare de l'Est
10, Place du 11 Novembre 1918 (10. Arr.), Tel. 40182000
Züge von und nach Ostfrankreich, Süddeutschland, Luxemburg, Nordschweiz, Österreich.

Gare de Lyon
20, Boulevard Diderot (12. Arr.), Tel. 40196000
Züge von und nach Süd-, Südost- und Mittelfrankreich, Italien und in die Schweiz.

Gare de Montparnasse
17, Boulevard Vaugirard (15. Arr.), Tel. 40481010
Züge von und nach Westfrankreich, darunter der TGV Atlantique.

Gare du Nord

Bahnhöfe (Fortsetzung)

Gare du Nord
18, Rue de Dunkerque (10. Arr.), Tel. 49951000
Züge nach Nordfrankreich, Norddeutschland, Belgien, Großbritannien und in die Niederlande.

Gare Saint-Lazare
13, Rue d'Amsterdam (8. Arr.), Tel. 42858800.
Züge in die Normandie und nach Großbritannien.

Behindertenhilfe

Auskunft

Comité National Français de Liaison pour Réadaptation des Handicapés (C.N.F.L.R.H.)
38, Boulevard Raspail, F-75007 Paris, Tel. 45489013
Die vom C.N.F.L.R.H. herausgegebene Broschüre "Touristes quand même!" enthält eine ausführliche Auflistung über die Unterkünfte, Verkehrsmittel und öffentlichen Einrichtungen, die auf behinderte Gäste eingestellt sind. Auch der alljährlich erscheinende "Guide National Officiel de l'Hôtellerie Française – Les Hôtels de France" verweist in seinem Verzeichnis mit dem Rollstuhlfahrersymbol auf Hotels mit Einrichtungen für Behinderte.

Besichtigungsprogramm

Hinweis

Die nachstehenden Empfehlungen sollen dem Reisenden, der zum ersten Mal nach Paris kommt und nur wenig Zeit zur Verfügung hat, als Leitfaden dienen, um den Aufenthalt in der Stadt möglichst eindrucksvoll zu gestal-

Hinweis (Fortsetzung)

ten. Die Verweiszeichen (→) beziehen sich – sofern nicht anders vermerkt – auf die Beschreibung der 'Sehenswürdigkeiten von A bis Z' im Hauptteil dieses Reiseführers.

Stippvisite

Wer sich nur ein paar Stunden in Paris aufhält und dennoch das Allerwichtigste sehen möchte, dem sei die Teilnahme an einer organisierten Stadtrundfahrt (→ Praktische Informationen, Stadtbesichtigung) empfohlen.

Ein Tag

Bei gutem Wetter kann man die Pariser Innenstadt um die Ile de la → Cité ohne große Anstrengungen zu Fuß erkunden. Zur Überbrückung größerer Strecken stehen die gut organisierten öffentlichen Verkehrsmittel (v.a. Métro, S-Bahn, RER und Bus → Praktische Informationen, Verkehrsmittel) und Taxis zur Verfügung.

Beginnt man die Stadterkundung bei einem der benachbarten Bahnhöfe Gare du Nord oder Gare de L'Est, so erreicht man die → Cité über den Boulevard Sebastopol, eine der breiten Pariser Verkehrsadern. Kurz bevor sie auf die → Rue de Rivoli trifft, empfiehlt sich ein Abstecher sowohl zum östlich gelegenen Kunst- und Kulturzentrum → Centre Pompidou als auch ins westlich anschließende Hallenviertel (→ Les Halles).

Südlich der Rue de Rivoli verbindet die älteste → Seine-Brücke Pont Neuf den Platz → Châtelet mit der Ile de la → Cité. Hier an der Geburtsstätte der französischen Königsmacht sollte man sich die Zeit nehmen für einen Besuch der gotischen Kathedrale → Notre-Dame, der zweigeschossigen → Sainte-Chapelle sowie der → Conciergerie. Auf dem linken Seine-Ufer jenseits der Cité laden der → Boulevard Saint-Michel, das Viertel → Saint-Germain-des-Prés und das angrenzende → Quartier Latin mit dem → Panthéon östlich des → Jardin de Luxembourg zum ausgiebigen Bummeln ein.

Wer hingegen weiter die bekanntesten Pariser Sehenswürdigkeiten besichtigen möchte, folgt – zurück von der Cité – dem Quai des Tuileries zum weltberühmten Kunstmuseum des → Louvre, dessen Sammlungen noch bis 1997 eine Umgestaltung erfahren. Weiter geht man die → Tuileries-Gärten entlang zur großzügig angelegten Place de la → Concorde mit dem Obelisk von Luxor, wo die Prachtstraße der → Champs-Elysées beginnt. Während der untere Teil bis zum Rond Point von parkähnlichen Anlagen gesäumt wird, findet der Besucher im oberen Teil exklusivste Geschäfte, Hotels, Kinopaläste und Theater. Hier kann man sich in einem der vielen Restaurants oder Cafés ein wenig vom städtischen Trubel erholen und den flanierenden Passanten zusehen. Vom verkehrsreichen Sternplatz Charles de Gaulle bzw. → Etoile mit dem Napoleons → Arc de Triomphe führt die Avenue Kleber zum zweiflügeligen → Palais de Chaillot, das die Musée de l'Homme, Musée de la Marine, Musée des Monuments Français und Musée de Cinema beherbergt. Auf dem gegenüberliegenden Seine-Ufer erhebt sich die von weitem sichtbare 307 m hohe → Tour Eiffel, 'das' Wahrzeichen der französischen Hauptstadt. Von der Plattform des Eiffelturms genießt man bei gutem Wetter den besten Rundblick über Paris. Zu Füßen des eisernen Bauwerks erstreckt sich der Parc du → Champ-de-Mars, an den sich die → Ecole Militaire und die → UNESCO anschließen. In der Nachbarschaft liegen der Dôme des → Invalides mit dem Grabmal Napoleons I. und das → Musée Rodin.

Den Tag kann man in Paris auf mannigfaltige Weise beschließen. Nach dem Genuß der zu Recht viel gerühmten französischen Küche (→ Praktische Informationen, Restaurants) bietet sich eine Fülle von Möglichkeiten für Theaterfreunde, Opern- , Ballett- oder Konzertliebhaber, Anhänger der Experimentierbühnen in den typischen Café-Theatern, Kinogänger, für Freunde des Chansons, Cabarets oder der Revue, Jazzbegeisterte, leidenschaftliche Nachtschwärmer und solche, die eine Pariser 'Nuit folle' erleben wollen (→ Praktische Informationen: Theater, Musik, Nachtleben).

Zwei Tage

Hat man zwei Tage Zeit für Paris, empfiehlt sich für den zweiten der Besuch eines oder mehrerer der großen Museen. Je nach Neigung bieten sich dazu insbesondere der berühmte → Louvre und auf dem gegenüberlie-

Zwei Tage (Fortsetzung)

genden linken Seine-Ufer das → Musée d'Orsay, das → Musée Picasso im Quartier du → Marais, das Kulturzentrum → Centre Pompidou, das → Musée de Cluny, → Musée Carnavalet, Musée de l'Homme, Musée Guimet und Musée des Monuments Français oder das → Musée National des Arts d'Afrique et d'Océanie sowie diverse Kunstausstellungen an. Danach sollte man sich die Zeit für einen Bummel durch die Pariser Einkaufsgegenden nehmen, legen doch die 'Createurs' von der kleinsten Boutique bis zu den Palästen der Haute Couture größten Wert auf eine stilvolle Innenausstattung (→ Praktische Informationen, Shopping).
Zu weiteren Museumsbesuchen gibt die ausführliche Museumsliste (→ Praktische Informationen, Museen) hinreichend Anregungen.
Als Alternative empfehlen sich weitere Erkundungen des Stadtgebietes mit dem zentral gelegenen → Louvre-Museum als Ausgangspunkt. Von hier kann man der → Rue de Rivoli in südöstlicher Richtung zum → Marais-Viertel mit der schönen → Place des Vosges, dem stadtgeschichtlichen → Musée Carnavalet und einer Reihe glanzvoller adliger Hotels folgen und weiter zur Place de la → Bastille. Dort, wo am 14. Juli 1789 das gleichnamige Festungsgefängnis erstürmt wurde, bietet heute die neue Volksoper ein abwechslungsreiches Programm.
Andererseits locken die großen Kaufhäuser Samaritaine, Belle Jardiniere und BHV an der Rue de Rivoli mit ihrem Angebot. Sie stehen zwischen dem → Hôtel de Ville, im Neo-Renaissance-Stil, gegenüber der → Ile Saint-Louis und dem Louvre. Vom nördlich des Kunstmuseums gelegenen → Palais Royal mit dem → Théâtre Français kann man bereits den neubarocken Prachtbau der alten Pariser Oper erblicken. Ein lohnender Umweg zur → Opéra-Garnier führt über die liebevoll restaurierte → Place Vendôme, Standort hochkarätiger Juweliere und des berühmten Hotel Ritz.
Zwischen Louvre und Place de la Concorde erstrecken sich die weiten Parkanlagen der → Tuileries, mit dem → Jeu de Paume und dem Musée de l'Orangerie. Nach einem Spaziergang durch die Gärten kann man sich an der großzügig angelegten → Place de la Concorde zwischen dem

In jedem Besichtigungsprogramm enthalten: Ein Besuch des Louvre

Besichtigungsprogramm, zwei Tage (Forts.)

Palais Bourbon, der pseudogriechischen Kirche → Madeleine und den → Champs-Elysées entscheiden. Schließlich hat man die Wahl zwischen der romanisch-byzantinischen Basilika → Sacré-Cœur im nördlich gelegenen → Montmartre, die ebenso einen großartigen Rundblick über Paris verspricht, wie die im Süden der Stadt aufragende Tour Maine → Montparnasse.

Drei Tage

Nach dem intensiveren Kennenlernen der wichtigsten Sehenswürdigkeiten im inneren Stadtgebiet erlaubt der etwas längere Aufenthalt auch Abstecher an die Periphere bzw. in die nähere Umgebung der Stadt. Lohnende Ziele sind beispielsweise die Kirche → Saint-Denis, Schloß → Bagatelle im → Bois de Boulogne und der Bois de → Vincennes, das Technikmuseum von → La Villette, die → Maisons-Laffitte sowie die königlichen Residenzen von → Versailles, → Fontainebleau und → Rambouillet. Interessante zeitgenössische Architektur findet man z. B. in Marne-la-Vallée mit Bofills Palacio d'Abraxas und in → La Défense mit der gewaltigen Grande Arche. In Nogent-sur-Marne empfiehlt sich ein Besuch des Pavillon Baltard.
Besonders bei Kindern beliebt ist ein Ausflug in den → Zoo, den Parc de → La Villette, zu den Erlebnisparks Mirapolis und Astérix (→ Praktische Informationen, Parks) sowie in das Märchenland von → Euro Disney. Als lohnend erweist sich auch ein Gang über die parkähnlichen Pariser → Friedhöfe, auf denen sich eindrucksvolle Gedenkstätten befinden und viele illustre Persönlichkeiten ihre letzte Ruhe gefunden haben.

Längerer Aufenthalt

Abstecher in die weitere Umgebung, etwa zum Schloß der Pompadour nach Champs-sur-Marne, nach → Chantilly, Ecouen, Meudon, Compiègne, Sèvres oder Sceaux, mit einem der schönsten Parkanlagen des großen Gartenarchitekten Le Nôtre, erfordern naturgemäß einen entsprechend weitgestreckten Zeitrahmen (→ Praktische Informationen, Ausflüge).

Bibliotheken

Bibliothèque Nationale

Bibliothèque Nationale
58, Rue de Richelieu (2. Arr.),
Tel. 47038120
Métro: Pyramides
Geöffnet: Mo.–Sa. 12.00–18.00 Uhr
Die Nationalbibliothek beherbergt die Dokumentation der gesamten französischen Produktion aller Fachbereiche, darunter alte Druckschriften, Zeitschriften, Handschriften, Stiche, Landkarten, Pläne, Münzen und orientalische Handschriften. Darüber hinaus veranstaltet die Nationalbibliothek auch bedeutende Wechselausstellungen zur Buch- und Kunstgeschichte.

Bibliothèque de France

Um die Bibliothèque Nationale zu entlasten, entsteht bis 1995 auf dem 7 ha großen Tolbiac-Gelände im 13. Arrondissement die Bibliothèque de France (Architekt: Dominique Perrault), die alle Neuerscheinungen nach dem 1. 1. 1945 aufnehmen wird.

Bibliothèque Sainte-Geneviève

Bibliothèque Sainte-Geneviève
10, Place du Panthéon (5. Arr.), Tel. 43296100
Métro: Cluny La Sorbonne
Geöffnet: Mo.–Sa. 10.00–22.00 Uhr
Mit über 3 Mio. Bänden steht die im Universitätsviertel gelegene, enzyklopädische Bibliothek an zweiter Stelle hinter der Nationalbibliothek.

Archives Nationales

→ Sehenswürdigkeiten von A bis Z, Marais

Bibliotheken (Fortsetzung), Bibliothèque de la Chambre de Commerce

Bibliothèque de la Chambre de Commerce
(Bibliothek der Handelskammer)
16, Rue Châteaubriand (8. Arr.), Tel. 45619900
Métro: Charles-de-Gaulle/Etoile
Geöffnet: Mo. 14.00–18.00, Di.–Fr. 9.30–18.00, Sa. 9.30–14.00 Uhr
Wirtschaftswissenschaftliche Bibliothek

Bibliothèque de l'Arsenal

Bibliothèque de l'Arsenal
1, Rue de Sully (4. Arr.), Tel. 42774421
Métro: Sully-Morland
Neben kostbaren Manuskripten aus dem Mittelalter, findet man hier vor allem französische Literatur sowie Bände zur Geschichte des Films.

Bibliothèque du Centre Pompidou

→ Bibliothèque du Centre National d'Art et de Culture Georges Pompidou
Rue Rambuteau (4. Arr.), Tel. 42771233
Métro: Rambuteau, Hôtel de Ville, Châtelet
Geöffnet: Mo., Mi.–Fr. 12.00–22.00 Uhr, Sa., So. 10.–22.00 Uhr.
→ Sehenswürdigkeiten von A bis Z, Centre Pompidou

Bibliothèque Forney

→ Sehenswürdigkeiten von A bis Z,
Marais

Bibliothèque Historique de la Ville de Paris

→ Sehenswürdigkeiten
von A bis Z,
Marais

Bibliothèque Marguerite Durand

Bibliothèque Marguerite Durand
(Frauenbibliothek)
21, Place du Panthéon (5. Arr.), Tel. 45708030
Métro: Censier-Daubenton
Geöffnet: Di.–Sa. 14.00–18.00 Uhr
Die 1931 von der feministischen Journalistin und Schriftstellerin Marguerite Durand gegründete Präsenzbücherei enthält über 25000 Bände zur Geschichte der Frauen in der Gesellschaft und der Frauenbewegung.

Bibliothèque Mazarine

→ Sehenswürdigkeiten von A bis Z,
Institut Français

Cafés/Salons de Thé

Hinweis

Die französischen Cafés entsprechen in der Regel nicht den in Deutschland oder Österreich üblichen Kaffeehäusern, es sind vielmehr 'Erfrischungsstuben', die während des ganzen Tages und bis in die Nacht hinein Getränke, Eis und nur gelegentlich etwas Backwerk anbieten. Mit ihren typischen kleinen Marmortischen und Korbstühlen eröffnen die Pariser Cafés, Brasserien und Salons de Thé die Möglichkeit, sich nach einem Stadtbummel in aller Ruhe das geschäftige Treiben auf den Straßen der Hauptstadt anzusehen.
Kuchen und Konditoreiwaren können in der Patisserie erworben, meist aber nicht dort verzehrt werden.
Wer einen 'Café' bestellt, erhält immer einen kleinen schwarzen Expresso. Wünscht man einen Milchkaffee, sollte man nach einem 'café crème', 'grand crème' oder 'café au lait' verlangen. Dem 'Thé-Trinker' seien auch die beliebtern Kräutertees empfohlen, 'tisane' und 'infusion' genannt.

Cafés (Auswahl)

Angelina
226, Rue de Rivoli (1. Arr.),
Tel. 42608200,
Geöffnet: tgl. 10.00–19.00 Uhr
Hier sitzt man stilvoll in Louis-XV-Sesseln.

Cafés (Fortsetzung)

Costes
4, Rue Berger/Place des Innocents (1. Arr.),
gegenüber von Les Halles
Geöffnet: tgl. 10.00–2.00 Uhr
Die exklusive Ausstattung entstand nach Entwürfen des bekannten Designers Philippe Starck.

La Coupole
102, Boulevard du Montparnasse (14. Arr.), Tel. 43201420
Geöffnet: tgl. 8.00–2.00 Uhr
Die berühmten 'heiligen Hallen' im Art-Deco-Stil wurden 1988/1989 renoviert und sind wieder wie zu Zeiten von Hemingway, Sartre und Picasso nach wie vor Treffpunkt von Künstlern, Politikern und Geschäftsleuten.

Dalloyau
101, Rue de Faubourg Saint-Honoré (8. Arr.), Tel. 43591810
Geöffnet: Mo.–Sa. 9.30–19.15 Uhr, So. 8.45–13.45 Uhr
2, Place Edmond-Rostand (6. Arr.), Tel. 43293110
Geöffnet: Mo.–Sa. 9.30–19.15 Uhr, So. 9.00–19.00 Uhr
Feinste Backkunst und äußerst schickes Publikum.

Les Deux Magots
170, Boulevard Saint-Germain (6. Arr.), Tel. 45485525
Geöffnet: tgl. 8.00–2.00 Uhr
Hier verkehrten berühmte Literaten wie Jean-Paul Sartre und Simone de Beauvoir.

La Flore
172, Boulevard Saint-Germain (6. Arr.), Tel. 45485526
Geöffnet: tgl. 7.45–1.45 Uhr
Treffpunkt der jungen Schriftstellergeneration.

Hard Rock Café
14, Boulevard Montmartre (9. Arr.), Tel. 42461000
Geöffnet: tgl. 8.00–2.00 Uhr
Umgeben von Memorabilien amerikanischer Rockgrößen wie Buddy Holliday, Jim Morrison, Madonna, Jimi Hendrix oder Prince kann man bei Rock'n'Roll-Musik Hamburger und Spare Ribs kosten.

Lipp
151, Boulevard Saint-Germain (6. Arr.), Tel. 45485391
Geöffnet: Di.–So. 8.00–0.45 Uhr (Juli geschl.)
Seit jeher bei Politikern, Presse und Künstlerwelt beliebt; sehenswerte Inneneinrichtung.

Procope
16, Rue de l'Ancienne Comédie (6. Arr.), Tel. 43269920
Geöffnet: tgl. 12.00–2.00 Uhr
La Fontaine, Molière, Racine, Diderot, Victor Hugo und Alfred de Musset gehörten einst zu den Stammgästen des 1685 eröffneten Literatencafés, das 1989 renoviert worden ist.

Salons de Thé (Auswahl)

In den Teesalons, einer feineren Variante des Cafés, werden auch herzhafte Sandwiches, Salate und kleine warme Speisen wie Quiches und Omelettes gereicht.

Caramelle
6. Rue de l'Arbalète (5. Arr.),
Tel. 43315988
Geöffnet: Di.–Sa. 10.00–19.30, Fr. bis 24.00 Uhr, So. 10.00–18.30 Uhr
Bekannt für seine Kräutertees und den Sonntags-Brunch; Freitags Dichterlesungen und Kleinkunst.

Pariser Lebensart: Auf einen 'P'tit noir' in das Café an der Ecke

Salons de Thé (Fortsetzung)

Carette
4, Place du Trocadéro (16. Arr.), Tel. 47278856
Geöffnet: Mo., Mi.–So. 8.00–19.00 Uhr; Aug. geschlossen
Auf der großen Terrasse des Cafés trifft sich die 'Jeunesse dorée'.

A la Cour de Rohan
59–61, Rue Saint-André-des Arts (6. Arr.), Tel. 43257967
Geöffnet: Mi.–Fr. 12.00–19.00 Uhr, Sa., So. 15.00–19.00 Uhr
Außer empfehlenswerten Teesorten werden auch Antiquitäten angeboten.

Aux Delices
39, Avenue de Villiers (17. Arr.), Tel. 47637163
Geöffnet: Mo.–So. 9.00–18.45 Uhr
Bereits Sarah Bernardt und die Mistinguett hielten sich vorzugsweise im Delices auf. Nach einem Spaziergang im benachbarten Park Monceau sollte man die gleichnamige Mousse-au-Chocolat-Spezialität versuchen.

l'Escale
25, Rue de Miromesnil (8. Arr.), Tel. 42653098
Geöffnet: So.–Fr. 6.30–20.30 Uhr
Man offeriert hier angeblich die besten Sandwiches von Paris.

Olsson's
62, Rue Pierre Charron (8. Arr.)
Geöffnet: tgl. 10.00–24.00 Uhr
Beliebter Treff der Mode-Branche.

Au Priori Thé
35–37, Galerie Vivienne (2. Arr.), Tel. 42974875
Geöffnet: Mo.–Sa. 12.00–20.00 Uhr
Hier werden amerikanische Brownies und Apfelkuchen serviert.

Camping

Campingführer

Im jährlich überarbeiteten ADAC-Campingführer sind auch die Campingplätze von Paris und der Région Ile-de-France zu finden. Gleichfalls jedes Jahr aktualisiert wird der grüne Michelin-Führer "Camping Caravaning France".
Das Fremdenverkehrsamt von Paris (→ Auskunft) hat eine komplette Liste sämtlicher Campingplätze in der Région Ile-de-France zusammengestellt.

Auskunft

Fédération Française de Camping
78, Rue de Rivoli (4. Arr.); Métro: Châtelet

Diplomatische und konsularische Vertretungen

Deutschland

Botschaft
13–15, Avenue Franklin-Roosevelt (8. Arr.), Tel. 42997800

Rechts- und Konsularabteilung
34, Avenue d'Iéna (16. Arr.), Tel. 43593351

Österreich

Botschaft
6, Rue Fabert (7. Arr.), Tel. 45559566

Schweiz

Botschaft
142, Rue de Grenelle (7. Arr.), Tel. 45503446

Einkaufen

→ Shopping

Elektrizität

Die meisten Stromanschlüsse sind in Paris auf 220 V umgestellt. Man trifft in manchen Hotels aber auch noch 110-V-Steckdosen an. Wenn nichts gekennzeichnet ist, sollte man besser nachfragen.

Essen und Trinken

Französische Küche

Die französische Küche ist weltberühmt – sowohl wegen ihrer Qualität als auch wegen ihrer Vielseitigkeit. Da die Franzosen größten Wert auf eine abwechslungsreiche Speisenfolge legen und sich zur Einnahme der Mahlzeiten ein bis zwei Stunden Zeit lassen, ist das Essen zu einem wichtigen Bereich des täglichen Lebens und die Pflege der Küche zu einem Bestandteil französischer Kultur geworden.
Man vermutet, daß bereits in der Renaissancezeit durch Katharina von Medici, Gemahlin König Heinrichs II., die Freude am guten und abwechslungsreichen Essen aus Italien an den französischen Hof gebracht wurde und von da – wie alles höfische Wesen – ihren Weg in die Küchen der Bürger genommen hat. Von Heinrich IV. weiß man die Geschichte zu berichten, daß er jedem Bauern am Sonntag sein Huhn in den Topf wünschte. Die französische Revolution von 1789 brachte neben den bürgerlichen Freiheiten auch die Verbreitung gehobener Eßgewohnheiten im Volk. Anthelme Brillat-Savarin schrieb 1825 seine humorvolle "Physiologie des Ge-

Essen und Trinken, Französische Küche (Forts.)

schmacks", die noch heute als philosophische Untermauerung der Freude am Essen gilt, und 1986 wurde im Château du Vivier in Ecully sogar eine Kochuniversität gegründet, wo nun die berühmtesten Küchenchefs Frankreichs in die hohe Kunst des Kochens einführen.

Haute cuisine

Für die anspruchsvolle Haute cuisine typisch ist eine aufwendige Vorbereitung, die Bevorzugung frischer Zutaten (keine Konserven!) und Delikatessen wie Trüffel, Pilze, Cognac sowie von Butter und Rahm (Crème fraîche). Kräuter und Gewürze werden reichlich und in vielfältiger Zusammenstellung verwendet. Berühmt sind die vorzüglichen Saucen.

Nouvelle cuisine

Seit einigen Jahren hat die sogenannte Nouvelle cuisine von sich reden gemacht. Sie zeichnet sich durch Einfachheit in der Zubereitung aus bei gleichzeitiger besonderer Hervorhebung des natürlichen Geschmacks nur feinster frischer Zutaten.

Cuisine régionale

Neben der Haute Cuisine ist die traditionsreiche Cuisine régionale von großer Bedeutung und genießt auch bei anspruchsvollen Feinschmeckern hohes Ansehen.

Trotz des erheblichen Zeitaufwandes sollte sich der Parisbesucher – was das Essen angeht – unbedingt an die Landessitten halten. Nur der Urlauber, der die französische Küche genossen hat, eine der wesentlichsten Komponenten des französischen 'Savoir vivre', hat Land und Leute kennengelernt.

Mahlzeiten

Das sehr einfache Frühstück (petit déjeuner) mit Kaffee, Milchkaffee, Tee oder Schokolade, croissant (Hörnchen) oder brioche (luftiges Brötchen) wird vielfach in einem Café eingenommen. Das Mittagessen (déjeuner) wird in den Restaurants zwischen 12 und 14.30 Uhr entweder als festes Menu (Gedeck) mit Vorspeise, Hauptgericht, Nachspeise (Käse und/oder Dessert) und Kaffee serviert oder à la carte (nach der Speisekarte) selbst zusammengestellt. Das Abendessen (dîner oder souper) ist ebenso reichhaltig wie das Mittagessen, doch wird die Vorspeise meist durch eine Suppe ersetzt. Zu den Mahlzeiten wird kostenlos Weißbrot gereicht, das von langen knusprigen baguettes bzw. flûtes geschnitten ist.

Menu

Kostengünstiger als ein à la carte zusammengestelltes Essen sind die zu einem festen Preis (z. T. einschließlich Wein) angebotenen Menus. Empfehlenswert ist auch das meist traditionelle Tagesgericht (plat du jour).

Getränke

Zu den Mahlzeiten gehört fast selbstverständlich französischer → Wein, von dem einzelne Sorten weltberühmt sind. Im allgemeinen empfiehlt sich der offene Landwein (un petit blanc, un petit rouge), von dem man 'une carafe' (etwa 0,5 l) oder 'un carafon' (etwa 0,25 l) bestellt und – wie die Franzosen – oft mit Wasser verdünnt trinkt. Bei der Wahl von Flaschenweinen, von denen ganze (entière) oder halbe Flaschen (demie bouteille) serviert werden, lasse man sich vom Kellner beraten.

Gut und zunehmend beliebter sind die Biere aus dem Elsaß (Pêcheur, Kronenbourg, Kanterbräu, Mutzig) und Lothringen (Champigneulles, Vézélise). Man unterscheidet zwischen Flaschenbier (canette) und Bier vom Faß (bière pression). Ein kleines Glas Bier vom Faß wird als demi bezeichnet, eine Halbe meist als véritable, der Liter als formidable.

Mineralwasser gibt es als stilles Tafelwasser (eau minérale) oder mit Kohlensäure (eau gazeuse); am bekanntesten sind Perrier, Vichy, Evian, Vittel und Contrexéville.

Französische Speisekarte

→ Sprache, Essen und Trinken

Feiertage

1. Januar (Jour de l'An), 1. Mai (Fête du Travail), 8. Mai (Fête de l'Armistice de 1945), 14. Juli (Fête Nationale), 15. August (Assomption), 1. November (Toussaint), 11. November (Fête de l'Armistice 1918), 25. Dezember (Noël) sowie Himmelfahrt, Ostermontag, Pfingstmontag.

Fluggesellschaften

Air France

Reservierung (Mo.–Sa. 8.00–20.00 Uhr, So., Fei. 8.00–19.00 Uhr), Tel. 45356161; Minitel: 3615/36.16 Code A F
Ankunft: Tel. 43201255; Abflug: Tel. 43201355
Flughafen Charles de Gaulle, Tel. 48622288
Flughafen Orly, Tel. 49751515
119, Avenue des Champs-Elysées (8. Arr.), Tel. 42992150
2, Esplanade des Invalides (7. Arr.), Tel. 43239653
2, Rue Scribe (9. Arr.), Tel. 42992357
2, Place de la Porte Maillot (17. Arr.), Tel. 42992005
23, Boulevard de Vaugirard (15. Arr.), Tel. 43239894

Austrian Airlines

9, Boulevard Malesherbes (8. Arr.), Tel. 42663466
Flughafen Charles de Gaulle, Tel. 42663466

Lufthansa

21–23, Rue Royale (8. Arr.), Tel. 42651919, Fax 47427612
Flughafen Charles de Gaulle, Tel. 48621212

Swissair

38, Avenue de l'Opéra (2. Arr.), Tel. 47421596, Fax 49240505
Flughafen Charles de Gaulle, Tel. 48626000

Flughäfen (Aéroports)

Roissy/Charles de Gaulle (CDG)

23 km nordöstlich vom Stadtzentrum.
Auskunft: Tel. 48622280; tgl. 7.00–23.00 Uhr.

Verbindungen von und nach Paris:
Autoroute A 1, 40–60 Minuten.
Kostenloser Pendelbus zwischen den Flughafen-Terminals und der nächsten RER-Station; von dort Linie B 3 zum Stadtzentrum, 40 Min., Abfahrt alle 15 Minuten.
Pendelbusse der Air France zwischen Airterminal Etoile (Charles de Gaulle/Etoile, 16. Arr.) und dem Flughafen, 20 Min., Abfahrt alle 15 Min.; zwischen Airterminal Porte Maillot und dem Flughafen, 30 Min., Abfahrt alle 20 Min.; Gare Montparnasse (TGV Atlantique) zum Flughafen, 1 Stunde.
Bus RATP: Linie 350 (Gare de l'Est, 10. Arr.), 50 Min.; Linie 351 (Place de Nation, 12. Arr.), 40 Min.; Abfahrt alle 15 Minuten.
Roissyrail: Züge zum Gare du Nord, 35 Min., Abfahrt alle 15 Minuten.
Hubschrauber: Auskunft, Reservierung: Tel. 45549511.

Orly (Sud/Ouest)

14 km südlich vom Stadtzentrum.
Auskunft (tgl. 24-Std.-Service): Orly Sud, Tel. 49757748; Orly Ouest, Tel. 49757848

Verbindungen von und nach Paris:
Autoroute A 6, 30–50 Minuten.
Bus RATP: Linie 215 (Place Denfert-Rochereau, 14. Arr.), 25 Min.; Linie 183 A (Porte de Choisy, 13. Arr.), 50 Minuten.
Pendelbusse der Air France zwischen Airterminal Invalides (Aérogare des Invalides, 7. Arr.) und Flughafen, 40 Min., Abfahrt: Orly Sud alle 15 Min., Orly Quest alle 20 Minuten.
ORLYVAL (RER-Linie B; automatische Métro) zum Gare d'Antony, 29 Min. bis Châtelet, Abfahrt alle 4 bis 7 Min.; RER-Linie C 2 zum Stadtzentrum, Abfahrt alle 15 Minuten.
Orlyrail: Züge zum Gare d'Austerlitz, 35 Min., Abfahrt alle 15 Minuten.
Air France-Pendelbusse zum Flughafen Roissy/Charles-de-Gaulle alle 20 Minuten.
Hubschrauber Hélifrance: Auskunft, Reservierung: Tel. 45549511.

Flughäfen (Fortsetzung), Le Bourget

Der kleinste der Pariser Flughäfen liegt 40 km nördlich.
Auskunft: Tel. 48349390.
Verbindungen von und nach Paris:
Autoroute A 1, 40–70 Minuten (Zentrum);
Bus RATP: Linie 350 (Gare du Nord, Gare de l'Est: 10. Arr.), 30 Min.; Linie 152 (Porte de la Villette; 19. Arr.), 25 Minuten.

Fundbüro

Fundbüro

Bureau des Objets Trouvés
36, Rue des Morillons (15. Arr.),
Tel. 45311480
Métro: Convention
Geöffnet: Mo.–Mi., Fr. 8.30–17.00 Uhr, Do. 8.30–22.00 Uhr

Galerien

Beaubourg/ Les Halles

Bama
40, Rue Quincampoix (4. Arr.), Tel. 42773887
Geöffnet: Di.–Sa. 14.30–19.00 Uhr
Avantgarde-Kunst

Alain Blondel
4, Rue Aubry-le Boucher (4. Arr.), Tel. 42786667;
50, Rue de Temple (4. Arr.), Tel. 42718586;
Geöffnet: Di.–Fr. 11.00–19.00 Uhr, Sa. 14.00–19.00 Uhr
Realismus und Kunst der dreißiger Jahre

Crousel-Hussenot
80, Rue Quincampoix (3. Arr.), Tel. 48876081
Geöffnet: Di.–Sa. 14.30–19.30 Uhr
Avantgarde-Kunst

Daniel Templon
30, Rue Beaubourg (3. Arr.), Tel. 42721410
Geöffnet: Di.–Sa. 10.00–19.00 Uhr
Bekannte Künstler aus New York, Deutschland, Frankreich

Beaubourg
23, Rue du Renard (4. Arr.), Tel. 42712050
Geöffnet: Di.–Sa. 10.30–13.00 Uhr, 14.30–19.00 Uhr
Kunst von César und Yves Klein, Edouard Pignon und Joseph Beuys

Farideh Cadot
77, Rue des Archives (3. Arr.), Tel. 42780836
Geöffnet: Di.–Sa. 10.30–12.00 Uhr, 14.00–19.00 Uhr
Ebenso junge Franzosen wie die Berliner Wilden Salomé und Luciano Castelli oder die Amerikaner Fischer, Hazzlitt und Sonneman

Durand-Dessert
3, Rue des Haudriettes (3. Arr.), Tel. 42776360
Geöffnet: Di.–Sa. 14.00–19.00 Uhr
Europäische Avantgarde, u.a. Richter, Morellet, Tosani

Saint-Germain-des-Prés

Dina Vierny
36, Rue Jacob (6. Arr.), Tel. 42613283
Geöffnet: Di.–Sa. 10.00–12.00 Uhr, 15.00–19.00 Uhr
Zeichnungen von Maillol, Matisse u.a.

Saint-Germain-des-Prés (Fortsetzung)

Denise René
196, Boulevard Saint-Germain (7. Arr.), Tel. 42221102
Geöffnet: Di.–Sa. 10.00–13.00 Uhr, 14.30–19.00 Uhr
Kunst der Kinetik und Neokonstruktivisten

Albert Loeb
10 und 12, Rue des Beaux-Arts (6. Arr.), Tel. 46330687
Geöffnet: Di.–Sa. 10.00–12.30 Uhr, 17.30–18.30 Uhr
Französische Malerei der sechziger und siebziger Jahre

Karl Flinker
25, Rue de Tournon (6. Arr.), Tel. 43251873
Geöffnet: Di.–Sa. 10.00–13.00 Uhr, 14.30–19.00 Uhr
Ältere Generation gegenständlicher Maler

3. Arrondissement

Jaquester
153, Rue Saint–Martin, Tel. 42781666; geöffnet: Di.–Sa. 11.00–19.00 Uhr
Kunst der Moderne

Galerie Art et Publicité
183–185, Rue Saint-Martin, Tel. 48874628
Geöffnet: Di.–Sa. 14.00–19.00 Uhr
Kunst und Werbung, darunter alte Emailschilder

8. Arrondissement

Bernheim Jeune
27, Avenue Matignon (8. Arr.), Tel. 42666031
Geöffnet: Di.–Sa. 10.30–12.30 Uhr, 14.30–18.30 Uhr
Kunst der Jahrhundertwende

Ariel
140, Boulevard Haussmann (8. Arr.), Tel. 45621309
Geöffnet: Mo.–Fr. 10.30–13.00 Uhr, 14.30–18.30 Uhr
Kunst der fünfziger Jahre sowie Werke der neuen 'Ecole de Paris'

Artcurial
9, Avenue Matignon (8. Arr.), Tel. 42991619
Geöffnet: Di.–Sa. 10.30–19.15 Uhr
Kunstmarkt, gesponsert von dem Kosmetikkonzern L'Oréal

Vitesse
48, Rue de Berri (8. Arr.), Tel. 42254813
Kunst zum Thema Spielzeug und Automobilsport

11. Arrondissement

Art à la Bastille
27, Rue de Charonne
Vereinigung von 26 Galerien mit moderner Pariser Kunst, darunter Nane Stern, Leif Stähle, Galerie Keller

14. Arrondissement

Galerie des Colonnes (Ensemble Ricardo Bofill)
86, Rue du Château (14. Arr.), Tel. 43271186
Geöffnet: Mo.–Sa. 11.15–13.15 Uhr, 12.00–19.00 Uhr
Kunst der dreißiger Jahre

Fotogalerien

Viviane Esders
12, Rue Saint-Merri (4. Arr.), Tel. 42710312
Geöffnet: Di.–Fr. 14.00–19.00 Uhr
Exklusive Fotoarbeiten

Zabriski
37, Rue Quincampoix (4. Arr.), Tel. 42723547
Geöffnet: Di.–Sa. 11.00–19.00 Uhr
Eine der international renommiertesten Fotogalerien

Galerien, Fotogalerien (Fortsetzung)

Texbraun
12, Rue Mazarine (6. Arr.), Tel. 46331457
Geöffnet: Di.–Sa. 14.30–19.00 Uhr
Fotokunst der siebziger und achtziger Jahre

Agathe Gaillard
3, Rue du Pont-Louis-Philippe (4. Arr.), Tel. 42773824
Geöffnet: Di.–Sa. 13.00–19.00 Uhr
Eine der ältesten Fotogalerien in Paris – berühmt und teuer

Geld und Devisenbestimmungen

Währung

Die Währungseinheit ist der französische Franc (F) zu je 100 Centimes. Es gibt Banknoten zu 10, 20, 50, 100 und 500 F, Münzen zu 5, 10 und 20 Centimes sowie zu 1/2, 1, 2, 5 und 10 F.

Wechselkurse (schwankend)

1 F = 0,29 DM	1 DM = 3,45 F
1 F = 2,00 öS	1 öS = 0,50 F
1 F = 0,25 sfr	1 sfr = 4,01 F

Devisenbestimmungen

Die Ein- und Ausfuhr in- und ausländischer Zahlungsmittel nach Frankreich unterliegt keinen Beschränkungen. Um Schwierigkeiten bei der Ausreise zu vermeiden, empfiehlt es sich jedoch, bei der Einreise Beträge über 50000 F zu deklarieren.

Reiseschecks

Die Mitnahme von Eurocheques, Travellerschecks oder anderen Reiseschecks ist zu empfehlen.

Eurocheques

Eurocheques können bis zu einem Betrag von 1400 F ausgestellt werden. Bei dem Verlust der Eurocheque-Karte wende man sich umgehend an den Zentralen Annahmedienst für Verlustmeldungen von Eurocheque-Karten in Frankfurt am Main (Tel. von Frankreich: 1949/69/740987; Tag und Nacht besetzt); die Karte wird dann sofort gesperrt.

Kreditkarten

Banken, größere Hotels, Restaurants der gehobenen Kategorien, Autovermieter sowie viele Einzelhandelsgeschäfte akzeptieren die meisten internationalen Kreditkarten (American Express, Diners Club, Eurocard, Visa u.a.). Die Autobahngebühren können mit Eurocard, Mastercard und Visa International bezahlt werden.
Auch bei dem Verlust der Kreditkarte(n) benachrichtige man unverzüglich die jeweilige Organisation: American Express (Tel. 1949/69/720016), Eurocard (Tel. 1949/69/79331910), Visa (Tel. 1949/69/79201333).

Geldwechsel

Devisen können in amtlichen Wechselstuben und bei Banken umgetauscht werden, nicht jedoch bei den Sparkassen (caisses d'épargne). Die Bankschalter sind vielfach montags geschlossen.

Spätschalter

In den Flughäfen Orly und Roissy-Charles de Gaulle sind Wechselschalter durchgehend von 6.00–23.00 Uhr geöffnet.
In den folgenden Bahnhöfen gibt es Spätschalter:
Gare de Lyon: tgl. 6.30–23.00 Uhr
Gare de l'Est: Mo.–Fr. 7.00–21.00 Uhr
Gare de'Austerlitz: tgl. 7.00–21.00 Uhr
Gare Saint Lazare: Mo.–Fr. 7.30–21.00 Uhr
Gare du Nord: tgl. 6.30–22.00 Uhr
Porte Maillot (Sociéte Générale): Mo.–Fr. 9.30–12.30, 14.15–16.20 Uhr
Banken mit Spätschalter:
U.B.P., 154, Champs-Elysées (8. Arr.), Mo.–Fr. 9.00–17.00 Uhr, Sa., So. 10.30–13.00, 14.00–18.00 Uhr
C.C.F., 117, Champs-Elysées (8. Arr.), Mo.–Sa. 8.30–20.00 Uhr

Gottesdienste

Auskunft

Auskunft über alle Kirchen, Gottesdienste und Glaubensgemeinschaften in Paris erteilt das Centre d'Information et de Documentation Religieuse, 8, Rue Massillon (4. Arr.), Tel. 46300101

Gottesdienste Katholisch

St. Albertus Magnus
38, Rue Spontini (16. Arr.), Tel. 47043149, Métro: Porte Dauphine

Evangelisch

L'Eglise Evangélique Allemande
25, Rue Blanche (9. Arr.), Tel. 47267943
Gottesdienst: So. 10.30 Uhr, Métro: Trinité

Reformiert

4, Rue de l'Oratoire (1. Arr.), Métro: Louvre

Jüdisch

44, Rue de la Victoire (9. Arr.), Métro: Trinité

Hochämter mit Kirchenmusik (sonn- und feiertags)

Sehenswürdigkeiten: → Notre-Dame (10.00 und 11.30 Uhr), → Saint-Eustache (11.00 Uhr), → Saint-Sulpice (12.00 Uhr), → Madeleine (11.00 Uhr). Außerdem: Russische Kathedrale (10.00 Uhr).

Hotels

Reservierung

Hotelzimmer kann man in Paris nur direkt beim Hotel oder über Reisebüros reservieren. In den offiziellen Büros für Hotelreservationen (→ Auskunft, Office du Tourisme) werden nur Zimmer für denselben Tag vermittelt.

Hotelliste (Auswahl)

Hinweis

Die im folgenden aufgelistete Auswahl von Hotels ist nach Kategorien (vier bis ein Stern) alphabetisch gegliedert.

Luxushotels (Grand Luxe)

****L Bristol, 112, Rue du Faubourg Saint-Honoré (8. Arr.), Tel. 42669145, Telex 280961, Fax 42666868
****L Claridge-Bellmann, 37, Rue François Ier (8. Arr.), Tel. 47235412, Telex 641150
****L Crillon (de), 10, Place de la Concorde (8. Arr.), Tel. 42652424, Telex 290204, Fax 47427210 (→ Abb. S. 214)
****L George-V, 31, Avenue George-V (8. Arr.), Tel. 47235400, Telex 650082, Fax 47204000
****L Grand Hotel, 2, Rue Scribe (9. Arr.), Tel. 42681213, Telex 220875, Fax 42681251
****L Inter Continental, 3, Rue de Castiglionel (1. Arr.), Tel. 42603780, Telex 220114, Fax 42611403 (→ Abb. S. 215)
****L Jolly Hôtel Lotti, 7, Rue de Castiglione (1. Arr.), Tel. 42603734, Telex 240066, Fax 40159356
****L Prince de Galles, 33, Avenue George-V (8. Arr.), Tel. 47235511, Telex 280627, Fax 47209692
****L Meurice, 228, Rue de Rivoli (1. Arr.), Tel. 42603860, Telex 230673, Fax 40159231
****L Plaza-Athénée, 23–25, Avenue Montaigne (8. Arr.), Tel. 47237833, Telex 650092, Fax 47202070
****L Ritz, 15, Place Vendôme (1. Arr.), Tel. 42603830, Telex 220262, Fax 42860091
****L Royal Monceau, 37, Avenue Hoche (8. Arr.), Tel. 45619800, Telex 650361, Fax 45632893
****L Sofitel Paris Invalides, 32, Rue Saint-Dominique (7. Arr.), Tel. 45559180, Telex 250019, Fax 47539050

Luxusherberge an der Place de la Concorde: Hotel Crillon

Luxushotels (Grand Luxe) (Fortsetzung)

****Villa Saint-Germain-des-Prés, 29, Rue Jacob (6. Arr.), Tel. 43266000, Telex 202437, Fax 46346363

****L Warwick, 5, Rue de Berri (8. Arr.), Tel. 45631411, Telex 642295, Fax 45637581

****Westminster, 13, Rue de la Paix (2. Arr.), Tel. 42615746, Telex 680035, Fax 40159356

Luxushotels

****Ambassador, 16, Boulevard Haussmann (9. Arr.), Tel. 42469263, Telex 650912, Fax 40220874

****Baltimore, 88bis, Avenue Kléber (16. Arr.), Tel. 45558333, Telex 611591, Fax 45539484

****Cayre-Copatel, 4, Boulevard Raspail (7. Arr.), Tel. 45443888, Telex 270577, Fax 45449813

****Château Frontenac, 54, Rue Pierre-Charron (8. Arr.), Tel. 47235585, Telex 644994

****Commodore, 12, Boulevard Haussmann (9. Arr.), Tel. 42467282, Telex 280601, Fax 37702391

****Concorde Lafayette, 3, Place de Général Koenig (17. Arr.), Tel. 47581284, Telex 650892, Fax 47575321

****Concorde-St-Lazare, 108, Rue St-Lazare (8. Arr.), Tel. 42942222, Telex 650442, Fax 42930120

****Garden Elysée, 12, Rue St-Didier (16. Arr.), Tel. 47550111, Telex 648157, Fax 47277924

****Holiday Inn, 10, Place de la République (11. Arr.), Tel. 43554434, Telex 210651, Fax 47003234

****Lancaster, 7, Rue de Berri (8. Arr.), Tel. 43599043, Telex 640991, Fax 42892271

****Louvre, Place André Malreaux (1. Arr.), Tel. 42615601, Telex 220412, Fax 42600290

****Méridien, 81, Boulevard Gouvion-St-Cyr (17. Arr.), Tel. 47581230, Telex 290952, Fax 47576070

Hotel Inter Continental

Luxushotels (Fortsetzung)

****Méridien Montparnasse, 10, Rue du Cdt Mouchotte (14. Arr.), Tel. 43201551, Telex 200135, Fax 43206103

****Napoléon, 40, Avenue de Friedland (8. Arr.), Tel. 47660202, Telex 640609, Fax 47668233

****Nikko, 61, Quai de Grenelle (15. Arr.), Tel. 45756262, Telex 260012, Fax 45754235

****Park Avenue et Central Park, 55, Avenue de Poincaré (16. Arr.), Tel. 45504400, Telex 613862, Fax 47275304

****Pavillon de la Reine, 28, Place des Vosges (3. Arr.), Tel. 42779640, Telex 216160, Fax 42776306

****Pont-Royal, 7, Rue de Montalembert (7. Arr.), Tel. 45443827, Telex 270113, Fax 45449207

****Pullmann Windsor, 14, Rue Beaujon (8. Arr.), Tel. 45630404, Telex 650902, Fax 42253681

****Raphaël, 17, Avenue Kléber (16. Arr.), Tel. 45021600, Telex 610356, Fax 45012150

****Scribe, 1, Rue Scribe (9. Arr.), Tel. 47420340, Telex 214653, Fax 42653997

****Trémoille, 14, Rue de la Trémoille (8. Arr.), Tel. 47233420, Telex 640344, Fax 40700108

****Villa Maillot (16. Arr.), 143, Avenue de Malakoff, Tel. 45012522, Telex 649808, Fax 45006061

****Victoria Palace, 6, Rue Blaise-Desgoffe (6. Arr.), Tel. 45443816, Telex 270557

Hotels mit gehobenem Komfort

***Alexander, 102, Avenue Victor Hugo (16. Arr.), Tel. 45536465, Telex 610373

***Cyrnos, 154, Rue Montmartre (2. Arr.), Tel. 42335423, Telex 240638, Fax 42334991

***Édouard VII, 39, Avenue de l'Opéra (2. Arr.), Tel. 42615690, Telex 680217

Hotels mit gehobenem Komfort (Forts.)

***Elysée (de l'), 12, Rue de Saissaies (8. Arr.), Tel. 42652925, Telex 281665
***Elysées-Marignan, 12, Rue de Marignan (8. Arr.), Tel. 43595861, Telex 644018, Fax 45632887
***François 1er, 7, Rue de Magellan (8. Arr.), Tel. 47234404, Telex 648880
***Franklin et du Brésil, 19, Rue Buffault (9. Arr.), Tel. 42802727, Telex 640988
***Jeu de Paume, 54, Rue St-Louis-en-l'Ile (4. Arr.), Tel. 43261418, Telex 205160
***Left Bank, 9, Rue de l'Ancienne Comédie (6. Arr.), Tel. 43540170, Fax 43261714
***Lenox, 15, Rue Delambre (14. Arr.), Tel. 43353450, Telex 260745
***London, 32, Boulevard des Italiens (9. Arr.), Tel. 48245464, Telex 642360, Fax 48000883
***Majestic, 29, Rue Dumont d'Urville (16. Arr.), Tel. 45008370, Telex 640034
***Mercure, 27, Avenue des Ternes (17. Arr.), Tel. 47664918, Telex 650679, Fax 47637791
***Mercure Paris Montmartre, 1, Rue Caulaincourt (18. Arr.), Tel. 42941717, Telex 640605, Fax 42936614
***Normandy, 7, Rue de l'Echelle (1. Arr.), Tel. 42603021, Telex 670250, Fax 42604581
***Novotel Paris Halles, 8, Place de M.-de-Navarre (1. Arr.), Tel. 42213131, Telex 216389, Fax 42860579
***Odéon, 3, Rue de l'Odéon (6. Arr.), Tel. 43259067, Telex 202942, Fax 43355598
***Pullmann St-Honoré, 15, Rue Boissy-d'Anglas (8. Arr.), Tel. 42669362, Telex 214366
***Regent's Garden Hotel, 6, Rue Pierre-Demours (17. Arr.), Tel. 45740730, Telex 640127
***Résidence Champs-Elysées, 92, Rue de la Boétie, Tel. 43599615, Telex 650695
***Résidence St-Honoré, 214, Rue du Faubourg-St-Honoré (8. Arr.), Tel. 42252627, Telex 640524, Fax 45633067
***Sainte Beuve, 9, Rue Ste-Beuve (6. Arr.), Tel. 45482007, Telex 270182
***Sévigné, 6, Rue de Belloy (16. Arr.), Tel. 47208890, Telex 610219
***Splendid Etoile, 1 bis, Avenue Carnot (17. Arr.), Tel. 43801456, Telex 280773

Hotels mit gutem Komfort

**L'Aiglon, 232, Boulevard Raspail (18. Arr.), Tel. 43208242, Telex 206038
**Baldi, 42, Boulevard Garibaldi (15. Arr.), Tel. 47832010
**Bellevue, 46, Rue Pasquier (8. Arr.), Tel. 43875068
**Bretonnerie, 22, Rue Sainte-Croix-Bretonnerie (4. Arr.), Tel. 48877763
**Claret, Boulevard de Bercy (12. Arr.), Tel. 46284131, Telex 217115
**Cordélia, 11, Rue Greffulhe (8. Arr.), Tel. 42654240, Telex 281760
**Deux Iles, 59, Rue Saint-Louis-en-L'Ile (4. Arr.), Tel. 43261335
**Gotty, 11, Rue de Trévise (9. Arr.), Tel. 47701290, Telex 660330
**Grands Hommes, 17, Place du Panthéon (5. Arr.), Tel. 46341960, Telex 200185
**Jardin des Plantes, 5, Rue Linné (5. Arr.), Tel. 47070620, Telex 203684
**Lautrec Opéra, 8, Rue d'Amboise (2. Arr.), Tel. 42966790, Telex 216502
**Lenox, 9, Rue de l'Université (7. Arr.), Tel. 42961095, Telex 260745
**Louvre-Forum, 25, Rue du Bouloi (1. Arr.), Tel. 42365419, Telex 240288
**Lutèce, 65, Rue St-Louis-en-l'Ile (4. Arr.), Tel. 43262352, Fax 43296025
**Marroniers, 21, Rue Jacob (6. Arr.), Tel. 43253060
**Montana Tuileries, 12, Rue-St-Roch (1. Arr.), Tel. 42603510, Telex 214404

Hotels mit gutem Komfort (Fortsetzung)

**Moulin Rouge, 30, Rue Fontaine (9. Arr.), Tel. 42819325, Telex 660055
**Notre-Dame, 1, Quai St-Michel (5. Arr.), Tel. 43542043, Telex 206650
**Place des Vosges (de la), 12, Rue Biragué (4. Arr.), Tel. 42726046
**Résidence Etoile-Pereire, 146, Boulevard Pereire (17. Arr.), Tel. 42676000
**Résidence Vert-Galant, 43, Rue de Croulebarbe (13. Arr.), Tel. 43316305
**St-Germain-des-Prés, 36, Rue Bonaparte (6. Arr.), Tel. 43260019
**Sts-Pères (des), 65, Rue des Sts-Pères (6. Arr.), Tel. 45445000, Telex 205424, Fax 45449083
**Terminus Montparnasse, 59, Boulevard du Montparnasse (6. Arr.), Tel. 45489910, Telex 202636, Fax 45485910
**Trianon Palace, 3, Rue de Vaurigard (6. Arr.), Tel. 43298810, Telex 202263, Fax 43291598
**Varenne, 44, Rue de Bourgogne (7. Arr.), Tel. 45514555, Telex 205329
**Vieux Marais, 8, Rue du Plâtre (4. Arr.), Tel. 42784722

Bürgerliche Hotels mit mittlerem Komfort

*Albe, 1, Rue de la Harpe (56. Arr.), Tel. 46340970, Telex 203328
*Andrea, 3, Rue Saint-Bon (4. Arr.), Tel. 42784393
*Avenir, 52, Rue Gay-Lussac (5. Arr.), Tel. 43547660
*Bel'Hôtel, 20, Rue Pouchet (17. Arr.), Tel. 46273477, Telex 642396
*Blanche, 69, Rue Blanche (9. Arr.), Tel. 48741694
*Champs-Elysées (des), 2, Rue d'Artois (8. Arr.), Tel. 43591142
*Chevreuse (de), 3, Rue de Chevreuse (6. Arr.), Tel. 43209316
*Cluny Sorbonne, 8, Rue V.-Cousin (5. Arr.), Tel. 43546666, Telex 201674
*Clauzel, 33, Rue des Martyrs (9. Arr.), Tel. 48781224
*Ducs d'Anjou, 1, Rue Ste-Opportune (1. Arr.), Tel. 42369224, Telex 218681
*Familles (des), 216, Faubourg Saint-Denis (10. Arr.), Tel. 46077656
*Family, 35, Rue Cambon (1. Arr.), Tel. 926154
*Fénelon, 23, Rue Buffault (9. Arr.), Tel. 48783218

Newport Bay Club Hotel im Euro Disney Resort

Hotels, Bürgerliche Hotels mit mittlerem Komfort (Fortsetzung)

*Friant, 8, Rue Friant (14. Arr.), Tel. 45427191
*Jules César, 52, Avenue Ledru-Rollin (12. Arr.), Tel. 43431588, Telex 670945
*Keppler, 12, Rue Keppler (16. Arr.), Tel. 47206505, Telex 620440, Fax 47230229
*Néva, 14, Rue Brey (17. Arr.), Tel. 43802826, Telex 649041
*Speria, 1, Rue de la Bastille (4. Arr.), Tel. 42720401
*Stella, 14, Rue Neuve-Saint-Pierre (3. Arr.), Tel. 42722366

Euro Disney Resort

****L Disneyland, ****New York, ***Newport Bay Club (→ Abb. S. 217), ***Sequoia Lodge, **Cheyenne, **Santa Fe; zentrale Zimmerreservierung: in Paris: Tel. 49414990, in Deutschland: Tel. (06196) 5980

Privatunterkünfte

Paris Acceuil, 23, Rue de Marignan (8. Arr.), Tel. 42563747
Bed and Breakfast, 73, Rue Notre Champs (6. Arr.), Tel. 43254397

Jugendhotels und Jugendherbergen

Accueil des Jeunes en France

Auf die Unterbringung von Jugendlichen haben sich folgende Organisationen spezialisiert:

Reservierung

12, Rue des Barres (4. Arr.), Tel. 42727209
Métro: Hôtel de Ville

Plateau Beaubourg (A.J.F.)
119, Rue St-Martin (4. Arr.), Tel. 42778780
Métro: Châtelet

Hôtel de Ville (A.J.F.)
16, Rue du Pont Louis-Philippe (4. Arr.), Tel. 42780482
Métro: Hôtel de Ville

Union des Centres de Rencontres Internationales de France (U.C.R.I.F.)

Centrale de réservations et d'information
20, Rue Jean-Jacques Rousseau (1. Arr.)
Tel. 42368818
Métro: Halles

Jugendhotels (Hôtels de la Jeunesse)

Die aufgeführten, teilweise aus dem 17. Jh. stammenden Herbergen sind mitten in Paris in ehemaligen Stadtpalais und Klöstern mit grünen Innenhöfen untergebracht.

Le Fauconnier
11, Rue du Fauconnier (4. Arr.), Tel. 42742345
Métro: Pont-Marie, Saint-Paul

Le Fourcy
6, Rue de Faurcy (4. Arr.), Tel. 42742345
Métro: Pont-Marie

Centre International Paris, Opéra
11, Rue Thérèse (1. Arr.), Tel. 42607723
Métro: Pyramides

C.I.S.P. Kellermann
17, Boulevard Kellermann (13. Arr.), Tel. 45807076
Métro: Porte d'Italie

C.I.S.P. Maurice-Ravel
6, Avenue Maurice-Ravel (12. Arr.), Tel. 43431901
Métro: Porte de Vincennes

Jugendherbergen (Auberges des Jeunesse)

Le D'Artagnan
80, Rue Vitruve (20. Arr.), Tel. 43610875
Métro: Porte de Bagnolet; Halbpension obligatorisch

Jules Ferry
8, Boulevard Jules Ferry (11. Arr.), Tel. 43575560
Métro: République; keine Gruppen

Nachtruhe

Zwischen 1.00 und 6.00 Uhr.

Kinos

Allgemeines

Kinobegeisterte Parisbesucher sehen sich bei einem wöchentlichen Filmangebot von mehr als 300 Filmen vor die denkbar größte 'Qual der Wahl' gestellt. Bei einem längeren Aufenthalt kann man besonders von den Zyklen (Hommages, Rétrospectives) profitieren, die von einigen Filmkunst-Kinos und den Cinémathèques über bestimmte Regisseure, Schauspieler, Filmnationen oder Filmepochen veranstaltet werden (s. auch → Zahlen und Fakten, Film)
Nicht vergessen sollte man das Trinkgeld für die Platzanweiserin – es ist ihr einziger Verdienst –, das 10 % beträgt.

Programme

Es gibt mehrere hundert Kinos, die ihr Programm mittwochs wechseln. Einen Überblick geben die Zeitschriften "Paris-cope", "7 à Paris" und "L'Officiel des Spectacles". Viele Kinos spielen rund um die Uhr.

Sehenswerte Kinopaläste (Auswahl)

Dôme IMAX
Parvis de la Défense, Tel. 46924560
Als zweites Pariser Kugelkino öffnete 1992 der Géode-Konkurrent Dôme-IMAX im Hochhausviertel La Défense seine Tore. Die großformatige Leinwand (Image maximale) des kugelförmigen Kinos (27 m Durchmesser) zeigt Filme, deren Bilder bis zehnmal so groß sind wie die der herkömmlichen 35mm-Filme.

Forum Horizon
7, Place de la Rotonde (4. Arr.), Tel. 45085747
Große Leinwand und hervorragende Tonqualität.

La Géode: → Sehenswürdigkeiten von A bis Z, La Villette

*Grand Rex
1, Boulevard Poissonière (2. Arr.), Tel. 428393
Der gewaltige Kinopalast mit 3000 Zuschauerplätzen wurde 1932 nach zweijähriger Bauzeit von dem wohlhabenden Filmproduzenten Jacques Haïk eröffnet. Der schönste Tempel in der Pariser Kinogeschichte, über dessen Leinwand zahllose Streifen von Hollywoods Western und Liebestragödien bis zum jungen französischen Film liefen, wurde 1981 unter Denkmalschutz gestellt.

Max Linder Panorama
24, Boulevard Poissonière (9. Arr.), Tel. 48248888
Das moderne Filmtheater in kühlem Design mit Halogenbeleuchtung bietet auf drei Etagen rund 700 Zuschauerplätze. Im Gästebuch finden sich illustre Namen wie Serge Gainsbourg, Sting und Wim Wenders, der hier seinen Film "Bis ans Ende der Welt" vorstellte.

La Pagode
57bis, Rue de Babylone (7. Arr.), Tel. 47051215
Das 1990 unter Denkmalschutz gestellte Lichtspielhaus ließ 1896 Monsieur Morin, ein Direktor des Kaufhauses Bon Marché, von Alexandre Mar-

Kinos, sehenswerte Kinopaläste (Fortsetzung)

cel erbauen. Wenn auch sicherlich nicht alle Teile aus Japan importiert wurden, das Holzgerüst ist echte Nipponware. Lange Zeit traf sich hier das mondäne Paris, bevor 1931 mit dem Aufkommen der ersten Tonfilme ein Tempel des Kinos entstand. Viele legendäre Streifen liefen hier als französische Erstaufführungen. Zum Programm der Pagode gehören heute anspruchsvolle Autorenfilme.

Cinémathèques

→ Sehenswürdigkeiten von A bis Z, Palais de Chaillot

→ Sehenswürdigkeiten von A bis Z, Centre Pompidou

Vidéothèque de Paris

→ Sehenswürdigkeiten von A bis Z, Les Halles

Europäisches Filmzentrum

An der Place de l'Italie steht das neue Europäische Filmzentrum, das 1989 bis 1993 unter der Leitung des japanischen Architekten Kenzo Tange entstanden ist. Im großen Kinosaal für 800 Zuschauer ist eine riesige Leinwand von 20×10 m installiert; zwei kleinere Räume bieten jeweils 150 Plätze.

Märkte

Hinweis

In Paris gibt es mehr als 84 Märkte, in jedem Viertel mindestens einen. Dazu gehören nicht nur Obst- und Gemüsemärkte, sondern auch Floh-, Blumen-. Kleider-, Vogel-, Briefmarken und Büchermärkte, von denen hier nur eine Auswahl angegeben werden kann.
Nicht überdachte Märkte sind an unterschiedlichen Tagen von 7.00–13.30 Uhr, überdachte Märkte in der Regel Di.–Sa. 8.00–13.00 Uhr und 16.00–19.30, So. 8.00–13.00 Uhr geöffnet.

Marktstraßen (Rues Commerçantes)

Rue de Buci (6. Arr.), Rue Cler (7. Arr.), Rue de Poteau (13. Arr.), Rue Legendre (17. Arr.), Rue Lepic (18. Arr.), Rue Montorgueil (1. Arr.)
Rue Mouffetard (5. Arr.); Boulevard de Belleville (20. Arr.).

Markthallen (Marchés Couverts)

Marché d'Aligre, Place d'Aligre (12. Arr.); Marché Daumesnil, Boulevard de Reuilly (12. Arr.); Marché Batignolles, 96, Rue Lemercier (17. Arr.); Marché Château-d'Eau, Rue Château-d'Eau (10. Arr.); Marché Enfants Rouges, 39, Rue de Bretagne (3. Arr.); Marché Saint-Quentin, Boulevard de Magenta (10. Arr.).

Flohmärkte (Marchés aux Puces)

Porte de Clignancourt, → Sehenswürdigkeiten von A bis Z, Marché aux Puces
Porte de Montreuil (20. Arr.), geöffnet: Sa., So., Mo. 7.00–19.30 Uhr
Porte de Vanves (14. Arr.), geöffnet: Sa., So. 7.00–19.30 Uhr

Blumen (Marchés aux Fleurs)

Place Louis-Lépine (4. Arr.), geöffnet: tgl. (außer So.) 8.00–19.00 Uhr
Place de la Madeleine (8. Arr.), geöffnet: tgl. (außer Mo.) 8.00–19.00 Uhr
Place des Ternes (17. Arr.), geöffnet: tgl. (außer Mo.) 8.00–19.00 Uhr

Briefmarken (Marché aux Timbres)

Avenue Gabriel, Avenue Marigny (8. Arr.), geöffnet: Do., So., So./Fei. 10.00–18.00 Uhr

Kleider (Marché de la Friperie)

Carreau du Temple, 1, Rue Dupetit-Thouars (3. Arr.) geöffnet: Di.–So. 9.00–12.00 Uhr, Mo. 9.00–19.00 Uhr

Vögel (Marchés aux Oiseaux)

Place Louis-Lépine (4. Arr.), geöffnet: So. 8.00–19.00 Uhr
Quai de la Mégisserie (1. Arr.), geöffnet: tgl. (außer So.) 9.00–19.00 Uhr
Viele Vogel- und Tiergeschäfte am Seine-Ufer.

Stoffmarkt (Marché aux Tissus)

Marché Saint-Pierre, Place Saint-Pierre (18. Arr.), geöffnet: tgl. (außer So.) 9.00–19.00 Uhr

Märkte (Forts.), Großmarkt Rungis
Mo.–Fr. 12.00–15.00 Uhr zu besichtigen; Auskunft: Tel. 46873535
Bus: 185, 285 (Porte d'Italie); Eisenbahn: Gare d'Austerlitz

Mietwagen

Avis
5, Rue Bixio (7. Arr.), Tel. 45503231
Reservierung in Deutschland zum Nulltarif: Tel. 0130/7733

Sixt/Budget
4, Avenue Franklin Roosevelt (8. Arr.), Tel. 42257989
Reservierung in Deutschland zum Nulltarif: Tel. 0130/3366

Europcar
145, Avenue Malakoff (16. Arr.), Tel. 45000806
Reservierung in Deutschland zum Nulltarif: Tel. 0130/2211 + 3151

Hertz
27, Rue St-Ferdinand (17. Arr.), Tel. 45749739
Reservierung in Deutschland zum Nulltarif: Tel. 0130/2121

Inter Touring Service
117, Boulevard Auguste Blanqui (13. Arr.), Tel. 45885237
Verfügt über spezialausgestattete Wagen für Körperbehinderte.

Mit Chauffeur
Executive Car – Carey Limousine
25, Rue d'Astorg (8. Arr.), Tel. 42655420

Museen

Carte Inter-Musées, Kartenvorbestellung
Die in Métro-Stationen und beim Fremdenverkehrsamt (⟶ Auskunft) erhältliche 'Carte Inter-Musées' (für 1, 3 oder 5 Tage) gewährt Zutritt zu über 60 Museen und Kunstdenkmälern der Stadt und Umgebung.
Außer dem Museums-Paß werden von Fnac/Boutique Musée & Compagnie (49, Rue Etienne Marcel, Tel. 40494900) auch Eintrittskarten sowie Tickets für Sonderausstellungen im voraus angeboten.

Centre de Création Industrielle
⟶ Sehenswürdigkeiten von A bis Z, Centre Pompidou

Centre International de l'Automobile
25, Rue d'Estienne d'Orves, 93500 Pantin; Métro: Hoche; geöffnet: tgl. 10.30–18.30 Uhr
Automobilausstellungen.

Centre Océanique Cousteau
⟶ Sehenswürdigkeiten von A bis Z, Les Halles

Centre Pompidou
⟶ Sehenswürdigkeiten von A bis Z, Centre Pompidou

Cité des Sciences et de l'Industrie
⟶ Sehenswürdigkeiten von A bis Z, La Villette

Ecole Nationale Supérieure des Beaux Arts
17, Quai Malaquais, 14, Rue Bonaparte (6. Arr.); Métro: Saint-Germain-des-Prés; geöffnet: Mo.–Fr. 8.00–20.00 Uhr (außer Aug.), Bibliothek 13.00–18.00 Uhr.
Sammlungen der königlichen Kunstakademie des 17. Jh.s und der Ecole des Beaux Arts; wechselnde Kunstausstellungen.

Fondation Cartier
3, Rue de la Manufacture, 78350 Jouy-en-Josas; Eisenbahn: ab Gare d'Austerlitz, RER: Linie B; geöffnet: Sommer: tgl. 12.00–19.00 Uhr, Winter (außer Dez.) tgl. 12.00–18.00 Uhr
Ehemalige Residenz des Barons Oberkampf; Wechselausstellungen zeitgenössischer Kunst.

Fondation Le Corbusier	Villa La Roche, 10, Square du Docteur Blanche (16. Arr.); Métro: Jasmin, Ranelagh, Porte d'Auteuil; geöffnet: Mo.–Do. 10.00–12.30 Uhr, 13.30 bis 18.00 Uhr, Fr. 10.00–12.30, 13.30–17.30 Uhr (außer Aug.) Die 1925 von Le Corbusier vollendete Villa repräsentiert den experimentellen Architekturstil der zwanziger Jahre; beachtliche Galerie kubistischer Maler.
Galeries Nationales du Grand Palais	→ Sehenswürdigkeiten von A bis Z, Grand Palais
Galerie Nationale du Jeu de Paume	→ Sehenswürdigkeiten von A bis Z, Jeu de Paume
Maison Honoré de Balzac	47, Rue Raynouard (16. Arr.); Métro: Passy, Muette, RER: Kennedy-Radio France; geöffnet: Di.–So. 10.00–17.40 Uhr; Bibliothek: tgl. (außer So.) 10.00–18.00 Uhr Wohnung des Schriftstellers Honoré de Balzac mit Dokumenten und einer Bibliothek mit Werken von und über Balzac.
Maison Victor Hugo	→ Sehenswürdigkeiten von A bis Z, Place des Vosges
Manufacture Royale des Gobelins	42, Avenue des Gobelins (13. Arr.); Métro: Gobelins; Führungen durch die Ateliers: Di., Mi., Do. 14.15, 14.45 Uhr Staatliche Manufaktur, in der heute noch Gobelins nach jahrhundertealten Techniken gewebt werden.
Monnaie de Paris	→ Sehenswürdigkeiten von A bis Z, Monnaie
Musée Baccarat	30 bis, Rue de Paradis (10. Arr.), Métro: Gare de l'Est, Poissonière, RER: Gare du Nord; geöffnet: Mo.–Fr. 9.00–18.00 Uhr, Sa. 10.–12.00, 14.00 bis 17.00 Uhr Mehr als 1200 Arbeiten zeigen die Entwicklung der Herstellung von Baccarat-Kristall von 1828 bis zur Gegenwart.
Musée Henri Bouchard	25, Rue de l'Yvette (16. Arr.); Métro: Jasmin, RER: Boulainvilliers Geöffnet: Mi., Sa. 14.00–17.00 Uhr; geschlossen: die letzten 14 Tage in jedem Quartal. Atelier des Bildhauers Henri Bouchard (1894–1960)
Musée Antoine Bourdelle	16, Rue Antoine-Bourdelle (15. Arr.); Métro: Montparnasse-Bienvenue, Falguière; geöffnet: Di.–So. 10.00–17.40 Uhr Ausgestellt sind Werke des Bildhauers Antoine Bourdelle, einem Schüler von Rodin; außerdem finden Wechselausstellungen moderner Skulpturen statt.
Musée Bricard	→ Sehenswürdigkeiten von A bis Z, Marais, Hôtel Libéral Bruand
Musée Nissim de Camondo	63, Rue de Monceau (8. Arr.); Métro: Villiers, Monceau; geöffnet: Mi.–So. 10.00–12.00, 14.00–17.00 Uhr Möbel und Wandteppiche des Rokoko aus der zweiten Hälfte des 18. Jh.s; Kostümausstellungen.
Musée Carnavalet	→ Sehenswürdigkeiten von A bis Z, Musée Carnavalet
Musée Cernuschi (Musée d'Art Chinois de la Ville de Paris)	7, Avenue Vélasquez (8. Arr.); Métro: Villiers, Monceau; geöffnet: Di.–So. 10.00–17.40 Uhr Städtisches Museum chinesischer Kunst vom 13. Jh. bis zur Gegenwart.
Musée Cognacq-Jay	→ Sehenswürdigkeiten von A bis Z, Marais, Hôtel de Donan

Musée Condé

→ Sehenswürdigkeiten von A bis Z, Chantilly, Grand Château

Musée Dapper

50, Avenue Victor Hugo (16. Arr.), Métro: Victor Hugo, Kléber; geöffnet: tgl. 11.00–19.00 Uhr
Präkoloniale afrikanische Kunst; Wechselausstellungen.

Musée Dalí

11, Rue Poulbot (18. Arr.); Métro: Abbesses, Anvers; geöffnet: tgl. 10.00–18.00 Uhr
Skulpturen und Gemälde von Salvador Dalí.

Musée d'Art et d'Histoire de la Ville de Saint-Denis

22-bis, Rue Gabriel Péri, 932 Saint-Denis; Métro: Saint-Denis, Bus: 156 (ab: Porte de la Chapelle); geöffnet: Mo., Mi.–Sa. 10.00–17.30 Uhr, So., Fei. 14.00–18.30 Uhr
Die Ausstellung im Karmeliterkloster, das auf Ludwig XII. zurückgeht, zeigt sowohl Sammlungsstücke des Karmeliterordens als auch Zeugnisse der Pariser Kommune von 1871, archäologische Funde und moderne Kunstwerke.

Musée d'Art Juif

42, Rue des Saules (18. Arr.); Métro: Lamarck-Caulaincourt; geöffnet: So. bis Do. (außer Aug., jüd. Fei.) 15.00–18.00 Uhr
Museum der jüdischen Kunst. Kultgegenstände aus Polen.

Musée d'Art Moderne de la Ville de Paris

→ Sehenswürdigkeiten von A bis Z, Palais de Tokyo

Musée de Cluny

→ Sehenswürdigkeiten von A bis Z, Musée de Cluny

Musée de la Chasse et de la Nature

→ Sehenswürdigkeiten von A bis Z, Marais, Hôtel Guénégaud

Musée de la Femme et Collection d'Automates de Neuilly

12, Rue du Centre, 92 Neuilly; Métro: Pont-de-Neuilly; geöffnet: tgl. (außer Di., Fei., Juli, Aug.) 14.30–17.00 Uhr
Sammlung alter Automaten, die täglich um 15.00 Uhr mit einem Film erläutert werden; Museum der Frau.

Musée de l'Air et de l'Espace

Aéroport du Bourget; RER: Linie B bis Le Bourget, dann Bus 152; geöffnet: 1. 5.–31. 10. tgl. (außer Mo.) 10.00–18.00 Uhr, 1. 11.–30. 4. 10.00–17.00 Uhr
Luftfahrt- und Weltraummuseum

Musée de la Marine

→ Sehenswürdigkeiten von A bis Z, Palais de Chaillot

Musée de la Mode et du Costume

Palais Galliéra, 10, Avenue Pierre 1er de Serbie (16. Arr.)
Métro: Iéna; geöffnet: tgl. (außer Mo.) 10.00–17.40 Uhr
Museum der Mode mit städtischer Kleidung und Berufsuniformen von 1735 bis heute.

Musée de la Parfumerie Fragonard

9, Rue Scribe (9. Arr.); Métro: Opéra, Chaussée d'Antin, RER: Auber; geöffnet: Mo.–Sa. 9.30–17.30 Uhr
Mit kunstvollen Flacons und anderen Utensilien wird die Geschichte des Parfums von den alten Ägyptern bis zum 20. Jh. erzählt.

Musée de la Poste

34, Boulevard de Vaugirard (15. Arr.); Métro: Montparnasse-Bienvenue, Pasteur; geöffnet: tgl. (außer So., Fei.) 10.00–18.00 Uhr
Geschichte der Post und der Philatelie; Bibliothek und Phototek.

Musée de la Préfecture de Police

1 bis, Rue des Carmes (5. Arr.); Métro: Maubert-Mutualité, St-Michel; geöffnet: Mo.–Fr. 9.00–17.00 Uhr, Sa. 10.00–17.00 Uhr
Kriminalgeschichtliches Museum der Polizeipräfektur

Musée de la Préhistoire

→ Sehenswürdigkeiten von A bis Z, Saint-Germain-en-Laye

Musée de la Publicité

107, Rue de Rivoli (1. Arr.); Métro: Palais Royal, Tuileries; geöffnet: Mo., Mi. bis So. 12.30–18.00 Uhr
Plakatmuseum; Wechselausstellungen.

Musée de l'Armée

→ Sehenswürdigkeiten von A bis Z, Musée de l'Armée

Musée de la Sculpture en plein Air de la Ville de Paris

Quai Saint-Bernard (5. Arr.); Métro: Austerlitz; geöffnet: tagsüber
Freilichtmuseum mit Skulpturen von Arman, Brice, César, Etienne-Martin, Schoffer, Stahly, Zadkine u.a.

Musée de la Serrure

→ Sehenswürdigkeiten von A bis Z, Marais, Musée Bricard

Musée de l'Automobile

→ Sehenswürdigkeiten von A bis Z, La Défense

Musée de la Vie Romantique

→ Sehenswürdigkeiten von A bis Z, Montmartre

Musée de l'Histoire de France

→ Sehenswürdigkeiten von A bis Z, Marais, Hôtel de Rohan-Soubise

Musée de l'Histoire de Paris

→ Sehenswürdigkeiten von A bis Z, Musée Carnavalet

Musée de l'Holographie

→ Sehenswürdigkeiten von A bis Z, Les Halles

Musée de l'Homme

→ Sehenswürdigkeiten von A bis Z, Palais de Chaillot

Musée de l'Ile-de-France

Château de Sceaux, 92 Sceaux; RER-Linie B: Parc de Sceaux; geöffnet: Mo., Fr. 14.00–17.00 Uhr; Mi., Do., Sa., So. 10.00–12.00, 14.00–17.00 Uhr
Die Geschichte der Provinz Ile-de-France in Dokumenten, Gemälden, Münzen, Keramik und anderen kunstgewerblichen Gegenständen.; Sa., So. audiovisuelle Vorführung im Pavillon de l'Aurore.

Musée de l'Orangerie des Tuileries

Jardin des Tuileries, Place de la Concorde (1. Arr.); Métro: Concorde; geöffnet: Mo., Mi.–So. 9.45–17.15 Uhr (außer 1. Jan., 1. Mai, 25. Dez.)
Sammlung Jean Walter und Paul Guillaume. Werke des Impressionismus und der Moderne, darunter Arbeiten von Renoir, Cézanne, Matisse, Derain, Soutine, Picasso und "Les Grandes Nymphéas" von Claude Monet.

Musée de Radio-France

Maison de Radio-France, 116, Avenue du Président Kennedy (16. Arr.); Métro: Ranelagh, Passy, Mirrabeau, RER: Kennedy, Radio-France; Führungen: tgl. (außer So., Fei.) 10.30, 11.30, 14.30, 15.30, 16.30 Uhr
Geschichte und Gegenwart von Radio und Fernsehen der Sender von Radio-France; Besichtigung von Aufnahmestudios

Musée des Antiquités Nationales de France

→ Sehenswürdigkeiten von A bis Z, Saint-Germain-en-Laye

Musée des Arts Décoratifs*

Pavillon de Marsan, Palais du Louvre, 107, Rue de Rivoli (1. Arr.); Métro: Palais Royal, Tuileries; geöffnet: Mi.–Sa. 12.30–18.00 Uhr, So. 12.00 bis 18.00 Uhr
Stilgeschichtliches Museum mit Möbeln und Gebrauchsgegenständen vom Mittelalter bis Anfang des 20. Jahrhunderts.

Musée des Arts de la Mode

109, Rue de Rivoli (1. Arr.), in den oberen drei Etagen des Pavillon de Marsan im Nordflügel des Louvre; Métro: Palais-Royal, Tuileries

Orangerie: "Odaliske" von Henri Matisse

Musée des Arts de la Mode (Fortsetzung)

geöffnet: Mo., Mi.–Sa. 12.30–18.00 Uhr, So. 11.00–18.00 Uhr
Kleider, Kostüme und Accessoires aus drei Jahrhunderten, vom Sonnenkönig bis zum Ausbruch des Zweiten Weltkrieges sowie kostbare Roben von Chanel, Dior, Cardin, Worth, Schiaparelli und Corrèges.

Musée des Instruments de la Musique Mécanique

Impasse Berthaud (3. Arr.); Métro: Rambuteau; geöffnet: Sa., So., Fei. 14.00–19.00 Uhr
Musikautomaten, alte Grammophone, Limonaire-Orgel und mechanische Klaviere aus der Zeit von 1840 bis heute.

Musée des Martyrs

Forum des Halles, Porte du Louvre (1. Arr.); Métro/RER: Châtelet-Les Halles; geöffnet: tgl. 10.30–18.30 Uhr
Gruselkabinett mit illustren Monstern der Pariser Geschichte.

Musée des Monuments Français

→ Sehenswürdigkeiten von A bis Z, Palais de Chaillot

Musée des Plans-Reliefs

→ Sehenswürdigkeiten von A bis Z, Musée de l'Armée

Musée Di Mauro

14, Rue du Faubourg St-Honoré (8. Arr.), Métro: Madeleine, Concorde; geöffnet: Mo.–Sa. 9.30–18.00 Uhr (außer Aug.)
Privates Schuhmuseum mit Exponaten von 1925 bis zur Gegenwart.

Musée d'Orsay

→ Sehenswürdigkeiten von A bis Z, Musée d'Orsay

Musée du Cinéma Henri Langlois

→ Sehenswürdigkeiten von A bis Z, Palais de Chaillot

Musée du Louvre

→ Sehenswürdigkeiten von A bis Z, Louvre

Musée du Luxembourg	→ Sehenswürdigkeiten von A bis Z, Luxembourg
Musée du Petit Palais	→ Sehenswürdigkeiten von A bis Z, Petit Palais
Musée du Rock	Forum des Halles, Porte du Louvre (1. Arr.); Métro/RER: Châtelet-Les Halles; geöffnet: tgl. 10.30–18.30 Uhr Geschichte des Rock von den Beatles und Rolling Stones bis zu Madonna und Chuck Berry.
Musée du Vieux Montmartre	→ Sehenswürdigkeiten von A bis Z, Montmartre
Musée du Vin	5, Square Charles Dickens (16. Arr.), Caveau des Echansons; Métro: Passy; geöffnet: tgl. 12.00–18.00 Uhr (außer 1. Jan., 24. und 25. Dez.) Weinmuseum in einem Kellergewölbe aus dem 13./14. Jahrhundert.
Musée Français de la Photographie	78, Rue de Paris, 91 Bièvres; Eisenbahn: ab Gare de Lyon; geöffnet: tgl. 9.00–12.30, 13.30–18.00 Uhr Museum zur Geschichte der Photographie.
Musée-Galerie de la SEITA	12, Rue Surcouf (7. Arr.); Métro: Latour-Maubourg, Invalides, RER: Invalides; geöffnet: tgl. (außer So., Fei.) 11.00–18.00 Uhr Museum der staatlichen Tabakindustrie mit Exponaten zur Geschichte des Tabaks und der Rauchutensilien.
Musée Grevin	10, Boulevard Montmartre (9. Arr.); Métro: Montmartre, RER: Havre-Caumartin; geöffnet: tgl. 13.00–19.00 Uhr, während der Schulferien 10.00 bis 19.00 Uhr. – Vielbesuchtes Wachsfigurenkabinett, das historische Szenen und illustre Persönlichkeiten zeigt.
Musée Grevin Forum	→ Sehenswürdigkeiten von A bis Z, Les Halles
Musée Guimet	→ Sehenswürdigkeiten von A bis Z, Musée Guimet
Musée Jacquemart André	158, Boulevard Haussmann (8. Arr.); Métro: Miromesnil, Saint-Philippe-du-Roule, RER: Charles-de-Gaulles-Etoile; geöffnet: tgl. (außer Mo., Di.) 13.30–17.30 Uhr Europäische Malerei des 18. Jh.s und italienische Renaissancemalerei; Wechselausstellungen.
Musée Kwok On	41, Rue des Francs-Bourgeois (4. Arr.); Métro: Saint-Paul; geöffnet: Mo. bis Fr. 10.00–17.30 Uhr Traditionelles Kunsthandwerk und Theater Asiens.
Musée Marmottan	→ Sehenswürdigkeiten von A bis Z, Musée Marmottan
Musée National d'Art Moderne	→ Sehenswürdigkeiten von A bis Z, Centre Pompidou
Musée National de Céramique de Sèvres	→ Ausflüge, Sèvres
Musée National de la Légion et des Ordres de Chevalerie	Hôtel de Salm, 2, Rue de Bellechasse (7. Arr.); Métro: Solférino, RER: Gare d'Orsay; geöffnet: tgl. (außer Mo., Fei) 14.00–17.00 Uhr Dokumente und Auszeichnungen der Ritterorden vom Mittelalter bis zu heutigen Staatsorden.
Musée National de la Renaissance	→ Ausflüge, Ecouen

Musée National d'Ennery

59, Avenue Foch (16. Arr.); Métro: Dauphine; geöffnet: So., Do. 14.00 bis 17.00 Uhr
Chinesische und japanische Kunst.

Musée National d'Histoire Naturelle

→ Sehenswürdigkeiten von A bis Z, Jardin des Plantes

Musée National des Arts Africains et Océaniens

→ Sehenswürdigkeiten von A bis Z, Musée National des Arts Africains et Océaniens

Musée National des Arts et Traditions Populaires

6, Avenue du Mahatma Gandhi, Jardin d'Acclimatation (16. Arr.); Métro: Sablons, Porte Maillot, Bus: 73; geöffnet: tgl. (außer Di., 1. Jan., 1. Mai, 25. Dez.) 9.45–17.15 Uhr
Museum für französische Volkskunst.

Musée National des Techniques

292, Rue Saint-Martin (3. Arr.); Métro: Réaumur-Sébastopol, RER: Châtelet-Les Halles; geöffnet: tgl. (außer Mo. und den französischen Schulferien) 10.00–17.30 Uhr
Technisches Museum: Astronomie, Automaten, erste Automobile und Eisenbahnmodelle, landwirtschaftliche und industrielle Techniken (Metall, Chemie), Druck und Photographie, Weberei und Spinnerei.

Musée National des Thermes

→ Sehenswürdigkeiten von A bis Z, Musée de Cluny

Musée National Eugène Delacroix

6, Place de Furstemberg (6. Arr.); Métro: Saint-Germain-des-Prés; geöffnet: Mo, Mi.–So. (außer 1. Jan., 1. Mai, 25. Dez.) 9.45–12.30 Uhr, 14.00 bis 17.15 Uhr
Skizzen und Gemälde des Meisters der französischen Romantik, der hier 1858–1863 sein letztes Atelier hatte.

Musée National Jean Jacques Henner

43, Avenue de Villiers (17. Arr.); Métro: Malherbes, Wagram, Monceau; geöffnet: Di.–So. 10.00–12.00, 14.00–17.00 Uhr
Werke des elsässischen Malers Jean-Jacques Henner (1829–1905).

Musée National Gustave Moreau

14, Rue de la Rochefaucault (9. Arr.); Métro: Trinité; geöffnet: tgl. (außer Di., 1. Jan., 25. Dez.) 10.00–12.45, 14.00–17.15 Uhr, Mi. 11.00–17.15 Uhr
Im einstigen Wohnhaus und Atelier des symbolistischen Malers Gustave Moreau (1826–1898) ist ein Museum mit rund 1000 Gemälden und etwa 7000 Zeichnungen eingerichtet worden.

Musée Notre-Dame de Paris

10, Rue du Cloître (4. Arr.); Métro: Cité, RER: Châtelet-Les halles; geöffnet: Mi., Sa., So. 14.30–18.00 Uhr
Geschichte der Cité-Insel

Musée Edith Piaf

5, Rue Crespin du Gast (11. Arr.); Métro: Ménilmontant; geöffnet: Mo.–Do. 13.00–18.00 Uhr (nur nach Voranmeldung, Tel. 43 55 52 72; Sept. geschlossen)
Fotos, Briefe, Zeichnungen und andere Erinnerungsstücke der beliebten Chansonsängerin (→ Berühmte Persönlichkeiten).

Musée Picasso

→ Sehenswürdigkeiten von A bis Z, Musée Picasso

Musée Rodin

→ Sehenswürdigkeiten von A bis Z, Musée Rodin

Musée Roybet-Fould Poupées anciennes

178, Boulevard Saint-Denis, 92 Courbevoie; Métro: Pont-de-Levallois; geöffnet: Mi., Do., Sa., So., Fei. 14.00–18.00 Uhr
Schönes Puppen- und Spielzeugmuseum; Skulpturen des Bildhauers Antoine Carpeaux (19. Jh.).

Musée Vivant du Cheval

→ Sehenswürdigkeiten von A bis Z, Chantilly, Grandes Ecuries

Museen (Forts.), Musée Zadkine

100 bis Rue d'Assas (6. Arr.); Métro: Vavin, Notre-Dame des Champs, Port-Royal, RER: Port Royal; geöffnet: Di.–So. 10.00–17.30 Uhr
Arbeiten des russisch-französischen Bildhauers Ossip Zadkine werden im Garten, im Haus und Atelier gezeigt, in dem er von 1928 bis zu seinem Tode arbeitete.

Palais de la Découverte

→ Sehenswürdigkeiten von A bis Z, Palais de la Découverte

Musik

Konzertsäle (Salles de Concert)

Paris hat einen ausgezeichneten Ruf als Musikmetropole. Fast täglich finden in einem der zahlreichen Konzertsäle Veranstaltungen statt. Hinweise enthalten Tageszeitungen und die Veranstaltungsprogramme "L'Officiel des Spectacles", "7 à Paris" und "Pariscope".

Auditorium des Halles
Forum des Halles, Porte Saint-Eustache (1. Arr.), Tel. 42330000
Métro/RER: Châtelet-Les Halles

Radio France
116, Avenue du Président-Kennedy (16. Arr.), Tel. 45241516
Métro: Ranelagh, Passy, Mirabeau

Salle Cortot
78, Rue Cardinet (17. Arr.), Tel. 49248016
Métro: Courcelles

Salle Gaveau
45, Rue La Boëtie (8. Arr.), Tel. 45632030
Métro: Saint-Augustin

Salle Pleyel
252, Faubourg Saint-Honoré (8. Arr.), Tel. 45638873
Métro: Ternes

Centre International de Paris, Palais des Congrès
Porte Maillot (17. Arr.), Tel. 47581303
Métro: Porte Maillot

Théâtre des Champs-Elysées
15, Avenue Montaigne (8. Arr.), Tel. 47234777
Métro: Franklin-Roosevelt

Palais de Chaillot
Place du Trocadéro (16. Arr.), Tel. 47278115
Métro: Trocadéro

Kirchenkonzerte

Kirchenkonzerte werden vor allem in Notre-Dame, Saint-Eustache, Saint-Sulpice, Sainte-Chapelle, Madeleine, Saint-Germain-des-Prés und Saint-Louis-des-Invalides, die zum Hôtel des Invalides gehört, gegeben (→ Sehenswürdigkeiten von A bis Z).

Musiktheater

Die drei großen Häuser für Opern- und Operettenfreunde:

Opéra de la Bastille
11 bis, Avenue Daumesnel (12. Arr.); Métro: Bastille
Auskunft: Tel. 40011789; Kartenreservierung: Tel. 40011616
In der 1989 eröffneten Volksoper an der Bastille finden seit 1990 die Opernaufführungen statt, die bis dahin in der Opéra-Garnier gegeben wurden.

Musik, Musiktheater (Fortsetzung)

Opéra Comique (Salle Favart)
5, Rue Favart (2. Arr.), Tel. 47 42 57 50
Métro: Richelieu-Drouot
In erster Linie französische Opern und Operetten

Théâtre Musical de Paris (TMP)
1, Place du Châtelet (1. Arr.), Tel. 42 61 19 83
Métro: Châtelet

Musical und Ballett

Opéra-Garnier
→ Sehenswürdigkeiten von A bis Z, Opéra-Garnier

Péniche Opéra
Quai de Jemappes (10. Arr.), Tel. 42 45 18 20
Métro: Jaurès
Singspiel und Musical

Espace Marais
23, Rue Beautreillis (4. Arr.), Tel. 42 71 10 19
Métro: Place de la Bastille
Modernes Ballett in einem kleinen Theater im Marais-Viertel.

Music-Halls (Variétés, Rock, Pop)

Bataclan
50, Boulevard Voltaire (11. Arr.), Tel. 47 00 55 22
Métro: Oberkampf

Bobino
Rue de la Gaîté (9. Arr.), Tel. 43 22 06 39
Métro: Edgar-Quinet

Olympia
28, Boulevard des Capucines (9. Arr.), Tel. 47 42 25 49
Métro: Madeleine, Opéra

Zénith
211, Avenue Jean-Jaurès (19. Arr., → La Villette), Tel. 42 40 60 00
Métro: Porte de Pantin

Nachtleben

dort

Nachtleben

Bars, Boîtes de Nuit

Alexandre-Bar, 53, Avenue George-V (8. Arr.), Tel. 47 20 17 82
Ascot, 66, Rue Pierre Charron (8. Arr.), Tel. 43 59 28 15
*Bains-Douches (Diskothek in einer ehemaligen Badeanstalt), 7, Avenue du Bourg (3. Arr.), Tel. 48 87 01 80
Bunny's Girls, 14, Rue Fontaine (9. Arr.), Tel. 42 82 08 26
Cambridge, 17,a Avenue de Wagram (17. Arr.), Tel. 43 80 34 12
Capricorne, 5, Rue Molière (1. Arr.), Tel. 42 96 20 27
Duplex, 25, Rue Michel-le-Comte (3. Arr.), Tel. 42 72 80 86
*Franky's Bar, 16, Avenue de Friedland (8. Arr.), Tel. 45 61 11 27
La Caravelle, 4, Rue Arsène-Houssaye (8. Arr.), Tel. 43 59 14 35
Le Casanova, 11, Rue Danielle-Casanova (1. Arr.), Tel. 42 61 48 26
Le César, 4, Rue Chabanais (2. Arr.), Tel. 42 96 81 13
Le Charivair, 325, Rue St-Martin (3. Arr.), Tel. 42 78 80 29 (3 Restaurants, 5 Bars, 1 Kabarett, 1 Diskothek)
Le 23, Avenue du Maine (Chez Hippolyte; 15. Arr.), Tel. 54 44 64 16
*Midnight Express (Diskothek), Centre Commercial, 92800 Puteaux, Tel. 47 73 54 32

Nachtleben (Fortsetzung), Cabarets (Revue-Theater)	*Alcazar, 62, Rue Mazarine (6. Arr.), Tel. 43290220 *Crazy Horse Saloon, 12, Avenue George-V (8. Arr.), Tel. 47233232 *Folies Bergère, 32, Rue Richter (9. Arr.), Tel. 42467711 (z. Zt. geschlossen) *Lido, 116, Avenue des Champs-Elysées (8. Arr.), Tel. 45631161 *Moulin Rouge, Place Blanche (18. Arr.), Tel. 46060019 *Paradis Latin, 28, Rue du Cardinal-Lemoine (5. Arr.), Tel. 43252828 L'Apocalypse, Rue du Colysée (8. Arr.), Tel. 42251168 *La Belle Epoche, 36, Rue des Petits Champs (2. Arr.), Tel. 42963333 *Chez Michou, 80, Rue des Martyrs (18. Arr.), Tel. 46061604 + 42572037 Casita Club, 167, Rue Montmartre (2. Arr.), Tel. 42365750 Club 79, 79, Champs Elysées (8. Arr.), Tel. 47236875 Le Corso, 1, Avenue de Clichy (17. Arr.), Tel. 43879173 *La Coupole, 102, Boulevard du Montparnasse (14. Arr.), Tel. 43201420 Flash-Back, Ecke 37, Rue Grégoire de Tours/18, Rue des Quatre Vents (6. Arr.), Tel. 43255610 Galaxy Club, 40, Rue des Blancs-Manteaux (4. Arr.), Tel. 42714322 La Scala de Paris, 188 bis, Rue de Rivoli (1. Arr.), Tel. 42604564 Wagram, 39, Avenue de Wagram (17. Arr.), Tel. 43803003 Whisky à Gogo, 57, Rue de Seine (6. Arr.), Tel. 46337499 Who's Club, 13, Rue du Petit-Pont (5. Arr.), Tel. 43251314
Chansonniers	Deux Anes, 100 Boulevard de Clichy (18. Arr.), Tel. 46061026 Caveau de la Republique, 1, Boulevard St-Martin (3. Arr.), Tel. 42784445 Chez Louisette, Marché Vernaison, Allée Nr. 10, Flohmarkt von Saint-Quentin (18. Arr.) *Lapin Agile, 22, Rue des Saules (18. Arr.), Tel. 46068587
Jazz/Blues	Au Clairon des Chasseurs, 1, Place du Tertre (18. Arr.), Tel. 42624008 Baiser Salé, 58, Rue des Lombards (1. Arr.), Tel. 42333771 *Caveau de la Huchette, 5, Rue de la Huchette (5. Arr.), Tel. 43266505 *Chapelle des Lombards, 19, Rue de Lappe (11. Arr.), Tel. 43572424 Cloître des Lombards, 62, Rue des Lombards (1. Arr.), Tel. 42335409 Slow Club, 130, Rue de Rivoli (1. Arr.), Tel. 42338430 *La Cloche d'Or, 3, Rue Mansart (9. Arr.), Tel. 48744888 *Le Petit Journal Montparnasse, 13, Rue du Commandant-Mouchette (14. Ar..), Tel. 43215670 *Le Petit Journal St-Michel, 71, Boulevard St-Michel (5. Arr.), Tel. 43262859 Le Petit Opportun, 15, Rue des Lavandieres Sainte Opportune (1. Arr.), Tel. 42360136 *New Morning, 7, Rue des Petites Ecuries (1. Arr.), Tel. 45235141
Tango, Musette	*Balajo, 9, Rue de Lappe (11. Arr.), Tel. 47000787 Les Trottoirs de Buenos Aires, 37, Rue des Lombards (1. Arr.), Tel. 40262858
Flamenco	Tapas Nocturnes, 17, Rue de Lappe (11. Arr.), Tel. 43579112
Samba, Salsa Afro-Rythmen	*El Barrio, 43, Rue de Lappe (11. Arr.), Tel. 47007916 *La Plantation, 45, Rue Montpensier (1. Arr.), Tel. 49270621

Notdienste

Polizei	Tel. 17
Feuerwehr	Tel. 18
Ärztliche Hilfe	→ dort

Notdienste (Forts.), Apotheken

→ dort

Autohilfe

→ dort

Auslands-Notrufdienste in Deutschland

ADAC-Ambulanzdienst München
Die ADAC-Ambulanz mit Telefonarzt gibt Medikamentenempfehlungen bei leichteren Beschwerden und kann in ernsten Fällen den Rücktransport in ein Krankenhaus des Heimatortes veranlassen: Tel. 19 49 / 89 / 76 76 22 44.

ADAC-Notrufzentrale München
Tel. 19 49/89/22 22 22 (von 0.00 bis 24.00 Uhr besetzt)

Deutsche Flugambulanz Düsseldorf
Tel. 19 49/2 11/43 17 17

Deutsche Rettungsflugwacht Stuttgart
Tel. 19 49/7 11/70 10 70

DRK-Flugdienst Bonn
Tel. 19 49/2 28/23 00 23

Öffnungszeiten

Hinweis

Frankreich hat kein verbindliches Ladenschlußgesetz. Da Museen und Schlösser häufig etwa eine halbe Stunde früher als angegeben schließen bzw. keinen Zutritt mehr gewähren, sind die nachstehenden Angaben nur Richtwerte. Wer sichergehen will, sein Ziel zu erreichen, sollte jeweils bis zu einer Stunde Spielraum einrechnen. Andererseits erlebt man auch angenehme Überraschungen, da man, wenn man sich interessiert und höflich zeigt, ohne auf den offiziellen Regelungen zu beharren, oft noch eingelassen wird und sogar eine Sonderführung erhält.

Einzelhandel

Einzelhandelsgeschäfte sind in der Regel von 9.30 bis 18.30 Uhr geöffnet. Lebensmittelgeschäfte öffnen häufig früher, die kleineren schließen meist während der Mittagszeit etwa von 12.30 bis 16.00 Uhr und sind dafür abends länger offen. Normalerweise ist nur der Sonntag Ruhetag, aber Bäckereien, Metzgereien, Weinhandlungen und Blumengeschäfte sind bis 12.00 oder 13.00 Uhr geöffnet. Alle am Sonntag geöffneten Betriebe haben Montag, bisweilen auch Mittwoch, ihren Ruhetag.

Kaufhäuser

Die Kaufhäuser (und oft auch die größeren Geschäfte) sind werktags von 9.30 bis 18.30 Uhr geöffnet.

Einkaufszentren

Die Einkaufszentren (centres commerciaux, supermarchés) sind im allgemeinen (auch samstags) von 9.00 bis 19.00 Uhr (z. T. sogar bis 21.00 Uhr) geöffnet, dafür Montag morgens geschlossen.

Banken

Die Schalterstunden der Banken sind in der Regel werktags von 9.30 bis 12.00 Uhr und von 14.30 bis 16.00 Uhr; montags meistens Ruhetag. Vor einem Feiertag ist schon ab 12.00 Uhr geschlossen.

Postämter

Postämter haben Mo.–Fr. 8.00–19.00 Uhr und Sa. 8.00–12.00 Uhr geöffnet.

Museen

Die Öffnungszeiten der Museen sind im Teil 'Sehenswürdigkeiten von A bis Z' unter ihren Eigennamen, im Informationsteil unter dem Stichwort 'Museen' angegeben. Alle staatlichen Museen (Musée National de ...) sind am Dienstag geschlossen, an Feiertagen hat ein Teil der Museen geschlossen.

Parks und Gärten

Die öffentlichen Parks und Gärten sind bis Einbruch der Dunkelheit geöffnet. Von Okt. bis März ab 10.00 Uhr, von April bis Sept. ab 8.00 Uhr.

Parkhäuser

1. und 2. Arrondissement	Parking Saint-Honoré, 58, Place du Marché-Saint-Honoré Parking Vendôme, Place Vendôme Bourse, Place de la Bourse Halles Garage, 10 bis, Rue Bailleul Paris Parking, Place du Louvre Parking St-Martin, Ecke Rue Réaumur/Rue St-Martin Pont-Neuf, Place Dauphine Pyramides, 15, Rue des Pyramides
3. und 4. Arrondissement	Parking Centre Beaubourg, Rue Rambuteau (Tiefgarage des Beaubourg) Parking Sully, 5, Rue Agrippa-d'Aubigné Parking Notre-Dame, Place du Parvis Notre-Dame Centre de Paris, 11, Rue Béranger Lobau, Rue Lobau (Einfahrt) Pont-Marie, Rue Geoffrey-Lasnier Parking Soufflot, 22, Rue Soufflot
5. und 6. Arrondissement	Parking Saint-Sulpice, Place Saint-Sulpice Parking Mazarine, 27, Rue Mazarine Parking Montparnasse-Raspail, 138 bis, Boulevard du Montparnasse Garage St-Germain, 29, Rue de Poissy Lagrange, Rue Langrange, Place Maubert
7. Arrondissement	Parking Invalides, Esplanade des Invalides (gegenüber 23, Rue de Constantine) L'Abbaye, 30, Boulevard Raspail Joffre, Place Joffre
8. Arrondissement	Parking Concorde, Place de la Concorde (gegenüber Rue Boissy-d'Anglas) Garages de Paris, 25, Place de la Madeleine Bergson, Place St-Augustin Berri-Ponthieu, 66, Rue de Ponthieu Elysée-La Boétie, 87, Rue de la Boétie Elysées-Ponthieu, 25, Rue de Ponthieu Park Berri Washington, 5, Rue de Berri (50 m von den Champs-Elysées) Porte Maillot, Place de la Porte-Maillot Vernet, 16, Rue Vernet Parking Champs-Elysées-George-V, Rue de Galilée (gegenüber 130, Avenue des Champs-Elysées)
9. Arrondissement	Parking Galéries Lafayette, 54, Boulevard Haussmann Parking Paramount Opéra, 4, Rue de la Chaussée-d'Antin Parking Olympia, 7, Rue Caumartin Parking Anvers, 41, Boulevard de Rochechouart Opéra, 4, Rue de la Chaussée-d'Antin (Einfahrt) Paris Nord Auto, 71, Rue de Dunkerque Parking Lambel, 107, Rue St-Lazare
10. Arrondissement	Parking Gare du Nord, 18, Rue de Dunkerque Garage Pierre-Dupont, 3, Rue Pierre-Dupont Paris-Temple, 83, Rue du Faubourg-du-Temple Perier, 60, Rue Reneé-Boulanger St-Martin, 184, Rue du Faubourg St-Martin
14. Arrondissement	Grand Garage Raspail, 14, Rue Campagne-Première Parking Edgar Quinet, Boulevard Edgar Quinet
18. Arrondissement	Grand Garage de la Place Blanche, 4, Rue Coustou

Parkanlagen, Gärten und Erlebnisparks

Parkanlagen und Gärten

Bois de Boulogne

→ Sehenswürdigkeiten von A bis Z, Bois de Boulogne

Bois de Vincennes

→ Sehenswürdigkeiten von A bis Z, Vincennes

Jardins Albert-Kahn

92 Boulogne-Billancourt, 6, Quai du 4 Septembre; Métro: Porte de Saint-Cloud, Porte d'Auteuil, Busse: 52, 72; geöffnet: 15. 3.–1. 4. und 1. 9. bis 15. 11.: tgl. 14.00–18.00 Uhr, 1. 4.–20. 8.: 14.00–19.00 Uhr
Hier vereinen sich verschiedene Stile von Garten- und Parkanlagen in einem großen Parkgelände.

Jardin d'Acclimatation

→ Sehenswürdigkeiten von A bis Z, Bois de Boulogne

Jardin de Luxembourg

→ Sehenswürdigkeiten von A bis Z, Luxembourg

Jardin des Plantes

→ Sehenswürdigkeiten von A bis Z, Jardin des Plantes

Jardin des Tuileries

→ Sehenswürdigkeiten von A bis Z, Tuileries

Jardin Fleuriste de la Ville de Paris

3, Avenue de la Porte d'Auteuil (16. Arr.); Métro: Porte d'Auteuil; geöffnet: 1. 4.–30. 9.: tgl. 9.00–18.00, 1. 10.–31. 3.: 10.00–17.00
Städtische Gärtnerei, deren Pflanzungen im Freien und in Gewächshäusern besichtigt werden können.

Parc des Buttes-Chaumont

19. Arrondissement, Métro: Buttes-Chaumont, Botzaris
Der Stadtpark auf einer der höchsten Erhebungen in Paris wurde 1866/1867 von Adolphe Alphand im Auftrag Napoleons III. auf dem damals kahlen Berg (Mont chauve) angelegt. Nach englischem Vorbild entstand eine terrassenförmige Gartenlandschaft mit einem kleinen See, in dessen Mitte eine 50 m hohe Insel aufragt, die einen kleinen Tivoli-Tempel trägt. Im Restaurant am See kann man sich ausruhen; auf Aktivurlauber warten Ruderboote.

Parc Monceau

Boulevard de Courcelles (8. Arr.), Métro: Monceau
Der 'Aristokrat' unter den öffentlichen Parks von Paris ist der 1862 von Adolphe Alphand gestaltete Park Monceau, einst bevorzugter Spazierweg von Marcel Proust. Skulpturen und Ruinen verleihen dem Gelände noch immer eine romantische Note – viele Brautpaare lassen hier gerne ihre Hochzeitsbilder aufnehmen.

Parc Montsouris

Boulevard Jourdan (14. Arr.); Métro/RER: Cité Universitaire
Sehr idyllisch ist auch ein Ausflug in die Natur des Parks Montsouris gegenüber der Studentensiedlung Cité Universitaire Internationale. Der ab 1868 nach englischem Muster angelegte Garten besitzt verträumte Wege, kleine Kaskaden und Kinderspielplätze. Im südwestlichen Abschnitt steht der funktionale Bau des Meteorologischen Observatoriums von Paris.

Parc Zoologique de Paris

→ Sehenswürdigkeiten von A bis Z, Vincennes

Le Désert de Rez

Zwischen Paris und Versailles, am Rande des Waldes von Marly, erstreckt sich das ca. 40 ha große Areal des Désert de Rez. Die Idee zu diesem verwunschenen Hain hatte Monsieur de Monville. Er träumte von einem philo-

Parkanlagen, Gärten und Erlebnisparks, Le Désert de Rez (Fortsetzung)

sophischen Garten, in dem Spaziergänger sich beim Lustwandeln heiteren oder elegischen Betrachtungen hingeben konnten, ließ den Architekten Le Rouge Erdhügel aufwerfen, Bäche umleiten, kostbare Pflanzen und schattenspendende Bäume setzen und konnte sich schließlich 1780 nach sechs Jahren Bauzeit seinen grünen Traum erfüllen. Inzwischen hat sich die Natur das Gelände längst zurückerobert, es bleibt aber ein Kleinod unter den Pariser Grünanlagen.

Parc de Saint-Cloud

→ Ausflüge, St-Cloud

Fontainebleau

→ Sehenswürdigkeiten von A bis Z, Fontainebleau

Sceaux

→ Ausflüge, Sceaux

Versailles

→ Sehenswürdigkeiten von A bis Z, Versailles

*Erlebnisparks

Euro Disney Resort

→ Sehenswürdigkeiten von A bis Z, Euro Disney Resort

Mirapolis

Im Mai 1987 öffnete der Erlebnispark Mirapolis in Cergy-Pontoise im Nordwesten von Paris seine Tore. Als betonierte Symbolfigur überragt der von Rabelais beschriebene gefräßige Riese Gargantua mit einer Höhe von 35 m den Freizeitpark. Im Bauch und in den Gliedern des Helden der französischen Volkssage befinden sich ein Restaurant und Boutiquen. Zu den 36 Attraktionen der Märchenwelt, die mit modernster Technik auf dem 90 ha großen Gelände errichtet wurden, gehören u. a. eine Zeitmaschine, König Arthurs Tafelrunde, ein Zauberschloß und Wildwasserfahrten.

Parc Astérix

Nach 38 km in nördlicher Richtung erreicht man auf der Autobahn A 1 im Département Oise den Zubringer zum 1989 eröffneten Parc Astérix. Nacheinander kann man dort auf 18 ha fünf verschiedene Zauberwelten entdecken. Von der geschäftigen Via Antiqua geht es zum Dorf Asterix, mit den Häusern des gleichnamigen Comic-Helden und seines Freundes Obelix, dann weiter zur Römerstadt, wo sich das Karussel "Ave Caesar" dreht, und zum Delphinarium, um abschließend in der Pariser Straße auf 200 m rund 1000 Jahre Geschichte bis zum Beginn des Kinozeitalters zu durchlaufen.

Le Pays France Miniature

Auf einem Hexagon von 3,5 ha wurde 1991 nur 10 km südwestlich von Versailles bei Elancourt ein Park über Frankreich im Miniaturformat eröffnet. Der Besucher schreitet auf breiten Wegen durch alte Bauerndörfer und charakteristische Landschaften, passiert die Loire-Schlösser, bedeutende Festungsbauwerke und berühmte Kathedralen, Industrieanlagen und Atomkraftwerke sowie natürlich die Pariser Sehenswürdigkeiten. Eine audiovisuelle Schau, die von Puppen aus dem Pariser Musée Grevin gestaltet wird, informiert über die historisch bedeutsamsten Begebenheiten Frankreichs.

Post, Telefon

Postämter

Die Postämter sind montags bis freitags von 8.00–19.00 Uhr (z. T. Mittagspause), samstags von 8.00–12.00 Uhr geöffnet. Die Hauptpost (Poste principale, 52, Rue du Louvre/1. Arr.) ist Fr.–So. 24 Stunden geöffnet.

Briefmarken

Briefmarken (timbres) erhält man in Postämtern und Tabakläden (bureaux de tabac).

Die meisten Telefonzellen sind auf die Bezahlung mit Telefonkarten (Télécartes) eingerichtet, die in Postämtern, Tabakläden, den Büros der Telefongesellschaft France Telecom, Schaltern der SNCF und sonstigen Verkaufsstellen (angezeigt durch 'Télécarte en vente ici') zu 50 oder 120 Einheiten (unités) erhältlich sind.

Post, Telefon (Fortsetzung), Telefon

Vorwahl von Deutschland, Österreich und der Schweiz nach Paris: 00331

Ländernetzkennzahlen

Vorwahl von Paris nach Deutschland: 1949
nach Österreich: 1943
in die Schweiz: 1941
Nach der Wahl der 19 Wähltön (Brummton) abwarten. Die Null der nachfolgenden Ortsnetzkennzahl entfällt.

Rauchverbot

Seit 1. 11. 1992 besteht in Frankreich offiziell Rauchverbot für alle öffentlichen Gebäude, Restaurants, Cafés, Hotels und überdachten Plätze; Rauchen ist dort nur noch in ausdrücklich gekennzeichneten Räumen gestattet. Verstöße werden laut Gesetz mit Geldbußen geahndet – was sich in Paris aber kaum umsetzen läßt.

Reisedokumente

Personalpapiere

Zur Einreise nach Frankreich genügt für Reisende aus Deutschland sowie aus Österreich und der Schweiz ein gültiger Personalausweis. Für Kinder unter 16 Jahren ist ein Kinderausweis (ab 10 Jahren mit Lichtbild) oder ein Eintrag im Elternpaß erforderlich.

Fahrzeugpapiere

Der nationale Führerschein und Kraftfahrzeugschein werden anerkannt und sind mitzuführen. Die Mitnahme der Grünen Internationalen Versicherungskarte für Kraftfahrer ist anzuraten. Kraftfahrzeuge müssen mit dem ovalen Nationalitätenkennzeichen versehen sein.

Haustiere

Wer Haustiere nach Frankreich mitnehmen möchte, benötigt für diese ein Tollwutimpfzeugnis vom Amtstierarzt. Die Impfung darf nicht kürzer als einen Monat und nicht länger als ein Jahr zurückliegen. Die Tiere müssen mindestens drei Monate alt sein.

Restaurants (Auswahl)

Luxus-Restaurants

*Les Ambassadeurs (Hotel Crillon) 10, Place de la Concorde (8. Arr.), Tel. 42652424
*Bristol (Hôtel Bristol), 112, Rue du Faubourg St-Honoré (8. Arr.), Tel. 42669145
*L'Espadon (Hôtel Ritz), 15, Place Vendôme (1. Arr.), Tel. 42603830
*Jules Verne, Champ de Mars-Tour Eiffel (2. Plattform; 7. Arr.), Tel. 45552004
*Lasserre, 17, Avenue Franklin-D.-Roosevelt (8. Arr.), Tel. 43595343 (geschlossen: So., Mo. Nachmittag, August)
*Laurent, 41, Avenue Gabriel (8. Arr.), Tel. 47237918 (geschlossen: Sa. Nachmittag, So., Bankfeiertage)
*Lucas-Carton (Alain Senderens), 9, Place de la Madeleine (8. Arr.), Tel. 42652290 (geschlossen: Sa., So., 29. Juli–22. Aug., 23. Dez.–2. Jan.)
*Maxim's, 3, Rue Royale (8. Arr.), Tel. 42652794 (geschlossen: So.)
*Régence (Hôtel Plaza Athenée), 25–27, Avenue Montaigne (8. Arr.), Tel. 47237833

Luxusrestaurants (Fortsetzung)

*Robuchon (Ex-Jamin), 32, Rue de Longchamp (16. Arr.), Tel. 47271227 (geschlossen: Sa., So., Juli)

*Taillevent, 15, Rue Lamennais (8. Arr.), Tel. 45611290 (geschlossen: Sa., So., Fei., zwei Wochen Ostern, letzte Woche Juli–letzte Woche August)

*Le Pré Catelan, Route de Suresne, Bois de Boulogne (16. Arr.), Tel. 45245558 (geschlossen: So.-abend, Mo., 2 Wochen im Februar)

*La Tour d'Argent, 15, Quai de la Tournelle (5. Arr.), Tel. 43542331 (geschlossen: Mo.)

Guy Savoy, 28, Rue Duret (16. Arr.), Tel. 45001767 (geschlossen: Sa., So., ersten beiden Wochen im Januar)

Nouvelle cuisine

Le Bourdonnais, 113, Avenue de la Bourdonnais (7. Arr.), Tel. 47054796 (geschlossen: So., Mo.)

Carré des Feuillants, 14, Rue de Castiglione (1. Arr.), Tel. 42868282 (geschlossen: Sa., So.)

*Le Duc, 243, Boulevard Raspail (14. Arr.), Tel. 43225959 (geschlossen: Sa., So./Fei., Mo.)

Michel Rostang, 20, Rue Rennequin (17. Arr.), Tel. 47634077 (geschlossen: Sa.-mittag von Okt. bis März; Sa. von Apr. bis Sept., So./Fei., letzte Woche Juli–letzte Woche Aug.; Weihnachtswoche, eine Woche im Febr.)

*Au Trou Gascon, 40, Rue Taine (12. Arr.), Tel. 43443426 (geschlossen: Sa., So., Sept.)

Cuisine traditionelle

Ambassade d'Auvergne, 22, Rue du Grenier-St-Lazare (3. Arr.), Tel. 42723122 (geschlossen: So.)

L'Ami Louis, 32, Rue du Vertbois (3. Arr.), Tel. 48877748 (geschlossen: Mo., Di., Juli/Aug.)

La Coquille, 6, Rue du Débarcadère (17. Arr.), Tel. 45742595 (geschlossen: So., Mo., Fei., Aug.)

Dodin Bouffant, 25, Rue Frédéric-Sauton (5. Arr.), Tel. 43252514 (geschlossen: Sa., So., Aug., 2 Wochen zu Weihnachten)

*Le Dôme, 108, Boulevard de Montparnasse (14. Arr.), Tel. 43353482 (geschlossen: Mo.)

*Chez Edgard, 4, Rue Marbœuf (8. Arr.), Tel. 47205115 (geschlossen: So.)

Pierre Traiteur, 10, Rue de Richelieu (1. Arr.), Tel. 42960917 (geschlossen: Sa., So., Aug.)

*Le Procope, 13, Rue de l'Ancienne Comédie (6. Arr.), Tel. 43269920

Cuisine régionale

Auvergne

La Lozère, 4, Rue Hautefeuille (6. Arr.), Tel. 43542664 (geschlossen: So., Mo., Aug.)

Bretagne

Auberge de l'Argoat, 27, Avenue Reille (14. Arr.), Tel. 45891705 (geschlossen: So., Mo., Aug.)

Les Armes de Bretagne, 108, Avenue du Maine (14. Arr.), Tel. 43202950 (geschlossen: So. abend, Mo., 1. Januar- und 1. Maiwoche, Aug.)

Burgund/Lyon

Bennoît, 20, Rue St-Martin (4. Arr.), Tel. 42722576 (geschlossen: Sa., So., 1. u. letzte Woche Aug.)

Louis XIV, 1 bis, Place des Victoires (1. Arr.), Tel. 42613944 (geschlossen: Sa., So., Aug.; auch Tische auf dem Bürgersteig)

Moissonnier, 28, Rue des Fossés-St-Bernard (5. Arr.), Tel. 43298765 (geschlossen: So. Abend, Mo., Aug.)

*Le Train Bleu, 20, Boulevard Diderot, Gare de Lyon, 1. Stock (12. Arr.), Tel. 43430906

Chez la Vieille, 37, Rue de l'Arbre-Sec (1. Arr.), Tel. 42601578 (geöffnet: nur mittags außer Sa., So., Aug.)

Elsaß

*Bofinger, 5, Rue de la Bastille (4. Arr.), Tel. 42728782 (auch Tische auf dem Bürgersteig)

*Brasserie Flo, 7, Cour Petites-Ecuries (10. Arr.), Tel. 47701359

*Brasserie de l'Ile St-Louis, 55, Quai de Bourbon (4. Arr.), Tel. 43540259 (geschlossen: Mi., Aug.)

Chez Jenny, 39 ,Boulevard du Temple (3. Arr.), Tel. 42747575

Jura

Chez Maître Paul, 12, Rue Moniseur-le-Prince (6. Arr.), Tel. 43547459 (geschlossen: So., Mo., Aug.)

Reiche Auswahl von der Hausmannskost bis zu kulinarischen Kunstwerken

Cuisine régionale (Forts.), Normandie

Pharamond, 24, Rue de la Grande-Truanderie (1. Arr.), Tel. 42 33 06 72 (geschlossen: So., Mo.-mittag, Juli; auch Tische auf dem Bürgersteig)

Provence

Chez Augusta, 98, Rue de Tocqueville (17. Arr.), Tel. 47 63 39 97 (geschlossen: So., Aug.)

Chez Toutoune, 5, Rue de Pontoise (5. Arr.), Tel. 43 26 56 81 (geschlossen: So., Mo., 15. Aug.–15. Sept.; auch Tische auf dem Bürgersteig)

*La Sologne, 8, Rue de Bellechasse (7. Arr.), Tel. 47 05 98 66 (geschlossen: Sa., So., Aug.)

Südwestfrankreich/Bordeaux

Josephine, 117, Rue du Cherche-Midi (6. Arr.), Tel. 45 48 52 40 (geschlossen: Sa., So., Juli, letzte Dez.-Woche)

Lamazère, 23, Rue de Ponthieu (8. Arr.), Tel. 43 59 66 66 (geschloss.: So., Aug.)

Lous Landes, 157, Avenue du Maine (14. Arr.), Tel. 45 43 08 04 (geschlossen: So., Mo., mittags)

Sud-Ouest, 40, Rue Montagne Ste-Geneviève (5. Arr.), Tel. 46 33 30 46 (geschlossen: So., Aug.)

Relais des Pyrénées, 1, Rue du Jourdain (20. Arr.), Tel. 46 36 65 81 (geschlossen: Sa., Aug.)

Les Trois Piloux, 61, Rue de Meaux (19. Arr.), Tel. 42 08 08 48 (geschlossen: So., Mo., Aug.)

Cuisine-Bistro

Au Cochon d'Or, 31, Rue du Jour (1. Arr.), Tel. 42 36 38 31 (geschlossen: Sa.-mittag, So.)

*Chez Georges, 1, Rue du Mail (2. Arr.), Tel. 42 60 07 11 (geschlossen: So.)

Gérard, 4, Rue du Mail (2. Arr.), Tel. 42 96 24 36 (geschlossen: Sa.-mittag, So., Aug.)

Chez Pauline, 5, Rue Villedo (1. Arr.), Tel. 42 96 20 70 (geschlossen: Sa.-abend, So.)

Le Ruban Bleu, 29, Rue d'Argenteuil (1. Arr.), Tel. 42 61 47 53 (geschlossen: Mo., Di.-abend, Sa., So., Aug.)

Chardenoux, 1, Rue Jules-Vallès (11. Arr.), Tel. 43 71 49 52 (geschlossen: Sa., So./Fei., Aug.)

Restaurants, Cuisine-Bistro (Fortsetzung)

A Sousceyrac, 35, Rue Faidherbe (11. Arr.), Tel. 43716530 (geschlossen: Sa., So., Osterwoche, Aug.)
Aux Charpentiers, 10, Rue Mabillon (6. Arr.), Tel. 43263005 (geschlossen: So.)
Polidor, 41, Rue Moniseur-le-Prince (6. Arr.), Tel. 43269534 (geschlossen: So., Mo., Aug.
Chez René, 14, Boulebard St-Germain (5. Arr.), Tel. 43543023 (geschlossen: Sa., So., Aug.)
*La Fontaine de Mars, 129, Rue St-Dominique (7. Arr.), Tel. 47054644 (geschlossen: Sa.-abend, So., Aug.)
*L'Artois, 13, Rue d'Artois (8. Arr.), Tel. 42250110 (geschlossen: Sa., So., 14. 7.–15. 9.)
Le Petit Montmorency, 5, Rue Rabelais (8. Arr.), Tel. 42251119 (geschlossen: Sa., So., Aug.)
*Le Roi du Pot-Au-Feu, 34, Rue Vignon (9. Arr.), Tel. 47423710 (geschlossen: So./Fei., Juli; auch Tische auf dem Bürgersteig)
Le Petit Marguery, 9, Boulevard de Port-Royal (13. Arr.), Tel. 43315859 (geschlossen: So.-abend, Mo.)
La Boutarde, 4, Rue Boutard, Neuilly, Tel. 47453455 (geschlossen: Sa.-mittag, So.)
Au Cochon d'Or, 192, Avenue Jean-Jaurès (19. Arr.), Tel. 46072313

Restaurants mit Terrassen

Auberge du Bonheur, Bois de Boulogne, Allée de Longchamp (15. Arr.), Tel. 47724075 (geschlossen: Feb.)
*La Colombe en l'Ile de la Cité, 4, Rue de la Colombe (4. Arr.), Tel. 46333708 (geschlossen: So., Mo.-nachmittag)
Au Diable des Lombards, 64, Rue des Lombards (1. Arr.), Tel. 42338184
Pierre, Place Gaillon (2. Arr.), Tel. 42658704 (geschlossen: Sa.-mittag, So., 1. Woche im Mai und Aug.)
Prunier Traktir, 16, Avenue Victor Hugo (16. Arr.), Tel. 45008912 (geschlossen: Mo., Di.)
*Le Récamier, 4, Rue Récamier (7. Arr.), Tel. 45488658 (geschlossen: So.)
Le Tourtour, 20, Rue Quincempoix (4. Arr.), Tel. 48878218

Salons de Thé

→ Cafés/Salons de Thé

Schiffsausflüge

Bateaux-Mouches (rive droite)

Pont de l'Alma (8. Arr.), Tel. 42259610
Métro: Alma-Marceau
Abfahrt: tgl. 10.00–23.00 Uhr (alle 30 Min., wobei die Abfahrten 10.30, 11.30, 13.30, 17.30–20.00 Uhr und 22.00–23.00 Uhr entfallen können). Mittagessen tgl. 13.00 Uhr, Nachmittags-Kaffee (mit Musik) 15.45 Uhr, Abendessen 20.30 Uhr

Bateaux Parisiens – Vedettes Tour Eiffel

Pond d'Iéna (8. Arr.)
Tel. 44113344
Métro: Bir-Hakeim/Iéna
Abfahrt: tgl. in der Hochsaison (alle 20. Min.): 9.30–22.30 Uhr; Nachsaison: 10.00–17.00 Uhr (alle 30. Min.)

Vedettes Pont-Neuf

Pont-Neuf
(Square du Vert-Galant; 1. Arr.),
Tel. 46339838
Métro: Pont-Neuf
Abfahrt: 10.30, 11.00, 12.00, 13.30–17.00 Uhr (alle 30. Min.)

Vedettes de Paris Ile de France

Port de Suffren (7. Arr.),
Tel. 47 05 71 29
Métro: Bir-Hakeim
Abfahrten: tgl. 10.00–17.30 Uhr (alle 30. Min.)

Canauxrama

Entdeckungsfahrten auf den Pariser Kanälen
Tel. 42 39 15 00
Frühstücksfahrt auf dem Canal Saint-Martin (Reservierung obligatorisch)
Abfahrt: Mo.–Sa. 9.15 am Bassin de la Villette (19. Arr.), Quai de Loire
Métro: Jaurès
Ankunft: Bassin de l'Arsenal (neuer Bootshafen von Paris)
Métro: Bastille
Nachmittags in umgekehrter Richtung: 14.00 Uhr

Tagesfahrt auf dem Canal de l'Ourcq und St-Denis-Kanal.
Abfahrt: So., Do. 8.45 Uhr am Bassin de la Villette (19. Arr.), Quai de Loire
Métro: Jaurès

La Villete d'hier et de demain: Reservierung: Tel. 46 24 86 16
Abfahrt: Mo., Di., Mi. 9.15, 10.45, 14.00, 15.20 Uhr am Bassin de la Villette (19. Arr.), Quai de Loire
Métro: Jaurès
Ankunft: Parc ou Bassin de la Villette

Paris Canal

Fahrt auf der Seine und dem Canal Saint-Martin
Tel. 42 40 96 97
Abfahrt: Mai–November 9.00–12.30 Uhr vom Quai Anatole-France
Métro: Solferino
Ankunft: Bassin de la Villette
Métro: Porte de Pantin
Nachmittags dieselbe Strecke zurück.

Bassin de la Villette

Schiffsausflüge (Fortsetzung), Bateau-Bus

Zwischen Hotel de Ville und Tour Eiffel verkehrt zwischen 10.00 und 20.00 Uhr alle 45 Minuten ein Bateau-Bus (150 Plätze, 20 Minuten). Ein Ausbau des Streckennetzes ist geplant.

Shopping

Kaufhäuser

La Samaritaine, 19, Rue de la Monnai (1. Arr.)
Aux Trois Quartiers, 17, Boulevard de la Madeleine (1. Arr.)
Les Galeries Lafayette: 40, Boulevard Haussmann (9. Arr.); Maine-Montparnasse 22, Rue du Départ (14. Arr.)
Le Bazar de l'Hôtel de Ville, 52, Rue de Rivoli (4. Arr.)
Au Bon Marché, 38, Rue de Sèvres / Rue du Bac (7. Arr.)
Le Printemps: 64, Boulevard Haussmann (9. Arr.); 63, Rue Malte (11. Arr.); Avenue des Ternes (17. Arr.)
Marks & Spencer, 35, Boulevard Haussmann (9. Arr.)

Einkaufszentren

Forum des Halles ⟶ Sehenswürdigkeiten von A bis Z, Les Halles
Centre Maine-Montparnasse, 17, Rue de l'Arrivée (15. Arr.)
Les Boutiques de Paris, Palais des Congrès – Porte Maillot (17. Arr.)
Les 4 Temps ⟶ Sehenswürdigkeiten von A bis Z, La Défense
Die Galerien an den Champs-Elysées (8. Arr.): Lido, Passage des Champs, Berri, Claridge, Rond-Point des Champs-Elysées

Drugstores

Die Drugstores machen einen abend- oder sonntäglichen Einkaufsbummel möglich; sie sind jeden Tag von 9.00 bis 2.00 Uhr nachts geöffnet.

Publicis Champs-Elysées, 133, Avenue des Champs-Elysées (8. Arr.)
Publicis St-Germain, 149, Boulevard St-Germain (6. Arr.)
Publicis Matignon, 1, Avenue Matignon (8. Arr.)
Pub-Renault, 53, Avenue des Champs-Elysées (8. Arr.)

Einkaufspassagen

Die gedeckten Einkaufspassagen – heute wieder groß in Mode – kannten die Pariser schon zu Anfang des 19. Jahrhunderts. Viele findet man in der Umgebung des Boulevard des Italiens. Verschlossen werden sie in der Regel gegen 21.00 oder 22.00 Uhr.

*Galerie Vero-Dodat, 19, Rue J.-J.-Rousseau (1. Arr.)
*Galerie Vivienne, 4, Rue des Petits-Champs (2. Arr.)
Passage Choiseul, Rue St-Augustin (2. Arr.)
Passage des Panoramas (2. Arr.)
Passage des Pavillons, 6, Rue de Beaujolais (1. Arr.)
Passage des Princes, 97, Rue de Richelieu (2. Arr.)
Passage du Caire, 2, Place du Caire (2. Arr.)
Passage Jouffroy, 10, Boulevard Montmartre (9. Arr.)
Passage Verdeau, 10, Boulevard Montmartre (9. Arr.)

Schaufensterbummel

Für einen genüßlichen Schaufensterbummel bieten sich an: auf dem rechten Seine-Ufer die Rue du Faubourg St-Honoré, verlängert durch die Rue St-Honoré, Avenue Montaigne, Avenue Victor-Hugo. Hier wird Mode gemacht und gezeigt. In der Rue de Passy sind zahlreiche Boutiquen des Prêt-à-Porter (Konfektionskleidung) zu Hause. Auf dem linken Seine-Ufer, wo das jüngere Publikum mehr verkehrt und es demzufolge lebhafter und lustiger zugeht, sind die meisten Geschäfte in der Rue du Four, Rennes und im ganzen Quartier St-Germain-des-Prés zu finden.

Antiquitäten

⟶ dort

Accessoires

Hermès, 34, Faubourg-St-Honoré (8. Arr.)
Ultramod, 14, Rue Monsigny (2. Arr.)
Louis Vuitton, 54, Avenue Montaigne (8. Arr.; Koffer und Luxus-Accessoirs)

Bücher

Librairie Pinault, 27/36, Rue Bonaparte (6. Arr.), Tel. 43548999; Métro: St-Germain-des-Prés; geöffnet: Di.–Sa. 10.00–19.00 Uhr; Antiquariat mit hervorragender Auswahl alter Manuskripte
Shakespeare & Company: → Sehenswürdigkeiten von A bis Z, Quartier Latin
Bouquinisten: → Sehenswürdigkeiten von A bis Z, Quais

Dessous

Impulsif, 182, Boulevard St-Germain (6. Arr.)
L'Effrontée, 93, Rue de la Boëtie (8. Arr.)
Sabbia Rosa, 71, Rue des Sts-Pères (6. Arr.)

Geschirr und Kunsthandwerk

Christian Benais, 18, Rue Cortambert (16. Arr.)
Au Bain Marie, 10, Rue Boissy d'Anglas (8. Arr.)

Hüte

Jean Berthet, 13, Rue Tronchet (8. Arr.)

Käse

Androuet, 41, Rue d'Amsterdam (8. Arr.)

Kravatten

Charvet, 28 Rue de la Paix (2. Arr.)

Küchenbedarf

E. Dehillerin, 18–20, Rue Coquillière (1. Arr.)

Märkte

→ dort

Modehäuser berühmter Pariser Couturiers

Balmain, 44, Rue François 1er (8. Arr.)
Cardin, 27, Avenue de Marigny (8. Arr.)
Carven, Rond-point des Champs-Elysées (8. Arr.)
Chanel, 31, Rue Cambon (1. Arr.)
Chloe, 60, Rue du Faubourg-St-Honoré (8. Arr.)
Courrèges, Rue François 1er (8. Arr.)
Dior, 30, Avenue Montaigne (8. Arr.)
Escada, 57, Avenue Montaigne (8. Arr.)
Féraud, 88 Rue du Faubourg-St-Honoré (8. Arr.)
Gaultier Junior, 7, Rue de Jour (1. Arr.)
Givenchy, 3, Avenue George-V (8. Arr.)
Hermès, 34, Faubourg-St-Honoré (8. Arr.)
Kenzo, 3, Place des Victoires (2. Arr.)
Kookai, 3, Rue des Canettes (6. Arr.)
Christian Lacroix, 73, Rue du Faubourg-St-Honoré (8. Arr.)
Karl Lagerfeld, 19, Rue du Faubourg-St-Honoré (8. Arr.)
Lanvin, 22, Faubourg-St-Honoré (8. Arr.)
Ted Lapidus, 23, Faubourg-St-Honoré (8. Arr.)
Laroche, 29, Avenue Montaigne (8. Arr.)
Serge Lepage, 15, Rue Duphot (1. Arr.)
Jean Patou, 7, Rue St-Florentin (8. Arr.)
Paco Rabanne, 7, Rue du Cherche-Midi (6. Arr.)
Nina Ricci, 39, Avenue Montaigne (8. Arr.)
Saint-Laurent, 5, Avenue Marceau (16. Arr.)
Scherrer, 51, Avenue Montaigne (8. Arr.)
Ungaro, 2, Avenue Montaigne (8. Arr.)
Ventilo, 27, Rue du Louvre (2. Arr.)

Günstige Designer-Mode

Le Mouton à cinq Pattes, 8, Rue St-Placide (6. Arr.)
Sold'Dores, 6, Rue de Constantinople (7. Arr.)
Toutes Griffes dehors, 76, Rue St-Dominique (7. Arr.)
Mendes, 65, Rue Montmartre (2. Arr.)
Histoire de Marques, 4, Rue du Marché St-Honoré (1. Arr.)

Parfums

Guerlain, 2, Place Vendôme (1. Arr.)
Michel Swiss, 16, Rue de la Paix (2. Arr.)
Paloma Picasso, 5, Rue de la Paix (2. Arr.; Parfums und Handtaschen)
Paris Look, 13, Avenue de l'Opéra (1. Arr.)

Shopping (Forts.), Pasteten	Robert & Coesnon, 30, Rue Dauphine (6. Arr.)
Schallplatten, CDs	Virgin-Megastore, 52–60, Avenue des Champs-Elysées (8. Arr.)
Schmuck und Silber	Colliers und Juwelen findet man an der Place Vendôme, in der Rue de la Paix und im Quartier de l'Opéra. Hier liegen die eleganten Geschäfte von Boucheron, Cartier, Chaumet, Van Cleef & Arpels, Mellerio dits Meller, René Boivin und Hans Stern. In der Rue de la Paix (Nr. 24) hat sich der berühmte Silberbesteckhersteller Christofle etabliert. Sodexor, 119, Rue du Temple (3. Arr.; Schmuck zu günstigen Preisen) Dary's, 362, Rue Faubourg St-Honoré (1. Arr.; Modeschmuck)
Schuhe	Gelati, 5, Rue de Sèvres (6. Arr.)
Seiden- und Trockenblumen	Trousselier, 73, Boulevard Haussmann (8. Arr.) Jules des Prés, 46, Rue du Roi de Sicile (4. Arr.)
Spielzeug	Tin Toys, 3, Rue Jacques Callot (6. Arr.)
Süßigkeiten	Christian Constant, 26, Rue du Bac (7. Arr.) Debauve et Gallais, 90, Rue des Sts-Pères (7. Arr.) Fouquet, 22, Rue François Ier (8. Arr.) La Maison du Chocolat, 225, Rue Faubourg St-Honoré (1. Arr.)
Duty-Free-Shops	Für steuerfreie Einkäufe ist ein Mindesteinkauf in ein und demselben Geschäft vorgeschrieben: von 2400 FF für Ausländer, die ihren Wohnsitz in einem EG-Land haben, von 1200 FF für alle anderen Ausländer. Die Rechnungen müssen an der Grenze dem Zoll vorgelegt werden. Der steuerfreie Betrag wird dann auf das Konto überwiesen. Neben den großen → Kaufhäusern sind auch zahlreiche Boutiquen auf dieses Verfahren eingestellt. Eiffel Shopping, 9, Avenue de Suffren (7. Arr.) For You, 380, Rue Faubourg St-Honoré (1. Arr.) Liza, 42, Avenue Kléber (16. Arr.) Michel Swisse, 16, Rue de la Paix (2. Arr.) Paris-Opéra 2, 16, Avenue de l'Opéra (2. Arr.) Außerdem die Boutiquen in den Flughäfen.

Son et Lumière

'Son et Lumière' heißt wörtlich: Ton und Licht. Es handelt sich um eine Touristen-Attraktion, die in ganz Frankreich liebevoll gepflegt wird. Mit Texten, Musik und Lichteffekten werden Szenen aus der Geschichte Frankreichs von Schauspielern in historischen Kostümen an besonders geschichtsträchtigen Orten aufgeführt. Die Darbietung steht natürlich inhaltlich in Zusammenhang mit dem historischen Ort. In Paris findet eine solche Veranstaltung im Ehrenhof des Hôtel des Invalides (→ Sehenswürdigkeiten, Invalides) statt, allerdings nur in französischer und englischer Sprache.

Sport

Boxen und Catchen	Cirque d'Hiver, 110, Rue Amelot (11. Arr.) Pavillon de Paris, 211, Avenue Jean-Jaurès (19. Arr.)
Fußball und Rugby	Parc des Princes 24, Rue du Commandant-Guilbaud (16. Arr.) Das größte Fußball-Stadion in Paris (50 000 Plätze) dient auch für andere Veranstaltungen wie große Pop-Konzerte.

Sport (Forts.), Tennis

Stade Roland-Garros
2, Avenue Gordon-Bennett (16. Arr.)
Austragungsort der Internationalen Tennis-Meisterschaften von Frankreich.

Pferderennbahnen

Hippodrome d'Auteuil
→ Sehenswürdigkeiten von A bis Z, Bois de Boulogne

Hippodrome de Longchamp
→ Sehenswürdigkeiten von A bis Z, Bois de Boulogne

Hippodrome de Vincennes, Bois de Vincennes
RER A: Joinville le Pont, Métro: Château de Vincennes
Trabrennen: Saison: Januar–Ende März, Mitte April–Ende Dezember.

Hippodrome de Chantilly
18, Avenue du Général Leclerc, 60 Chantilly
Eisenbahn: ab Gare du Nord bis Champs de Courses
Hindernis- und Trabrennen. Saison: Mitte Februar–Dezember
(→ Sehenswürdigkeiten von A bis Z, Chantilly)

Sprache

Das Französische (le français) ist eine Weiterentwicklung des nach der römischen Besetzung von den unterworfenen keltischen Galliern angenommenen Vulgärlateins, das trotz der Aufnahme zahlreicher Wörter keltischen und später auch germanischen Ursprungs seinen romanischen Charakter bewahrte und jahrhundertelang die wichtigste, im Kreise der Gebildeten und im diplomatischen Verkehr gesprochene romanische Sprache bildete. Da das Französische an den meisten höheren Schulen der Erde gelehrt und in großen Gebieten als Verkehrs- und Handelssprache benutzt wird, gehört es, obwohl die Muttersprache von nur rund 80 Millionen Menschen, auch heute noch zu den wichtigsten Sprachen der Welt.
Wer die französische Sprache nicht einigermaßen gut beherrscht, sollte bei einer Fahrt nach Frankreich ein Wörterbuch mitnehmen. Wenngleich die deutsche Sprache an den höheren Schulen in Frankreich gelehrt wird, kann man sich nicht überall auf Deutsch verständlich machen.

Aussprache

Charakteristische Merkmale sind die Betonung am Wortende (meist auf der vorletzten Silbe) und die häufige Nasalierung von bestimmten Buchstabengruppen.
Vokale: ai wie e; ais wie ä; eau wie o; ay vor Vokal wie äj; é wie e; è, ê wie ä; ei wie ä; en, em am Silbenende wie an (nasaliert), eu wie ö; im, in wie än (nasaliert); oi, oy wie ua; oy vor Vokal wie uaj; ou wie u; u wie ü; um, un am Silbenende wie ön (nasaliert); y wie i.
Konsonanten: c vor e, i, y, ebenso ç wie scharfes s; c vor a, o, u wie k; ch wie sch; g vor e, i, y ebenso j wie g in Genie; g vor a, o, u wie g; gn meist wie nj: h immer stumm; ll zwischen Vokalen oft wie j, aber elle = äl; m, n nach Vokal vor Konsonant oder am Wortende nasaliert; ph wie f; q, qu wie k; v wie w; x, z zwischen Vokalen wie stimmhaftes s.
Folgende Buchstaben sind am Wortende (oft auch am Silbenende) meist stumm: b, c, d, e, p, r, (nur nach e) s, t, x, z.

Grundzahlen

0	zéro	22	vingt-deux
1	un, une	30	trente
2	deux	40	quarante
3	trois	50	cinquate
4	quatre	60	soixante
5	cinq	70	soixante-dix

Grundzahlen (Fortsetzung)

6	six
7	sept
8	huit
9	neuf
10	dix
11	onze
12	douze
13	treize
14	quatorze
15	quinze
16	seize
17	dix-sept
18	dix-huit
19	dix-neuf
20	vingt
21	vingt et un
71	soixante et onze
80	quatre-vingt(s)
81	quatre-vingt-un
90	quatre-vingt-dix
91	quatre-vingt-onze
100	cent
101	cent un
153	cent cinquante trois
200	deux cent(s)
300	trois cent(s)
400	quatre cent(s)
500	cinq cent(s)
1000	mille
1001	mille un
2000	deux mille
1 Mio.	un million

Ordnungszahlen

1. premier, première
2. deuxième
   second, seconde
3. troisième
4. quatrième
5. cinquième
6. sixième
7. septième
8. huitième
9. neuvième
10. dixième
11. onzième
12. douzième
100. centième

Bruchzahlen

1/2 demi, demie
1/3 tiers
1/4 quart
3/4 trois quarts

Wichtige Redewendungen

Man beachte die französische Form der Höflichkeit, die alle Anreden mit Madame, Mademoiselle oder Monsieur zu beenden pflegt und die bei Aufträgen stets ein s'il vous plaît hinzufügt.

Guten Morgen, guten Tag!	Bonjour!
Guten Abend!	Bonsoir!
Auf Wiedersehen!	Au revoir!
Sprechen Sie deutsch?	Parlez-vous allemand?
Ich verstehe nicht	Je ne comprends pas
Ja	Oui
Nein	Non
Bitte!	S'il vous plaît!
Danke!	Merci!
Gestern	Hier
Heute	Aujourd'hui
Morgen	Demain
Hilfe!	Au secours!
Haben Sie ein Einzelzimmer?	Avez-vous une chambre à un lit?
Haben Sie ein Doppelzimmer?	Avez-vous une chambre à deux lits?
Haben Sie ein Zimmer mit Bad?	Avez-vous une chambre avec bain?
Wieviel kostet das?	Combien ça coûte? Quel est le prix de…?
Wollen Sie mich bitte um 6 Uhr wecken?	Veuillez me réveiller à six heures, s'il-vous-plaît?
Wo ist die Toilette?	Où sont les toilettes?
Wo ist die Apotheke?	Où est la pharmacie?
Wo ist das Postamt?	Où est le bureau de poste?
Wo gibt es einen Arzt?	Où y-a-t-il un médecin?
Wo gibt es einen Zahnarzt?	Où y-a-t-il un dentiste?
Ist dies der Weg zum Bahnhof?	Est-ce le chemin à la gare?

Monate

Januar	Janvier
Februar	Février
März	Mars

Monate (Fortsetzung)

April	Avril
Mai	Mai
Juni	Juin
Juli	Juillet
August	Août
September	Septembre
Oktober	Octobre
November	Novembre
Dezember	Décembre
Monat	Mois
Jahr	An, année

Wochentage

Montag	Lundi
Dienstag	Mardi
Mittwoch	Mercredi
Donnerstag	Jeudi
Freitag	Vendredi
Samstag	Samedi
Sonntag	Dimanche
Feiertag	Jour de fête
Tag	Jour, journée

Festtage

Neujahr	Nouvel An
Ostern	Pâques
Christi Himmelfahrt	Ascension
Pfingsten	Pentecôte
Fronleichnam	Fête-Dieu
Mariä Himmelfahrt	Assomption
Allerheiligen	Toussaint
Weihnachten	Noël
Silvester	La Saint-Sylvestre

Verkehrsaufschriften

Attention!	Vorsicht! Achtung!
Au pas!	Langsam! Im Schritt!
Bouchon	Stau
Brouillard	Nebel
Centre ville	Zur Stadtmitte
Chantier	Baustelle
Danger (de mort)	Gefahr (Lebensgefahr)
Déviation	Umleitung
Douane	Zoll
Fin de limitation de vitesse	Ende der Geschwindigkeitsbeschränkung
Frontière	Grenze
Garage	Garage, Ausweichstelle
Gravier, Gravillons	Rollsplitt
Halte!	Halt!
Impasse	Sackgasse
Limitation de vitesse	Geschwindigkeitsbeschränkung
Passage interdit!	Durchfahrt verboten!
Passage protégé	Kreuzung mit eigener Vorfahrt
Poids lourds	Schwerlastverkehr
Priorité à droite	Vorfahrt von rechts
Prudence!	Achtung! Vorsicht!
Ralentir, ralentissez!	Langsam fahren!
Route barrée	Straße gesperrt
Sens unique	Einbahnstraße
Serrez à droite!	Rechts fahren!
Sortie de camions	Ausfahrt von Lastwagen
Tenez vos distances!	Abstand halten!
Toutes directions	Alle Richtungen
Travaux	Straßenarbeiten

Verkehrs-aufschriften (Fortsetzung)	Virage (dangereux)	(gefährliche) Kurve
	Voie unique	einspurige Verkehrsführung
	Zone bleue	Parken nur mit Parkscheibe erlaubt
	Zone rouge – Mise en fourrière immédiate	Halten verboten! Wagen wird sofort abgeschleppt
Auf der Reise	Abfahrt, Abflug	Départ
	Ankunft	Arrivée
	Aufenthalt	Arrêt
	Auskunft	Information
	Autobushof	Gare routière
	Bahnhof	Gare
	Bahnsteig	Quai
	Einsteigen!	En voiture!
	Fahrkarte	Billet
	Fahrplan	Horaire
	Fensterplatz	Coin fenêtre
	Flug	Vol
	Flughafen	Aéroport
	Flugplan	Horaire
	Flugschein	Billet, ticket
	Gepäck	Bagages
	Gepäckschein	Bulletin de bagages
	Gepäckträger	Porteur
	Gleis	Voie
	Haltestelle	Arrêt
	Liegewagen(platz)	Couchette
	Nichtraucher	Non-fumeur
	Raucher	Fumeur
	Schaffner	Contrôleur
	Schalter	Guichet
	Schlafwagen	Wagon-lit
	Speisewagen	Wagon-restaurant
	Stewardeß	Hôtesse (de l'air)
	Toilette(n)	Toilette(s)
	Umsteigen	Correspondance
	Wartesaal	Salle d'attente
	Zug	Train
Auf der Post	Adresse	Adresse
	Brief	Lettre
	Briefkasten	Boîte à lettres
	Briefmarke	Timbre(-poste)
	Briefträger	Facteur
	Eilboten	Exprès
	Einschreiben	Recommandé
	Fernschreiben	Télex
	Luftpost	Par avion
	Päckchen	Petit paquet
	Paket	Paquet, colis
	Postkarte	Carte postale
	Postlagernd	Poste restante
	Telefon	Téléphone
	Telegramm	Télégramme
Häufig vorkommende Ausdrücke	Bain	Bad
	Bourse	Börse
	Butte	Hügel
	Camp, champ	Feld
	Carrefour	Straßenkreuzung
	Chapelle	Kapelle
	Château	Schloß, Burg, Kastell

Häufig vorkommende Ausdrücke (Fortsetzung)

Chemin	Weg
Cimetière	Friedhof
Cloître	Kreuzgang
Cour	Hof
Cours	Korso, Allee
Dôme	Kuppel, Kuppe
Donjon	Bergfried, Burgturm
Est	Osten
Faubourg	Vorstadt
Forêt	Wald
Funiculaire	Standseilbahn
Hôpital	Krankenhaus
Hôtel de ville	Rathaus
Hôtel-dieu	Hospital, Krankenhaus
Ile	Insel
Jardin	Garten
Lac	See
Maison	Haus
Nord	Norden
Ouest	Westen
Parc	Park
Pays	Land, Gebiet
Place	Platz
Pont	Brücke
Porte	Tor
Rue	Straße
Sud	Süden
Tapisseries	Gobelins, Wandteppiche
Tour (la)	Turm
Tour (le)	Rundfahrt
Trésor	Schatz, Schatzkammer, Kirchenschatz
Trottoir	Bürgersteig
Ville	Stadt

Essen und Trinken

Tischgerät

Gedeck, Besteck: couvert; Löffel: cuillère; kleiner Löffel: petite cuillère; Messer: couteau; Gabel: fourchette; Teller: assiette; Glas: verre; Tasse: tasse; Serviette: serviette (de table); Korkenzieher: tire-bouchon.

Vorspeisen (hors d'œuvres)

Artichauts: Artischocken; huîtres: Austern; bouchées: Pastetchen; canapés: belegte Brötchen; cornichons: Essiggürkchen; foie gras: Gänseleber; pâté: Leberpastete; hors d'œuvres variés: verschiedene Vorspeisen; crudités: verschiedene Salate; jambon cru: roher Schinken; saumon fumé: Räucherlachs.
Suppen (soupes): Bouillon: Fleischbrühe; consommé: klare Brühe; potage: gebundene Suppe.

Eierspeisen

Œufs au plat: Spiegeleier; œufs pochés: verlorene Eier; œufs brouillés: Rühreier; œufs à la coque: weiche Eier; omelette: Omelette; omelette aux champignons: Omelette mit Pilzen; omelette aux fines herbes: Omelette mit Kräutern; omelette au fromage: Omelette mit Käse; omelette au jambon: Omelette mit Schinken.

Fisch (poisson)

Aiglefin: Schellfisch; anchois: Sardelle; anguille: Flußaal; barbeau: Barbe; barbue: Butt; bondelle: Weißfisch; brochet: Hecht; cabillaud: Kabeljau; carpe: Karpfen; carrelet: Scholle; colin: Meerhecht; congre: Meeraal; féra: Felchen; flétan: Heilbutt; glamis: Wels; hareng: Hering; limande: Rotzunge; maquereau: Makrele; merlan: Weißling; meuille: Meeräsche; ombre chevalier: Saibling; ombre: Äsche; perche: Barsch; plie: Scholle; raie: Rochen; sandat: Zander; sardine: Sardine; saumon: Lachs; sole: See-

Essen und Trinken, Fisch (Fortsetzung)

zunge; tanche: Schleie; thon: Thunfisch; truite: Forelle; turbot: Steinbutt.
Crevettes: Garnelen; écrevisses: Flußkrebse; homard: Hummer; huîtres: Austern; langouste: Languste; moules: Miesmuscheln; palourdes, clams, clovisses: helle Muscheln; oursin: Seeigel.
Cuisses de grenouille: Froschschenkel; escargots: Weinbergschnecken; tortue: Schildkröte.

Fleisch (viande)

Agneau: Lamm; bœuf: Ochse; cochon de lait: Spanferkel; mouton: Hammel; porc: Schwein; veau: Kalb.
Fleischteile
Ballotine: Schulter, Schlegel; cervelle: Hirn; côte: Kotelett; entrecôte: Zwischenrippenstück; escalopes: Schnitzel; filet: Lende; foie: Leber; gigot: Keule; jambon: Schinken; langue: Zunge; pieds: Füße; poitrine: Brust; ris: Bries; rognons: Nieren; selle: Rücken; tête: Kopf; tournedos: Lendenschnittchen; tripes: Kutteln.
Zubereitungsformen:
Carbonade: Geschmortes; cassoulet: Eintopf; chaudfroid: in Aspik; civet de: -pfeffer; émincé: Geschnetzeltes; pâté: Pastete; rôti: Braten; soufflé: Auflauf; terrine: in der Schüssel.

Geflügel (volaille)

Bécasse: Schnepfe; cailles: Wachteln; canard: Ente; caneton: junge Ente; coq: Hahn; dindonneau: Pute; faisan: Fasan; oie: Gans; perdreau: Rebhuhn; pigeons: Tauben; pintade: Perlhuhn; poulet: Hähnchen; poulard: Poularde.

Wild (gibier)

Cerf: Hirsch; chevreuil: Reh; lapereau: Wildkaninchen; lièvre: Hase; ferner sanglier: Wildschwein.

Gemüse (légumes)

Ail: Knoblauch; artichauts: Artischocken; asperges: Spargel; betteraves: Rote Beete; cardons: Kardonen; carottes: Karotten; céleris: Sellerie; chicorée: Chicoree; chou blanc: Weißkohl; chou rouge: Rotkohl; choux de Bruxelles: Rosenkohl; choux-fleurs: Blumenkohl; choux-raves: Kohlrabi; concombres: Gurken; endives: Endivie; épinards Spinat; fenouil: Fenchel; haricots verts: grüne Bohnen; laitues: Lattich; lentilles: Linsen; oignons: Zwiebeln; poireau: Lauch; pois: Erbsen; salade verte: grüner Salat; salsifis: Schwarzwurzeln; tomates: Tomaten.

Pilze

Cèpes: Steinpilze; champignons de Paris: Champignons (aus Zuchten im Loire-Tal); chanterelles, girolles: Pfifferlinge; helvelles: Lorcheln; morilles: Speisemorcheln; truffes: Trüffel.

Kartoffeln und Reis

Pommes de terre: Kartoffeln; pommes frites: Pomme frites; purée de pommes: Kartoffelbrei; pommes croquettes: Kartoffelkroketten; pommes à la dauphine: Kartoffelkrapfen; riz: Reis.

Zubereitungsarten

Braisé: geschmort; farci: gefüllt; frit: fritiert; glacé: glasiert; gratiné: überbacken; grillé: gegrillt; (à la) meuniére: gebraten; (Fisch) poché: pochiert; sauté: in Butter geschwenkt.

Süßspeisen (desserts)

Biscuits: Plätzchen oder auch Kekse; coupes glacées: Eisbecher; crèmes: Cremespeisen; crème Chantilly: Schlagsahne; crêpes: feine Pfannkuchen; crêpes à la Suzette: gefüllte und flambierte Pfannkuchen; flan: Pudding; gâteau: Kuchen; gaufrettes: Waffeln; glace: Eis; mousse: Schaumspeise; petits fours: Törtchen; sorbet: Eis aus Fruchtsäften; tarte: Torte, Kuchen; vermicelles à la Chantilly: Kastaniencreme mit Schlagsahne.

Früchte/Obst (fruits)

Abricots: Aprikosen; amandes: Mandeln; avelines: Haselnüsse (Lambertnüsse); cerises: Kirschen; citron: Zitrone; fraises: Erdbeeren; framboises: Himbeeren; melon: Melone; noisettes: Haselnüsse; noix: Walnüsse; orange: Apfelsine; pastèque: Wassermelone; pêche: Pfirsich; pomme: Apfel; poire: Birne; prunes: Pflaumen; raisins: Weintrauben.

Käse (fromage)

Das Käseangebot in Frankreich ist von überwältigender Reichhaltigkeit. Aus der Vielfalt der Sorten seien hier die folgenden erwähnt: Roquefort:

Sprache, Essen und Trinken, Käse (Fortsetzung)

Edelpilz-Schafskäse aus Roquefort; Camembert: weltberühmter Weichkäse aus der Normandie; Brie: feiner Weichkäse aus der Ile-de-France; Munster, Géromé: kräftig riechender würziger Weichkäse, wird im Elsaß und Lothringen hergestellt; Pyrenäenkäse kommt als Schafkäse mit heller Rinde und als Kuhmilchkäse mit schwarzer Rinde auf den Markt; Bleu de Bresse: mild-sahniger Edelpilzkäse aus dem Lyonnais: Nußkäse: ein Schmelzkäse mit Nüssen bzw. Mandeln belegt, wird in verschiedenen Gegenden, besonders in Savoyen produziert und erfreut sich in jüngster Zeit zunehmender Beliebtheit.

Milchprodukte

Sehr schmackhaft sind die gesalzene Butter (Beurre salé) sowie die säuerliche Crème fraîche (Rahm mit etwa 40% Fettgehalt).
Andere Milchprodukte sind darüber hinaus Yaourt: Joghurt; und Fromage blanc: Quark.

Stadtbesichtigung

Führungen (Conférences)

Mehrere Organisationen veranstalten täglich kulturgeschichtliche Führungen in einem begrenzten Teil eines Stadtviertels zu einer bestimmten Sehenswürdigkeit. Sie sind allerdings fast ausschließlich in Französisch gehalten und dauern etwa 1–1 1/2 Stunden.

Visites Conférences des Monuments Historiques

62, Rue Saint-Antoine (4. Arr.), Tel. 48872414 (nicht Wochenende)
Métro: Bastille
Vorträge von Fachleuten über die Geschichte von Paris und seinen Monumenten, auch in Deutsch.

Paris et son Histoire

82, Rue Taitbout (9. Arr.), Tel. 45262677 (nicht So./Fei.)
Métro: Saint-Georges
Ein Kulturverein, der Besuche, Konferenzen und Ausflüge organisiert, auch in Deutsch.

Michèle Mathilde Hager

62, Rue Jean-Jacques Rousseau (1. Arr.), Tel. 42330153; Métro: Halles
In Französisch und Deutsch.

Anne Ferrand

56, Rue de l'Université (7. Arr.), Tel. 42607162; Métro: Solférino
Spezialist in Kunst und Geschichte; nur Französisch.

Elisabeth Romann

9 bis, Rue Labie (17. Arr.), Tel. 45741331; Métro: Argentine
Spezialist in Geschichte, Kunst und Archäologie; nur in Französisch.

Les Amis de l'Histoire – Clio

133, Rue Falguière (15. Arr.), Tel. 47343663; Métro: Pasteur
Nur Französisch.

Association des Guides-Interprètes et Conférenciers

46, Rue Cugnet, 92 Colombes, Tel. 47822491
Fremdenführerbegleitung im eigenen Wagen oder mit dem Omnibus; in allen Sprachen.

Troismil

35, Rue La Boëtie (8. Arr.), Tel. 45639911
Métro: Saint-Augustin, Miromesnil
Begleitung im eigenen Wagen oder im Omnibus; in allen Sprachen.

Paris Secret

12, Rue Chabanais (2. Arr.); Métro: Pyramides
Spaziergänge durch Stadtviertel abseits der Touristen-Attraktionen.

Restaurant-Bus Panam 2002

Car Restaurant Panam 2002
Tel. 42256439 (Reservierung erforderlich).
Im Restaurant-Bus kann man Paris auf einer kulinarischen Rundfahrt (2 Std.) besichtigen; Abfahrt: 13.00, 20.00, 22.00 Ecke Rue de Rivoli/Rue de Castiglione (1. Arr.)

Stadtbesichtigung (Fortsetzung) Bel-Amis-Bus

17, Rue de Clichy (9. Arr.), Tel. 42857279 (Reservierung erforderlich). Rundfahrt im luxuriösen MercedesOldtimer 'Bel Ami', der im Belle-Epoque-Stil wieder hergerichtet wurde (mit Klimaanlage und Videoschau).

Stadtrundfahrten per Bus

Paris-Vision
214, Rue de Rivoli (1. Arr.), Tel. 42603125; Métro: Tuileries

Cityrama
4, Place des Pyramides (1. Arr.), Tel. 42603014; Métro: Pyramides

Cityrama/Théâtres-Voyages-Excursions
21, Rue de la Paix (2. Arr.), Tel. 47420647; Métro: Opéra

Kurzausflüge in die Umgebung

Einige Reisebüros sind auf Stadtrundfahrten spezialisiert, bieten aber auch Kurzfahrten in die Umgebung von Paris an. Außerdem kann man solche Ausflugsfahrten (in der Regel am Wochenende) bei den Reisebüros der Pariser Verkehrsbetriebe RATP und der Staatseisenbahnen SNCF buchen.

Services Touristiques de la RATP

53 bis, Quai des Grands-Augustins (6. Arr.), Tel. 43464203
Métro: Pont-Neuf, Saint-Michel
Geöffnet: Mo.–Fr. 8.30–12.00, 13.00–16.45 Uhr; Sa., So., Fei. 8.30 bis 12.00, 14.00–16.45 Uhr.
Place de la Madeleine, neben dem Blumenmarkt (8. Arr.), Tel. 42653118
Métro: Madeleine
Geöffnet: Mo.–Fr. 7.30–18.45 Uhr; Sa., So., Fei. 6.30–18.00 Uhr.

Bureaux de Tourisme de la SNCF

→ Auskunft

Fahrrad-Touren und -Verleih

Paris-Vélo
2, Rue du Fer-à-Moulin (5. Arr.), Tel. 43375922
Métro: Censier
Tägliche geführte Rundfahrten durch Paris (Tag- und Nachtprogramm)

Rundflüge im Hubschrauber

Sich die Seinemetropole aus der Luft anzusehen ist zwar kostspielig, aber auch äußert lohnend.

Héli-France

Héliport de Paris, 4, Avenue de la Porte de Sèvres (15. Arr.); Métro: Balard
Anmeldung: Tel. 45575367

Hélicap

Héliport de Paris, 4, Avenue de la Porte de Sèvres
Métro: Balard; Voranmeldung: Tel. 45577551
Rundflüge über dem Défense-Viertel und über Versailles.

Héli-Promenade

Tel. 46341618

Schiffsausflüge

→ dort

Taxis

Nach einem Gesetz von 1937 ist die Zahl der Taxis in Paris auf 14300 begrenzt. Eine Taxilizenz ist daher eine begehrte Sache – ein Taxi, wenn man gerade eins brauchen könnte, oft auch.

Fahrpreis

Der Fahrpreis besteht aus Grundgebühr und Zeitgebühr. An den Bahnhöfen gilt eine erhöhte Grundgebühr. Zuschläge für Fahrten zu Pferderennbahnen, Bahnhöfen, Flughäfen und für Gepäck. Das übliche Trinkgeld beträgt 15% des Preises.

Der Tagestarif (A) gilt Mo.–Sa. von 6.30 bis 22.00, in der übrigen Zeit sowie sonn- und feiertags der (teurere) Nachttarif B, bei Fahrten außerhalb der Stadtgrenze der Tarif C.
Taxifahrer erwarten ein Trinkgeld von 15 Prozent.

Taxis (Forts.), Funktaxis

Einige Rufnummern:
42039999; 42006789; 45831605; 46571112; 47393335; 47581128; 42704141; 47070255

Motorradtaxis

Motorradtaxis, Scooter Express genannt, haben keinen Taxameter; der Preis wird vor Fahrtantritt festgelegt.

Theater

Hinweis

Informationen und Programmhinwise über Theatervorstellungen findet man in den aktuellen Publikationen des Office de Tourisme (→ Auskunft). Ferner informieren die wöchentlich erscheinenden Programmhefte "L'Officiel des Spectacles", "Pariscope" und "7 à Paris" sowie die vierteljährlich herausgegebene deutschsprachige "Pariser Luft" über das Kulturangebot. Zwei Theaterkassen (15, Place de la Madeleine; RER-Station Châtelet-Les Halles) bieten Karten zum halben Preis für den Verkaufstag (Di.–Fr. 12.45 bis 19.00 Uhr).

Klassiker

Comédie Française
2, Rue du Richelieu (1. Arr.), Tel. 40150015
Métro: Palais-Royal

Klassiker und Moderne

La Cartoucherie de Vincennes
Route de la Pyramide, Bois de Vincennes
Métro: Château de Vincennes, dort Bus 112
Drei Bühnen und ein Atelier in einer ausgedienten Pulverfabrik:
Théâtre du Soleil (Ariane Mnouchkine), Tel. 43742408
Théâtre de la Tempête, Tel. 43383636
Théâtre de l'Epée de Bois, Tel. 48083974
Atelier de Chaudron, Tel. 43289704

Odéon
1, Place Paul-Claudel (6. Arr.), Tel. 43257032
Métro: Odéon
Zweite Bühne der klassischen Comédie Française und Heimat von Giorgio Strehlers Théâtre de l'Europe.

Théâtre de la Ville
2, Place du Châtelet (4. Arr.), Tel. 42742277
Métro: Châtelet
Hier inszeniert u.a. Patrick Chéreau.

Théâtre National de Chaillot
Place du Trocadéro (16. Arr.), Tel. 47278115
Métro: Trocadéro

Théâtre National de la Colline
15, Rue Malte-Brun (20. Arr.), Tel. 43664360
Métro: Gambetta

Boulevard-Theater (Théâtres de Boulevard)

Amandiers de Paris
110, Rue des Amandiers (20. Arr.), Tel. 43664217
Métro: Ménilmontant

Antione – Simone Berriau
14, Boulevard de Strasbourg (10. Arr.), Tel. 42087771
Métro: Strasbourg – Saint-Denis

Atelier
Place Charles-Dullin (18. Arr.), Tel. 46064924; Métro: Anvers

Boulevard-Theater (Fortsetzung)

Bouffes Parisiens
4, Rue Montsigny (9. Arr.), Tel. 42966024
Métro: 4-Septembre

Carré Silvia Montfort
106, Rue Brancion (15. Arr.), Tel. 45312834
Métro: Porte-de-Vanves

Comédie des Champs-Elysées
15, Avenue Montaigne (8. Arr.), Tel. 47233721
Métro: Alma-Marceau

Daunou
7, Rue Daunou (2. Arr.), Tel. 42616914
Métro: Opéra

Edouard VII
Place Edouard-VII (9. Arr.), Tel. 47425749
Métro: Opéra

Le Dejazet
41, Boulevard du Temple (3. Arr.), Tel. 48879734
Métro: Fille du Calvaire, République

Fontaine
10, Rue Fontaine (9. Arr.), Tel. 48747440
Métro: Blanche

Gaîte Montparnasse
26, Rue de la Gaîte (4. Arr.), Tel. 43221618
Métro: Gaîte

Théâtre Grevin
10, Boulevard Montmartre (18. Arr.), Tel. 42468447
Métro: Rue Montmartre

Gymnase-Marie-Bell
38, Boulevard de Bonne-Nouvelle (10. Arr.), Tel. 42467979
Métro: Bonne-Nouvelle

Mathurins
36, Rue des Marthurins (8. Arr.), Tel. 42659000
Métro: Havre-Caumartin, Madeleine, Auber

Michodière
4 bis, Rue de la Michodière (2. Arr.), Tel. 47426626
Métro: Opéra

Montparnasse
31, Rue de la Gaîte (14. Arr.), Tel. 43227774
Métro: Montparnasse, Edgar-Quinet

Nouveautés
24, Boulevard Poissonière (2. Arr.), Tel. 47705276
Métro: Montmartre

Palais-Royal
38, Rue Montpensier (1. Arr.), Tel. 42975981
Métro: Bourse, Palais-Royal

Théâtre Renaud-Barörault
Avenue F. Roosevelt (8. Arr.), Tel. 42566070; Métro: Franklin Roosevelt

Boulevard-Theater (Fortsetzung)

Théâtre de l'Est Parisien
159, Avenue Gambetta (20. Arr.), Tel. 43632096

Variétés
7, Boulevard Montmartre (2. Arr.), Tel. 42330992
Métro: Montmartre

Cafés-Théâtres

Bec Fin
6, Rue Thérèse (1. Arr.), Tel. 42962935
Métro: Palais-Royal

Blancs-Manteaux
15. Rue des Blancs-Manteaux (4. Arr.), Tel. 48871584
Métro: Hôtel-de-Ville, Rambuteau

Café d'Edgar
58, Boulevard Edgar-Quinet (14. Arr.), Tel. 43208511
Métro: Edgar-Quinet

Café de la Gare
41, Rue du Temple (4. Arr.), Tel. 42785251
Métro: Hôtel de Ville

Petit Casino
17, Rue Chapon (3. Arr.), Tel. 42783650
Métro: Arts-et-Métiers

Experimentierbühnen

Athenée Louis-Jouvet
4, Square de l'Opéra-Louis-Jouvet (9. Arr.), Tel. 47426727
Métro: Opéra

La Bastille
76, Rue de la Roquette (11. Arr.), Tel. 43574214
Métro: Bastille

Cité Internationale Universitaire
21, Boulevard Jourdan (14. Arr.),Tel. 45893869
Métro: Cité Universitaire

Théâtre de la Commune
2, Rue Edouard-Poisson, 93 Aubervilliers, Tel. 48331616

Théâtre de Paris
Rue Blanche (9. Arr.), Tel. 48741682
Métro: Blanche, Trinité

Essaion
6, Rue Pierre-au-Lard (4. Arr.), Tel. 42784642
Métro: Rambuteau

Bouffes du Nord
37 bis, Boulevard de la Chapelle (10. Arr.),
Tel. 42393450
Métro: La Chapelle

Ouvert
4 bis, Veron cité (18. Arr.), Tel. 42557440
Métro: Blanche

L'Escalier d'Or
18, Rue d'Enghien (10. Arr.), Tel. 45231310
Métro: Château d'Eau

Experimentierbühnen (Fortsetzung)	Lucenaire-Forum Centre National d'Art et d'Essai Acht Theatersäle 53, Rue Notre-Dame-des-Champs (6. Arr.), Tel. 45445734 Métro: Vavin, Notre-Dame-des-Champs
	Théâtre des Amandiers 7, Avenue Pablo-Picasso, 92 Nanterre; Tel. 47211881 RER/SNCF: Nanterre-Université
	Théâtre Gérard Philipe 59, Boulevard Jules-Guesde, 93 Saint-Denis; Tel. 42430059
	Théâtre de la Huchette Rue de la Huchette (5. Arr.) Seit 1958 wird hier tgl. außer So. Eugène Jonescos "La cantatrice chauve" (Die kahle Sängerin) aufgeführt.
Kindertheater	Centre d'Animation des Batignolles 77, Rue Trauffaut (17. Arr.), Tel. 47373075 Métro: Brochant; geöffnet: tgl. 15.00 Uhr Musikclowns, Zauberer, Kasperle
	La Magie des Automates 8, Rue Bernard de Clairvaux (3. Arr.), Tel. 42712828 Métro: Rambuteau; geöffnet: tgl. (außer Di.) 10.30–18.30 Uhr 14 Spielszenen mit Tonbildschau
	Théâtre Guignol Anatole Parc des Buttes-Chaumont (19. Arr.), Tel. 43871312 Métro: Laumière; geöffnet: tgl. 15.30, 16.30 Uhr Kasperle-Theater
	Théâtre Jerval Relais du Bois, Croix Catelan, Bois de Boulogne (16. Arr.), Tel. 47373075 Métro: Porte Maillot, Porte Dauphine, Sablons; geöffnet: Mi., Sa., So. 14.30 Uhr
	Théâtre 3 sur 4 122, Boulevard du Montparnasse (14. Arr.), Tel. 43270916 Métro: Vavin, Raspail; geöffnet: Mi., So. 15.00 Uhr
Marionettentheater	Jardin d'Acclimation Boulevard des Sablons, Bois de Boulogne (16. Arr.); Métro: Sablons Geöffnet: Mi., Sa., So., Fei. 15.00, 15.15 Uhr Kasperletheater
	Marionettesa du Champ-de-Mars Champ-de-Mars (7. Arr.), Tel. 46370787; Métro: Ecole Militaire Geöffnet: Mi., Sa., So. 15.15, 16.15 Uhr
	Marionettes du Luxembourg Jardin du Luxembourg (6. Arr.), Tel. 43264647 Métro: Vavin, Notre-Dame-des-Champs
	Marionettes des Champs-Elysées Square Marigny (8. Arr.), Tel. 42574334 Métro: Champs-Elysées-Clemenceau
	Marionettes du Parc Montsouris Parc Montsouris, Avenue Reilles/Rue Gazan (14. Arr.), Tel. 46654595 Métro: Cité Universitaire, Glacière
Oper, Ballett	→ Musik

Karoussel beim Montparnasse

Trinkgeld

An der Theke auf der Speisekarte sollte angezeigt sein: 'Service compris' (mit Bedienung) oder 'Service non compris' (ohne Bedienung). Dem Kellner und Zimmermädchen gibt man ein Trinkgeld (Pourboire) in ähnlicher Höhe wie in Deutschland, Österreich oder der Schweiz. Die Platzanweiserin im Theater und Kino erwartet Trinkgeld, es ist oft ihr einziger Verdienst.

Veranstaltungskalender

Januar

Letzter Sonntag: Pferderennen um den Prix d'Amérique, Hippodrome de Vincennes (→ Sport).

März

Palmsonntag: Pferderennen um den Prix du Président de la République, Hippodrome d'Auteuil (→ Sport).
Festival International du Son.
Salon des Indépendants (Frühjahrsausstellung der Bildenden Künstler) im Grand Palais.

April

Foire Internationale (Internationale Pariser Messe): Parc des Expositions, Porte de Versailles (Dauer bis Mai).

April/Mai

Festival de Poésie
(Ende April – Anfang Mai)

Mai

Internationale Tennismeisterschaften, Stade Roland-Garros (→ Sport).
Festival de l'Ile-de-France: Konzerte, Besichtigungen (Dauer bis Juli).
Nuits de Sceaux (Musikfestival in Sceaux),→ Ausflüge (Dauer bis Juni.

Veranstaltungskalender (Forts.) Juni

Festival du Marais (Theater und Musik im Marais-Viertel; Dauer bis Juli).
Internationaler Wettbewerb von Rosenzüchtern im Park des Schlosses Bagatelle (→ Sehenswürdigkeiten, Bagatelle).

Juli

14. Juli (Quatorze Juillet): Fête Nationale (Nationalfeiertag) mit Militärparade, Tanz, Feuerwerk.
Festival Estival de Paris (Pariser Sommerfestival): Klassische und zeitgenössische Musik (Dauer bis September).
Schlußetappe der Tour de France (Radrennen), Zieleinlauf auf den Champs-Elysées.

September

Salon d'Automne (Herbstausstellung der Bildenden Künstler) im Grand Palais.
Internationale des Antiquaires (Biennale der Antiquare; alle zwei Jahre, 1994, 1996 etc., Dauer bis Oktober).
Biennale de Paris, Ausstellungen und Aktionen junger internationaler Avantgardekünstler; alle Sparten der Bildenden Künste (alle 2 Jahre, 1994, 1996, etc.; Dauer bis November).
Festival International de Danse (Ballett-Festival): Bedeutendes internationales Ballett-Treffen (Dauer bis Mitte Dezember).
Festival d'Autonomne (Herbstfestival): Moderne Musik, Jazz, Theater, Folklore (Dauer bis Dezember).
Festival de l'Ile-de-France (Dauer bis Dezember).
Festival de Musique de Chambre de Paris.

Oktober

Salon de l'Automobile Internationale Automobil-Ausstellung); Parc des Expositions, Porte de Versailles.
Internationales Filmfestival
Festival de Jazz
Vendanges de Montmartre (Weinernte und -fest vom Montmartre, am letzten der Nostalgie erhalten gebliebenen Weinberg an der Ecke Rue des Saules/Rue de l'Abreuvoir).
Pferderennen um den Prix de l'Arc de Triomphe, Hippodrome de Longchamp (→ Sport).

November

11. November: Militärzeremonie am Arc de Triomphe (Jahrestag des Waffenstillstandes 1918).
Festival d'Art Sacré (Dauer bis Dezember)

Veranstaltungsprogramme

Wochenprogramme

Jeweils von Mittwoch bis Dienstag gültig und an allen Kiosken zu kaufen:
"L'Officiel des Spectacles"
"7 à Paris"
und "Pariscope".

Stadtmagazin in Deutsch

"Pariser Luft" erscheint in Deutsch alle zwei bis drei Moanate, erhältlich an Kiosken, in Kaufhäusern, in deutschsprachigen Buchhandlungen und beim Office du Tourisme (→ Auskunft).

Publikationen des Office du Tourisme

Im Hauptbüro des Office du Tourisme (→ Auskunft) sind eine Fülle von Prospekten zu aktuellen Veranstaltungen erhältlich, u. a. auch "Paris selection" mit deutschem Teil.

Maison d'Information Culturelle

26, Rue Beaubourg (3. Arr.)
Tel. 42742707
Geöffnet: tgl. (außer So.) 10.00–20.00 Uhr

Das Kulturinformationsbüro erteilt kostenlos Auskunft über alle Veranstaltungen, die in Paris stattfinden.

Verkehrsmittel/Öffentlicher Nahverkehr

Auskünfte

Allgemeine Auskünfte über die Pariser Verkehrsmittel (Métro, Bus, RER) erteilen die Verkehrsbetriebe (RATP) unter der Rufnummer: 43461414 täglich 6.00–21.00 Uhr.

Bus

Da es allein in Paris rund 60 Buslinien gibt (in den Vororten: über 150 Linien), ist es etwas schwieriger, den Bus zu benutzen. Aber auch schöner, da man als Individualtourist Paris oberirdisch erkunden kann.
Einzelfahrkarte: Die Fahrkarten sind dieselben wie für die Métro. Man kann sie auch beim Busfahrer kaufen. Eine Karte ist jedoch nur für einen Streckenabschnitt (section) ohne Umsteigen gültig. Innerhalb der Stadt gilt ein Fahrschein bis zu zwei Teilstrecken, darüber hinaus muß man zwei Fahrscheine entwerten.
Zehnerfahrkarte (carnet): Es gilt dasselbe wie für die Métro.
Seine-Bus: ⟶ Schiffsausflüge, Bateau-Bus

Métro
Plan S. 258/259

Mit dem hervorragend ausgebauten Métro-Netz und dem vergleichsweise niedrigen Fahrpreis ist die Métro das effektivste Verkehrsmittel für den Besucher. Die Fahrkarten sind an den Métro-Stationen erhältlich.
Bei die Benutzung der Métro ist zu beachten, daß die Linien zwar numeriert sind, aber allgemein durch ihre beiden Endstationen bezeichnet werden. Von einem beliebigen Ausgangspunkt, z.B. 'Cité', gibt die Endstation 'Porte d'Orléans' die Richtung an, wenn man zur Métro-Station 'Montparnasse' fahren will. Die Richtung (Direction) ist durch blaue Schilder gekennzeichnet, die Umsteigemöglichkeiten (Correspondances) sind durch weiße und gelbe Leuchtschilder angezeigt. Am Streckenplan im Inneren der Métrowagen lassen sich die Stationen ablesen.
Einzelfahrkarten (ticket/billet) sind gültig für eine Fahrt von beliebiger Länge mit Umsteigen. Man muß das Billet in die automatischen Kontroll-

Métro: Kunst in der Louvre-Station ...

... und Jugendstil-Eingang

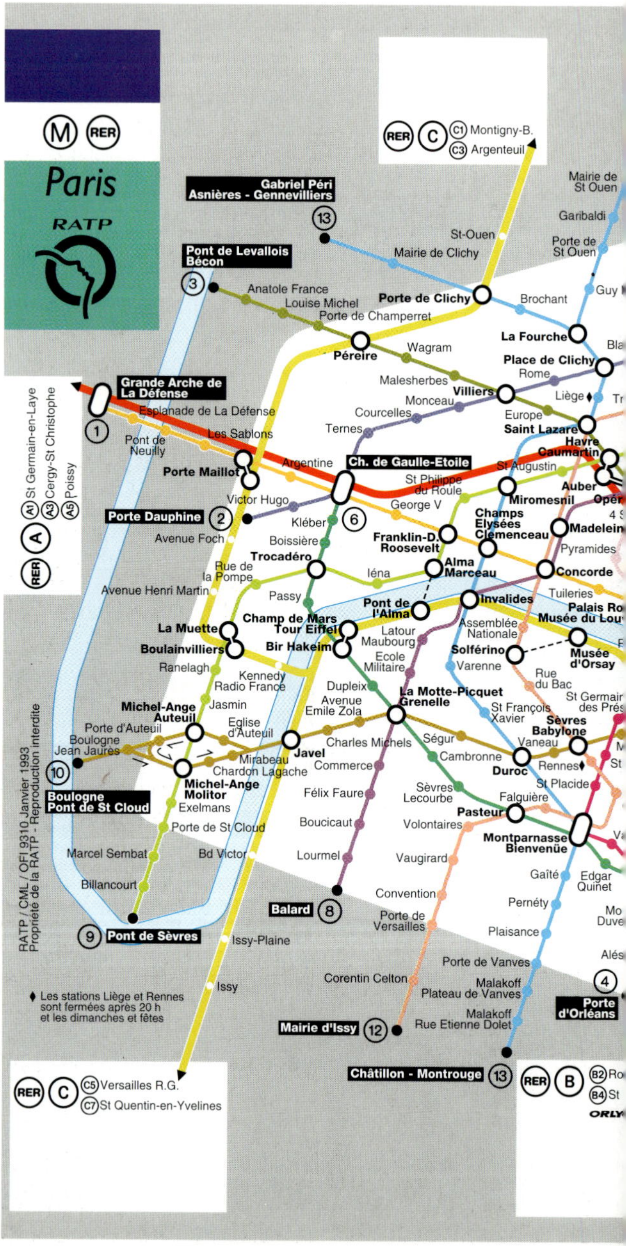

M RER
Paris
RATP
RER C (C1) Montigny-B. (C3) Argenteuil
Gabriel Péri Asnières - Gennevilliers
13
Pont de Levallois Bécon
3
St-Ouen
Mairie de Clichy
Mairie de St Ouen
Garibaldi
Porte de St Ouen
Guy
Anatole France
Louise Michel
Porte de Champerret
Porte de Clichy
Brochant
La Fourche
Péreire
Wagram
Place de Clichy
Rome
Malesherbes
Villiers
Monceau
Liège ♦
Courcelles
Europe
Saint Lazare
Ternes
Havre Caumartin
Grande Arche de La Défense
Esplanade de La Défense
1
Pont de Neuilly
Les Sablons
Porte Maillot
Argentine
Ch. de Gaulle-Etoile
St Augustin
St Philippe du Roule
Auber
Miromesnil
Victor Hugo
George V
Champs Elysées Clemenceau
Madeleine
Porte Dauphine
2
Kléber
6
Franklin-D. Roosevelt
Pyramides
Avenue Foch
Boissière
Trocadéro
Alma Marceau
Concorde
Rue de la Pompe
Iéna
Tuileries
Avenue Henri Martin
Passy
Pont de l'Alma
Invalides
Champ de Mars Tour Eiffel
Assemblée Nationale
La Muette
Boulainvilliers
Bir Hakeim
Latour Maubourg
Solférino
Musée d'Orsay
Ecole Militaire
Varenne
Ranelagh
Kennedy Radio France
Dupleix
La Motte-Picquet Grenelle
Rue du Bac
Jasmin
Avenue Emile Zola
St François Xavier
Michel-Ange Auteuil
Eglise d'Auteuil
Sèvres Babylone
Porte d'Auteuil
Charles Michels
Ségur
Vaneau
Boulogne Jean Jaurès
Javel
Mirabeau
Cambronne
Duroc
Rennes ♦
10
Chardon Lagache
Commerce
St Placide
Michel-Ange Molitor
Boulogne Pont de St Cloud
Félix Faure
Sèvres Lecourbe
Falguière
Exelmans
Pasteur
Boucicaut
Volontaires
Montparnasse Bienvenüe
Porte de St Cloud
Marcel Sembat
Bd Victor
Lourmel
Vaugirard
Gaîté
Edgar Quinet
Billancourt
Convention
Pernéty
Balard
8
Porte de Versailles
Plaisance
9
Pont de Sèvres
Issy-Plaine
Porte de Vanves
Alésia
4
Porte d'Orléans
Issy
Corentin Celton
Malakoff Plateau de Vanves
♦ Les stations Liège et Rennes sont fermées après 20 h et les dimanches et fêtes
Malakoff Rue Etienne Dolet
Mairie d'Issy
12
Châtillon - Montrouge
13
RER C (C5) Versailles R.G. (C7) St Quentin-en-Yvelines
RER B
RER A (A1) St Germain-en-Laye (A3) Cergy-St Christophe (A5) Poissy
RATP / CML / OFI 9310 Janvier 1993 Propriété de la RATP - Reproduction interdite

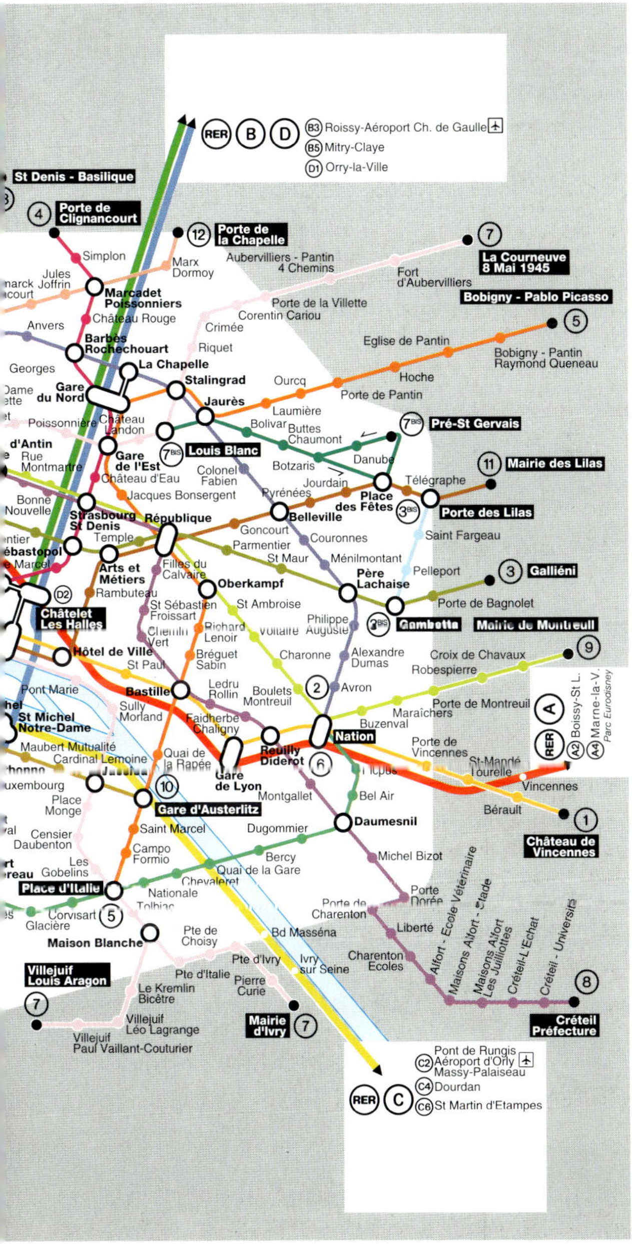
RER B D
B3 Roissy-Aéroport Ch. de Gaulle
B5 Mitry-Claye
D1 Orry-la-Ville
St Denis - Basilique
4 Porte de Clignancourt
12 Porte de la Chapelle
7 La Courneuve 8 Mai 1945
Bobigny - Pablo Picasso
Simplon
Marx Dormoy
Aubervilliers - Pantin 4 Chemins
Fort d'Aubervilliers
Jules Joffrin
Marcadet Poissonniers
Château Rouge
Porte de la Villette
Corentin Cariou
Crimée
Anvers
Barbès Rochechouart
Riquet
Eglise de Pantin
5
Bobigny - Pantin Raymond Queneau
Georges
La Chapelle
Gare du Nord
Stalingrad
Ourcq
Hoche
Porte de Pantin
Jaurès
Laumière
Poissonnière
Château Landon
Bolivar
Buttes Chaumont
7bis Pré-St Gervais
d'Antin
Rue Montmartre
Gare de l'Est
7bis Louis Blanc
Danube
Château d'Eau
Colonel Fabien
Botzaris
11 Mairie des Lilas
Jourdain
Télégraphe
Jacques Bonsergent
Pyrénées
Place des Fêtes
Bonne Nouvelle
Strasbourg St Denis
République
Belleville
3bis Porte des Lilas
Temple
Goncourt
Saint Fargeau
Sébastopol
Parmentier
Couronnes
Arts et Métiers
Filles du Calvaire
St Maur
Ménilmontant
Pelleport
3 Galliéni
Père Lachaise
Oberkampf
Rambuteau
D2
Châtelet Les Halles
St Sébastien Froissart
St Ambroise
Porte de Bagnolet
Philippe Auguste
3bis Gambetta
Mairie de Montreuil
Chemin Vert
Richard Lenoir
Voltaire
Hôtel de Ville
St Paul
Bréguet Sabin
Charonne
Alexandre Dumas
Croix de Chavaux
Robespierre
9
Pont Marie
Bastille
Ledru Rollin
Boulets Montreuil
2
Avron
Sully Morland
St Michel Notre-Dame
Faidherbe Chaligny
Porte de Montreuil
Maraîchers
Buzenval
Nation
RER A
A2 Boissy-St L.
A4 Marne-la-V. Parc Eurodisney
Maubert Mutualité
Cardinal Lemoine
Quai de la Rapée
Gare de Lyon
Reuilly Diderot
6
Porte de Vincennes
St-Mandé Tourelle
Vincennes
Luxembourg
10
Gare d'Austerlitz
Montgallet
Bel Air
Bérault
1 Château de Vincennes
Place Monge
Censier Daubenton
Saint Marcel
Dugommier
Daumesnil
Campo Formio
Bercy
Michel Bizot
Les Gobelins
Quai de la Gare
Chevaleret
Place d'Italie
Nationale
Porte Dorée
Corvisart
5
Glacière
Porte de Charenton
Liberté
Alfort - Ecole Vétérinaire
Maisons Alfort - Stade
Maisons Alfort Les Juilliottes
Créteil-L'Echat
Créteil - Université
Maison Blanche
Pte de Choisy
Bd Masséna
Charenton Ecoles
Villejuif Louis Aragon
7
Pte d'Ivry
Ivry sur Seine
Pte d'Italie
Pierre Curie
8
Le Kremlin Bicêtre
Villejuif Léo Lagrange
Villejuif Paul Vaillant-Couturier
Mairie d'Ivry
7
Créteil Préfecture
Pont de Rungis
C2 Aéroport d'Orly
Massy-Palaiseau
C4 Dourdan
C6 St Martin d'Etampes
RER C

Verkehrsmittel/ Öffentlicher Nahverkehr, Métro (Fortsetzung)

schranken am Eingang einführen, wo es durch Magnetautomaten geprüft und entwertet wird. Wenn man die Métro öfters benutzt, sind Zehnerkarten (carnet) günstiger. Ein Carnet besteht aus 10 Einzelfahrkarten, die man auf einmal kauft, der Preis für eine Fahrt ermäßigt sich dadurch um rund 40 %. Man verlangt also "un carnet, s'il vous plaît".

RER
Plan S. 258/259

Es gibt vier Linien der S-Bahn RER (Réseau Express Régional): die Linien A und B werden von der → RATP, die Linien C und D von der → SNCF betrieben. Der Fahrpreis richtet sich nach der Länge der Fahrstrecke. Für die in der Stadt gelegenen Sektionen der RER gelten Tarif und Fahrschein der Métro. Umsteigen zwischen RER ist nur mit neuem Fahrschein möglich. Die Fahrkarten sind an Automaten in den RER-Stationen erhältlich.

RATP

Die halbstaatliche RATP (Régie Autonome des Transports Parisiens) ist die wichtigste Pariser Verkehrsbetriebsgesellschaft (rund 36000 Angestellte; 3 Transportbetriebe: Métro, Bus, RER).

SNCF

Die staatlichen Eisenbahnen SNCF (Société Nationale des Chemins de Fer (Français) betreiben die internationalen und überregionalen Linien (Grandes Lignes), die Vorortzüge (Banlieue) und die RER-Linie C.
Der Fahrpreis richtet sich nach der Länge der Fahrstrecke. Es gibt nur Einzel-, Wochen- und Monatsfahrkarten. Die Einzelfahrkarten sind an den Schaltern und Automaten in den Bahnhöfen erhältlich.

Touristenkarten
(Formule 1, Paris Visite, Coupon jaune)

Die Fahrkarte 'Formule 1' berechtigt einen Tag lang zur unbegrenzten Benutzung von Bus, Métro und RER in 2 oder 3 Zonen. Mit dem Fahrschein Paris-Visite, der eine Gültigkeitsdauer von 3 oder 5 Tagen hat, kann man unbeschränkt alle RATP-Linien (Métro, RER sowie Autobusse außer Sonder- und Minibussen) befahren. Die Carte d'Orange mit Coupon jaune (Paßfoto erforderlich) berechtigt eine Woche zu beliebig vielen Fahrten in Paris.
Verkaufsstellen: Services Touristiques de la RATP, 53 ter, Quai de Grands-Augustins, Tel. 43464203; Place de la Madeleine, Tel. 42653118; sowie in den Métro-Stationen, SNCF-Bahnhöfen, den Flughäfen, einigen Bankinstituten und beim Office du Tourisme (→ Auskunft).

Verkehrszeiten

Die Métro verkehrt täglich zwischen 5.30 (erste Abfahrt) und 24.00 (letzte Abfahrt). In den Hauptverkehrszeiten liegt der Abstand zwischen den Zügen bei 90 Sekunden, in den verkehrsarmten Zeiten tagsüber und am Wochenende beträgt er 2 bis 7 Minuten. Zehn Nachtbuslinien (Noctambus) verkehren alle 30 bis 60 Min. zwischen 1.00 und 5.30 ab der Place du Châtelet. Auch bei den RER-Linien (täglich 5.30–0.30 Uhr) muß man oft größere Wartezeiten in Kauf nehmen. In den Hauptverkehrszeiten beträgt der Abstand 2 bis 7 Minuten.

Vorverkaufsstellen

Der Kartenvorverkauf (Location) für Theater, Oper, Ballett etc. erfolgt in der Regel, wenn man Französisch spricht, telefonisch. Außerdem kann man in einigen Theatern und Konzerthäusern Karten im Vorverkauf erwerben. Die genauen Angaben findet man in den Wochenprogrammen "L'Officiel des Spectacles", "Pariscope" und "7 à Paris" (→ Veranstaltungsprogramme). Außerdem kann man sich an eines der Agenturbüros wenden, die vor allem im Viertel um die Oper und auf den Champs-Elysées angesiedelt sind.
Verbilligte Karten: → Theater, Hinweis

Zeit

In Frankreich gilt im Winterhalbjahr die Mitteleuropäische Zeit (MEZ), von Ende März bis Ende September die Sommerzeit (MEZ + 1 Std.).

Zirkus

Cirque Gruss
106, Rue Brancion (15. Arr.); Métro: Porte de Vanves
Saison: Oktober–März

Cirque d'Hiver Bouglione
110, Rue Amelot (11. Arr.); Métro: Filles-du-Calvaire
Saison: Oktober–Januar

Zollbestimmungen

EG-Binnenmarkt

Seit 1. Januar 1993 gibt es im Warenverkehr zwischen den Mitgliedsstaaten der Europäischen Gemeinschaft (EG) keine Zollpflicht mehr; obere Richtmengen für den privaten Warenverkehr wurden jedoch festgelegt; genaue Auskunft erteilen die Zollämter. Nach wie vor ist aber für den Grenzübertritt ein Ausweisdokument (Personalausweis oder Reisepaß) erforderlich.
Duty-Free-Läden an Flughäfen und auf Fährschiffen werden nach einer Übergangszeit ab 30. Juni 1999 geschlossen.

Einreise nach Frankreich

Für Reisende aus Nicht-EG-Ländern gelten folgende Freimengengrenzen: für Personen über 15 Jahre 500 g Kaffee oder 200 g Pulverkaffee und 100 g Tee oder 40 g Teeauszüge, 50 g Parfüm und 0,25 l Toilettenwasser sowie für Personen über 17 Jahre 200 Zigarreten oder 100 Zigarillos oder 50 Zigarren oder 250 g Rauchtabak, ferner 1 l Spirituosen über 22 % bzw. 2 l Spirituosen unter 22 % vol und 2 l Wein.

Wiedereinreise nach Deutschland

Bei der Wiedereinreise nach Deutschland sind aus dem EG-Wirtschaftsraum (also auch aus Frankreich) stammende Waren zollfrei. Für Waren, die in Duty-Free-Shops erworben wurden, gelten die Höchstmengen wie aus Nicht-EG-Ländern.
Kontrollen auf Flughäfen werden vorerst weiterhin durchgeführt.

Wiedereinreise nach Österreich

Zollfrei sind Waren im Wert bis 1000 öS, davon Lebensmittel und alkoholfreie Getränke einschließlich Reiseproviant bis max. 200 öS; ferner für Personen über 17 Jahre 200 Zigaretten oder 50 Zigarren oder 250 g Rauchtabak sowie 2 l Wein und 1 l Spirituosen.

Wiedereinreise in die Schweiz

Für Personen über 17 Jahre zollfrei sind 200 Zigaretten oder 50 Zigarren oder 250 g Rauchtabak sowie 2 l alkoholische Getränke bis 15 % vol. und 1 l über 15 % vol.; ferner Geschenke bis 100 sfr (bei Personen unter 17 Jahre bis 50 sfr).

Register

Verzeichnis der Karten, Pläne und graphischen Darstellungen im Reiseführer

Bildnachweis

Dr. Madeleine Cabos/Helga Cabos: S. 8, 11 (2 x), 12, 14, 15, 17, 18, 20, 21 (2 x), 22 (3 x), 24, 25, 27 (2 x), 28, 50, 54, 55, 57, 59, 60, 64 (2 x), 67, 70, 73, 74 (3 x), 77, 79 (9 x), 82, 86 (2 x), 87, 88, 90, 92, 93, 95, 96, 97, 98, 101, 110 (9 x), 113, 116, 118, 120, 121, 123 (2 x), 125 (2 x), 127, 128 (2 x), 130 (2 x), 131, 132 (2 x), 133 (3 x), 135 (2 x), 139 (2 x), 140, 143, 144, 146 (2 x), 147, 148, 151, 152, 153, 156, 157, 160, 162, 163 (2 x), 164, 167, 168, 171, 172, 180 (rechts), 185, 186 (2 x), 190, 192, 200, 202, 206, 214, 215, 217, 225, 237, 239, 255, 257 (2 x)
Helga Lade Fotoagentur: S. 176, 178/179
Anja Schliebitz/Wolfram Schleicher: S. 85, 180 (links)
Ullstein Bilderdienst: S. 31 (3 x), 35 (3 x)

Notizen

Notizen

Notizen